高等院校精品课程系列教材

《货币银行学》（第3版）

货币金融学

The Economics of Money, Banking,
and Financial Markets

钱水土 等编著

机械工业出版社
CHINA MACHINE PRESS

图书在版编目（CIP）数据

货币金融学 / 钱水土等编著 . —北京：机械工业出版社，2020.4（2024.7 重印）
（高等院校精品课程系列教材）

ISBN 978-7-111-65012-6

I. 货… II. 钱… III. 货币和银行经济学 – 高等学校 – 教材 IV. F820

中国版本图书馆 CIP 数据核字（2020）第 041114 号

本书在作者多年教学经验总结的基础上编写而成，既注重基础知识和基本理论的介绍，又注重理论与实践的结合，尤其是能密切联系当前中国的银行业、金融市场以及货币政策实际来思考问题和解决问题，非常适合专业学生阅读。

特别地，本书还结合课程内容设计了若干以案例为主要内容的专栏，使金融理论表述得更加清晰、准确和简练，便于学生进一步深入学习，培养他们对现实问题的关注。在相应的教学网站上，授课教师也能利用教学录像、课程讨论、测试和作业等丰富的教辅材料方便地授课。

本书适合金融类专业的本科生、研究生及相关领域的研究人员，也可作为经济类相关专业的选修课教材。

出版发行：机械工业出版社（北京市西城区百万庄大街 22 号　邮政编码：100037）
责任编辑：施琳琳　　　　　　　　　　　　责任校对：殷　虹
印　　刷：固安县铭成印刷有限公司　　　　版　　次：2024 年 7 月第 1 版第 7 次印刷
开　　本：185mm×260mm　1/16　　　　　印　　张：23
书　　号：ISBN 978-7-111-65012-6　　　　定　　价：55.00 元

客服电话：（010）88361066　68326294

钱水土 浙江工商大学金融学院教授、博士生导师，享受国务院政府特殊津贴，教育部"新世纪优秀人才"，浙江省"有突出贡献中青年专家"、"万人计划"人文社科领军人才、"新世纪151人才工程"第一层次人才、宣传文化系统"五个一批"人才。全国金融标准化技术委员会委员、教育部高等学校金融类专业教学指导委员会委员，长期从事货币金融学的教学和金融理论与政策研究。先后主持完成国家社会科学基金、国家自然科学基金项目8项，荣获教育部人文社会科学优秀成果奖、浙江省哲学社会科学优秀成果奖和科技进步奖等多项学术奖励。在《金融研究》等刊物上公开发表论文100余篇，出版学术专著5部。浙江省级精品课程"货币银行学"负责人，主持完成的教学改革项目获浙江省高等教育教学成果奖一等奖。

前 言
PREFACE

　　"金融活，经济活；金融稳，经济稳。经济兴，金融兴；经济强，金融强。"改革开放以来，中国金融业在国民经济高速增长的支持下得到了快速发展，金融引导经济资源配置的功能进一步强化，反过来，健康发展的金融业又有效地支持了国民经济的高质量发展。中国共产党第十八次全国代表大会（简称"中共十八大"）以来，我们按照新时代经济的高质量发展要求，有序推进金融供给侧结构性改革，在金融发展各领域取得了历史性的成就。进入新时代以后，中国在构建现代金融体系方面又推出了一系列新的改革开放措施，目前已基本建成了与中国特色社会主义相适应的现代金融市场体系，基本建成了以服务实体经济为目标、便民利民的金融服务体系，基本建立了有效维护金融稳定的金融监管体系，基本形成了有效实施逆周期调节的宏观金融调控体系，基本确立了面向全球、平等竞争的金融开放体系。

　　同时，科技赋能金融开拓了金融未来发展的一片新蓝海。随着人工智能、大数据、云计算、区块链和移动互联等新一代信息技术的发展与应用，数字金融、智能金融、普惠金融等新金融业态大量涌现。新一代信息技术与金融业务深入融合，推动金融服务发生深刻变革，科技助力金融机构提升金融服务质量已然成为金融业务创新发展的重要方式。在金融科技（FinTech）提高金融服务效能、拓展金融发展广度与深度的同时，金融风险也相伴而生。金融科技将给金融行业和科技行业带来全新的机遇与挑战。

　　作为反映金融发展与变化的基础理论教材，需要与时俱进，及时更新内容，以满足"讲好中国金融发展故事，提高教学质量"的迫切要求。近年来，中国金融市场的重要性日渐突出，逐步建立了"功能相互补充、交易场所多层次、交易产品多样化"的金融市场体系，配置资源和服务实体经济的能力持续增强。在此背景下，金融市场的相关知识已经成为金融学入门课程的重要内容。为更好地反映该课程的真实内容，本书书名从《货币银行学》调整为《货币金融学》。在保持《货币银行学》第1版和第2版优点和特色的基础之上，本书结合近年来金融领域改革开放的新措施和金融创新的新成果，力图使本书更为全面地反映中国金融发展的新情况、新进展。本书较《货币银行学》(第2版)的重点修订主要有以下几个方面。

第一，顺应知识的前后逻辑，调整部分章节和内容。本书删去了《货币银行学》(第2版)中的第二章"信用与信用工具"和第十二章"金融与经济发展"，将相关知识点融合到了其他章节中。本书新增了"金融概览"一章，旨在概括性地介绍金融架构，帮助学生建立起对金融体系和金融活动的基本认知。另外，为凸显金融市场的重要性，将《货币银行学》(第2版)中的第四章"金融市场"扩展为"货币市场""资本市场"和"金融衍生产品市场"三章。因此，全书从《货币银行学》的13章增加到了14章。

第二，捕捉金融改革新动态，补充新内容和新数据。在修订各章时，本书尽量反映金融体制改革的新进展和金融发展的新动态，如"货币与货币制度"一章增加了数字货币的内容，"利息与利率"一章介绍了中国利率市场化改革的最新进程，"资本市场"一章增加了科创板和股票发行注册制改革的相关内容，"货币政策"一章增加了新型货币政策工具的相关知识点。为了保持教材理论逻辑的严谨性，本书一部分内容以专栏和延伸阅读的形式安排在相应的章节中，而大量的新事件、新事物主要体现在与之配套的浙江省高等学校在线开放课程的基本资源和拓展资源中。另外，各章重要的数据资料更新至2018年年底，目的是使教材的内容更为鲜活并贴近实际。

第三，建设在线开放课程，促进信息技术与教育教学的深度融合。[⊖]"货币金融学"是浙江省高等学校在线开放课程，线上教学为高校师生和社会学习者进行跨校、跨区域学习提供了渠道和资源。我们按照教材设计的思路，以章节为单位设置模块和单元，对每一模块、每一单元凝练出教学设计方案，教学设计方案包括教学大纲、要点、日历、要求等。在线开放课程不仅能为授课教师提供教学示例、视频、课件等教学资源，还能为学生自主学习提供学习指南、重点难点提示、课后习题等学习资源，便于学生把握学习的范围和深度。

本书的写作工作由浙江工商大学金融学院钱水土教授主持。钱水土教授提出编写大纲和写作要求，经本书全体编者多次集体讨论而成稿，最后由钱水土教授负责对全书进行总纂和定稿。各章编写人员如下：曹伟(第一章)、钱水土(第二章、第七章)、王尤(第三章、第九章)、古昕(第四章)、傅利福(第五章)、吕凯波(第四章、第六章)、徐滢(第八章、

⊖ 本教材配套在线课程可在浙江省高等学校在线开放课程共享平台 http://www.zjooc.cn 上登录查看，申请信息请发送至邮箱 fanlisi20074@mail.zjgsu.edu.cn 联系。

第十三章）、赵平（第十章、第十二章）、徐家杰（第十一章）、栾天虹（第十四章）。由于工作变动等原因，《货币银行学》的部分作者不再参与本书的编撰工作，但他们为本书奠定了基础，在此一并对他们的贡献深表感谢。

在本书的写作过程中，我们参考了大量国内外经典教材、文献资料及网络资源，由于篇幅所限，未能一一列出，在此向原作者表示歉意和敬意。尽管我们竭尽全力以求深入浅出且准确无误，尽可能在介绍货币金融学基础知识的同时，传达一些金融领域改革开放和创新的最新信息，但由于水平有限、时间紧迫，难免存在不足之处。恳请学界同人和广大读者批评指正，我们将根据反馈意见在今后的修订中进行完善。

钱水土

2020 年 2 月

教学目的

　　"货币金融学"作为经济类各专业的必修课程,其教学的基本目的是使学生掌握一般货币金融知识,培养学生金融现实分析与理论研究的兴趣,为进一步的金融专业学习奠定一个基本的知识框架体系。具体而言,包括:

　　(1)了解货币和货币制度、利息和利率以及金融体系的基本架构;

　　(2)熟悉商业银行和中央银行的有关制度与业务;

　　(3)能较熟练地从宏观经济角度分析货币的供给和需求,认识通货膨胀和通货紧缩问题,熟悉中央银行的货币政策;

　　(4)能较深入地把握宏观经济与货币政策分析技能,科学看待中国的金融发展与改革;

　　(5)能客观看待和分析金融风险、金融创新及金融危机对整个经济与金融带来的影响,对当今世界各国金融理论和实践的发展动态有一定的了解与认知。

　　学习本门课程应首先掌握政治经济学和西方经济学的一般原理。

　　在全面掌握货币银行理论和相应知识要点的基础上,学生应注重理论与实践相结合,紧密联系中国的银行业、金融市场以及货币政策实际,来发现问题、思考问题和解决问题。

课程安排

教学内容	学习要点 与教学建议	课时安排		
		经济类 专业本科	非经济类 专业本科	非经济类 专业选修
第一章 金融概览	（1）了解金融的内涵、构成要素，掌握金融的功能 （2）了解金融工具的产生、发展以及类型，理解金融工具的特征 （3）了解金融市场的含义和发展趋势，掌握金融市场的构成要素、分类以及功能 （4）了解金融机构的产生和发展，熟悉金融机构体系 （5）了解金融机构的类型，理解金融机构的功能	3	3	2
第二章 货币与 货币制度	（1）了解货币的产生和发展，掌握货币的定义 （2）掌握各种货币形式的特点，重点掌握信用货币与存款货币的含义，正确认识货币发展的趋势和方向 （3）正确理解货币的职能及各职能之间内在的联系 （4）理解并掌握货币层次划分的目的、依据和方法 （5）掌握货币制度的构成要素和货币制度的演变历史	5	5	3
第三章 利息与利率	（1）明确利率的分类，掌握各种利率、现值和到期收益率的计算方法及其运用 （2）掌握利率的决定理论，能够分析均衡利率的主要影响因素 （3）掌握不同的利率结构理论	6	6	5
第四章 货币市场	（1）了解货币市场的定义、特征和功能 （2）掌握同业拆借市场、回购协议市场、票据市场、存单市场、国库券市场和货币市场共同基金市场等主要子市场的运作	4	4	3
第五章 资本市场	（1）掌握资本市场的概念、特征 （2）掌握股票、债券、投资基金市场的相关概念和特征 （3）理解股票、债券、投资基金市场的发行、交易和运作 （4）了解我国多层次资本市场发展现状	4	4	3
第六章 金融衍生 产品市场	（1）了解金融原生产品和金融衍生产品的区别与联系 （2）了解远期的概念及分类，能够分析远期交易双方的收益或损失 （3）掌握期货交易的主要功能，了解期货合约的主要内容 （4）掌握期权分类及其在风险管理中的作用，理解期权的价值 （5）了解互换的概念，理解互换在降低利息成本和风险管理中的作用	3	3	2
第七章 商业银行	（1）理解并掌握商业银行的基本概念、性质与职能 （2）熟悉商业银行的经营模式和组织结构 （3）掌握商业银行的各项业务及其构成 （4）明确商业银行经营管理的基本理论和基本原则	5	6	5

（续）

教学内容	学习要点 与教学建议	课时安排		
		经济类 专业本科	非经济类 专业本科	非经济类 专业选修
第八章 其他金融机构	（1）了解我国金融体系的构成和运行情况 （2）掌握专业银行的分类和业务功能 （3）掌握政策性银行的种类和业务功能 （4）了解其他各类金融机构的业务功能	4	4	3
第九章 中央银行	（1）了解中央银行建立的必要性及形成途径，掌握中 　央银行的制度类型 （2）掌握中央银行的基本职能及其具体的表现 （3）熟悉中央银行的主要业务及其资产负债表 （4）理解中央银行的相对独立性及其实践意义	4	4	—
第十章 货币需求	（1）掌握货币需求的内涵，理解货币需求的不同研究 　角度 （2）理解费雪方程式与剑桥方程式的货币需求思想及 　它们之间的异同 （3）掌握凯恩斯货币需求理论的主要内容，了解凯恩 　斯货币需求理论的发展情况 （4）理解货币主义关于货币需求理论的主要观点 （5）了解有关货币需求理论实证研究方面的一些进展	5	4	3
第十一章 货币供给	（1）掌握商业银行经营的两个重要含义和存款创造的 　前提条件 （2）掌握简化的存款创造模型 （3）理解复杂的存款创造模型 （4）掌握现代银行制度下的货币供给模型 （5）理解中央银行、商业银行和居民（企业）行为对 　货币供给的影响机制 （6）理解中央银行资产行为与货币供应量形成之间的 　关系 （7）理解存款创造、现金投放与商业银行贷款的关系 （8）理解中央银行实施货币调控的工具和机制	4	4	3
第十二章 通货膨胀 与通货紧缩	（1）理解通货膨胀的含义、分类和度量指标 （2）掌握通货膨胀形成的各种原因，重点掌握需求拉 　升型通货膨胀的机理 （3）理解通货膨胀的社会经济效应 （4）理解通货膨胀的各种治理措施 （5）理解通货紧缩的含义、成因及其治理思路	3	3	—
第十三章 货币政策	（1）了解货币政策的最终目标，理解多个最终目标之 　间的矛盾统一关系 （2）掌握货币政策操作目标、中间目标的选择标准和 　特点 （3）了解货币政策的工具体系，掌握主要货币政策工 　具的作用机理及特点 （4）掌握货币政策的多种传导机制	6	6	5

（续）

教学内容	学习要点 与教学建议	课时安排		
		经济类 专业本科	非经济类 专业本科	非经济类 专业选修
第十四章 金融创新、金融 风险与金融监管	（1）掌握金融创新的动因和内容，了解金融风险的类型与特征 （2）了解金融监管的一般理论和金融监管理论的历史演变 （3）掌握金融监管体制的基本内容，包括金融监管的主体、客体、目标等 （4）了解我国金融监管体制的发展历程和《巴塞尔协议》的历史	4	4	3
讨论与案例	建议各章至少选择1个案例，准备工作不占用课内时间，案例讨论时间由教师灵活调整，总时间已经包含在前面的各章中	—	—	—
"读、写、议"	建议结合教学进程中的理论重点和难点、现实中的热点，拟订议题，布置阅读文献和书籍，指导学生撰写读书笔记或小议论文，提高学生对理论和实践相联系的观察认识能力	—	—	—
影视观摩	针对教学中的具体知识点，收集和编排相关的实物影像或影视进行播放，使学生有直观的认识，总时间已经包括在前面的各章中	—	—	—
课时总计		60	60	40

说明：

（1）在课时安排上，经济类专业本科为60个学时，非经济类专业本科分为60个学时和40个学时。标注课时的内容建议要讲，其他内容不一定讲，或者作为选择性补充。

（2）讨论、案例、影像和影视观摩等时间已经包括在各个章节的教学时间中。

简明目录
BRIEF
CONTENTS

目 录
CONTENTS

XIV

第一章
CHAPTER1

金融概览

> 不要吝惜小钱，钱财是有翅膀的，有时自
> 己会飞，有时你必须放它去飞，好招引更多的
> 钱财来。
>
> ——培根

■ 本章概要

金融是现代市场经济的核心，一国经济的正常运转离不开一个健全的金融系统。本章主要概括性地介绍金融架构，重点从金融工具、金融机构和金融市场三方面展开，从而让你对金融体系和金融活动有一个基本的认知。

■ 学习目标

1. 了解金融的内涵、构成要素，掌握金融的功能；
2. 了解金融工具的产生、发展以及类型，理解金融工具的特征；
3. 了解金融市场的含义和发展趋势，掌握金融市场的构成要素、分类以及功能；
4. 了解金融机构的产生和发展，熟悉金融机构体系；
5. 了解金融机构的类型，理解金融机构的功能。

■ 基本概念

金融	金融工具	金融市场	金融机构	偿还性
流动性	安全性	收益性	直接融资	间接融资
金融机构	金融机构体系	信息不对称	道德风险	逆向选择

第一节　金融概述

一、金融的内涵

金融是现代市场经济的核心，一国经济的正常运转离不开一个健全的金融系统。我们可以认为，金融系统"感冒"，企业和个人的经济活动就会"发烧"；金融系统"跛足"，企业和个人的经济活动也就难以"奔跑"了。

金融的含义一般可以理解为货币资金的流动与融通，即货币的发行与回笼，存款的吸收与提取，贷款的发放与回收，金银、外汇的买卖，有价证券的发行与转让，保险与信托，国内、国际的货币结算等一切与货币、信用相关的经济活动。

在现代经济中，金融是指社会经济生活中的货币流通和信用活动，以及与其直接相关的一切经济关系的总和。它涉及货币供给，银行与非银行信用，以证券交易为操作特征的投资、商业保险，以及其他以类似形式进行运作的所有交易行为的集合。

二、金融的构成要素

（一）金融对象

金融对象是货币（资金）。货币（资金）一般包括现金、银行存款或其他金融机构的活期存款，以及本票和汇票存款等可以立即支付使用的交换媒介物。凡是不能立即支付使用的（如银行冻结存款等），均不能视为货币（资金）。这是金融最基本的元素之一，贯穿金融活动的始终，也是金融工具最基本、最主要的存在方式。

（二）金融方式

金融方式主要表现为以借贷为主的信用方式。金融市场上交易的对象，一般是信用关系的书面证明、债权债务的契约文书等，主要包括直接融资和间接融资。前者如企业通过证券公司发行股票获得资金，后者如企业通过商业银行获得资金。区分两者的关键在于，资金需求方与金融机构是否存在债权债务关系。具体而言，企业发行股票，证券公司承销股票，两者之间没有发生债权债务关系；与此不同，企业从商业银行获得资金，企业是债务人，商业银行则是债权人，两者之间存在债权债务关系。

（三）金融机构

金融机构通常包括银行和非银行金融机构。银行金融机构主要指商业银行，非银行金融机构主要包括信托投资公司、证券公司、保险公司、外汇及股票交易所、信用社等。这是作为金融中介方组织参与金融活动的最基本的媒体。

（四）金融市场

金融市场是指金融工具的交易场所或平台，包括资本市场、货币市场、外汇市场、保险市场、衍生性金融工具市场等。

（五）金融监管

金融监管是指一国金融监管机构（如中国银行保险监督管理委员会）对金融活动进行监督和调控。金融监管的目的在于，确保各类金融活动在法律允许的框架下合理有序地进行，从而防范一国金融风险。

以上五个要素的关系可表述为：金融活动一般以金融工具为载体，并通过金融工具的交易，在金融市场中发挥作用来实现货币资金使用权的转移，金融制度和调控机制在其中发挥监督与调控作用。

三、金融的功能

金融的功能，可以理解为金融体系的功能，是指金融本身固有的内在属性，虽然不同的专家学者从不同的角度和阶段出发对这一问题有不同的看法与理解，但其本质上的含义是类似的，即指金融对经济的作用、效能等。一般来说，金融的功能可以概括为六个方面：跨越时间和空间转移资源、管理风险、清算与支付结算、归集资源并细分股份、提供信息以及解决激励问题。

（一）跨越时间和空间转移资源

金融体系为时间上经济资源的跨期转移提供了方便。一方面，经济资源拥有者为了取得未来收益而放弃当前消费；另一方面，需求者现在资源短缺，渴望得到经济资源，以便扩大生产。金融体系满足了双方对于经济资源跨期配置的需求，提升了社会总体效率。

金融体系为空间上经济资源的跨国、跨地区和跨行业转移提供了便利。经济资源有可能远离其利用效率最大化的国家、地区和行业，金融体系通过股票、债券和贷款的形式，实现经济资源的空间转移，最大化经济资源的使用效率。

金融体系为资源的时空同时转移提供了条件。经济状况越复杂，金融体系在跨期转移资源过程中的地位就越重要。金融体系转移资源的功能，推动了经济资源从低收益率的生产单位流向高收益率的生产单位，提高了生产效率和收益。

投资者跨期、跨区转移经济资源之后，在一定时间内丧失了对本金的使用权，但是在某些情况下，投资者可能急需拿回本金，此时，金融体系为投资者提供了流动性，保证投资者所需。因此，富有流动性的金融体系提升了投资者跨期、跨区转移资源的热情，进一步促进了社会经济效率的提高。

（二）管理风险

风险是由于未来存在不确定性而导致损失的可能性。金融体系不仅具有重新配置资源的功能，而且可以重新配置风险。保险公司就是专门从事风险转移的金融中介。保险公司从希望降低风险的客户那里收取保费，同时将风险转移给了为了换取某种回报而愿意偿付索赔、承担风险的投资者。此外，金融体系拥有多元化投资工具，为投资者分散投资风险提供了便利。

资金与风险经常捆绑在一起转移，投资者在投入资金的同时也在承担风险，在收益确定被获取之前，风险始终存在。但有时候，资金与风险并不同时存在，这得益于金融体系的风险转移功能。许多金融合同,例如担保、保险、期货、期权和衍生工具,都可以在不转移资金的情况下转移风险。

(三)清算与支付结算

金融体系具有清算、结算的功能,这为商品、服务和资产的交换提供了便利。原始的物物交易和易货交易,交易方式直接,但是效率很低。在不同国家、地区以及同一地区人们的交换过程中,金融体系提供了双方都可以接受的有效支付途径。居民和企业无须在购买过程中浪费时间与资源。纸币对黄金的替代提高了支付效率,而支票、信用卡、电子汇款又进一步提高了效率。

(四)归集资源并细分股份

金融体系具有归集和细分的功能。相对于企业运作的资本需求量,个人投资者的资金通常是不够的,这时金融体系可以发挥归集资源的作用,聚集众多投资者的资金,集中投向企业,满足企业生产所需。

股票市场为企业股份的细分和流通提供了场所。在不影响企业实际生产的同时,为投资者提供了投资机会并分享企业收益。另外,股份细分降低了投资门槛,为投资者提供了新的投资机会和途径。

(五)提供信息

信息不完全、不对称在很大程度上会影响经济体对投资项目收益的判断以及储蓄投资转化的规模和效率。经济社会中充满了不确定性,获得信息对经济主体而言是有益的,有助于减少风险。在信息不完全的情况下,很难搜寻信息以及保证信号的准确,而在信息不对称的情况下,激励问题普遍存在,这些因素都会影响储蓄投资的转化。

在金融体系中,投资者广泛参与金融交易,促进价格发现。另外,市场中的公允价格为不同经济部门的决策提供信息,有助于决策者把握市场方向。每一种新金融工具的出现都会从一个新的侧面提供信息,供决策者使用。

(六)解决激励问题

在生产经营中,激励问题广泛存在。激励问题的产生源于信息不对称以及所有权和决策权的分离。金融体系为解决激励问题提供了有效的途径,促进了社会生产效率的提高。由于信息不对称问题,合同当事人不易彼此了解,因而需要进行监督和控制,所以产生了激励问题,包括逆向选择、道德风险和委托代理问题。交易前的信息不对称会引发逆向选择问题。在贷款过程中,银行可能会做出错误的贷款选择,贷款给资质差、风险高的公司,背离它们选择的初衷,产生逆向选择问题。因为高风险公司会更努力地包装自己,蒙蔽银行,以取得贷款。交易后的信息不对称会引发道德风险问题。例如,在保险市场中,保单持有者愿意冒更大的风险追求高收益,而所冒风险可能并不为保险公司所知,这样对于保险公司而言就存在风险。在合同领域也存在道德风险,提前支付薪酬后,对员工的工作激励减小了，员工就可能会付出更少的劳动。在风险投资领域，当企业的部分福利已经被转移至并不在意其福利的主体时，他们努力工作的动机就会降低。上述事例中都存在道德风险。

所有权和决策权相分离会造成委托代理问题。拥有所有权，承受与决策相关风险的人被称为委托人，获得决策权的是代理人，由于代理人对于自身权利、地位的追求，他们可能会做出损害所有者利益的决策，例如购买豪华办公设备、兼并收购毫无价值的公司等。

运转良好的金融体系为解决逆向选择、道德风险、委托代理问题提供了便利。贷款抵押机制根据企业市场价值给予管理者酬劳，以股票期权的形式发放薪酬，这些基于金融体系的酬劳支付方式，都在很大程度上缓解了逆向选择、道德风险和委托代理问题。

第二节　金融工具

一、金融工具的产生和发展

在现代金融经济活动中，金融工具作为金融活动的重要载体，有力地促进了国民经济的发展。金融工具是在发达的商品经济条件下，随着信用关系的发展以及货币支付手段职能作用的发挥而产生和发展的。

金融工具又称信用工具或融资工具，是指用来证明或载明债权债务关系或所有权益的具有法律效力的书面凭证。金融工具作为一种债权债务的法律契约，通常要载明债务人身份、债务金额、到期日期和偿还的利率等内容。金融工具经历了从口头承诺、立字为据、挂账到法律凭证的演进，在一定程度上解决了早期金融工具无风险约束的问题，同时，金融工具从最初仅仅作为支付手段和结算工具，不可以买卖转让，发展为可以在金融市场上流通转让的金融工具或金融产品，即金融市场上的交易对象，也正是因为金融工具的可流通性，解决了金融工具的流动性问题，促成了金融市场的发展，从而大大推动了现代股份信用制度的建立。

二、金融工具的特征

随着货币信用经济的发展，金融工具的数量和种类也越来越多，它们各有特点，但从整体上看，金融工具一般具有以下共同特征。

（一）偿还性

偿还性指金融工具的发行人或债务人按期归还全部本金和利息的特性，这是金融工具最基本的特征。各种金融工具（股票和永久性债券除外）一般都载明到期偿还的义务和期限，它是由债务人一方或债权人与债务人双方根据融资需要确定的，期限有长有短，各不相同。不同的偿还期体现它的变现能力大小，这对债权人与债务人具有不同的意义。不同期限的金融工具，能满足广大投资者的不同需求。此外对于金融工具的持有人来说，还可以通过买卖转让金融工具，把无期限化为有期限，把长期化为短期，实现金融工具偿还期的转换。

（二）流动性

流动性指金融工具可以迅速变现而不致遭受损失的能力。凡能随时变现且不受损失的金融工具，其流动性大；凡不易随时变现，或变现中蒙受价格波动的损失，或在交易中要耗费较多的交易成本的金融工具，其流动性小。由此可见，变现的速度和成本是衡量金融工具流动性的重要指标。一般来说，流动性与偿还期成反比，即偿还期越长，流动性越差；流动性与债务人的信用能力成正比，即债务人的资信等级越高，流动性越强。因此，中央银行发行的纸币和商业银行的活期存款具有最充分的流动性，政府发行的国库券也具有较强的流动性。

（三）安全性

安全性指投资于金融工具的本金安全收回的保障程度，或者说避免风险的程度。任何金融工具都存在不同程度的风险，主要有违约风险、市场风险、购买力风险及流动性风险等。违约风险又称信用风险，是指发行公司不按合同履约，或是公司破产等因素造成债券持有人蒙受本息方面损失的风险。市场风险是指由于市场利率变动，造成证券价格下跌的风险。购买力风险是指债券本金和利息收入所表示的实际购买力水平由于通货膨胀等因素造成下降的风险。流动性风险是指在市场上，债券不能以接近市场价值的价格迅速转让，而造成其流动性下降的风险。

（四）收益性

收益性指投资于金融工具能定期或不定期地给投资者带来收益的能力。金融工具的收益主要有固定收益（债券、存单等）和不固定收益（股票）两种。收益的大小是通过收益率来反映的，收益率是净收益对本金的比率。不同的金融工具具有不同的收益率，多种金融工具的存在有利于投资者对不同收益率做出合理的选择。

在以上四个特征中，偿还性是最基本的特征，是金融工具的本质要求。要实现金融工具的偿还性，就要正确处理好另外三性之间的关系。其中，流动性与收益性成反比，与安全性成正比，如短期国债的流动性较强，安全性也较高，但收益性较低。而金融工具的收益性与安全性往往成反比，如股票的收益性高，但安全性较低，是高风险、高收益证券。因此，投资者选择购买什么样的金融工具，应根据自己的偏好权衡利弊，灵活选择。

三、金融工具的类型

金融工具种类繁多，按不同标准进行分类，主要有以下几种。

（1）以金融工具的偿还期为标准，可分为短期金融工具和长期金融工具，这是一种常用的分类方法。短期金融工具是指偿还期在 1 年以内的信用凭证，在金融市场上又被称为货币市场工具。长期金融工具是指偿还期在 1 年以上的信用凭证，在金融市场上又被称为资本市场工具。

（2）以金融工具发行者的性质为标准，可分为直接金融工具和间接金融工具。前者是指非金融机构（如工商企业、政府或个人）为筹集资金直接在市场上发行的信用凭证，后者是指金融机构所发行或签发的信用凭证。

（3）以金融工具的付款方式为标准，可分为即期金融工具和远期金融工具。前者是指见票即付的信用凭证，后者是指规定一定期限付款的信用凭证。

（4）以金融工具运用目的为标准，可分为消费金融工具和投资金融工具。前者是指直接用于以消费为目的的信用凭证，后者是指直接用于以生产经营为目的的信用凭证。

随着金融创新不断发展，区别于传统的金融工具，但又依托于传统金融工具而形成的衍生金融工具得以快速发展。

第三节　金融市场

一、金融市场的含义

在经济系统中引导资金流向，使得资金由盈余部门向短缺部门转移的市场即为金融市场。金融市场属要素类市场，在这个市场上进行资金融通，实现借贷资金的集中和分配，完成金融资源的配置过程。通过金融市场上金融资产的交易，最终可以帮助实现和优化社会实物资源的配置。

金融市场有广义和狭义之分，广义的金融市场包括货币资金借贷、办理各种票据和有价证券买卖等领域，泛指资金供求双方运用各种金融工具，通过各式各样的金融性交易活动实现资金余缺的调剂和有价证券的买卖，如存款、贷款、信托、租赁、保险、票据贴现与票据抵押、黄金与外汇买卖等。狭义的金融市场则一般限定在以有价证券为金融工具的交易活动。

在金融市场上，资金盈余方提供的储蓄通过两种途径转移给资金短缺方：直接融资和间接融资。在直接融资市场上，资金短缺者可以通过发行股票、债券、票据等直接金融工具，通过证券经纪人和交易商出售给资金盈余方，实现资金从盈余方向短缺方的流动；当然也可以由资金盈余方直接贷款给资金短缺方。在间接融资市场上，资金盈余方向资金短缺方转移借贷资金是通过金融中介组织进行的，商业银行、人寿保险公司、储蓄贷款协会、信托公司等是主要的金融中介组织，资金盈余者通过储蓄存款、购买人寿保险单或信托存款等方式向金融中介组织提供资金，再由这些金融中介组织向资金短缺者以发放贷款的方式转移资金。图 1-1 描述了金融市场不同融资方式的运作流程。

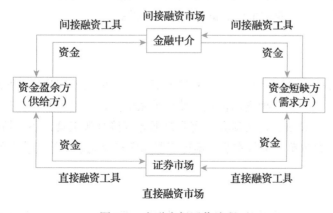

图 1-1　金融市场运作流程

专栏 1-1

外源融资和内源融资

按照资金的来源渠道，企业融资可以分为外源融资和内源融资。

内源融资是指在企业创办过程中原始资本积累和企业运行中剩余价值不断资本化的过程。内源融资具有内生性，是典型的自有资本，是企业承担民事责任和自主经营、自负盈亏的基础。因此，内源融资决定了一家企业向外举债或外源融资的能力和数量。此外，相比外源融资，内源融资还具有成本低、约束少等优势。但是，企业内源融资并非范围越广、规模越大越好。内源融资的另一个侧面就是数量小型化，主体分散化，融资低效率。

外源融资是指企业通过一定途径或借助某种金融工具获取他人资金的融资，它对企业具有资本形成的高效性、灵活性、大型化和集中化的特点。因此，在经济货币化、信用化和证券化的进程中，外源融资对企业发展来说是最重要的方式。虽然外源融资有很多优点，但是，外源资金对企业具有使用的代价性、期限的流动性和市场的风险性限制。外源融资可以分为外源债务性融资和外源权益性融资，前者形成企业债务，后者与内源融资共同形成企业自有资本。根据融资形式，外源融资又可以分为间接融资和直接融资。

内源融资和外源融资以及外源融资的各种来源之间在企业融资安排中的比例及地位关系，就是企业的融资结构。最优的融资结构是根据企业目标，进行成本收益比较后确定的各种融资手段的最佳比例。

资料来源：钱水土，等．货币银行学 [M]．2 版．北京：机械工业出版社，2013：89-90．

二、金融市场的构成要素

世界各国金融市场的发达程度尽管各不相同，但就市场本身的构成要素来说，都不外乎金融市场主体、金融市场客体、金融市场组织方式、金融市场价格、金融监管机构、中介服务机构 6 个要素。

(一) 金融市场主体

所谓金融市场主体，即金融市场的交易者。这些交易者或是资金的供给者，或是资金的需求者，或者以双重身份出现。金融市场上的交易者必须是能够独立做出决策并承担利益和风险的经济主体，主要包括家庭与个人、工商企业、金融机构和政府团体等。但作为资金供给者和需求者，这四类主体的重要性是不一样的。

(二) 金融市场客体

金融市场客体是指金融市场的交易对象或交易的标的物，即通常所说的金融工具。金融工具又称信用工具，是一种表示债权、债务关系的凭证，是具有法律效力的契约。通常包括公债、国库券、股票、公司债券、商业票据等直接金融工具，还包括金融机构发行的金融债券、可转让存款单、银行本票、银行汇票和银行承兑票据等间接金融工具。

(三) 金融市场组织方式

金融市场组织方式是指将市场主体同客体建立联系并得以进行资金供求交易的方式，

具体有三种方式：一是集中交易方式，即在固定场所有组织、有制度地进行集中交易，如证券交易所交易；二是分散交易方式，即在各金融机构柜台上，买卖双方进行面议的、分散交易的方式，如柜台交易；三是无形交易方式，即没有固定场所，甚至不直接接触，主要借助于计算机终端和网络技术来进行交易，如美国的第三市场和第四市场。

（四）金融市场价格

金融市场价格是金融市场的基本构成要素之一。由于金融商品的交易价格同交易者的实际收益密切相关，所以它自然备受关注。不同的金融工具具有不同的价格，并受众多因素的影响，因此金融市场变得更加复杂。

（五）金融监管机构

金融监管大致包括两个层次的含义：其一是指国家或政府对金融市场上各类参与机构和交易活动所进行的监管；其二是指金融市场上各类机构及行业组织进行的自律性管理。金融监管机构是指专门对金融市场行使监管职能的机构，既包括中央银行和国家专设的其他监管机构，也包括证券交易所和金融系统内各类行业性协会组织等自律性监管机构。

（六）中介服务机构

金融市场除了包括交易双方，还包括那些在金融市场上充当交易中介，以及为金融交易提供服务或促使交易完成的组织、机构或个人。中介服务机构与金融市场主体之间有着重要区别，中介服务机构参与金融市场活动，但并非真正意义上的资金供给者或需求者，而是要赚取佣金或劳务费，包括各种中介机构、各类经纪人、律师事务所和会计事务所等。

金融市场六要素之间是紧密联系、互相促进、相互影响的。其中金融市场主体与金融市场客体是最基本的要素。

三、金融市场的分类

在金融市场上，金融交易的对象、方式、条件、期限是多种多样的，可以从不同的角度对金融市场进行不同的分类，各种不同类型的金融市场构成了广义的金融市场。

（1）按交易的金融工具期限不同划分，金融市场可分为货币市场和资本市场。货币市场即短期资金市场，即专门融通1年以内短期资金的市场，主要解决市场主体的短期性、临时性资金需求。资本市场又称为长期资金市场，是提供长期性资本的市场，其交易对象都是期限在1年以上的金融工具，主要满足政府和企业部门对长期资金的需求。

（2）按交割方式不同划分，金融市场可分为现货市场和期货市场。现货市场在成交后的1~3个营业日内立即付款交割。期货市场在成交后的约定日期（一般为30天、60天）以后再进行交割。

（3）按交易的程序不同划分，金融市场可分为一级市场和二级市场。一级市场又被称为初级市场，是指新证券发行的市场，即公司或政府向最初购买者出售新发行的证券（债券或股票）的金融市场。二级市场通常又被称为次级市场，是指已经发行的证券进行转让、买卖和流通的市场。

（4）按交易的地域范围不同划分，金融市场可分为国内金融市场和国际金融市场。

（5）按交易的对象不同划分，金融市场可分为外汇市场、黄金市场、保险市场、各种有价证券市场等。

四、金融市场的功能

金融市场通过组织金融资产、金融产品的交易，可以发挥六个方面的功能。

（一）金融市场具有提高资金配置效率的功能

金融市场的存在扩大了资金供求双方接触的机会，为投资者和筹资者开辟了更广阔的投融资途径。投资者可以选择适合自己的投资工具，而筹资者也可以选择适合自己的筹资方式，双方都谋求最佳经济效益，将资金投向最有利的投资项目，使社会资金的配置得到优化。同时，各种金融资产价格的变化，引导了资金的流向，使资金在各部门、各产业和各行业之间重新组合、重新配置，从而提高了资金的总体配置效率。

（二）金融市场具有降低搜寻成本和信息成本的功能

搜寻成本是指为寻找合适的交易对方所产生的成本。信息成本是在评价金融资产价值的过程中为了解相关信息而发生的支出，金融市场帮助降低搜寻成本与信息成本的功能主要是通过专业金融机构和咨询机构而发挥的。如果没有专门从事证券承销业务的中介机构和专门提供信息的中介机构，那么单纯依靠发行证券的企业和需要信息的企业自己去寻找社会投资者和搜集信息，搜寻成本会高很多。同时，众多金融中介的存在以及它们之间的业务竞争，还可以使搜寻成本和信息成本不断降低。

（三）金融市场具有价格发现的功能

一般说来，金融资产均有票面金额。但相当多的金融资产，其票面标注的金额并不能代表其内在价值。以股票为例，体现在每一股份上的内在价值与股票票面标注的金额往往存在极大的差异。企业资产的内在价值（包括企业债务的价值和股东权益的价值）是多少，只有通过金融市场交易中买卖双方相互作用的过程才能"发现"，即必须以该企业有关金融资产的价格作为依据来估价，而不是简单地以会计报表的账面数字作为依据来计算。金融市场价格的波动和变化是经济活动的晴雨表，能够及时反映经济活动的走势。当然，金融市场的定价功能同样依存于市场的完善程度和效率。

（四）金融市场具有风险分散和风险转移的功能

金融市场的发展促使居民金融资产多样化和金融风险分散化。在金融市场不发达的条件下，居民的金融资产过于单一，主要是银行储蓄存款。大量的储蓄存款导致了银行的巨额利息支出，风险完全集中于银行，这是非常危险的。在市场经济条件下，经济发展的程度越高，越要求有多样化、创新的金融工具与之相适应。发展金融市场就为居民投资多样化、金融资产多样化和银行风险分散化开辟了道路，为经济持续、稳定发展提供了条件。同时，居民通过选择多种金融资产，灵活调整剩余货币的保存形式，增强了投资意识和风险意识。

（五）金融市场具有提供流动性的功能

金融市场的存在可以帮助金融资产的持有者将资产出售、变现，如果没有金融市场，人们将不愿意持有金融资产；企业将可能因为金融产品发行困难而无法筹集到足够的资金。尽管金融市场中所有产品的交易市场都具有提供流动性的功能，但不同的金融产品市场的流动性是不同的，这取决于金融产品的期限和风险等品质因素。

（六）金融市场为金融管理部门进行金融间接调控提供了条件

以上五点主要讲述了金融市场的直接功能。事实上，金融市场还有一个重要的间接功能——为宏观经济管理提供工具和手段。首先，金融间接调控体系必须依靠发达的金融市场来传导中央银行的政策信号，通过金融市场的价格变化来引导各微观经济主体的行为，实现货币政策调整意图。其次，在发达的金融市场体系内部，各个子市场之间存在高度相关性。如货币市场的变化会迅速在资本市场中得到反映，通过资本市场的行情变化进一步扩大货币政策影响范围。随着各类金融机构更加广泛地介入金融市场运行之中，中央银行间接调控的范围和力度将会伴随金融市场的发展而不断加强。

🌐 专栏 1-2
金融机构与证券市场功能对比

在不同国家，企业融资的方式不尽相同，但有一个关键的事实是不容忽略的。对美国、加拿大、英国、日本、意大利、德国与法国等发达国家的研究表明，当企业试图为其业务活动寻找资金来源时，它们通常都会求助于金融机构，而非证券市场。即使在美国和加拿大这些证券市场最为发达的国家中，金融机构对于企业筹资而言，也远比证券市场重要。对证券市场利用最少的国家是德国和日本，在这两个国家中，通过金融机构融资的规模约是证券市场的 11 倍。然而，随着近年来日本证券市场管制的大大放松，企业通过金融机构融资的份额相对于证券市场而言有所下降。

虽然在所有的国家中，金融机构的重要性都超过证券市场，但债券与股票市场的相对重要性因国别不同而有所不同。在美国，作为企业筹资的场所，债券市场的重要性远远超过股票市场：债券融资规模是股票融资规模的 10 倍。而在法国和意大利，股票市场融资的规模大于债券市场。

资料来源：弗雷德克里·米什金.货币金融学 [M].郑艳文，荆国勇，译.北京：中国人民大学出版社，
2016：31-32.

五、金融市场发展的趋势

(一) 金融证券化

金融证券化又被称为"金融非中介化"或"融资脱媒",指的是 20 世纪 80 年代以来西方发达国家直接金融的发展速度大大超过间接金融的发展速度,在整个金融市场上直接金融所占的比例日益赶上和超过间接金融的现象。金融证券化实际上是筹资手段的证券化,即传统的通过银行来筹资的方式逐渐向通过证券市场发行证券的方式转变。

(二) 金融全球化

自 2008 年国际金融危机以来,单边主义、贸易保护主义、逆全球化思潮有所抬头,经济全球化进程遭遇严峻挑战。特别是 2018 年以来,美国频频挥舞贸易保护主义大棒,表现出明显的逆全球化倾向。然而,经济(包括金融)全球化是历史大势、时代潮流。中华人民共和国国家主席习近平也指出:"经济全球化符合生产力发展要求,符合各方利益,是大势所趋。"事实上,金融市场的全球化同样已成为当今世界的一种重要趋势。20 世纪 70 年代末期以来,西方国家兴起的金融自由化浪潮,使各国政府纷纷放宽对金融业活动的管制。随着外汇、信贷及利率等方面管制的放松,资本在国际上的流动日渐自由,国际利率开始趋同。目前,国际金融市场正在形成一个密切联系的整体市场,在全球各地的任何一个主要市场上都可以进行相同品种的金融交易,并且由于时差的原因,由伦敦、纽约、东京和新加坡等国际金融中心组成的市场可以实现 24 小时不间断的金融交易。

(三) 金融自由化

金融自由化的趋势是指 20 世纪 70 年代中期以来在西方国家,特别是发达国家所出现的一种逐渐放松甚至取消对金融活动的一些管制措施的过程。金融自由化是和金融证券化、全球化相伴而生的,金融自由化导致金融竞争更加激烈,这在一定程度上促进了金融业经营效率的提高。当然,金融自由化也同样带来了诸多问题。对金融市场管制的放松,有可能危及金融体系的稳定,金融自由化还给货币政策的实施及金融监管带来了困难。

(四) 金融数字化

目前,全球数字化浪潮蓬勃兴起,金融业发展从"电子化""信息化"发展阶段逐步向"数字化"阶段迈进。在此过程中,金融科技已成为金融数字化转型的重要驱动力,包括云计算、大数据、人工智能、区块链在内的新兴技术广泛应用于金融领域,"数字银行""数字证券"以及"数字保险"初现端倪。展望未来,"数字银行"将借助人工智能、大数据等科技手段,更加深入地关联、分析经济数据和产业动态信息,更加精准地优化信贷流程与信用评价模型;"数字证券"通过自身所承载的区块链底层技术将彻底改变传统资本市场基础设施,将会和加密货币共同开启开放金融的大门,诞生出全新的交易类型和交易品种;"数字保险"将重塑保险业,为保险业打开更加广阔的发展空间,在数字经济的强劲驱动下,以客户数据为最宝贵资产的保险业(尤其是寿险)将很快融入数字经济基因,迅速向数字化转型,实现为保险市场提供更快速、更便捷和更低廉的成本服务的新兴模式。

第四节　金融机构

一、金融机构的产生和发展

由于银行在金融机构体系中的重要地位，所以金融机构的产生和发展的历史，就是一部以银行的产生和发展为代表的历史。银行是经营货币和信用业务的金融机构，通过发行信用货币、管理货币流通、调剂资金供求、办理货币存贷与结算，充当信用的中介人。银行是现代金融业的主体，是国民经济运转的枢纽。

(一) 银行的起源

银行一词最早始于意大利语"banco"，英语转化为"bank"，其原意是指存放钱财的柜子，后来用于指专门从事货币存、贷，办理汇兑、结算业务的金融机构。以银行为主体的金融机构体系是商品经济发展的必然产物。从历史上看，12世纪中期，在欧洲许多城市，随着商业的发展，商品交换的范围不断扩大，不同地区和不同国家之间的经济往来与交换活动日益增多。由于不同地区和国家使用的货币种类繁多，于是，有些意大利商人在威尼斯等地，犹太商人则在伦巴特等地，沿街摆摊设铺，专门从事鉴定、兑换各种货币的业务，偶尔也接受存款和发放高利贷。由于这些经营货币业务的商人多坐在长凳上做生意，所以意大利人便把他们形象地称为"banco"，英语中的"bank"和法语中的"banguc"就是由此演变而来的。这种从事货币业务的信用中介组织，又被称为货币经营业，正是银行业的发端。货币经营业作为银行业的鼻祖，是专门从事货币的兑换、保管、收付、汇兑等与货币流通有关业务的行业。据历史记载，最早的银行业发源于西欧古代社会的铸币兑换业，公元前2000年的巴比伦寺庙、公元前500年的希腊寺庙、公元前200年的罗马帝国，先后出现了银钱商和类似银行的商业机构。

(二) 银行的发展

随着商品货币经济的发展，货币经营业由于其业务不断扩大，积累了大量的货币资金，而当社会上有人需要借用货币时，货币经营业主就将手中聚集起来的一部分货币资金贷放出去，以赚取利息收入。这就产生了新的业务，即贷款业务。后来，社会上一些有钱而暂时不用的人，也把钱存放在货币经营业主那里，让他们贷放出去给自己带来利息，原先的货币保管业务也逐渐变为存款业务。当存贷款等信用业务成为主要业务时，货币经营业就发展成为银行业了，原来的货币经营业主也就成了银行家。从这个意义上说，贷款业务是货币经营业转变为银行业的重要标志。从历史上来看，意大利于1171年建立的威尼斯银行、1407年成立的热那亚银行、1583年建立的米兰银行，荷兰于1609年成立的阿姆斯特丹银行，德国于1619年成立的汉堡银行等，都是当时著名的早期银行。这些早期银行虽然从事存、贷、汇等银行基本业务，具备了银行的支付中介、信用中介的基本职能，但都是与当时的生产方式相适应，在经济发展中处于适应性地位，带有高利贷性质，不能适应社会化大生产的需要，成为现代工商业发展的障碍。这也催生了现代银行的出现。

现代银行主要通过两条途径产生：一条是早期的高利贷性质的银行逐步适应新的条件

转变成为现代银行；另一条是根据公司股份原则组建的现代股份制银行，以1694年英国成立的英格兰银行最为典型。1694年，在英国政府的支持下，以股份公司形式成立了英格兰银行。英格兰银行以工商企业为主要业务对象，向它们发放低于平均利润率的低利率贷款，并提供各种金融服务，适应了社会化大生产发展的需要。股份制银行的出现标志着现代银行制度的建立，也意味着高利贷在信用领域的垄断地位已被动摇。此后，西方其他国家也效仿英国，纷纷建立起股份制银行。

现代银行与早期银行相比具有如下特点：其一，银行贷款利率较低，如英格兰银行将贴现率规定为4.5%～6%，符合了生产和流通发展的需要；其二，信用功能扩大，发行银行券，代理货币收付结算，代办信托、汇兑、信用证，代理买卖和承销有价证券等；其三，具有信用创造功能，现代银行实行部分准备金制度和转账结算，创造存款货币，并用于扩大放款和投资，影响信贷总量，进而影响社会货币供应量。

🌐 专栏 1-3

中国商业银行的起源和发展

在中国，货币经营业出现得比较早，大概可追溯到南北朝和唐朝时期。我国明朝末年开始出现了类似银行的钱庄和票号，到17世纪至18世纪期间（也就是西方现代商业银行诞生的时期），我国这些高利贷性质的钱庄和票号发展十分兴盛，但最终在清政府的限制和外国银行的压迫下走向衰落。至此，我国银行业的发展已处于相对落后的局面。

我国近代银行业是在19世纪中叶外国资本主义银行入侵我国之后才兴起的。1845年我国出现了第一家具有现代意义的银行——丽如银行，这是一家英资银行。此后不断有外资银行进入我国建立分行。

在华外国银行对我国银行业的兴起起到一些刺激作用。为了摆脱外国银行的支配，清政府于1897年建立中国通商银行（我国自办的第一家银行），它的成立标志着中国现代银行业的开始。这家银行是以商办的面目出现的，但实际上受控于官僚、买办。1904年，我国又组建了官商合办的户部银行，1908年改为大清银行，1912年又改为中国银行；此外，1907年设立了交通银行，其性质也是官商合办。与此同时，一大批股份制或私人独资兴办的较典型的民族资本商业银行也开始成立。

在国民党统治时期，国民党政府直接垄断当时的金融体系，即四行（中央银行、中国银行、交通银行和中国农民银行）、两局（中央信托局和邮政储金汇业局）和一库（中央合作金库）。四行两局一库主宰了全国的金融业务。

中华人民共和国成立后，中国的商业银行得到了较为快速的发展。改革开放后，为适应经济发展和体制改革的需要，加强金融服务，充分发挥银行在国民经济中的作用，1986年7月，中华人民共和国国务院（简称"国务院"）决定重新组建交通银行。重新组建后的交通银行，于1987年4月1日正式对外营业。它是中华人民共和国建立以来第一家综合性股份制商业银行。此后，各地相继成立了数家商业银行。

随着我国金融体制改革的深入，专业银行加速了向商业银行转轨的进程。1995年5月10日，第八届全国人民代表大会常务委员会第十三次会议通过了《中华人民共和国商业银行法》，至此，我国基本完成了中国工商银行、中国农业银行、中国银行和中国建设银行四大专业银行向商业银行的转轨，并初步形成了现代商业银行体系。

资料来源：根据 http://bank.hexun.com/2008/kaifang1/index.html 提供的资源整理所得。

二、金融机构的类型

现代金融机构是一个庞大复杂的系统，其构成种类繁多，名称不一，在不同的历史阶段，不同的国家，其表现都不一样，但又都是按一定的规律形成的有机组合，并对整个国家的经济发挥着重要的作用。从不同的角度出发和按照不同的标准可以对金融机构进行分类。常见的基本分类如下。

（1）根据是否接受公众存款，可以分为存款类金融机构和非存款类金融机构。这是最为常见的一种分类。存款类金融机构以接受活期存款、从事转账结算业务为基础，具有信用创造功能，其负债可以发挥交换中介和支付手段的职能作用，其资产业务主要是承做短期贷放，所以是以存款负债为前提的资产运作机制，也称为银行金融机构，如中央银行、商业银行、储蓄贷款协会、互助储蓄银行和信用社；非存款类金融机构，其业务的资金来源是通过发行金融工具或签订契约等渠道筹集起来的，资产业务则以非贷款的某项特定的金融业务为主，如专门从事保险、证券、信托、租赁等不同业务，又有非银行金融机构之称。

（2）根据金融机构的职能作用，可以分为管理型金融机构和接受管理的金融机构。管理型金融机构是具有金融管理监督和调节职能的金融机构，主要有中央银行和有关金融监管部门，如我国的"一行两会"；接受管理的金融机构是指从事经营金融业务，接受相关部门严格监管的大多数金融机构，如众多的商业银行、证券公司和保险公司等。

（3）根据金融机构是否承担一国政策性任务，可以分为政策性金融机构和非政策性金融机构。政策性金融机构是指由政府出资创办，按照政府意图与计划从事金融活动，不以盈利为目的的金融机构；非政策性金融机构则是以盈利为目的，自主经营、自负盈亏、自求平衡、照章纳税的商业性金融机构。

此外，金融机构还有其他的分类。按照出资形式的不同划分，有独资、合资、股份制和合作性质的不同组织制度的金融机构；按照资本所有权归属不同划分，有国有银行、私营银行、公私合营银行和信用合作组织；按照业务范围的区域不同划分，有全国性、地方性和区域性甚或全球性的金融机构。总之，在现代金融机构系统中，中央银行或货币管理当局是核心，处于领导地位，各种类型的银行金融机构和非银行金融机构并存，相互协调，相互补充，公平竞争，共同促进整个金融机构系统的形成和发展。

随着金融业的竞争愈演愈烈，金融创新的发展和金融自由化的趋势使得各国金融管理当局的金融管制逐渐放松，金融混业经营不断加强，金融机构的分类标准也在发生变化，尤其是银行与非银行机构之间的分类将不再明显，各国金融机构的类型和构成将主要取决于各国实际经济发展的客观需要与金融管理的需要。

三、金融机构的功能

（一）降低交易成本和提高交易效率

降低交易成本是金融机构十分重要的一个功能。交易成本是指在金融交易过程中所耗用的时间和金钱。假设你需要一笔 100 万元人民币的贷款来支持你的投资计划，尽管经济社会中有很多人手头拥有闲置资金可以满足你的融资需求，但你依然不容易获得投资所需的这笔资金，因为你的搜寻成本太高，且搜寻效率也很低。即便你可以从其他人那里获得这笔融资，但对方索取的贷款利率可能远高于你的投资收益，你最后不得不让自己的投资计划破产。谁可以帮助你走出这种困境？答案是金融机构。

金融机构能够大大降低交易成本和提高交易效率，原因在于，一方面，金融机构规模较大，因此可以较为充分地享受规模经济的好处，随着交易规模的扩大，平摊在每一单位货币上的成本在降低；另一方面，它们具备专业手段，单位时间的交易次数可以更多，交易效率更高。

（二）分担风险和实现资产的多样化

金融机构较低的交易成本还能减少投资者所面临的风险，即投资者资产收益的不确定性。金融机构通过风险分担机制来实现这个功能：金融机构所设计和提供的资产品种的风险在投资者所能承受的范围之内，金融机构用销售这些资产所获取的资金去购买风险大得多的资产。低交易成本允许金融机构以较低的成本进行风险分担，使得它们能够获取风险资产的收益与已出售资产的成本之间的差额，这也是金融机构的利润。这个风险分担的过程有时也被称为资产转换，因为从某种意义上讲，对投资者而言，资产被转化为安全性更高的资产。

帮助个人实现资产的多样化，是金融机构分担风险的另外一个途径。鸡蛋不宜放在同一个篮子里，个人资产多样化可以降低可能会遭受的风险。多样化包括投资于收益变动方向不一致的一系列资产，比如你可以同时购买股票、债券以及储蓄产品。

（三）解决信息不对称和提供信息分享

金融机构可以在较大程度上解决信息不对称问题。信息不对称包括逆向选择和道德风险。在金融市场上，交易一方对另一方缺乏充分的了解，以至于无法做出正确的决策，这种不对等的状态被称为信息不对称。例如，相对于贷款人而言，借款人对于投资项目的潜在收益和风险了解得更为清晰。

在金融交易之前，信息不对称所导致的问题是逆向选择。金融市场的逆向选择是指，那些最可能造成不利（逆向）后果即制造信贷风险的潜在贷款人往往是那些最积极寻找贷款，并且最可能获取贷款的人。对此，我们举例说明，假设你可能向你的两位同学张三和李四发放贷款，张三和李四的融资额均为1万元人民币。张三较为保守，只有在确认投资项目具备较强的收益能力时才会借款。李四则相反，属于风险偏好型投资者，惯于赌博，对迅速致富的高收益项目十分感兴趣，然而，这类高收益项目往往风险较大，李四的投资也可能颗粒无收。

哪位同学最可能向你寻求贷款呢？显然是李四，因为李四的投资意愿更强烈，如果投资项目成功，他就可以大赚一笔。然而，对你而言，你并不愿意借款给他，因为项目失败的概率很大。

如果你非常了解你的两位同学，也就是说你们之间的信息是对称的，那么理性的你不会把钱借给李四。然而，假定你并不十分了解你同学的投资风险偏好意识，由于李四的借款意愿更为强烈，不停地与你软磨硬泡，所以你更可能贷款给李四而非张三。由于逆向选择的存在，你可能决定拒绝向你借款的任何一位同学。

在交易之后，信息不对称导致的问题称为道德风险。金融市场中的道德风险是借款人可能从事不利于贷款人的（不道德）活动，比如，无视投资风险，改变之前的投资计划，对高风险、高收益项目进行投资，因为这些活动加大了贷款无法清偿的概率，你可能决定不发放贷款。

逆向选择和道德风险所造成的问题是干扰金融市场正常运行的重要障碍，而金融机构恰恰能够防范这些问题的发生。一方面，与个人相比，金融机构有专业人员进行风险甄别，掌握了高水平的信贷风险技术，从而可以降低由逆向选择所造成的损失；另一方面，它们具有专业技术来监督贷款发放之后借款人的活动，进而降低道德风险造成的损失。可以认为，金融机构为经济社会提供了流动性服务，承担了风险分担的职能，并能够解决信息不对称问题，有效地帮助了小额储蓄者和借款人，因此在经济中发挥了重要作用。

（四）扩大范围经济和减少利益冲突

金融机构可以获得范围经济，但同时面临着利益冲突。金融机构在经济中发挥重要作用的另一个原因是，它们可以向客户提供多种金融服务，例如发放贷款以及帮助客户销售证券等。与此同时，金融机构也可以获得范围经济，也就是说，通过将同一信息源应用于多种金融服务，它们可以降低每种金融服务的信息成本。例如，当银行向某公司发放贷款时，需要评估该公司的信用风险，这一信息也可以用来评估该公司的债券，从而能够将其顺利地销售给公众。

虽然金融机构可以从范围经济中受益，但也需要付出潜在的成本，即利益冲突。利益冲突是一种道德风险问题，是指当某人或某公司有多重目标（利益）时，其中一些与另外一些可能会发生冲突。提供多元化服务的金融机构可能会出现利益冲突问题。这些服务的利益之间存在着潜在的竞争关系，会使得相关人士或者企业选择隐瞒信息或者散布误导性信息。利益冲突会显著减少金融市场的信息量，加剧信息不对称问题，阻碍金融市场将资金提供给最具生产性投资机会的借款人，进而降低金融市场和经济的效率，因此这一问题值得关注。

四、金融机构体系

金融机构体系是指在一定的历史时期和社会经济条件下，由各种不同的银行和非银行金融机构有机结合形成的不同层次、彼此间相互联系的整体系统。各个国家由于历史的原因和经济发展的进程不同，金融机构体系的构成有所差别。下面我们将概括介绍西方主要发达国家金融机构体系的构成情况和基本内容。

世界各国的金融机构体系，从总体上看规模庞大，功能齐全，种类繁多，形式各异。虽然从20世纪末至今金融业呈现混业经营的发展趋势，使得银行和非银行金融机构体系之间的差别不再分明，但是就基本框架来看，金融机构体系目前还是由银行和非银行金融机构两大系统构成。

其中银行金融机构体系的设置形式和具体内容在各个国家又不尽相同。如对同类性质的银行有不同的名称，或对性质不同的银行却使用同样的名称。就整个银行机构体系的组成来看，主要有中央银行、商业银行和各式各样的专业银行三大类。至于非银行金融机构的构成则更为庞杂，包括保险公司、投资银行、退休和养老基金组织、共同基金、信托投资公司、消费信贷机构、租赁公司等。比如，有些冠名为银行但实质上不是真正的银行，如美国的投资银行并非银行，而是证券类投资机构。而有一些没有银行的冠名，却是真正的银行，如美国的储蓄信贷协会等，其实是一家专业银行。

延伸阅读

中华人民共和国成立以来的金融机构体系：发展历史与现状

中华人民共和国金融机构体系的建立与发展大致可分为以下几个阶段。

1. 1948 年至 1953 年：初步形成阶段

1948 年 12 月 1 日，在原华北银行、北海银行、西北农民银行的基础上，我国建立了中国人民银行，它标志着中华人民共和国金融机构体系的开始。

2. 1953 年至 1978 年："大一统"的金融机构体系

1953 年，我国开始大规模、有计划地进行经济建设，在经济体制与管理方式上实行了高度集中统一的计划经济体制及计划管理方式。与之相对应，金融机构体系也实行了高度集中的"大一统"模式。这个模式的基本特征为：中国人民银行是全国唯一一家办理各项银行业务的金融机构，集中央银行和普通银行于一身，其内部实行高度集中管理，利润分配实行统收统支。

3. 1979 年至 1983 年 8 月：初步改革和突破"大一统"金融机构体系

1979 年中国银行从中国人民银行中分离出来，作为外汇专业银行，负责管理外汇资金并经营对外金融业务；同年，恢复中国农业银行，负责管理和经营农业资金；1980 年我国试行基建投资"拨改贷"后，中国建设银行从中华人民共和国财政部（简称"财政部"）分设出来，最初专门负责管理基本建设资金，1983 年开始经营一般银行业务。

4. 1983 年 9 月至 1993 年：多样化的金融机构体系初具规模

1983 年 9 月，国务院决定中国人民银行专门行使中央银行职能；1984 年 1 月，单独成立中国工商银行，承担原来由中国人民银行办理的工商信贷和储蓄业务；1986 年以后，增设了全国性综合银行如交通银行、中信实业银行等，还设立了区域性银行如广东发展银行、招商银行等；同时批准成立了一些非银行金融机构如中国人民保险公司、中国国际信托投资公司、中国投资银行、光大金融公司、各类财务公司、城乡信用合作社及金融租赁公司等。在金融机构体系加大改革力度的同时，金融业进一步实行对外开放，允许部分合格的营业性外资金融机构在我国开业，使我国金融机构体系从封闭走向开放。

5. 1994 年至今：建设和完善社会主义市场金融机构体系的阶段

1994 年国务院决定进一步改革金融体制。改革的目标之一是建立在中央银行宏观调控下的政策性金融与商业性金融分离、以国有商业银行为主体的多种金融机构并存的金融机构体系。为此，1994 年以来金融机构体系改革的主要措施有：分离政策性金融与商业性金融，成立三大政策性银行；国家四大专业银行向国有商业银行转化；建立以国有商业银行为主体的多层次商业银行体系。1996 年我国组建了第一家民营商业银行——中国民生银行；

同年在清理、整顿和规范已有的城市信用社的基础上，在各大中城市开始组建城市合作银行，1998 年更名为城市商业银行；大力发展证券投资基金等非银行金融机构；不断深化金融业的对外开放。为了加强对金融机构的监管，1992 年成立了中国证券监督管理委员会（简称"证监会"），1998 年成立了中国保险监督管理委员会（简称"保监会"），2003 年成立了中国银行业监督管理委员会（简称"银监会"），形成了"分业经营、分业监管"的基本框架。这一新的金融机构体系目前仍处在完善过程之中，2018 年 4 月 8 日，中国银行保险监督管理委员会（简称"银保监会"）正式成立，银监会和保监会成为历史。

截至 2019 年 8 月，我国已基本形成了以中国人民银行为核心，银保监会、证监会作为最高金融管理机构，商业银行为主体、多种金融机构并存，分工协作的金融机构体系。金融机构的多样化是市场经济发展和经济结构多元化的客观要求。社会融资渠道和国民收入分配格局的变化，经济主体的多样化，金融市场的发展，等等，这一切都要求建立各类金融机构，为不同层次经济主体的经济活动发展提供服务。我国金融机构按其地位和功能可分为两大类：一类是管理性金融机构；另一类是经营性金融机构，其中经营性金融机构又可以分为银行金融机构和非银行金融机构，银行金融机构包括政策性银行、商业银行、村镇银行。银保监会的数据显示，截至 2018 年 12 月末，中国有银行业金融机构 4 588 家，较之 2017 年年底的 4 549 家仅增加了 39 家。非银行金融机构主要包括国有及股份制的保险公司、城市信用合作社、证券公司（投资银行）、财务公司、第三方理财公司等。

资料来源：中国银行保险监督管理委员会网站。

⊙ 名人传记　新古典学派的奠基人：阿尔弗雷德·马歇尔
请扫描二维码详尽了解名人传记

▨ 本章小结

1. 在现代经济中，金融是指社会经济生活中的货币流通和信用活动，以及与其直接相关的一切经济关系的总和。它涉及货币供给，银行与非银行信用，以证券交易为操作特征的投资、商业保险，以及其他以类似形式进行运作的所有交易行为的集合。

2. 金融工具是信用活动发挥其作用的有效载体，偿还性、流动性、安全性和收益性是其主要特征。随着金融活动的深入开展，金融工具结合先进的技术手段取得了更大的创新，其种类日益多样化。金融工具可以按照不同的标准进行分类。

3. 金融市场是资金融通的场所。主要包括间接融资市场和直接融资市场，在经济生活中具有非常重要的功能。其构成要素包括金融市场主体（参与者）、金融市场客体（交易对象）、金融市场组织方式、金融市场价格、金融监管机构和中介服务机构六个要素。金融市场呈现证券化、全球化、自由化和数字化趋势。

4. 金融机构是指专门从事各种与融资活动有关的金融中介服务组织。金融机构体系是指在一定的历史时期和社会经济条件下，由各种不同的银行和非银行金融机构有机结合形成的不同层次、彼此间相互联系的整体系统。

5. 世界各国的金融机构体系，从总体上看规模庞大，功能齐全，种类繁多，形式各异。虽然从 20 世纪末至今金融呈现混业经营的发展趋势，使得银行和非银行金融机构体系之间的差别不再分明，但就基本框架来看，金融机构体系目前还是由银行和非银行金融机构两大系统组成。

■ 思考与练习

1. 什么是金融？金融的功能有哪些？
2. 金融工具有哪些基本特征和基本分类？
3. 金融市场的含义及其构成要素有哪些？
4. 试比较直接融资和间接融资的区别。
5. 试述金融市场在经济运行中的主要功能。
6. 如何理解金融机构和金融机构体系？
7. 金融机构有哪些基本的分类？银行金融机构和非银行金融机构的主要区别是什么？
8. 西方国家的金融机构体系一般由哪些类型的机构构成？

第二章
CHAPTER2

货币与货币制度

金银天然不是货币，但货币天然是金银。

——卡尔·马克思

■ 本章概要

货币是商品经济发展的必然产物，随着商品经济的发展而不断发展。在现代社会生活中，货币不可或缺，然而并不是每个人都能真正认识货币、了解货币。本章我们从讨论货币的产生和发展入手，阐述货币的职能和货币层次划分方法，分析货币制度的构成要素及其历史演变。

■ 学习目标

1. 了解货币的产生和发展，掌握货币的定义；
2. 掌握各种货币形式的特点，重点掌握信用货币与存款货币的含义，正确认识货币发展的趋势和方向；
3. 正确理解货币的职能及各职能之间内在的联系；
4. 理解并掌握货币层次划分的目的、依据和方法；
5. 掌握货币制度的构成要素和货币制度的演变历史。

■ 基本概念

货币	信用货币	存款货币	电子货币
数字货币	价值尺度	交易媒介	价值贮藏
支付手段	本位币	辅币	流动性
货币层次	货币制度	劣币驱逐良币	国际货币制度
布雷顿森林体系			

第一节　货币的起源与演变

一、货币的起源

货币的出现已经有几千年历史了，长期以来，无数经济学家对其进行了大量的研究。要明确货币的定义，必须首先弄清楚货币从何而来。古今中外关于货币起源的学说有多种，如中国古代的先王制币说、交换起源说，西方国家的创造发明说、便于交换说、保存财富说，等等。它们或认为货币是圣贤创造的，或认为货币是保存财富的手段，一些法学家甚至说货币是法律的产物。凡此种种，不一而足。归纳起来，具有代表性的几个学说如下。

（一）亚里士多德的货币国定论

早在公元前384年至公元前322年，古希腊哲学家亚里士多德就提出了货币国定论的观点，他认为货币不是自然产生的，而是根据协议或者国家的法律来确定的，法律可以规定货币的价值，也可以废除货币。

（二）重商主义的货币金属论和货币数量论

15世纪，重商主义开始盛行，人们把金银视为货币，并将一切经济活动的重心都放在如何把金银吸引到国内上。16世纪，法国重商主义者让·巴蒂斯特·柯尔培尔针对欧洲大陆的物价高涨现象提出了货币的价值与商品的价格都是由货币的数量决定的观点：在其他条件不变的情况下，货币的价值与货币数量的变动成反比。

（三）巴本的货币名目论

重商主义的兴起使得国内货币数量增加、商品匮乏、物价飞涨，损害了一部分人的利益。货币名目论的代表人物巴本认为，货币是国家创造的，由于国家的权威才赋予铸币价值，只要有君主的印鉴，任何金属都可以有价值，可以充当货币。

（四）古典学派的货币商品论

古典学派的杰出代表亚当·斯密（1723—1790）认为，货币是聪明人为了克服直接的"物-物"交换的困难而协商出来的。在直接的"物-物"交换中，如果对方不具有自己所需要的商品，则交换不能成功，各时代有思想的人就想象出了一种可以和任何人的生产物进行交换的物品，而这种物品就是货币，所以他认为货币不能由国家任意规定与取消，而是在交换过程中自发产生的。

（五）马克思的货币起源论

货币是商品生产和商品交换长期发展的产物，在商品交换中，人们必须衡量商品的价值，一种商品的价值必须由另一种商品的价值来表现。马克思正是从分析商品生产和商品交换入手，通过研究商品价值形式的发展过程来揭示货币起源的。

（1）简单的或偶然的价值形式。原始社会后期，随着生产力的发展，出现了剩余产品的交换，但这时并没有专门为了交换而生产。在这种交换过程中，一种商品的价值只是偶然地表现在另一种商品上，所以商品价值的表现是不完善、不成熟、不充分的。

（2）总和的或扩大的价值形式。随着商品经济和生产力的发展，一种商品的价值不是偶然地表现在某一商品上，而是经常地表现在许多商品上，但是在扩大的价值形式中，商品的表现不完整、不统一，缺少共同的单位来表现商品价值。

（3）一般价值形式。在一般价值形式中，一切商品的价值都在某一种商品上得到表现，这种商品即是一般等价物。一般等价物具有完全的排他性，任何一种商品只要与之交换成功，该商品的使用价值就会转化为价值；具体劳动便转化为抽象劳动；私人劳动也获得了社会的承认，成为社会劳动的一部分，但是担任一般等价物的商品可能不固定。

（4）货币形式。当一切商品的价值都固定地由一种特殊商品来表现时，货币的价值形式就出现了，它执行着货币的职能，成为表现、衡量和实现价值的工具。

从马克思所分析的货币产生过程看，货币是交换发展和与之伴随的价值形态发展的必然产物。从历史角度看，交换发展的过程可以浓缩为价值形态的演化过程。价值形式经历了"简单的价值形式—扩大的价值形式——一般价值形式—货币形式"的历史沿革。从这一发展过程中可以看出：①货币是一个历史的经济范畴，是随着商品和商品交换的产生与发展而产生的；②货币是商品经济自发发展的产物，而不是发明、协商或法律规定的结果；③货币是交换发展的产物，是社会劳动和私人劳动矛盾发展的结果。

二、货币的定义

"货币"一词经常被我们使用，关于货币的定义似乎很明确，但实际上货币的定义是经济学家长期争论的话题。马克思从劳动价值论出发，认为货币是从商品世界中分离出来的，固定地充当一般等价物的特殊商品，并体现着一定的社会生产关系；西方学者对此则有不同的看法，他们在"什么是货币"这一问题上存在着分歧。

（一）马克思对货币的定义

马克思在分析了货币的起源之后，对货币下了一个定义：货币是固定地充当一般等价物的特殊商品，并体现着一定的社会生产关系。马克思的这一定义包含了三层含义。

（1）货币是商品，具有商品的共性，即都是用于交换的劳动产品，都具有使用价值和价值。如果没有商品的共性，货币就失去了与其他商品交换的基础，也就不可能在交换过程中被分离出来充当一般等价物。

（2）货币是与一般商品不同的特殊商品，表现在两个方面。第一，货币是表现一切商品价值的材料，一种商品只要能交换到货币，就能使生产它的私人劳动转化为社会劳动，商品的价值就得到了体现。第二，货币具有直接同所有商品交换的能力。因为货币是被人们普遍接受的一种商品，是财富的代表，拥有它就意味着能够换取各种使用价值，所以货币就成为每个商品生产者所追求的对象，也就具有了直接同一切商品交换的能力。

（3）货币体现了一定的社会关系。商品生产者之间互相交换商品，实际上是在互相交换各自的劳动,只不过由于他们之间的劳动不能直接表现出来,所以才采取了商品的形式来交换。因此,货币作为一般等价物实现了生产者之间的社会联系,这种联系就是生产关系。

(二) 西方学者关于货币的定义

尽管关于货币的本质仍然存在大量的争论,西方经济学家对货币的定义也五花八门,但随着 20 世纪初金本位制的崩溃,货币金属论的影响力正日益减弱。目前在西方货币学说中,占统治地位的是货币名目论,西方经济学家认为货币是被社会公众普遍接受的、作为支付商品和劳务的手段。这种观点往往会从货币的职能来定义。米尔顿·弗里德曼认为货币是一种共同的被普遍接受的交换媒介,并认为它建立在普遍接受的传统习惯上,他还说货币是购买力的暂时栖息所。弗雷德里克·S. 米什金则将货币定义为:在商品和劳务支付或债务偿还中被普遍接受的任何东西。另外还有一些西方学者认为:如果一种物品事实上在支付中被广泛接受并普遍用作支付中介,则不论它的法律地位如何,它就是货币。

总之,关于货币的定义多种多样,随着社会经济的不断发展,货币的形式千变万化,货币对经济的影响也越来越深化,人们对货币的认识也将会不断发展。

专栏 2-1
货币与相关概念的区别

弄清货币的概念对于学习货币金融学这门课程有很大的帮助。货币在我们的日常生活中俗称"钱",中国人使用的"钱"字有许多意思,而且在不同场合,人们也赋予它不同的含义。但是对于经济学家来说,货币只有一种特定的含义,即货币是指在购买商品和劳务或清偿债务时被人们广泛接受的任何东西。为了避免混淆,我们必须澄清经济学家所用的货币概念与人们日常用法的区别。

1. 货币与通货的区别

通货(currency,即钞票和硬币)显然是符合经济学家给出的货币定义,因而是货币的一种。多数人在谈及货币时,所说的就是通货。然而把货币仅仅定义为通货则过于狭窄了。在中国,由于支票还没有进入普通家庭,所以我们日常生活中的商品交换主要是以现金为媒介来完成的。我们购买副食品和日用品、交房租和水电费等一般都用现金,就连买耐用消费品,多数人用的都是现金,因此老百姓头脑中货币的概念通常就是通货(现金)。但实际上对企业来说用支票付款也是被接受的,因此支票账户上的存款也被视为货币,甚至旅行支票或储蓄存款之类,只要能迅速而方便地转变为通货或支票存款,可以用来支付货款,发挥货币的功能,也可以称为货币,因此经济学意义上的货币的范围大大超过了通货的范畴。

2. 货币与财富的区别

在日常生活中,"货币"一词也常常被用作财富的同义词。当人们说某人很有钱时,他们可能是想说这个人不仅有许多通货和大笔支票存款,而且还拥有股票、债券和多处住房。在这里,货币被用作财富的同义词。作为货币的定义,通货固然太狭窄了,但这种财富意义上的用法又可能过于宽泛了。经济学家把用于交易媒介的各种形式的货币(通货、活期存款等)同作为价值储藏的各项财产总和的财富加以区分。财富不仅包括货币,还包括债券、股票、艺术品、轿车、土地和房屋等资产,因此货币的概念小于财富的范围。

3. 货币与收入的区别

常听到人们这样说："他有一份好工作，能挣大笔的钱。"在这里，"货币"一词被当作收入来使用。应注意的是，虽然收入是用货币来表示的，但收入和货币是完全不同的两个概念。收入是流量概念，而货币则是存量概念。流量是指在一段时间内所发生的量，比如，我们的月收入就是一个流量，我们国家的国民生产总值也是一个流量。谈到流量，一定要讲明时间的长短，如果人家问老张"你挣多少钱"，老张回答"1 万元"，那么这个收入是多还是少呢？如果老张指月收入，则是高收入，但如果指年收入，则是低收入。存量是指在一个时点上的数量，比如老张在 2018 年年底有 10 万元存款，这是某时点上的数量。因此，经济学中"货币"与"收入"是两个不同的概念。

资料来源：武康平. 货币银行学教程 [M]. 北京：清华大学出版社，1999.

三、货币形式的演变

货币作为一种支付工具，其存在形式随着生产和交换的发展不断地变化演进，货币的发展史清晰地揭示了货币形式的发展脉络。货币形式的演变首先集中表现在货币材料的变化上，它经历了"实物货币—金属货币—代用货币—信用货币"等阶段。

(一) 实物货币

实物货币又称商品货币，是指以一种特定的物品来充当货币。它是货币形态发展的最原始形式。在一般价值形式转化为货币形式后，有一个漫长的实物货币形式占主导的时期。贝壳、龟甲、布帛、牛羊等，都充当过货币。据古籍记载，中国最早的货币是贝。在我国的文字中也可看到贝作为货币长期存在的事实：很多与财富有联系的字，其偏旁都为"贝"，如货、财、贸、贱、贷、贫等。但实物货币存在着难以克服的缺陷：或体积笨重，不便携带；或质地不匀，难以分割；或容易腐烂，不易储存；或大小不一，难以比较，因此最终还是逐渐被金属货币所替代。但是，实物货币并未完全退出历史舞台，每当铸币缺乏或大幅度贬值时，实物货币又可能重新出现。

(二) 金属货币

金属货币是指以金属（如铜、金、银等）为币材的货币。在长期的生活实践中人们发现，作为货币的理想材料应具有如下特性：第一，容易标准化；第二，必须可分割；第三，应携带方便；第四，必须不易变质。金、银等贵金属基本能满足以上要求，因此世界各国均不约而同地选择金银充当货币的材料。最初，金属货币都是直接以原始的条、块形状流通的，因而每次交易时都要检验成色、称重量，很不方便。随着商品交换的发展，富有的商人开始在金属条、块上打上自己的印记，以自己的信用来保证金属条、块的成色、重量，这就是初期的私人铸币。当交换范围进一步扩大之后，私人铸币就表现出其局限性，需要由更具权威的机构来铸造货币，铸币就开始由国家来集中铸造，从而产生了国家铸币。早期铸币的形状多种多样，在中国历史上曾流行贝形、铲形、刀形和圆形钱币。中国最早的金属货币是商朝的铜贝。据考古分析，最初铜贝与贝币是同时流通的，铜贝发展到春秋中期，又出现了新的货币形式——包金铜贝，它是在普通铜币的外表镀一层薄金，既华贵又耐磨。铜贝不仅是中国最早的金属货币，也是世界上最早的金属货币。

（三）代用货币

代用货币是指由政府或银行发行的代表实体货币的纸制货币。纸币本身的价值远远低于其货币价值，甚至是一种全无价值的货币符号，但由于有十足的贵金属做保证，可以随时兑换，因而代用货币能在市场上广泛流通。英国曾于16世纪发行代用货币，这些代用货币源于伦敦的金匠为顾客保管金银时，给顾客开具的可以兑现金银的收据。后来，英国的银行发行这种可以随时兑换金属货币的纸币，称之为银行券。美国在1978年建立金本位制后，为减少公众持有大量黄金或金币的麻烦，发行了黄金券凭单，以这种凭单来代表存于财政部金库中的足值铸币及等值的黄金。代用货币具有携带便利、避免磨损、节省金银等优点，这也是它后来能够取代金属货币流通的主要原因。

专栏 2-2
中国北宋的交子——世界上最早的纸币

大约在10世纪末期，在北宋川峡诸路出现了纸币交子。交子是四川的方言，"交"字为交合之意，意指合券取钱。北宋时交子最早在四川产生，这绝不是偶然的：①当时四川偏处一隅，免受唐末五代时期兵祸之灾，经济持续发展，商品经济繁荣，是交子产生的根本原因，市场需要纸币来代替铸币；②交子的起源与四川地区主要使用铁钱有关，商旅贸易极为不便，为此才创造了纸币；③宋代四川高度发达的造纸和印刷技术为交子的产生创造了条件；④当时四川的雕版印刷业很发达，为交子的产生准备了有利的技术条件。

资料来源：姚遂.中国金融史[M].北京：高等教育出版社，2007.

（四）信用货币

信用货币是使用货币符号等信用工具作为货币的一种货币表现形式，其本身价值低于货币价值，且不代表任何金属货币。作为一种信用凭证，它完全依靠国家信用和银行信用流通，信用货币实质上是一种货币符号，赋予持有者获取商品和服务的权利。一般而言，信用货币作为交换媒介，必须同时具备两个条件：一是人们对该货币有信心；二是货币发行有立法保障。在此条件下，信用货币具有四个特征：一是信用货币与黄金完全脱钩，成为一种价值符号；二是信用货币是债务货币，实际上成为银行债务的凭证；三是信用货币具有强制性，通过强制性法律手段确定为法定货币，社会公众必须认可和接受；四是信用货币具有管理货币的性质，政府可以通过调控银行信用来管理信用货币的流通和使用。

信用货币可以分为纸质货币、存款货币、电子货币、数字货币等几种形态。

1. 纸质货币

纸质货币简称纸币，是指以纸张为币材印制而成的一定形状、标明一定面额的货币，包括国家发行的纸质货币符号、商人发行的兑换券及银行发行的纸质信用货币等。

纸币经历了从兑现纸币到不兑现纸币的发展过程。所谓"兑现纸币"指可以自由兑换金属货币的代用货币。"不兑现纸币"是指不能兑现成金属铸币或金银条块的纸币，它以国家信用作担保，不仅自身的价值低于其货币价值，且与代用货币有较大区别，不再代表任何金属货币。在现代中央银行体制下，各国流通中的货币几乎全部是由中央银行发行的不兑现纸币。

2. 存款货币

存款货币也是一种重要的信用货币。存款货币是指能够发挥货币交易媒介和资产职能的、可签发支票的银行活期存款，所以又被称为"支票存款"。商业银行的活期存款账户可以随时开出支票，在市场上转移或流通，充当交易媒介或支付工具。存款货币具有以下优点：一是安全性高；二是运送便利且成本低；三是支票经收款人收讫后可以在一定范围内流通；四是可实收实支。需要指出的是，支票只是银行的存款客户指令银行将资金从其账户转移至指定人账户的一种支付工具，不具有政府担保特性，其本身并不是货币，严格意义上来说，支票存款才是货币。与纸币相比较，存款货币作为支付手段，具有快捷、安全、方便等优点，能够更好地促进商品经济的发展。存款货币在现代工商业发达的国家中占有重要的地位，大部分交易都是以这种货币为交易媒介进行的。

3. 电子货币

电子货币是指在零售支付机制中，通过销售终端，在不同的电子设备之间以及在互联网络上执行支付的"储值"和"预付支付机制"（巴塞尔银行监管委员会，1998）。所谓"储值"，是指保存在物理介质（硬件或卡介质）中可用于支付的价值，也被称为"电子钱包"，当其储存的价值被使用后，可通过特定设备向其续储价值。所谓"预付支付机制"，是指存在于特定软件或网络中的一组可以传输并可用于支付的电子数据，通常被称为"数字现金"。由于这些电子数据的取得是基于持有人的存款或贷款，因而电子货币仍被视为信用货币的一种存在形式。电子货币可以像纸质货币和存款货币一样，进行汇兑、存款、贷款、结算、消费支付等，且能够实现与现金的方便转换。

根据载体不同，可将电子货币分为"卡基"电子货币和"数基"电子货币。前者的载体是各种物理卡片，消费者在使用这种电子货币时，需持特定的卡介质，电子货币的金额也需预先储存于卡中。目前电子货币大多使用这种形式，包括借记卡、贷记卡和储值卡。后者则完全基于数字的特殊编排，依靠软件的识别与传递功能，不需要特殊的物理介质。只要能连接上网，电子货币的持有者即可随时随地通过特定的数字指令完成支付。电子货币区别于纸质货币的较大之处在于，电子货币的流通不需要借助于任何有形的实物，依靠光波、电波进行信息传递和处理，成为无形货币的高级形态，并且随着科技的发展，安全性、便捷性会得到更好的体现。

4. 数字货币

数字货币虽属电子货币的范畴，但自 2008 年以来，随着去中心化的比特币出现，无论是从理论研究还是支付实践来看，数字货币日益成为包括中央银行在内的利益相关方关注的热点问题。按发行主体不同，数字货币可分为私人数字货币和法定数字货币，前者由私人机构发行——甚至没有任何发行人（如比特币），而后者则由中央银行发行。对现有货币与银行制度体系具有颠覆性冲击的，是基于区块链技术的各种去中心化数字货币。

信用货币的出现满足了商品交换扩大的需要，进一步促进了商品经济的发展。但是由于信用货币完全依靠国家信用或银行信用流通，所以政府有可能不受约束地任意扩大货币发行，由此给经济运行带来潜在的风险。亚当·斯密认为，"以纸币代金银，说得过头一点，就好比驾空为轨，经济通过纸币的飞翼飘然空中，比起用金银铺成的脚踏实地的通衢大道，要危险得多"。⊖可以说，当代经济和金融危机的交替频繁发生与信用货币制度带来的货币过量发行有着千丝万缕的关系。

专栏 2-3

比特币是否会成为未来的货币

比特币是 2009 年由软件开发师中本聪（Satoshi Nakamoto）设计出来的一种新型电子货币。比特币有去中心化的特性，它不受中央银行等任何一家实体机构控制，用户利用计算机来校验或者推动比特币交易，就可以生成新的比特币，这个过程被称作"挖矿"。一些技术爱好者将比特币视为未来的货币形式，但比特币是否满足货币的三个关键职能（详见本章第二节内容）？也就是说，它可以履行交易媒介、记账单位和价值贮藏功能吗？

比特币当然可以很好地充当交易媒介。它在交易中有两个特别受欢迎的特征：首先，比特币的交易费用远远低于信用卡和借记卡等其他方式；其次，由比特币执行的交易是匿名的，这非常符合那些对私密性要求比较高的人的需求。

但比特币在履行记账单位和价值贮藏这两个职能时并不尽如人意。比特币的价格具有高度的波动性，据估计，它的波动性是黄金的 7 倍以上，是标准普尔 500 指数等股票市场指数的 8 倍以上。例如 2011 年，比特币的价格在 30 美分～32 美元的区间内波动，之后迅速上升，到 2013 年 4 月 10 日，攀升到了 255 美元的高点，4 月 17 日又掉落到 55 美元。2013 年 11 月 30 日，比特币的价格高达 1 125 美元，但到 2014 年 5 月，又回到了 500 美元以下的水平。

比特币价格的高度波动性意味着它无法担当价值贮藏手段：它的风险太大。由于波动性大，比特币也不能作为记账单位使用：几乎没有人将商品的价格用比特币表示。虽然比特币受到大肆吹捧，但它无法履行货币三大关键职能中的两个，因此作为货币使用可能会受到很大的限制。此外，政府非常担心比特币被使用在毒品交易和洗钱活动中。2013 年 5 月，美国联邦调查局（FBI）关闭了一个名为"丝绸之路"的毒品交易网站，此后，国土安全部冻结了 Mt.Gox 交易所的比特币资产。中国等国家则立法禁止将比特币作为货币使用。此外，比特币还可能会遭遇到明目张胆的盗窃，2014 年 2 月，全球最大的比特币交易所之一 Mt.Gox 价值 5 亿美元的比特币被盗一空，导致该交易所破产。根据对货币功能的理解，我们可以有力地证明比特币不可能是未来的货币。但比特币中隐含着某些可以降低电子交易成本的技术，可以作为未来电子支付体系的重要特性。

资料来源：弗雷德里克·米什金. 货币金融学 [M]. 郑艳文，荆国勇，译. 北京：中国人民大学出版社，2016.

从整个货币发展的历史趋势看，随着经济发展程度的提高，货币形式不断地从低级向高级发展演变，并逐步趋于数字化和虚拟化。我们也可以看到，一种货币形态能被另一种货币形态所替代，是由货币作为一般等价物的性质、社会生产的发展、各种币材的优劣以及科学技术进步所决定的，是商品经济不断发展的必然结果。

⊖ 亚当·斯密. 国富论 [M]. 郭大力，王亚南，译. 北京：商务印书馆，1981.

第二节 货币的职能

在任何经济社会里，货币不论是贝壳还是金银，甚至是纸币，都具有价值尺度、交易媒介、价值贮藏、支付手段四个职能。其中价值尺度和交易媒介是货币的基本职能，是一种物品能作为货币所必须具备的基本条件，价值贮藏和支付手段职能则是从基本职能中延伸出来的。

一、价值尺度

当货币被用来衡量并计算商品和劳务的价值时，便执行着价值尺度的职能。用货币来计量商品和劳务的价值，如同我们用重量单位（磅、千克等）称重，用长度单位（如公里、米等）测量距离一样。货币是一种尺度，所有商品和劳务的价值均可用它衡量和表示，从而可以方便地进行比较。比如，一件衣服价值 50 克金子，一张桌子价值 100 克金子，一套房子价值 7 万克金子，这样，货币使商品的价值得到了表现，而且这三种商品价值的比是 $1:2:1\,400$。

商品形形色色，质量各异，单位不一。如果经济中没有货币，商品和劳务的交易是通过物物交换方式直接进行的，那么一种商品的价值就要通过它所交换得到的另一种商品的数量相对地表示出来，即要用这两种商品之间的交换比来表示。这样，如果经济社会中有 n 种商品，那么交换比的个数就为组合数 $C_n^2 = n(n-1)/2$。假如一个百货商场有 1 000 种商品，为了使这些商品彼此能够交换，就需要标出 $C_{1\,000}^2 = 1\,000 \times 999/2 = 499\,500$ 种价格，这种交易的复杂程度是难以想象的，要想判定两种商品中的哪一种便宜，是相当困难的。摆脱这一困境的唯一办法是将货币引入经济社会，用货币作为统一的价值尺度来计量各种商品和劳务的价格。每种商品的价格都用它所能换得的货币数量加以表示，于是一种商品只需一种价格，n 种商品只需 n 种价格，商品价格体系极大地被简化了。这样，人们不但可以比较不同商品的价格，而且可以比较同一商品在不同商店里的价格，从而决定购买什么。由此可见，货币的价值尺度职能，减少了需要考虑的价格数目，从而降低了经济中的交易成本。

各种商品的价值不同，表现为货币的数量也不同。通过比较不同商品所表现的不同货币数量，可以区别商品价值的高低，这就需要有货币单位。由于货币是从商品中分离出来的，所以货币最初是以商品使用价值的自然单位为计算单位的，如贝壳以"朋"为单位，牲畜以"头"为单位，绢帛以"匹"为单位，金属以"镑、铢、两"等为单位。后来，货币单位与自然单位逐渐分离了，一种是货币单位采取了另外的名称，如元；另一种是货币单位的名称仍是重量名称，但实际所含重量已与名称完全不符，如英镑。我国目前所使用的货币名称是人民币，货币单位是元。

另外，正是由于货币作为统一的价值尺度的职能，才使会计核算成为可能。例如，一个家庭的产出品有 1 000 千克大米、2 头猪和 10 只羊，买进品包括 20 尺布、1 张犁和 1 头牛。如果没有货币这个统一的价值尺度，就无法知道这个家庭的收入和支出是盈余还是赤字。正是有了货币作为统一的价值尺度，才能对一切类型的收入和支出进行比较，进而发展成为现代社会的会计核算，建立了成本利润核算体系。

不同国家的同一货币和同一国家的不同货币

通常，每个国家都只使用一种货币作为价值尺度和交易媒介，并由中央银行发行和控制。不过也存在例外，即多个国家可以使用同一种货币。例如欧元区国家通用的欧元、西非国家经济共同体的法郎以及 19 世纪的拉丁货币同盟，名称虽然不同，但它们是能在联盟内部自由流通的等值货币。

一国可以选择别国的货币作为法定流通货币，比如，巴拿马选择美元作为法定货币。不同国家的货币还可能使用相同的名字，比如，在法国、卢森堡和比利时使用欧元之前，它们与瑞士的货币都叫法郎。

有时因为特殊原因，同一个国家的不同自治体可能也会发行不同版本的货币，例如在英国，包括英格兰、苏格兰或甚至偏远离岛的泽西岛、根西岛，都拥有各自发行的不同版本的英镑，并且互相可在英国境内的其他地区交易，但唯有英格兰英镑才是国际承认的交易货币，其他版本的英镑在英国境外可能会被拒绝接受。

资料来源：钱水土，等. 货币银行学 [M]. 北京：机械工业出版社，2008.

二、交易媒介

当货币充当商品和劳务交换的媒介时，便执行交易媒介的职能。我们知道在商品经济条件下，每个人专门生产一种商品而又需要多种商品，于是交换就成为必然。生产商品需要花费时间和精力，交换商品同样也不是一件容易的事。我们把在商品和劳务交换过程中所发生的耗费称为交易费用。由于以物易物的交换是非常费事而且很难成交的，所以要提高交易效率，就需要在商品中独立出一种特殊商品，作为商品交换的媒介，这便是货币。在现代经济社会所有的交易中，几乎都离不开货币。利用货币作为交易媒介，节省了商品和劳务的交易所需的时间，从而极大地提高了经济效率。

货币在执行交易媒介职能时有两个特点：①必须是现实的货币；②可以是不足值的货币符号。在这里，货币不是交换的目的，而只是交换的手段，是转瞬即逝的媒介。因此，作为交易媒介的货币，其本身是否足值并不重要。

货币交易媒介职能的进一步解释

试想如果没有货币，那么一个想用猪肉换大米吃的人找到一个卖米并且恰好想吃猪肉的人，要满足需求的双重耦合（就像找对象一样需要你情我愿）；同时还必须要在时间上一致，即满足时间上的双重耦合（就像彼此有缘的两个人在恰当的时间相遇），然而那个有肉想吃米的人几乎不可能碰到那个有米想吃肉的人，由此可见在茫茫人海当中，该交易成功的可能性是很小的，即使该交易得以进行，其交易的成本也会相当高。

由此我们进一步设想一下如果有甲、乙、丙三个人，假设甲想用 A 交换他人的 B，乙想用 B 交换他人的 C，而丙想用 C 交换他人的 A，那么三者当中的任何两者之间是无法进行交易的，只有当甲、乙、丙三者通过协商进行整体交易时，才能使他们的意愿得以实现。

由此看来，离开货币这种交易媒介，交易成本将十分高昂。

　　这个例子告诉我们，用货币作为交易媒介，大大节约了花费在商品和劳务交易上的时间，同时又可使人们专心从事自己擅长的工作，从而大大提高了经济效率，使经济更加迅速地发展，并由此鼓励了专业化和劳动分工。

　　资料来源：钱水土，等.货币银行学 [M].北京：机械工业出版社，2008.

三、价值贮藏

　　货币的第三种职能是充当价值贮藏手段，或者说是一种财富持有形式，这是从货币的交易媒介职能中延伸出来的。货币作为交易媒介，使得商品与劳务的"物 - 物"直接交换方式变成为"物 - 货币 - 物"间接交换方式。在人们把手中的商品换成货币以后，或在人们提供了劳务获得工资等货币收入后，由于还可以用这些货币继续去换取任何商品，所以所获得的货币自然就被贮藏起来，等到他需要其他商品的时候，再用这些货币去换取商品。在这段时间里，货币就起到了贮藏财富、贮藏购买力的作用。货币的这一职能是很有用的，因为我们大多数人都不想在取得收入的同时即刻把钱花光，而要等待一段时间，确实有需要时才把钱拿出来去购买东西。

　　用货币贮藏价值，不是价值贮藏的唯一的手段，也不一定是最好的手段。除货币外，股票、土地、房屋、艺术品、珠宝、金银首饰等，都具有价值贮藏的功能，而且作为价值贮藏，这些资产在许多方面比货币更好，它们常常会为其所有者带来较高的利息收益。而货币作为贮藏手段基本上没有什么收益。那么人们为什么还要持有一定量的货币在手中呢？要回答这一问题，涉及一个重要的经济概念，即流动性，流动性是指一种资产转化为交易媒介的方便程度。资产的流动性是人们非常需要的，流动性越高的资产，人们就越希望持有它，因为它能迅速、容易地转化为交易媒介，从而可用于购买人们所需的商品。货币在所有资产中的流动性最高，因为它本身就是交易媒介，无须转化为其他任何东西，便可以用于购买。其他资产在转化为交易媒介时都要产生交易费用。比如某人拥有一幢房屋，当他急需现金支付账单时，需要将房屋出售，这不仅要支付给经纪人佣金，而且若急于脱手，就不得不接受一个较低的售价，从而招致损失。如此看来，虽然货币未必是最具有吸引力的价值贮藏手段，但人们还是乐于持有货币，原因在于货币是一种最具流动性的资产。

　　用货币作为贮藏手段最怕的就是通货膨胀，因为货币的价值是由物价水平决定的。例如，所有商品的价格都翻了一番，这意味着货币的价值打了对折；相反，若所有商品的价格都打了对折，就意味着货币的价值翻了一番。在通货膨胀时期，货币贬值了，同样数量的货币所能买到的东西变少了，因此用货币作为贮藏手段的人在经济上就会受到损失。

四、支付手段

　　当货币作为独立的价值形式进行价值的单方面转移时，如清偿债务、交纳赋税、支付房租和水费以及发放工资等，起到了延期支付的作用，即执行货币的支付手段职能。货币作为支付手段职能是由货币的交易媒介职能派生出来的，它起因于赊账形式的商品交易。当货币作为交易媒介时，双方一手交钱，一手交货，货币与商品同时换位，钱货两清；货币作为支付手段，则是价值单方面的转移，如买方凭信用赊购商品成为债务人，卖方成为债权人，到双方约定的交割日期，买方用货币清偿他对卖方的债务。在这个过程中，等价的商品与货币，不再同时出现在交换的双方，而是买方先取得商品，然后再支付货币。

货币作为支付手段，对经济起着两方面的推动作用。①扩大商品流通。在商品交易中人们可以先购买商品，后支付货币，使商品生产和流通突破了现货交易的限制，促进商品经济的发展。②节约现金流通。货币借用其支付手段职能使信用关系得以形成，债权债务可以在到期时相互抵消和清算，债务人只需要支付债务余额，大大减少了现金的需求量。

如以 M 表示一定时期内流通中所必需的货币量，PQ 表示商品价格总额，D_1 表示到期支付总额，D_2 表示赊销价格总额，D_3 表示相互抵消的支付总额，V 表示单位货币的流通速度（按货币数量论的观点，至少在短期内不变），可以得到下式：

$$M = (PQ + D_1 - D_2 - D_3) / V$$

如果债务人无法清偿所欠的债务，而他的债权人也可能会因此无法清偿债务，如此循环下去，从而可能使社会中错综复杂的债权债务链条中断，进而还可能会引起支付危机和信用危机。

第三节　货币层次的划分

我们清楚地看到，几个世纪以来，黄金、白银、纸币直至目前的存款货币等都发挥过货币的职能，货币是在商品和劳务的支付或债务的偿还中被普遍接受的一种资产。这就引出了这样一个问题：在我们的经济生活中，到底何种资产应被视为货币？中央银行或货币当局通过控制货币来实施国家的经济政策，那么货币供应的构成情况究竟如何？为了回答这些问题，必须对货币的范围做出明确的界定，以明确哪些资产应该包含在货币之内，从而可以对货币进行计量，以便于中央银行对各货币层次进行有效的调控。

一、货币层次划分的依据与现实意义

不论是通过理论方法还是使用经验方法来界定货币，都有不妥之处，要准确、全面地理解货币的含义，还是要对货币供给量的构成及其层次进行划分。各国中央银行在划分货币层次时，一般都以流动性的大小为依据，即以转变为现实交易媒介的方便程度作为标准。流动性程度较高，即在流通中周转较便利，相应地形成购买力的能力也较强；流动性较低，即周转不方便，相应地形成购买力的能力也较弱。比如，现金和支票存款可以直接作为交易媒介，因而其货币性最强；储蓄存款和定期存款虽然是一种潜在的购买力，但其流动性较弱，要变成现实购买力，必须首先转化为现金或活期存款，而且提前支取还要蒙受一定的利息损失，因而对市场上商品供求的影响不那么直接；各种短期金融资产如商业票据、国库券等要转化为现实购买力，必须在金融市场上转让、出售，而在出售过程中要花费一定的交易时间和交易费用，并面临着市场行情变动的风险，因而其流动性更差，属于更广义的货币范围。

划分货币层次的目的，是要考察各种流动性不同的货币对社会经济的影响，并选定一

组与经济发展密切相关的货币，作为中央银行控制的重点，也便于中央银行进行宏观经济运行的监测和货币政策操作。在20世纪70年代中期开始出现货币供应量取代利率成为一些国家的货币政策中间指标之后，货币层次的划分有了更明显的政策操作意义。中央银行在讨论控制货币供应指标时，既要明确到底控制哪一层次的货币以及这个层次的货币与其他层次的界限何在，同时还要回答实际可能控制到何等程度，否则就谈不上货币政策的制定，或者即使制定了也难以贯彻实施。

二、主要国家对货币层次的划分

货币范畴的理论界定，就是指运用经济学理论来确定货币指标中包括哪些资产，主要是从货币作为交易媒介这一主要特征出发来定义货币的范畴。以此来界定的货币也被称为狭义货币，用M1表示：

$$M1 = 通货 + 支票账户存款 + 旅行支票$$

从政府角度看，狭义货币M1是当今世界各国普遍接受并严格控制的货币指标。通常人们把支票账户存款和旅行支票统称为活期存款（demand deposit），并用 D 表示；用 C（currency）或者M0来表示银行体系外流通的通货总量。所以有：

$$M1 = C + D = M0 + D$$

然而除了理论上界定的货币资产外，还有一些资产在某种程度上也发挥着货币的职能，也具有一定程度的流动性，它们究竟算不算货币？理论界定法没有对此做出明确的回答。而在实践中关于货币层次划分，各国有各自的划分标准，而且就连同一国家在不同时期的货币层次划分方法也可能有差别。但一般而言，货币按口径依次加大的顺序大致包含M0、M1、M2、M3等几个层次。

（一）国际货币基金组织的货币层次划分

国际货币基金组织（IMF）把货币分为通货、货币与准货币。前两者分别与通常的M0、M1一致，而准货币是一个具有特色的概念，其范围大体包括定期存款、储蓄存款和外币存款。从数量上，广义货币M2减去狭义货币M1的剩余部分，即为准货币。中国等很多国际货币基金组织成员方在公布其货币供应量数据时，同时兼顾了本国与国际货币基金组织的划分标准。

概括而言，按照金融资产的流动性，国际货币基金组织把货币划分为M0、M1、M2三个层次：

$$M0 = 流通于银行体系外的现金通货$$
$$M1 = M0 + 活期存款$$
$$M2 = M1 + 储蓄存款 + 定期存款 + 政府债券（包括国库券）$$

（二）美国联邦储备委员会的货币层次划分

美国联邦储备系统现在公布了四个层次的货币供应量指标，其基本内容为：

M1 = 流通中现金 + 旅行支票 + 活期存款 + 其他支票存款（如NOW账户、ATS账户等）

$$M2 = M1 + 储蓄存款 + 小额（10 万美元以下）定期存款 + 零售货币市场共同基金$$
$$+ 隔夜回购协议 + 隔夜欧洲美元 + 调整项$$

$$M3 = M2 + 大额定期存款 + 机构持有的货币市场共同基金 + 定期回购协议$$
$$+ 定期欧洲美元 + 调整项$$

$$L = M3 + 其他短期流动资产（如储蓄债券、商业票据、银行承兑票据、国库券等）$$

（三）日本银行的货币层次划分

日本的货币层次同样拥有四个供应量指标，基本内容如下：

$$M1 = 现金 + 活期存款$$

式中，现金指银行券发行额和辅币之和减去金融机构库存现金后的余额；活期存款包括企业支票活期存款、活期储蓄存款、通知即付存款、特别存款和纳税准备金存款。

$$M2 + CD = M1 + 准货币 + 大额可转让定期存单$$

式中，准货币指活期存款以外的一切公私存款；CD 是指大额可转让定期存单。

$$M3 + CD = M2 + CD + 邮政、农协、渔协、信用合作和劳动金库的存款$$
$$以及货币信托和贷方信托存款$$

此外还有：

$$广义流动性 = M3 + CD + 回购协议债券、金融债券、国家债券、投资信托和外国债券$$

（四）欧洲中央银行的货币层次划分

$$M1 = 流通中现金 + 隔夜存款$$

$$M2 = M1 + 期限为 2 年以下的定期存款 + 通知期限为 3 个月以内的通知存款$$

$$M3 = M2 + 回购协议 + 货币市场基金（MMF）+ 货币市场票据 + 期限为 2 年以内的债券$$

M3 是欧洲中央银行重点监测的货币指标。构成 M3 的回购协议、货币市场基金等具有较高的流动性，是存款的良好替代品。由于 M3 包括了这些金融工具，即便各类流动性资产之间相互转换，也不会使 M3 的总量发生太大的波动，它比狭义货币的稳定性要高很多，从而便利了欧洲中央银行对货币供应总量的控制。

三、中国人民银行的货币层次划分

为有效地实施金融宏观调控，合理地确定和选择货币政策中间目标，通过运用各类货币政策工具，促进和保证"保持货币币值稳定，并以此促进经济增长"这一货币政策最终目标的实现，中国人民银行于 1994 年第三季度开始，正式确定并按季公布中国的货币供应量数据。其间，中国人民银行在 2001 年、2002 年、2011 年和 2018 年分别对纳入不同层次货币供给量的资产进行了调整。目前的货币供给量层次具体划分方式如下：

$$M0 = 流通中的现金$$

$$M1 = M0 + 企业活期存款 + 机关、团体、部队活期存款 + 农村活期存款$$
$$+ 个人持有的信用类存款$$

$$M2 = M1 + 城乡居民储蓄存款 + 企业单位存款中具有定期性质的存款 + 外币存款$$

+ 信托类存款 + 证券公司客户保证金 + 住房公积金中心存款

+ 非存款机构部门持有货币市场基金

M3 = M2 + 金融债券 + 商业票据 + 大额可转让定期存单

式中，M1 为狭义货币，M2 为广义货币，M2 – M1 是准货币。

需要指出的是，M2 和 M3 统计口径是根据金融工具的创新而调整的，中国人民银行会根据实际情况不定期进行修正，然而 M3 数据迄今尚未正式统计公布。为了更好地理解中国自 1994 年以来的各货币层次数量变化情况，1994～2018 年各层次货币供应量的统计数字如图 2-1 所示。

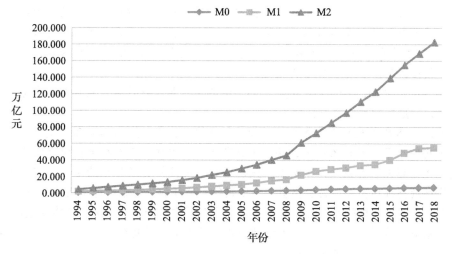

图 2-1　中国在 1994～2018 年的各层次货币供应量

资料来源：中国金融统计年鉴各期。

🌐 专栏 2-6

从 M2 统计口径的历次调整看央行货币统计的新变化

1994 年 10 月，中国人民银行（简称"央行"）印发《中国人民银行货币供应量统计和公布暂行办法》，正式编制并向社会公布"货币供应量统计表"。在货币供应量统计表中，央行将中国的货币供应量分为三个层次：M0 = 流通中的现金；M1 = M0 + 企业活期存款；M2 = M1 + 储蓄存款和企业定期存款。

此后，央行分别在 2001 年、2002 年、2011 年、2018 年对于货币供应量的统计范围进行了 4 次修改。

首先，在 4 次修订中，央行均扩大了原有的货币统计范围。2006 年之后，央行根据 IMF《货币与金融统计手册》，修订了货币统计方式，央行通过编制存款性公司概览进行货币供应量的统计。通过观察存款性公司概览、货币当局资产负债表、其他存款性公司资产负债表三张表，可以看到历次 M2 统计口径变动的原因。

第一次：2001 年 6 月，M2 新增了保证金存款，也就是在其他存款项中包含保证金存款。2001 年 6 月，存款性公司概览其他存款由 2001 年 5 月的 5 969 亿元跳升至 10 380 亿元，大幅增加了 4 411 亿元。

第二次：2002年年初，"将在中国的外资、合资金融机构的人民币存款业务，分别计入不同层次的货币供应量中"。2002年3月，外资商业银行总资产规模为2 796.9亿元，占当年商业银行资产规模大致为2%的水平。

第三次：2011年10月，"自2011年10月起，货币供应量已包括住房公积金中心存款和非存款类金融机构在存款类金融机构的存款"。2011年10月，纳入M2统计的非银金融机构存款规模大致为3.61万亿元，占当时M2的比例为4.42%；纳入M2统计的住房公积金中心存款为6 700亿元左右，占M2的比例为0.82%。非银行金融机构快速发展之后，在商业银行中的存款规模增加了，对货币统计量的影响也增大了。

第四次：2018年1月，"2018年1月，中国人民银行完善货币供应量中货币市场基金部分的统计方法，用非存款机构部门持有的货币市场基金取代货币市场基金存款（含存单）"。本次调整，调入非存款类机构持有的货币基金份额，调出货币基金存款（含存单）。截至2018年1月末，货币市场基金规模为7.38万亿元，占M2的比重为4.29%，调出货币基金存款后，轧差后新增1.15万亿元。

其次，前三次M2统计口径调整（2002年各货币层次统计量口径调整）均是由于经济社会发展，对原有货币统计范围的查缺补漏。

最后，2018年的最新修订体现了对货币创造的重新定义。2018年第四次修订纳入统计范围的机构新增了货币市场基金，并且统计范围是"用非存款机构部门持有的货币市场基金取代货币市场基金存款（含存单）"。此次修订首先是扩大了货币的定义，其次统计机构由传统的存款类机构扩大至具有典型"影子银行"特征的货币市场基金领域。

前三次M2统计口径的调整，均是将存款类公司内部未纳入M2统计的存款纳入统计。第四次调整最大的不同在于，新纳入统计的负债是货币市场基金的负债，并非存款类公司，而是普遍认为的影子银行体系之一。

通过央行公布的2018年1月货币当局和其他存款性公司资产负债表计算得到的M2为170.93万亿元，央行公布的实际M2为172.08万亿元，两者相差1.15万亿元，与央行公布的信息一致。央行通过调整存款性公司概览的统计范围实现M2统计量的调整，即在存款性公司概览中直接增加货币基金的数据，实现M2统计量的调整，货币基金纳入存款性公司概览的统计范围。

本次M2口径调整的最大意义在于央行对"影子银行"货币创造功能的承认，未来也可能会有更多的影子银行体系创造的货币纳入统计范畴。

资料来源：许尧.货政转型中的M2 [J].证券市场周刊，2018-5-11.

第四节   货币制度

一、货币制度的含义

货币制度简称"币制"，是一国政府以法律形式确定的货币流通结构和组织形式。完善的货币制度能够保证货币和货币流通的稳定，保障货币正常发挥各项职能。货币制度最早是伴随着国家统一货币铸造而产生的，随着商品经济的发展而逐步发展，到近代形成了比较规范的制度。在前资本主义时期，货币的铸造与流通不统一，货币流通相当混乱。而且，铸造者为了搜刮财富，故意铸造不足值的铸币，使得铸币的质量大大下降。所以在资产阶级取得国家政权后，就相继颁发了一系列货币发行、铸造与流通的法令，逐步建立起统一、稳定的货币制度。历史上各国都曾对货币的发行与流通制定过种种法令。这些名目繁多的法令从不同角度和层次对货币进行控制，以期能够建立符合自己政策目标的货币制度。

二、货币制度的构成要素

货币制度通常由以下四个要素构成。

(一) 货币材料

货币材料是指一个国家确定什么样的金属来充当本位币的币材。从某种程度上讲，它是建立货币制度的基础。因为只有确定了币材之后，才可能对货币制度的其他要素做出相应的规定。选择哪一种材料作为本位币材料，完全由当时的客观经济条件决定。商品经济由不发达向发达递进，决定了货币材料由贱金属向贵金属再向纸币递进。在资本主义初期，商品经济还不发达，商品交易规模还不大，用白银作为货币材料已经能满足流通的需要了；当商品经济发展了，商品交易扩大后，白银便由价值更高的黄金代替了。到了 20 世纪初，商品经济进一步发展，商品交易的规模远远超过了黄金存量的规模，所以黄金的地位由纸币取而代之。

(二) 货币单位

货币单位是指货币制度中规定的货币计量单位。货币材料确定后，就要规定货币单位。货币单位的确定一般包括两个方面：①确定每一个货币单位所包含的货币金属重量。在金属货币流通条件下，货币单位通常要规定一定的含金量。例如，英国的货币单位定名为"镑"，1870 年的《铸币条例》规定，1 英镑含黄金 123.744 7 格令（约合 7.97 克）；美国的货币单位定名为"美元"，根据 1934 年的法令，1 美元含纯金 0.888 671 克；中国 1914 年的《国币条例》规定，货币单位定名为"圆"，1 圆含纯银 23.977 克。在中国古代秦始皇时期铸造过"半两"铜钱，汉朝铸造过"五铢"铜钱，史书上说，这些"重如其文"，即这些铜钱的含铜量与铜钱面上所注的相符。在纸币流通条件下，货币不再规定含金量，货币单位与金银重量完全脱离。②确定货币单位的名称。按照国际惯例，一国货币单位的名称，往往就是该国货币的国名加上货币单位的名称，如美元、英镑、日元等。我国比较特殊，货币名称是"人民币"，货币单位是"元"。

(三) 货币的铸造、发行及流通程序

一国的货币一般由本位币和辅币两部分构成。本位币也叫主币，是根据国家规定的货币材料和货币单位铸造的货币。它是一国的基本通货，是一国计价、结算的唯一合法的货币。在金属货币制度下，金属本位币具有以下特征：①可以自由铸造，自由熔化，即国家允许公民自由将贵金属送交国家铸币厂铸造货币，同时也允许公民自由地将铸币熔化退出流通。这是因为本位币是足值的货币，铸造者不会因为用货币材料铸造铸币而获得收益。②具有无限法偿能力，即法律赋予其强制的流通能力，不论支付额有多大，对方都不得拒绝接受。在纸币流通条件下，本位币通常是由一国的中央银行垄断发行，并确保其币值的稳定。

　　与本位币相对应的是辅币，全称为"辅助货币"，是本位货币单位以下的小额货币，供零星交易和找零之用。辅币的特征也是与本位币相对应的：①是不足值货币，其名义价值高于实际价值；②实行有限法偿，即每次支付超过一定限额，对方有权拒绝接受，以免辅币充斥市场；③实行垄断铸造。由于辅币是不足值的，所以铸造辅币可以取得一部分收入，这是早期政府财政收入的重要来源之一。

（四）发行准备

　　货币的发行准备是指货币发行时须以某种金属或某几种形式的资产作为发行货币的准备，从而使货币的发行与这些准备建立起联系和制约关系，主要是为了约束货币发行规模、维护货币信用而制定的。在金属货币流通条件下，货币发行以法律规定的贵金属作为发行准备，一般是金银条块和金银铸币，这是国家的金银储备。其主要用途有以下三个方面：一是作为扩大或收缩国内金属货币流通的准备金；二是作为支付存款和兑换银行券的准备金；三是作为国际支付的准备金。自从世界各国放弃金属本位制度而实行纸币本位制度以来，前两个用途已消失，发行准备主要作为国际支付的准备金。但为了防止纸币的过量发行，增强人们对纸币使用的信心，保持币值和汇率的稳定，保证国际收支平衡，一些国家仍将黄金、白银、外汇等作为发行准备，设立纸币发行准备制度。

　　各国货币发行准备制度的内容比较复杂，一般可分为现金准备和保证准备两大类。现金准备包括黄金、白银、外汇等。保证准备一般由易于转换为现金的短期票据、国库券、绩优的股票及公司债券等充当。从兑现的安全性和国际支付方便性来看，现金准备优于保证准备。因为现金准备可以直接应付纸币的兑现，也可以直接充当国际货币，在急需支付国际收支逆差时能立即发挥作用，而保证准备则不能。但从货币供应量的伸缩性来看，保证准备又优于现金准备。因为在现金准备制度下货币量的伸缩弹性较小，如果金银或外汇不足，纸币就难以发行；在保证准备制度下货币量的伸缩弹性大，当货币量不足时，既可发行新的纸币，也可通过购买有价证券或票据向经济系统增加货币供应。

🌐 **专栏 2-7**
世界各国和地区采用的比较重要的纸币发行准备制度

　　（1）十足准备发行制度。这是一种发行1元纸币，就必须要有1元现金准备的纸币发行准备制度，如中国香港。它的优点是可建立起公众对纸币的信心，缺点是纸币发行缺乏伸缩弹性。

　　（2）固定保证准备发行制度。这种制度有一个固定的保证准备金额，不超出此金额的纸币发行是任意的，但超出此金额的纸币发行，就必须全部以现金准备充当准备金。它的优点是可以保证最低交易需要的货币供给量，缺点是通货量缺乏伸缩弹性。

　　（3）最高发行制度。法律只规定了纸币的最高发行量，而对是以现金准备还是保证准备不做规定。它的缺点是货币数量常常不能满足交易需要。

　　（4）比例发行制度。法律对纸币发行额中使用的现金准备和保证准备的比例做出规定。它的优点是货币供给具有较大的伸缩能力，缺点是有时会对货币供给产生限制。

　　（5）伸缩发行制度。纸币发行量可随经济发展的需要而增减，不再受最高发行量的限制。

资料来源：钱水土，等.货币银行学 [M].北京：机械工业出版社，2008.

三、货币制度的演变

货币制度产生于国家统一铸造货币，完善规范的货币制度是随着资本主义制度的产生而出现的。从历史发展过程来看，世界各国货币制度的演变过程大体上经历了银本位制、金银复本位制、金本位制和信用货币制度等几种类型。货币制度的演变可用图 2-2 表示。

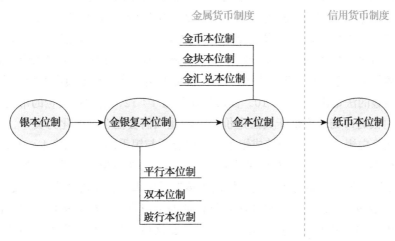

图 2-2　货币制度的演变

(一) 金属货币制度

1. 银本位制

银本位制是以一定量的白银来表示和计算货币单位价值的货币制度，其基本内容包括：白银为货币材料，银币为本位币，可自由铸造无限法偿，银行券可自由兑换白银，白银可自由输出输入。银本位制是历史上产生最早的金属货币制度，产生于商品经济还很不发达的中世纪，盛行于 16 世纪以后。但随着经济的发展，交易数量不断增大，交易规模不断扩大，体大值小的白银满足不了交易的需要，于是在 19 世纪初期欧洲各国先后把银本位制改为金银复本位制，20 世纪 30 年代以后世界上已没有国家再采用银本位制。

2. 金银复本位制

金银复本位制是以金、银两种特定铸币同时充当本位币，并规定其币值对比的一种货币制度。与其对应的是单本位制，即银本位制或金本位制。英、美、法等国在确立金本位制以前都曾在 18~19 世纪长期采用复本位制。

金银复本位制先后经历了三种形式。

（1）平行本位制。这是金币和银币按金银的市场比价流通的一种货币制度。英国在 1663 年铸造的金币"基尼"与原来的银币"先令"同时使用，两种铸币按金银的市场比价流通。平行本位制的特点是：金币和银币都是一国的本位币；二者均具有无限的法偿能力；二者均可自由铸造和熔化；金币和银币之间的交换比率完全由金币的市场价格决定，由经济力量调整，不为任何人为力量所控制。这种制度有两个缺点：一是由于金银市场比价变动频繁，不能很好地发挥货币价值尺度的职能，不利于商品交换和经济发展；二是在国际贸易中，由于各国之间的金银比价不同，那么金币就会流向金价较高的国家，使该国逐渐变为金本位制国家，而白银则流向银价较高的国家，使该国逐渐变为银本位制国家。这两个缺点足以使平行本位制解体。

（2）双本位制。这是金币与银币按金银的法定比价流通的一种货币本位制度。例如，法国曾规定：1金法郎 = 15.5银法郎。这样做虽然避免了金币和银币比价的频繁波动，克服了平行本位制下"双重价格"所产生的弊病，但这种做法违背了价值规律，而且事实上这也并不能割断金银与市场比价的联系。金银的法定比价不断地与市场比价发生冲突，引起价格上的紊乱。如新矿山的开采、交通条件的改善、生产力的发展等，都会引起金银价值的变动，当黄金与白银的法定比价同市场比价不一致时，市价比法定比价高的金属货币在流通中的数量会逐渐减少，而市价比法定比价低的金属货币在流通中的数量会不断增加。例如，假定金银的法定比价为1：10，而市场比价为1：12，这说明黄金的市场价格高于其法定价格，白银的市场价格低于其法定价格，因此人们会把金币熔化为黄金，按照市场比价1：12来交换白银，再把白银铸成银币，按照金币与银币的法定比价1：10来交换金币。转手之间，1单位金币变成1.2单位的金币了，赚取了0.2单位的金币。这种赚钱动机的驱动，让人们不断地把金币熔化为黄金，把白银铸造成银币，致使流通中金币数量不断减少，银币数量不断增加。在这里，市价比法定价格低的金属货币被称为劣币，市价比法定价格高的金属货币被称为良币，这种现象就是"劣币驱逐良币"现象，它由托马斯·格雷欣爵士（英国伊丽莎白一世女王的顾问）首次提出，所以又被称为"格雷欣法则"。

（3）跛行本位制。这是金银复本位制向金本位制过渡的一种货币制度。在这一制度下，金币和银币仍然同时为本位币，仍然按法定比价流通，两者均有无限法偿能力，但金币可以自由铸造，银币不得自由铸造。在复本位制中，金币与银币犹如两条腿，但现在取消了银币的自由铸造，这就好像缺了一条腿，故称为"跛行本位制"。跛行本位制的出现，主要是由于19世纪70年代世界银价的暴跌，为了维持银币的地位和金银之间的法定比价，法国和美国决定停止银币的自由铸造，由双本位制改为跛行本位制。

与银本位制相比，复本位制具有币材充分、大小交易都比较方便等优点。但由于两种本位币同时流通，所以形成了价值尺度二重化与货币的排他性和独占性相悖，出现了劣币驱逐良币的现象，使得货币流通极不稳定。随着黄金产量的增加和大宗交易的增多，各国先后从复本位制过渡到金本位制。

3. 金本位制

金本位制是以一定量的黄金表示和计算货币单位价值的货币制度。按照兑换黄金的方式不同，金本位制又分为金币本位制、金块本位制和金汇兑本位制，其中金币本位制最具有金本位制的代表性。

（1）金币本位制。这是指以金币作为本位币流通的货币制度，是金本位制的最初形态。1816年5月，英国议会通过了《铸币法》，英国首先实行金币本位制度；1871年，德国开始实行金币本位制；1879年，美国恢复金本位制，同年奥匈帝国也实行了金本位制，此时一个国际金币本位体系基本形成。从1816年到1914年第一次世界大战（简称"一战"）爆发，金币本位制盛行仅一个世纪。在金币本位制下，发行并流通于市场的货币是金币，单位货币规定为一定数量、一定成色的黄金。金币本位制主要有以下特点。

第一，以黄金作为本位币的材料。每一货币单位都有法定的含金量，各国货币按其所含黄金的重量而形成一定的比价关系，两种货币含金量或所代表金量的对比称为金平价。金平价是金本位制下汇率决定的基础。

第二，金币实行自由铸造原则。公众可以自由申请用黄金铸造金币，也可自由地将金币熔化，而其他金属铸币包括银币则限制铸造。金币的自由铸造与自由熔化能够自发调节流通中的货币量，使金币的币值与所含的黄金价值保持一致，捍卫黄金在货币制度中的主导地位。同时流通中的其他货币可以自由地与金币兑换，这样可以维持这些货币之间按照法定比价流通，从而避免了其他货币对黄金的贬值现象。

第三，黄金与金币可以自由输出与输入。在金本位制下各国的货币储备是黄金，国际结算也使用黄金，黄金可以自由输出或输入，当国际贸易出现赤字时，可以用黄金支付。黄金在各国之间自由转移，保证了世界市场有统一的价值尺度和外汇汇率的相对稳定。在金本位制下，货币的汇价应该等于货币的含金量之比，例如，1914 年以前，1 英镑含黄金 113.006 格令，1 美元含黄金 23.22 格令，于是英镑兑美元的金平价为：1 英镑 = 4.866 美元。但是，实际汇率是由外汇供求决定的，不一定与金平价相一致。一旦实际汇率发生变动，偏离了金平价，那么通过黄金的输出与输入，便可对汇率进行自动调节，使实际汇率偏离金平价的程度不会超过黄金输出与输入所需的费用，从而维持汇率的稳定。比如在纽约与伦敦之间运送 1 英镑黄金需花 3 美分（即 0.03 美元），那么在纽约市场，英镑的实际汇率应不会超过 4.896 美元，否则，美国债务人与其高价买进英镑来清偿债务，还不如向伦敦直接输出黄金以偿还债务（即把黄金从纽约运往伦敦）。这种汇率上涨的限度，称为黄金输出点。同样，纽约的英镑汇率也不应低于 4.836 美元，否则，英国债务人与其低价出售英镑以换取美元偿还债务，还不如直接从伦敦将黄金运往纽约来清偿债务。这种实际汇率下跌的限度，称为黄金输入点。正是由于黄金和金币可以自由输出与输入，才使得金本位制下货币的对外汇率得以稳定。

第四，金币具有无限的法偿能力。在金币本位制下，由于金币可以自由铸造、自由熔化、自由兑换和自由输出与输入，所以金币本位制是比较稳定的货币制度，这种稳定性表现在对内币值稳定、对外汇率稳定，它对 19 世纪中叶到"一战"前后资本主义各国经济的快速发展发挥了重要作用。但由于"一战"的爆发，各国政府为应对战争而购买军火，将社会上的大量黄金集中到国库，再加上经济危机等多方面的因素，削弱了金币本位的黄金基础。因而"一战"后除美国于 1919 年恢复金币本位制外，其他国家已无力恢复，只能实行残缺不全的金块本位制和金汇兑本位制。

（2）金块本位制。金块本位制又称生金本位制，这是一种没有金币流通，但流通中的银行券、纸币可以按照规定限额与金块兑换的货币制度。金块本位制是"一战"的产物，主要是由于"一战"后的黄金供给不足，但又要维持金本位制而出现的一种有效利用黄金的方式。英国在 1925 年 5 月首先推行金块本位制，以后法国、荷兰、比利时、瑞士等国也相继采用。但历时不久，在 1929 年经济危机的冲击下，1931 年英国首先选择了放弃，到 1936 年其他国家也相继放弃。在金块本位制下，虽然国家规定金币仍为本位币，但黄金由政府集中储存，不再铸造金币流通于市场，而使用政府或中央银行发行的纸币。这种纸币可以兑换黄金，但要达到规定数额以上方可兑换，如英国 1925 年规定，银行券每次兑换的最低限额是 1 700 英镑（约合 400 盎司纯金）。关于兑换金块的用途，有些国家不加限制，有些国家则加以限制。由于金币停止流通，且黄金由政府集中储存，兑换又有数额限制，这就减少了黄金向国外的流出，保护了本国的国际支付能力，同时又强化了货币当局对货币的管理。

（3）金汇兑本位制。金汇兑本位实际上是一种虚金本位，它虽然规定金币为本位币，但不铸造和流通金币，而是发行和流通纸币，并将本国货币与另一个实行金本位制的国家的货币保持固定的比价关系。这里的另一个实行金本位制的国家一般经济比较发达。本国流通的纸币不能兑换金币或金块，只能先兑换成外汇，然后才能用外汇在国外按该国的规定兑换黄金。金汇兑本位制比金块本位制更能节省黄金，但金汇兑本位制对经济的自动调节作用较小，必须通过较大程度的人为管理才能促进国际收支及国内货币供求的平衡。金汇兑本位最初在殖民地国家实行，如1877年荷兰首先在爪哇实行这种制度，英国曾在印度也实行这种制度。"一战"后，德国于1924年也实行金汇兑本位制，但才实行了几年，人们对黄金就产生了恐慌感，于是不得不于1931年又取消了金汇兑本位制，而对外汇实行严格管理。

由于金块本位制和金汇兑本位制是残缺不全的、不稳定的货币制度，所以在这两种货币制度下，虽然流通中的货币与黄金发生一定的联系，但都没有黄金的自由铸造和自由流通，不能起到自发调节货币流通量的作用，保持币值相对稳定的机制已不复存在；银行券虽仍有法定含金量，但是兑换能力已大为降低，这使得银行券的稳定性大大削弱。此外，在采用金汇兑本位制的国家，本国货币依附于与之相联系的国家的货币，一旦该国币制动荡，依附国的币制也会受到严重影响，无法独立自主地保持本国货币的稳定。这种脆弱的货币制度，在1929~1933年世界性经济危机的冲击下，很快就崩溃了，各国纷纷将黄金集中于国家手中，停止银行券的兑现，并先后实行纸币本位制。

（二）信用货币制度

信用货币制度，是指以不兑换黄金的纸币和银行券为本位币的货币制度。在1929~1933年大萧条以后，各国陆续实行不兑现的现代信用货币制度。在这种货币制度下，没有金属本位货币的铸造和流通，由不兑现的纸币执行货币的职能。其特点主要有：①由中央银行发行的纸币为本位货币，政府发行的铸币为辅币；②实行不可兑换制度，即本位币不与任何金属保持等值关系，纸币不能兑换金银；③实行自由本位制度，即纸币的发行可以自由变动，不受一国所拥有的黄金数量的限制；④流通中的货币是通过信用程序投入流通的，货币流通量通过银行的信用活动进行调节，这与金属货币制度下货币通过自由铸造投入流通不同；⑤实行管理纸币本位制，即发行者为了稳定纸币对内、对外的价值，要对纸币的发行与流通进行周密的计划和有效的管理，因此经济学家又把信用货币制度称为管理纸币本位制。

金币本位制与管理纸币本位制相比较，两者孰优孰劣曾是货币理论界长期争论的问题，但目前已逐步达成共识。主张实行管理纸币本位制者认为，金币本位制的自动调节功能并不能达到使经济稳定发展的目的，反而会导致经济发生周期性波动，这是因为这样的自动调节既需要经历很长的时间，又需要许多实际上难以达到的先决条件，如金币自由铸造与熔化、货币自由兑换、黄金自由输出与输入等。此外在这漫长的自动调节过程中，通货的忽增忽减、物价的忽涨忽跌、产量的忽多忽少是难以避免的，这使经济反倒难以稳定。而实行管理纸币本位制以后，情况就会大不一样。由于纸币这种本位货币不与任何金属保持固定的等值关系，纸币的发行不以金属准备为后盾，从而可随时针对市场变化情况，在仔细观测和周密计划的基础上，根据客观需要，通过人为政策工具对货币供给量进行伸缩调整，以达到消除通货膨胀和通货紧缩现象，实现国内物价稳定，促进经济稳定发展的目的。同时，对外汇汇率的管理，可以通过设立外汇平准基金，中央银行通过在外汇市场上买卖外汇的方式，来维持纸币对外价值的稳定，促使国际收支的平衡。显然，实行管理纸币本位制对于一国经济的发展，要比金币本位制更为有利。

尽管管理纸币本位制有很多优越性，但也存在一些缺点：①纸币发行不受准备金的限制，这使得货币供给的弹性很大，往往会导致恶性通货膨胀的发生；②汇率不以货币的含金量而定，由各国自由调整，各国政府为了鼓励本国对外贸易的需要，往往实行法定贬值或升值的手段，这又使货币的对外价值变化无常，影响了国际贸易的发展和国际资本流动；③管理纸币本位制的成败依赖于人为因素，因而管理人员是否具备管理货币的知识和决策判断能力，就成为一个关键问题。

🌐 专栏 2-8

中国人民币制度的基本内容

中国的货币制度是人民币制度（我国港、澳、台地区除外）。人民币制度是从人民币的发行开始的。1948 年 12 月 1 日中国人民银行正式成立，同时发行人民币。人民币发行以后，中国人民银行迅速收兑了旧经济制度下的法币、金圆券、银元券，同时通过收兑原解放区自行发行的货币统一了货币市场，形成了新中国货币制度。人民币制度的基本内容包括以下几个方面。

1. 人民币是我国的法定货币

人民币是由中国人民银行发行的信用货币，是我国的无限法偿货币，没有法定含金量，也不能自由兑换黄金。人民币的单位为"元"，元也是本位币（即主币）的名称。辅币的名称为"角"和"分"。1 元为 10 角，1 角为 10 分。人民币的票券、铸币种类由国务院决定。人民币以"¥"为符号，取"元"字汉语拼音的首位字母"Y"加两横而成。

2. 人民币是我国唯一的合法通货

国家规定了人民币限额出入国境的制度，金银和外汇不得在国内商品市场计价结算和流通。人民币的汇率，实行以市场供求为基础的、单一的、有管理的浮动汇率制度，人民币在经常项目下可兑换外汇，人们在国家统一规定下的国内外汇市场可买卖外汇。

3. 人民币的发行权集中于中央政府

人民币的发行权掌握在国家手里，国家授权中国人民银行具体掌管货币发行工作。中国人民银行是货币的唯一发行机关，并集中管理货币发行基金。中国人民银行根据经济发展的需要，在由国务院批准的额度内，组织年度的货币发行和货币回笼。

4. 人民币的发行保证

首先，人民币是信用货币，人民币是根据商品生产的发展和流通的扩大对货币的需要而发行的，这种发行有商品物资作为基础，可以稳定币值，这是人民币发行的首要保证；其次，人民币的发行还有大量的信用保证，包括政府证券、商业票据、银行票据等；再次，黄金、外汇储备也是人民币发行的一种保证，我国建立的黄金和外汇储备，主要用于平衡国际收支，进口所需的外汇需要用人民币购买，出口收入的外汇可以向外汇指定银行出售，银行在购买外汇的同时也就发行了人民币，此时外汇对人民币的发行起着保证作用。

5. 人民币实行有管理的货币制度

作为我国市场经济体制构成部分的货币体制，对内必须是国家宏观调节和管理下的体制，包括货币发行、货币流通、外汇价格等都不是自发的而是有管理的；对外则采取有管理的浮动汇率制。有管理的货币制度形式是在总结历史经验和逐步认识客观经济规律的基础上，运用"市场"这只"无形的手"和"计划"这只"有形的手"来灵活、有效地引导、组织货币运行。

资料来源：钱水土，等.货币银行学 [M].北京：机械工业出版社，2008.

四、国际货币制度

(一) 国际货币制度的含义

国际货币制度又称国际货币体系，是指各国政府为适应国际贸易与国际支付的需要，对货币在国际范围内发挥世界货币职能所确定的原则、采取的措施和建立的组织形式的总称。

国际货币制度主要包括以下五个方面内容。

（1）各国货币比价即汇率的确定，即一国货币与其他货币之间的汇率应如何确定和维持。

（2）各国货币的兑换性和对国际支付所采取的措施，包括对经常项目、资本金融项目管制与否的规定以及对国际结算原则的规定。

（3）国际收支的调节，即当出现国际收支不平衡时，各国政府应采取什么方法弥补这一缺口，各国之间的政策措施又如何互相协调。

（4）国际储备资产的确定，即在国际交往中使用什么样的货币。

（5）黄金外汇的流动与转移是否自由等。

国际货币制度的主要作用是促进国际贸易和国际支付手段的发展。理想的国际货币制度应当能够提供足够的国际清偿力，保持国际储备资产的信心，保证国际收支失衡能够得到有效而稳定的调解。

(二) 国际货币制度的演变

根据国际货币制度的历史演变过程和国际上的习惯称谓，国际货币制度主要经历了国际金本位制和布雷顿森林体系，随后出现的牙买加体系并未得以普遍确认，如图 2-3 所示。

图 2-3 国际货币制度的演变

1. 国际金本位制

国际金本位制是历史上第一个国际货币制度，是指以黄金作为国际本位货币的制度，其特点是各国货币之间的汇率由各自的含金量比例决定，黄金可以在各国间自由地输出与输入，国际收支具有自动调节机制，其持续时间大约是 1880～1914 年。

国际金本位制有以下特点。

（1）黄金充当了国际货币，是国际货币制度的基础。这一时期的国际金本位制是建立在各主要资本主义国家国内都实行金币本位制的基础之上，其典型的特征是金币可以自由铸造、自由兑换，以及黄金可以自由进出口。

（2）各国货币之间的汇率由它们各自的含金量比例决定。因为金币本位制下金币的自由交换、自由铸造和黄金的自由输出与输入将保证使外汇市场上汇率的波动维持在由金平价和黄金运输费用所决定的黄金输送点以内。实际上，英国、美国、法国、德国等主要国家货币的汇率平价在 1880～1914 年一直没发生变动，从未升值或贬值。所以国际金本位制是严格的固定汇率制，这是个重要的特点。

（3）国际金本位制有自动调节国际收支的机制，即英国经济学家休谟于 1752 年最先提出的"价格 - 铸币"流动机制。为了让国际金本位制发挥作用，特别是发挥自动调节的作用，各国必须遵守三项原则：一是要把本国货币与一定数量的黄金固定下来，并随时可以兑换黄金；二是黄金可以自由地输出与输入，各国金融当局应随时按官方比价无限制地买卖黄金和外汇，三是中央银行或其他货币机构发行钞票必须有一定的黄金准备。这样国内货币供给将因黄金流入而增加，因黄金流出而减少。

国际金本位制通行了 35 年，在"一战"爆发后开始崩溃。一方面是黄金生产量的增长幅度远远低于商品生产增长的幅度，黄金不能满足日益扩大的商品流通的需要，这就极大地削弱了金币流通的基础；另一方面是黄金存量在各国的分配不平衡。1913 年年底，美、英、德、法、俄五国占有世界黄金存量的 2/3。黄金存量大部分为少数强国所掌握，必然导致金币的自由铸造和自由流通受到破坏，削弱其他国家金币流通的基础。由此在"一战"爆发后，各国陆续宣告停止银行券对黄金的兑换，国际金本位制开始瓦解。"一战"后，各国试图恢复金本位制，但由于黄金存量不足与分配不均，最终恢复起来的国际金本位制实际上是金汇兑本位制，到 1929 年经济大危机后，国际金本位制彻底崩溃。

2. 布雷顿森林体系

为消除国际金本位制崩溃后国际货币的混乱局面，1944 年 7 月，44 个国家在美国布雷顿森林召开会议，通过了以美国怀特方案为基础的《国际货币协定》和《国际复兴开发银行协定》，总称《布雷顿森林协定》，形成了以美元为中心的国际货币新体系，即布雷顿森林体系。

布雷顿森林体系是该协定对各国对货币的兑换、国际收支的调节、国际储备资产的构成等问题共同做出的安排所确定的规则、采取的措施及相应的组织机构形式的总和，其核心内容可概括为以下三个方面。

（1）成立国际货币基金组织，在国际就货币事务进行共同商议，为成员国的短期国际收支逆差提供信贷支持；

（2）美元与黄金挂钩，成员国货币与美元挂钩，实行可调整的固定汇率制度；

（3）取消经常账户交易的外汇管制，但保留对资本项目下的限制。鉴于战后各国采取严厉的外汇管制呈现的以邻为壑的国际经济混乱停滞的局面，布雷顿森林体系要求各国尽快放开经常项目下的外汇管制。同时为了防止国际资本流动对国际货币体系带来冲击，布雷顿森林体系允许各国对资本项目进行限制。

布雷顿森林体系面临"特里芬难题"的考验而难以长久。美元作为国际储备货币，要求美国必须提供足够数量的美元，用以满足国际清偿的需要；同时，美国还需保证美元按照官方价格兑换黄金，以维持各国对于美元的信任度。这两个方面是矛盾的：美元供应太多，则会影响其兑换黄金的能力，从而影响各国对美元的信心；美元供应太少，又难以满足国际市场对美元的需求，导致国际清偿力不足。这个矛盾就是著名的"特里芬难题"。

20世纪六七十年代爆发了多次美元危机，为了对付日益严重的美元危机，1971年8月5日，美国尼克松政府宣布实行新的经济政策，停止履行外国政府或中央银行可用美元向美国兑换黄金的义务。同年12月西方十国集团在美国史密森学会召开会议，达成新的国际货币制度《史密森协定》。该协定决定美元对黄金贬值7.89%，同时美联储拒绝向国外中央银行出售黄金，至此美元与黄金挂钩的体制名存实亡；1973年2月美元进一步贬值，世界各主要货币由于受投机商冲击被迫实行浮动汇率制，至此布雷顿森林体系完全崩溃。

延伸阅读

数字货币会是纸币时代的终结者吗

如果说信用货币实现了货币从具体物品到抽象符号的第一次飞跃，那么电子信息技术使货币由纸质形态向无纸化方向发展便堪称第二次飞跃。欧洲央行将不受政府监管，由开发者发行和控制，在一个虚拟社区的成员间流通的数字货币定义为虚拟货币。按照是否与法定货币存在自由兑换关系，虚拟货币分为三类：第一类是与法定货币不存在自由兑换关系，只能在网络社区中获得和使用，如网络游戏币；第二类是与法定货币不存在自由兑换关系，但可以通过法定货币获取，用于购买商品或服务，如腾讯Q币可用于腾讯视频VIP等腾讯QQ增值业务等；第三类是与法定货币之间可以自由兑换，并可以用于购买商品或服务，比特币是这类数字货币的典型代表。在上述各类数字货币中，网络游戏币和Q币有发行中心而比特币是去中心化的虚拟货币。

数字货币（如比特币、莱特币和PPCoin等），是一种通过依靠计算机的巨量运算，借助密码技术和校验技术创建、分发和维持的电子货币。根据比特币概念提出者中本聪的设计，比特币的发行不依赖特定货币机构，而是一种运用开源的P2P技术软件，通过特定算法计算产生的虚拟货币，且总量有上限。任何人，无论身在何处，都可以通过接入互联网的计算机，下载免费的P2P开源软件（即比特币运算专用客户端）并制造比特币，所获得的比特币存于其计算机的"数字钱包"里；也可以通过在比特币交易平台上进行注册，参与比特币的买卖，而且在交易过程中他人无法识别交易者的身份信息。诸如比特币等第三类数字货币的特点是运用P2P对等网络技术来发行、管理和流通货币，理论上避免了官僚机构的审批，不存在有哪个政府或机构可以控制其发行机制，每个人都有权发行货币，体现了完全去中心化的趋势。

比特币的总量是2 100万个，所以比特币成为投资者竞相追逐买卖的对象，其价格的波动性非常明显。用一种本身价格波动非常显著的商品作为货币，这种商品显然与货币所应该履行的职能不符。从这个角度分析，比特币就不适合作为货币。一些专家认为中心化、弹性化和虚拟化发行是货币演进的趋势，去中心化、无弹性的虚拟货币并没有发展前途。如果将比特币与人类历史上的黄金（白银）相比，比特币的数量上限、去中心化的发行特征与货币黄金的特征非常类似，也可以视为互联网时代下的商品货币。货币黄金从人类货币历史的舞台中退出，就表明这种无弹性的、去中心化的货币发行存在内生性障碍，退出人类历史舞台是一种必然。从黄金退出货币领域的历史就可以判断，比特币这种数字货币不可能取代各国纸币。

虽然有这些不足，但不妨碍央行借鉴比特币的底层技术，利用其无法伪造的特征，去发行法定数字货币。从纸币时代发展到互联网时代的今天，数字货币可以分为两类：一类是比特币这样的去中心化的数字货币，另一类是央行发行的具有中心化特征的数字货币。比特币类似于过去的金或银，法定数字货币类似于政府（央行）发行的纸币。政府发行的货币从有形的纸质货币过渡到无形的数字货币，这种超越体现了社会成本的节约和货币安全性的提升。法定数字货币是在互联网时代下出现的新型货币，其物质形态从有形转向无形，但不变的是中央银行发行的法定数字货币仍然具有资产和负债的双重属性，该属性意味着法定数字货币具有中心化的特征，也使得法定数字货币的发行数量可以随着经济的发展而不断增加，是一种具有供给弹性的货币。

资料来源：汪洋.数字货币：纸币时代的终结者[J].中国经济周刊，2017（06）：80-81.

徐忠，汤莹玮，林雪.央行数字货币理论探讨[J].中国金融，2016（17）：33-34.

⊙ 名人传记　约翰·梅纳德·凯恩斯：宏观经济学的奠基人

请扫描二维码详尽了解名人传记

■ 本章小结

1. 货币在漫长的发展过程中经历了实物货币、金属货币、代用货币、信用货币等阶段。现在经济中使用的货币是建立在信用基础上的、不与任何贵金属兑换的信用货币。不可兑现信用货币的引入大大降低了运送和保管货币的成本，存款货币的使用又进一步降低了交易成本，电子货币是信用货币发展的新形式。随着技术的发展，数字货币是未来货币的发展趋势和方向。

2. 货币是指在购买商品和劳务或清偿债务时被人们广泛接受的任何物品。它比通货的范围要广，而比财富的范围要窄。与收入的不同之处在于，货币是存量概念，而收入是流量概念。

3. 货币有四个基本职能：价值尺度、交易媒介、价值贮藏和支付手段。

4. 货币层次划分的依据是金融资产的流动性，即金融资产转变为现实购买力的方便程度。流动性程度不同的货币在流通中转手的次数不同，形成的购买力不同，对经济活动的影响程度也不同。依据流动性，最窄的货币层次是M0，它仅指流通中的现金；稍宽的货币层次是M1，它是指流通中现金加上可开支票的存款和信用卡账户上的存款；更宽的货币层次是M2，它是M1再加上所有的定期存款和储蓄存款。人们使用最频繁的货币是M1，因为这代表了现实的购买力，M2的范畴是随着金融创新而随时调节的。

5. 货币制度随着商品经济的发展而不断演变。人类历史上主要存在两种典型的货币制度，即金属货币制度和信用货币制度。金属货币制度先后经历了银本位制、金银复本位制和金本位制。

■ 思考与练习

1. 什么是货币？它与我们日常生活中所说的现金、财富和收入有何区别？

2. 历史上曾经出现过的货币形式有哪几种？如何看待数字货币的发展趋势？

3. 试述货币的基本职能，并举例说明。

4. 如何划分货币的层次？不同层次的货币包含了哪些方面的内容？

5. 简述货币制度的含义及构成要素。

6. 什么是"劣币驱逐良币"？试举例说明。

7. 金属货币制度有哪些类型？请详细说明。

8. 金币本位制是如何对一国的国际收支与外汇汇率发挥自动调节作用的？

9. 试从美国次贷风波引发全球金融危机的教训中分析现行国际金融体系的弊端。

第三章
CHAPTER3

利息与利率

切记，时间就是金钱。

切记，信用就是金钱。

切记，金钱具有孳生繁衍性。金钱可生金钱。

——本杰明·富兰克林

■ 本章概要

在现代社会中，人们对利息并不陌生，向银行存款可以获得利息，银行发放贷款要收取利息。利率是衡量利息高低的指标，是实际经济运行中非常重要的经济变量。要理解利率对经济的影响，必须了解利率由哪些因素决定。本章从分析利息的含义与本质着手，阐述利率种类和利率的计算与运用，考察几种不同的利率决定理论，并从风险与期限两个角度诠释利率的结构。

■ 学习目标

1. 明确利率的分类，掌握各种利率、现值和到期收益率的计算方法及其运用；
2. 掌握利率的决定理论，能够分析均衡利率的主要影响因素；
3. 掌握不同的利率结构理论。

■ 基本概念

复利	现值	终值	折现	到期收益率
基准利率	名义利率	实际利率	市场利率	可调整利率
可贷资金理论	费雪效应	流动性效应	利率结构	收益率曲线

第一节   利息与利率概述

一、利息的含义

利息是借款者付给资金出借者的报酬，用于补偿出借者由于不能在一定期限内使用这笔资金而蒙受的某种损失。借款者支付的利息来自生产者使用这笔资金发挥运营职能而形成的利润的一部分。从理论上讲，资金与利息可以不一定是同类的东西。例如，农户甲出借一台拖拉机给农户乙，用于收割乙所种植的小麦，而乙则将收割到的小麦的一定百分比给甲作为回报。在这个例子中，拖拉机是资金而一定百分比的小麦是利息。然而，几乎在现代社会所有的实际应用中，资金与利息都是用货币表示的。

在当今社会中，贷出资金收取利息是一种普遍现象，但历史上，人们曾对贷出资金收取利息持否定态度。例如，古希腊哲学家亚里士多德认为，利息是违反自然的，因为货币是作为便于商品交换、降低交易成本的交易媒介而产生的，其本身不应该是盈利的源泉，出借货币收取利息却使货币生出更多的货币，这是违反自然的；13 世纪的意大利神学家托马斯·阿奎纳也对利息持否定态度，他认为把所有权和使用权不能分开的物品出借收取利息，和重复出卖同一件东西没有差别，出借货币收取利息是违反正义的。然而，随着商品货币经济的发展，人们开始正视利息的存在。例如，17 世纪英国古典政治经济学创始人威廉·配第指出，利息是同地租一样公道、合理、符合自然要求的东西。他说："假如一个人在不论自己如何需要，在到期之前也不得要求偿还的条件下，借出自己的货币，则他对自己受到的不方便可以索取补偿，这是不成问题的。这种补偿，我们通常叫作利息。"[一]沿袭这样的思路演进，现代经济学的基本观点是将利息理解为资金出借者为让渡资金使用权而索要的补偿。这种补偿由两个部分所组成：对机会成本的补偿和对风险的补偿。机会成本是指由于出借方将资金的使用权让渡给借款者而失去的潜在收入，风险则是指将资金使用权让渡给借款者后出借方将来收益的不确定性乃至可能遭受到的损失。

二、利率的含义与分类

(一) 利率的定义

利率是利息率的简称，又称为报酬率、收益率和回报率，是指在一定时期内利息数额与贷出资本数额（本金）的比率。相比利息而言，利率是一个相对数量指标，它剔除了现实中本金数额多少与利息总额的影响，是衡量利息高低的重要指标，也是衡量货币时间价值更有效的指标。同时，利率作为经济学中一个非常重要的经济变量，其变动会对人们的实际生活和国民经济活动产生很大的影响。因此，各国政府和中央银行常把利率作为宏观经济中重要的调控杠杆。

(二) 利率的分类

利率的种类繁多，科学合理分类，不仅有助于我们搞清楚不同利率名称的内涵，尤其

㊀   威廉·配第. 赋税论 [M]. 陈冬野，等译. 北京：商务印书馆，1963.

有助于在我们的现实生活中和经济活动中充分有效地加以运用。按照不同的标准，利率可以被划分出不同的类别，以下我们介绍几种主要的利率类别。

1. 按计算利息的时限长短划分，利率分为年利率、月利率和日利率

年利率是以年为时间单位计算利息，通常以百分之几计算，如 2.5%。月利率是以月为时间单位计算利率，通常以千分之几计算，如 0.23%。日利率是以天为时间单位计算利率，通常以万分之几计算，如 0.01%。中国传统中常用"厘"做单位，如年息 2.5 厘，指年利率为 2.5%。月息 2.5 厘，指月利率为 0.25%。日利率如日拆 1 厘，是指日利率为 0.01%，在习惯上又被称为"拆息"。

年利率、月利率、日利率的换算关系是：月利率乘以 12 为年利率，年利率除以 12 为月利率；年利率除以 360 为日利率，日利率乘以 360 为年利率；月利率除以 30 为日利率，日利率乘以 30 为月利率。

2. 按在借贷期内利率是否可以进行调整划分，利率分为固定利率和可调整利率

固定利率是指在整个借贷期限内，利率不随市场借贷资金供求状况而变动。固定利率比较适用于短期借贷，固定利率对借贷双方准确计算资本成本与资本收益都很方便。然而近些年来，由于利率波动日益频繁，实行固定利率对从事长期借贷活动的双方而言都可能带来较大的损失，因此，在越来越多的借贷中，特别是在期限较长的借贷中，更适合采用可调整利率。

可调整利率是指在借贷约定期限内随着市场利率的变化可以定期调整的利率，也称为浮动利率。⊖可调整利率使借贷双方因利率波动而承担的风险相应减少，但由于手续烦琐、计算多样化而使费用成本增加，所以它适用于长期借贷或市场利率多变时的借贷活动。在办理可调整利率贷款时，根据借贷双方的协议，由一方在规定的时间内依据某种市场利率对贷款利率进行调整，一般调整期为 3 个月、半年或 1 年。

🌐 专栏 3-1

"引逗利率"

美国的房地产贷款多为长期贷款，为减少利率频繁波动可能带来的严重损失，近几十年来美国开始按照可调整利率（又称为浮动利率）放款。放款金融机构在设计浮动利率贷款产品时，为了吸引借款人选择其贷款产品，把初始阶段的放贷利率设定得很低，该利率被称为"引逗利率"（teaser rate）。在引逗期过后，利率将被调整到市场水平，并定期加以调整。通常，"引逗利率"贷款使买房者在最初几年只需每月支付非常低的利息（如 1%），乍看非常划算，但等到 2 年、3 年或者 5 年之后，在重新设定利率时，买房者每月的还款额度就会大幅增加，甚至上涨数倍。因此，选择这类产品的借款人，一定要清楚地知道在"引逗利率"期结束后，自己是否应付得了突然增加的供款，否则就会发生还款危机。

美国 2008 年次贷危机的导火索即发端于"引逗利率"。这种"引逗利率"的第一批贷款是在 2005 年发行的，2 年之后，2007 年第一季度开始出现大量违约，次贷危机由此爆发。

⊖　在实行利率管制的国家，管理当局或中央银行允许以法定利率或某一基准利率为标准，在规定的幅度范围内上下浮动一定的百分比，也称为浮动利率，其实质是固定利率的浮动区间，有别于国际上的可调整利率。

但是在 2005 年第一季度之后，发行了一些质量更低的此类贷款。这些贷款在 2007 年不断重新调整利率，引发了越来越多的违约，于是这场危机持续恶化。

资料来源：金融风暴第二波扫盲 Alt-A 和 option ARM 或将引发新一轮金融危机 . [EB/OL]. http://www.doc88.com/p-9106704114541.html，2014-8-15.

3. 按利率的决定方式划分，利率分为市场利率、官方利率和行业利率

市场利率是指由货币资金的供求关系决定的利率，货币供大于求，市场利率下跌；货币供小于求，市场利率上升。官方利率（即法定利率）是由政府金融管理部门或中央银行确定的利率，它是国家实现政策目标的一种经济手段，反映了非市场的强制力量对利率形成的干预。行业利率也称公定利率，是由非官方的民间金融组织（如银行公会等）为维护公平竞争所确定的行业自律性质的利率，这种利率对行业成员具有一定约束力。

4. 按在整个利率体系中所起作用划分，利率分为基准利率和非基准利率

基准利率是指在多种利率存在的条件下起决定作用的利率。起决定作用是指，随着这种利率的变动，其他利率也会跟着相应变动，因而只要了解这种关键性利率的变化趋势，就能了解整个利率体系的变化趋势。关于基准利率可以从两个不同的角度进行诠释，其一，是从利息的含义出发，作为机会成本和风险的补偿，基准利率代表着零机会成本和最低风险，以此为基准，对其他利率起到定标的作用；其二，是从作为一个有机的利率体系出发，基准利率在其中发挥重要的中心利率作用，体现上层管理部门在宏观调控中的传导效应。前者强调基准利率由市场决定，后者强调一国货币当局或中央银行的主导作用。所以，现实中基准利率并非唯一的，在不同的环境和前提条件下，基准利率所指不同。但是，把握了基准利率的风向标，有助于对整个利率的走势进行预期。

基准利率的提高或降低会影响贷款人对未来市场利率的预期，影响他们提供信贷的意愿，从而使市场利率随之发生变化。例如，为了防止和缓解通货膨胀，抑制国内的投机活动，阻止本国资本外流，吸引外国资本流入，中央银行往往会提高基准利率；反之，则降低基准利率。

非基准利率是相对于基准利率而言，在金融活动中存在的各种一般性利率，是受基准利率影响而随之变动的利率。

基准利率在各国不尽相同，而且并不是唯一的，传统上曾以中央银行的再贷款、再贴现利率为基准利率的代表，现在已有变化，如联邦基金利率是美国很重要的基准利率之一。中国人民银行对商业银行和其他金融机构的存贷款利率叫基准利率。

5. 按是否考虑通货膨胀因素进而使币值发生变化划分，利率分为名义利率和实际利率

实际利率是指在物价不变，从而货币购买力不变条件下的利率。名义利率是指包含补偿通货膨胀风险的利率。市场上的各种利率如银行营业大厅指示牌上的利率、息票债券上标明的利率都是名义利率。名义利率与通货膨胀率之差为实际利率：

$$实际利率 = 名义利率 - 通货膨胀率$$

假如银行按照约定支付给你 6% 的利率，而当时通货膨胀率为 3%，那么实际利率为：

$$6\% - 3\% = 3\%$$

在当今世界各国，物价不变已很少见，物价不断上涨已成为常态，因此，区分名义利率与实际利率是很重要的。实际利率有两种：一种是事先实际利率，又叫预期实际利率，等于名义利率减去预期的通货膨胀率；一种是事后实际利率，等于名义利率减去实际发生的通货膨胀率。在经济决策中，更重要的是事先对实际利率的估计，事后实际利率只对经济分析有用，对经济决策没什么作用。如在签订经济合同时，必须对通货膨胀有正确估计，如果对通货膨胀的预期发生重大偏差，则对合同的其中一方可能非常不利。

🌏 专栏 3-2

未预期到的通货膨胀对实际利率的影响

在经济决策中，更重要的是事先对实际利率的预估，如果预估准确，则可以帮助投资者减少损失，获取实实在在的回报。但是，如果未预期到通货膨胀的真实发生情况，即实际通货膨胀和预期的通货膨胀不一致，会造成哪些影响呢？

假设某公司借入 100 万元贷款投资于新设备，再假设当时贷款的名义利率是 8%，公司预期通货膨胀率为 2%，则这笔贷款的预期实际利率为 6%（= 8% - 2%）。由此得知，公司该项目的回报率要在 6% 以上才值得投资。但是，实际情况是通货膨胀预期不准，实际低于预期，实际的通货膨胀率是 1%，结果公司承担的实际利率负担为 7%（= 8% - 1%）。公司的投资项目要实现 7% 以上的回报率，才能达到财务平衡，否则要比原来预期多负担 1% 的利息。这对没有准备的公司来说是很不利的因素，可见，预期较高，高于实际，借款人即公司就会受损；反之，如果实际发生的通货膨胀率为 3%，实际利率则为 5%。项目预期的回报率大于实际利率水平，公司的财务状况会进一步改善。借款人从中受益，而对放款人银行不利。

总而言之，不考虑其他因素，但就预期准确与否，未预期到的低通货膨胀，有利于贷款人银行；未预期到的高通货膨胀，有利于借款人。

资料来源：迪安·克鲁肖. 货币金融学 [M]. 丁志杰，贾书培，等译. 北京：机械工业出版社，2011：104-105.

---

6. 按借贷期限长短划分，利率分为短期利率和长期利率

短期利率一般指借贷时间在 1 年以内的利率，长期利率一般指借贷时间在 1 年以上的利率。利率高低与期限长短、流动性高低和风险大小有直接联系，一般而论，期限越长的投资，流动性较低，风险越大，利率也越高；期限越短的投资，流动性较高，风险越小，利率也越低。在现实经济活动中，长短期利率之间有着重要的有机联系，对经济活动和未来形势的预测和判断有着重要意义，具体见本章第四节。

7. 按是否带有优惠性质划分，利率分为普通利率和优惠利率

普通利率是指包含额外风险费用的一般贷款利率，也是银行对外正式公布的贷款利率。优惠利率是指略低于普通贷款利率的利率。优惠利率一般提供给信誉好、经营状况良好且有良好发展前景的借款人。在我国，优惠利率的授予对象通常与国家的产业政策相联系，一般提供给国家认为有必要重点扶持的行业、部门或企业，优惠利率本质上是一种政策性贴息利率。在国际金融市场上，外汇贷款利率的优惠与否，是以伦敦银行间同业拆借利率为衡量标准的，低于该利率者为优惠利率。

三、利率体系

利率体系是指一个国家在一定时期内各种利率按照一定规则构成的复杂系统。在一个经济体内存在着多种利率，它们之间的相互作用和内在的逻辑关系对一般利率水平的决定影响很大。为准确掌握利率的内涵，有必要对利率体系加以简要介绍。一般而言，我们可以从以下三个层面发现利率体系中存在的内在关联性。

（一）中央银行贴现率与商业银行存贷款利率

中央银行贴现率是中央银行对商业银行和其他金融机构短期融通资金的利率，是中央银行对商业银行的贴现票据进行再贴现时所使用的利率，所以也称为再贴现率，其水平由中央银行决定。它在利率体系中占有特殊重要的地位，发挥着核心和主导作用，反映全社会的一般利率水平，体现一个国家在一定时期内的经济政策目标和货币政策方向。

商业银行利率又称为市场利率，是商业银行和其他存款机构吸收存款、发放贷款时使用的利率。它在利率体系中发挥着基础性作用。商业银行利率一般分为存款利率和贷款利率，为避免银行和其他存款机构在吸收存款时出现恶性竞争，几乎所有市场经济国家都对银行存款利率做出明确的规定与限制，而对贷款利率一般限制较少。

（二）同业拆借利率与国债利率

同业拆借利率是银行及金融机构间短期资金借贷的利率，主要用于弥补临时头寸不足。这种借贷的期限较短，最短只有半天，也有几天或几个月的，最长不超过1年。同业拆借利率的高低由拆借市场的资金供求关系决定，能够比较灵敏地反映资金供求的变化状况。同业拆借利率是货币市场中具有代表性的利率，其他短期借贷利率通常是比照同业拆借利率加一定幅度确定。

国债利率通常是指1年期以上的政府债券利率，它是资本市场中具有代表性的利率。国债的安全性、流动性较高，又享有税收优惠，所以国债利率通常较低，成为资本市场中的基础利率，其他利率则以它为参照确定。

（三）一级市场利率与二级市场利率

一级市场利率是指债券发行时的利率，它是衡量债券收益的基础，同时也是计算债券发行价格的依据。二级市场利率是指债券流通转让时的收益率，它真实地反映了市场中金融资产的损益情况。一般地，二级市场收益率高，会使债券需求增加，从而使发行利率降低；反之，会使发行利率提高。

专栏 3-3

中国的基准利率

中国目前的基准利率有很多观测指标，其中三个指标最为重要，分别是上海银行间同业拆放利率、贷款市场报价利率和金融机构人民币存贷款基准利率，其中前两个指标如表3-1和图3-1所示。

表 3-1　上海银行间同业拆放利率和贷款市场利率报价

上海银行间同业拆放利率			贷款市场利率	
期限	Shibor（%）	涨跌（BP）	期限	LPR（%）
隔夜	1.814 0	24.35 ↓	1 年期	4.15
1 周	2.529 0	3.00 ↓	5 年期	4.80
2 周	2.952 0	4.10 ↑		
1 个月	2.997 0	2.10 ↑		
3 个月	3.041 0	0.20 ↓		
6 个月	3.059 0	0.10 ↓		
9 个月	3.088 0	0.30 ↓		
1 年	3.122 0	0.20 ↓		

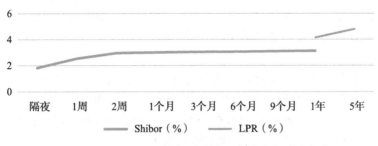

图 3-1　上海银行间同业拆放利率和贷款市场利率报价

资料来源：上海银行间同业拆放利率；中国人民银行官方网站。

（1）上海银行间同业拆放利率（Shanghai Interbank Offered Rate，Shibor），以位于上海的全国银行间同业拆借中心为技术平台计算、发布并命名，是由信用等级较高的银行组成报价团自主报出的人民币同业拆出利率计算确定的算术平均利率，是单利、无担保、批发性利率。目前，对社会公布的 Shibor 品种包括隔夜、1 周、2 周、1 个月、3 个月、6 个月、9 个月及 1 年。

（2）贷款市场报价利率（Loan Prime Rate，LPR），由各报价行按公开市场操作利率（主要指中期借贷便利利率）加点形成的方式报价，由全国银行间同业拆借中心计算得出，为银行贷款提供定价参考。LPR 包括 1 年期和 5 年期以上两个品种。LPR 报价行包括 18 家银行，每月 20 日（遇节假日顺延）9 时前，各报价行以 0.05 个百分点为步长，向全国银行间同业拆借中心提交报价，全国银行间同业拆借中心按去掉最高和最低报价后算术平均，并向 0.05% 的整数倍就近取整计算得出 LPR，于当日 9 时 30 分公布。

　　LPR 机制创设于 2013 年 10 月，成立之初名称为贷款基础利率，是商业银行对其最优质客户执行的贷款利率，其他贷款利率可根据借款人的信用情况，考虑抵押、期限、利率浮动方式和类型等要素，在 LPR 基础上加减点生成。贷款基础利率的集中报价和发布机制是在报价行自主报出本行贷款基础利率的基础上，指定发布人对报价进行加权平均计算，形成报价行的贷款基础利率报价平均利率并对外予以公布。最初有 10 家大中型银行每天报价，并经银行间市场发布，为市场提供一个最优贷款利率供行业定价参考。最初设定对社会公布 1 年期 LPR。2019 年 8 月 20 日对贷款基础利率 LPR 报价机制进行改革，并更名为贷款市场报价利率。

（3）金融机构人民币存贷款基准利率。金融机构人民币存贷款基准利率是指中国人民银行公布的商业银行存款与贷款的指导性利率，包括存款基准利率和贷款基准利率两种基准利率。大部分商业银行以中国人民银行公布的贷款基准利率作为基准，再根据融资人实际情况、贷款结构等进行上下浮动。

资料来源：中国人民银行政策货币司发布基准利率 [EB/OL]. http://www.pbc.gov.cn/zhengcehuobisi/，2019-8-17.

上海银行间拆放利率 [EB/OL]. http://www.shibor.org/shibor/，2019-12-20.

第二节　利率的计算

一、单利、复利和连续复利

单利和复利是两种不同的计息方法。单利指以本金为基数计算利息，所生利息不再加入本金计算下期利息。中国政府发行的国库券多采用单利，如中国财政部在 1986 年向个人发行的债券借款期限为 5 年，利率为 10%，采用单利；同时，商业银行现行的存款利率也按照单利计算。

如果储户在银行存款 1 000 元，存款期限为 5 年，银行现行的 5 年期存款利率为 4%，则在第 1 年年末，储户在银行账户上的钱为 1 040 元，第 2 年年末为 1 080 元，第 5 年年末为 1 200 元。一般而言，如果存款本金为 P，存款期限为 n 年，同期存款的年利率为 i，则在单利条件下，当存款到期时，储户获得的利息 I 为：

$$I = P \times i \times n$$

到期本息和 S 为：

$$S = P + P \times i \times n = P \times (1 + i \times n)$$

复利又称利滚利，在计算复利时要将每一期的利息都加入本金一并计算下期的利息。在上例中，如果银行计息采用每年复利计算，则在第 2 年年初，储户的本金为 1 040 元，第 2 年年末的利息为 $1040 \times 0.04 = 41.6$ 元，第 3 年年初的本金为 1 081.6 元，依此类推，可以得到第 5 年年末的本息和为 1 216.65 元。一般地，如果存款本金为 P，存款期限为 n 年，同期存款的年利率为 i，则在复利条件下，存款到期时的本息和为：

$$S = P \times (1 + i)^n \tag{3-1}$$

储户所获得的利息为：

$$I = S - P = P \times [(1+i)^n - 1]$$

当计息次数超过 1 期时，从第 2 期开始，由于复利计息的本金高于单利计息的本金，所以在到期时，无论是总利息还是本息和，都是复利计息高于单利计息。

上述复利计息采用每年计息一次的方法，在实际计算时，有时也采用每半年一次、每月一次甚至每日一次的复利计息方式，这样的复利称为连续复利。一般地，如果存款本金为 P，存款期限为 n 年，同期存款的年利率为 i，则在每年计息 m 次的复利条件下，存款到期时的本息和为：

$$S = P \times (1 + i/m)^{n \times m}$$

例如，储户在银行存款 1 000 元，期限为 5 年，同期存款的年利率为 4%，如果采用每半年一次复利计息，到期本息和为：

$$S = 1\,000 \times (1 + 0.04 / 2)^{5 \times 2} = 1\,218.99 \text{（元）}$$

如果采用每月一次的计息方式，到期本息和为：

$$S = 1\,000 \times (1 + 0.04 / 12)^{5 \times 12} = 1\,221.00 \text{（元）}$$

如果采用每日一次的计息方式，到期本息和为：

$$S = 1\,000 \times (1 + 0.04 / 360)^{5 \times 360} = 1\,221.39 \text{（元）}$$

显然，在其他条件相同时，每次复利计息的间隔时间越短，到期本息和就越大。

二、现值与贴现

货币具有时间价值，一年后的 1 元钱与现在的 1 元钱在价值上是不同的。一般而言，一年后的 1 元钱价值低，现在的 1 元钱价值高，现值概念就是基于这一认识得到的。所谓现值，就是未来一定数额的钱现在的价值，也就是按照一定的折现率和折现方法，将未来某个特定时刻取得的一定数额的现金或现金流折合成现在的钱时的价值。计算现值的过程称为贴现计算。

如果一年后需要 1 040 元购买某种商品，银行 1 年期的存款利率为 4%，那么现在应将多少钱存入银行？显然只需 1 000 元就够了，因为在存款利率为 4% 时，现在的 1 000 元相当于一年后的 1 040 元；或者说，在折现率为 4% 时，一年后的 1 040 元的现值为 1 000 元。一般地，由式（3-1）可知，如果同期银行存款的年利率为 i，则第 n 年年末到期的一定数额的货币 S 的现值 P 为：

$$P = \frac{S}{(1+i)^n} \tag{3-2}$$

式中，i 也称为折现率或贴现率。

在有些情况下，如在投资项目评估或确定可接受的债券购买价格时，需要计算的不是未来某个数额的货币的现值，而是未来某个现金流的现值。例如，有一张面值 1 000 元的债券，期限为 5 年，该债券在每年年末都会按 6% 的利率向债券持有人支付利息，到期归还 1 000 元本金，如果某投资者采用的折现率为 5%，那么这张债券对他来说现值多少？投资者愿花多少钱购买这张债券？

购买债券后，投资者未来的收益为：1 年后的利息 60 元，2 年后的利息 60 元，…，5 年后的利息加本金 1 060 元。根据式（3-2），债券的现值为：

$$P = \sum_{t=1}^{4} \frac{60}{(1+0.05)^t} + \frac{1060}{(1+0.05)^5} = 1\,043.29 \text{（元）}$$

因此，投资者愿以 1 043.29 元购买这张债券。一般地，若债券未来的现金流为 S_1，S_2，…，S_n，其中 S_t 为第 t 年末获得的现金，折现率为 i，债券的现值就为：

$$P = \sum_{t=1}^{n} \frac{S_t}{(1+i)^t} \tag{3-3}$$

下面我们以年金的现值为例。年金是每隔相等时间间隔收到或者支付相同数额的款项，如每年年末收到养老金 10 000 元，即为年金。年金的现值是按照一定的利率，把从现在一直到以后一定期数收到的年金折合成现在的价值之和。如果老王今年 60 岁退休，从今年起，他每年年末可以从保险公司获得 20 000 元的养老年金，假如老王可以活到 85 岁，并且采用 5% 的折现率，那么老王可以领取的养老年金的现值为多少？

由于从今年起，每年年末可以获得 20 000 元，连续收取 25 年，因此老王可以领取的养老年金的现值为：

$$P = \sum_{t=1}^{25} \frac{20\ 000}{(1+0.05)^t} = 281\ 800\ (元)$$

以上讨论的是按每年复利一次的现值计算，如果要求每年复利 m 次，即应该按连续复利计算现值。n 年后的货币 S，在折现率为 i 时的现值计算公式为：

$$P = \frac{S}{(1+i/m)^{n \times m}} \tag{3-4}$$

式（3-4）可以很容易地推广到按连续复利方式计算未来现金流的情况。式（3-4）可以作为一般形式的现值公式，用来计算几乎任何金融证券的现值，为了更加方便估值，我们可以用时间轴来描述未来现金流。

时间轴是一个图形工具，是描述金融工具承诺的未来各期支付的现金流非常简便的办法，如图 3-2 所示。在时间轴上用时间段表示未来时间点的现金流。例如，如果有人承诺 1 年后支付 1 100 元，2 年后支付 1 210 元，3 年后支付 1 331 元，用时间轴上未来三个时间点表示各自的现金流，在利率为 10% 的情况下，这三笔现金流的现值分别是多少？合计总现值是多少？在时间轴上表示会非常易于理解。

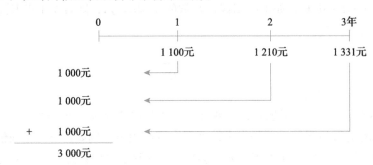

图 3-2　未来现金流折现图

从式（3-2）、式（3-4）和图 3-2 中可以看到，给定未来的钱 S，其现值大小受到两个因素的影响：折现率与折现方法。当折现方法相同时，折现率越大，S 的现值越小；对相同的折现率，连续复利折现的现值小于每年复利一次的折现值。

现值的概念在实际经济活动中有着广泛应用。例如，现代商业银行有一项重要业务即票据贴现，在这项业务中，银行收买在一定期限后到期的商业票据，并向票据出售方支付相当于票据到期价值的贴现值的货币，此贴现值按照银行要求的贴现率和折现方法计算。在通常情况下，票据的贴现采用连续复利计算法。

例如，商业票据将在 35 天后到期，到期价值为 100 万元，持有人将此票据向银行贴现，银行要求的贴现率为 10%，并且采用按日计息的连续复利方法贴现，那么此票据的贴现值为多少？由于每天计息，所以每年的复利次数为 $m = 360$ 次，票据的到期年限为 $n = 35/360$ 年，根据式（3-4），该票据的贴现值为：

$$P = \frac{S}{(1+i/m)^{n \times m}} = \frac{100}{(1+0.1/360)^{35}} = 99.032\ 6\ （万元）$$

三、到期收益率

金融市场上存在着各种债券，其期限、票面利率及出售价格各不相同，为了比较不同债券的实际收益率，必须找到一个统一的衡量指标，这个指标就是到期收益率。到期收益率的字面含义是：购买债券并持有到债券期满时，投资者获得的实际收益率。

计算到期收益率需要确定这样几个因素：一是债券的购买价格，需要指出的是，由于债券市场的价格经常发生波动，所以债券的购买价格并不一定等于债券的面值；二是购买债券后所能得到的未来现金流。确定好这两个因素后，根据前面讨论的现值概念，到期收益率的计算还是比较容易的。例如，假设债券的购买价格为 P，购买债券后能得到的未来现金流为 S_1，S_2，$\cdots$，S_n，当采用的折现率为 i 时，债券的现值 P_1 等于：

$$P_1 = \sum_{t=1}^{n} \frac{S_t}{(1+i)^t}$$

如果 $P_1 = P$，那么购买债券并持有到债券期满时，债券的实际收益率就是 i。这是因为现在购买债券的实际收益率，与分别将 $\frac{S_1}{1+i}$，$\frac{S_2}{(1+i)^2}$，$\cdots$，$\frac{S_n}{(1+i)^n}$ 存入银行 1 年，2 年，$\cdots$，n 年（银行年存款利率为 i），复利计息时的收益率完全一样。因此，在知道债券价格 P，债券的未来现金流 S_1，S_2，$\cdots$，S_n 后，从式（3-3）解出未知的 i，就是债券的到期收益率。这样，债券的到期收益率就是使债券的未来现金流的现值等于债券购买价格时所使用的贴现率。在计算到期收益率时，采用的折现方法是每年一次的复利计算。

专栏 3-4

各种投资工具的到期收益率

1. 普通贷款

普通贷款是最常见的融资方式，资金由贷方贷给借方，双方讲好还款的日期和利息，到期后连本带息一次性偿还。例如，一笔普通贷款的数额为 Q 元，期限为 n 年，双方约定的年利率为 i，由于到期时放贷人获得的一次性的本息和为 $Q \times (1+i)^n$ 元，用 i 为折现率时 n 年后的 $Q \times (1+i)^n$ 元的现值为 $Q \times (1+i)^n/(1+i)^n$ 元，因此，对普通贷款来说，放贷者的到期收益率就是普通贷款的利率。

2. 分期偿还贷款

分期偿还贷款是由贷方一次性向借方提供一定数额的资金，借贷双方约定利率，借款的本息和由借方分期偿还，每期偿还一个固定数额。在银行向消费者发放大额中长期贷款如住房按揭贷款时，通常采用这种方式。例如，小王向银行借了 10 万元的分期偿还贷款，分 25 年还清，每年偿还 12 600 元。银行发放这笔贷款的到期收益率 i 可由下式解出：

$$100\ 000 = \frac{12\ 600}{1+i} + \frac{12\ 600}{(1+i)^2} + \frac{12\ 600}{(1+i)^3} + \cdots + \frac{12\ 600}{(1+i)^{25}}$$

解此方程得 $i = 0.12$，因此，12% 就是小王为借这笔钱每年支付的利率，也就是银行的到期收益率。在实际生活中，许多分期偿还贷款的每次还款间隔期不是 1 年，而是 1 个月，如住房按揭贷款通常要求按月偿还，这样在计算到期收益率时，需要采用连续复利的折现方法。

3. 息票债券

息票债券是发行人按债券本金和票面利率定期向债券持有者支付利息，到期后再将本金连同最后一期利息一起支付给债券持有者的这样一种债券。不少国家在发行长期债券时通常采取这种形式。息票债券的利息在债券发行时就已确定好，在整个债券持续期内保持不变。如果债券的持续期为 n 年，债券的面值为 F，每年支付的利息为 C，当债券的发行价格为 P 时，该债券的到期收益率 i 可由以下方程得到：

$$P = \frac{C}{1+i} + \frac{C}{(1+i)^2} + \cdots + \frac{C}{(1+i)^n} + \frac{F}{(1+i)^n} \qquad (3\text{-}5)$$

很显然，式（3-5）可以视为债券的未来现金流、债券价格及债券的到期收益率三者之间的一个相互关系式，知道债券的未来现金流、债券的购买价格，就可求得债券的到期收益率；反之，知道债券的未来现金流和到期收益率，就可求得债券的购买价格。不难看出，在债券的未来现金流给定的条件下，到期收益率越高，债券的价格越低；到期收益率越低，债券的价格越高。这样，当市场利率发生变动导致投资者对债券的到期收益率的要求也发生变动时，债券的价格就会发生变动：市场利率上升，投资者要求的到期收益率提高，债券价格下降；市场利率下降，投资者要求的到期收益率降低，债券价格上升。此外，由于对任意的 $i > 0$，有：

$$1 = \frac{i}{1+i} + \frac{i}{(1+i)^2} + \cdots + \frac{i}{(1+i)^n} + \frac{1}{(1+i)^n}$$

因此可以得出结论：当发行价格等于债券面值，即债券平价发行时，到期收益率等于债券票面利率；当发行价格高于债券面值，即债券溢价发行时，到期收益率低于债券票面利率；当发行价格低于债券面值，即债券折价发行时，到期收益率高于债券票面利率。

4. 永久债券

永久债券是定期支付固定利息，但永远没有到期日的一种债券。假定永久债券每年支付的利息为 C，债券的价格为 P，永久债券的到期收益率 i 满足：

$$P = \sum_{t=1}^{\infty} \frac{C}{(1+i)^t} = \frac{C}{i}$$

这样 $i = C / P$，即永久债券的到期收益率等于其固定利率与价格之比。如果一张永久债券每年支付利息 10 元，债券价格为 100 元，则该债券的到期收益率为 10%。

5. 贴水债券

贴水债券又称贴现债券，这种债券在发行后不支付利息，到期限后债券发行人按面值向债券持有人支付金额，只是在债券发行时通常按面值的一定折扣销售。如果贴现债券的期限为 n 年，面值为 F，发行价格为 P，债券的到期收益率 i 满足：

$$P = \frac{F}{(1+i)^n}$$

例如，某公司发行的贴水债券面值是 100 元，期限为 4 年，如果这种债券的销售价格为 75 元，那么根据上述公式计算得：

$$75 = \frac{100}{(1+i)^4}, \quad i = 0.074\,6$$

贴水债券的到期收益率为 7.46%。

通过以上不同投资工具的到期收益率的计算，我们得出一个重要的结论，即债券现价与利率是负向相关的：当利率上升时，债券价格下跌；反之，当利率下降时，债券价格上升。

资料来源：钱水土，等.货币银行学 [M].2版.北京：机械工业出版社，2013：64-65.

第三节 利率的决定

关于利率决定的理论主要着眼于利率变动取决于怎样的供求对比。总的来说，其理论的演进路径是研究者对利率决定因素的观察不断加细，观察角度则各不相同的结果。20 世纪前期以局部均衡分析方法为主，代表理论主要有古典学派利率决定理论、流动性偏好理论和可贷资金理论；20 世纪以后以一般均衡分析方法为主，代表理论主要有 *IS-LM* 模型及其理论和蒙代尔 – 弗莱明开放经济条件下的利率决定理论。

一、古典利率决定理论

在凯恩斯主义出现前，传统经济学中的利率理论，被称为古典利率决定理论，该理论的主要倡导者为奥地利经济学家庞巴维克、英国经济学家马歇尔和美国经济学家费雪。

古典利率决定理论强调非货币的实物因素在利率决定中的作用，实物因素主要是储蓄和投资。投资量会随利率的提高而减少，储蓄量会随利率的提高而增加，因此投资量是利率的递减函数，储蓄量是利率的递增函数，而利率的变化取决于投资量与储蓄量的均衡。

在图 3-3 中，*II* 曲线为投资曲线，*SS* 曲线为储蓄曲线，投资曲线向下倾斜，表明投资量随利率的提高而减少；储蓄曲线向上倾斜，表明储蓄量随利率的提高而增加。在 *II* 曲线与 *SS* 曲线的交点处，投资量与储蓄量达到均衡，决定均衡利率 i_0。如果由于某些因素的影响使边际储蓄倾向提高，储蓄曲线向右平移，如移到 *S'S'* 的位置，则

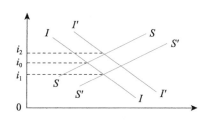

图 3-3　古典利率决定理论中均衡利率的决定

投资量与储蓄量的新的均衡决定了新的均衡利率 i_1；如果一些因素的影响使边际投资倾向增加，投资曲线向右平移，如移到 *I'I'* 的位置，则投资量与储蓄量的新的均衡决定了新的均衡利率 i_2。在其他条件不变时，储蓄倾向的提高使均衡利率下降，投资倾向的提高使均衡利率上升。

古典利率决定理论认为，只要利率是灵活变动的，它就和商品价格一样，具有自动调节功能，使储蓄量和投资量趋于一致。因为当投资量大于储蓄量时，利率会上升，使储蓄量增加，投资量下降，两者最终趋于一致；反之亦然。因此经济不会出现长期的供求失衡，它将自动趋于充分就业水平。

二、流动性偏好理论

20 世纪 30 年代资本主义经济大危机后，英国经济学家凯恩斯针对古典经济理论的缺

陷，提出了一整套宏观经济理论。和传统的利率决定理论相反，凯恩斯认为利率不是决定于储蓄和投资的相互作用，而是决定于货币的供求数量。

(一) 利率决定的一般过程

凯恩斯认为货币供给是外生变量，由中央银行直接控制；货币需求是内生变量，基本取决于人们的流动性偏好。如果人们对流动性的偏好强，愿意持有的货币量就增加，当货币的需求量大于货币的供给量时，利率上升；当货币的需求量小于货币供给量时，利率下降。因此，利率是由流动性偏好曲线与货币供给曲线共同决定的。

凯恩斯认为，流动性偏好的动机有三个：交易动机、谨慎动机与投机动机。其中交易动机和谨慎动机与收入成正比，而与利率无直接关系。如果用 $L_1(Y)$ 表示因交易动机与谨慎动机而持有的货币量，则 $L_1(Y)$ 是收入 Y 的增函数。投机动机与利率成反比，这是因为当市场利率较高时，债券价格相对便宜，人们愿意更多地购买债券、更少地持有货币，以降低作为投机动机的货币持有成本。如果用 $L_2(i)$ 表示为投机动机而持有的货币量，则 $L_2(i)$ 为利率 i 的减函数。货币的总需求量为 $L = L_1 + L_2$。

在图 3-4 中，$\bar{M}_1$ 为货币供给曲线，由中央银行决定；货币需求曲线 $L = L_1 + L_2$ 是一条向下倾斜的曲线，表明货币的需求量 L 将随利率的下降而增加；货币供求状况决定了均衡利率 i_1。如果中央银行增加货币供应，使货币供给曲线从 $\bar{M}_1$ 平移到 $\bar{M}_2$，均衡利率就下降到 i_2。从图 3-4 中可以看到，当货币需求曲线向右延伸时，逐渐与横轴平行，此时无论货币供给曲线 $\bar{M}$ 如何向右移动，即无论怎样增加货币供应量，均衡利率都会保持不变，这就是凯恩斯利率理论中著名的"流动性陷阱"假说。

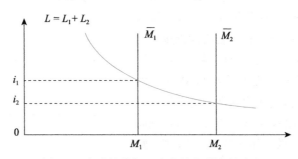

图 3-4　流动性偏好理论中均衡利率的决定

(二) 均衡利率的变动过程

1. 货币需求曲线的移动

在凯恩斯的货币需求理论中，导致货币需求曲线移动的因素有两个：收入水平和物价水平。两个因素中无论哪一个上升，都会导致货币需求曲线右移。反之，货币需求曲线左移。

（1）收入水平的变动。凯恩斯认为，在经济扩张期，收入增加，财富增加，人们希望持有更多的货币来储藏价值；另外，随着经济扩张，收入增加，人们希望持有更多的货币来完成更多的交易。这样，随着收入提高，每一利率水平上的货币需求量都增加，货币需求曲线右移。

（2）物价水平的变动。凯恩斯认为，人们关心的是所持有的实际货币量，即能够购买的商品和劳务的数量。当物价水平上升时，货币购买力下降，同样数量的货币能购买到的商品和劳务的数量减少，为使持有的实际货币数量恢复到涨价前水平，人们将持有更多货币。这表明物价水平上升，导致货币需求增加，货币需求曲线右移。

2. 货币供给曲线的移动

货币供应由中央银行控制，货币供给增加，货币供给曲线右移。在货币需求不变时，这必然会导致均衡利率下降，这种效应为"流动性效应"。中央银行提供货币的主要渠道是在公开市场上购买债券，这会引起债券需求增加，债券价格上升，均衡利率下降。这一结论具有重要的政策含义：政府决策者经常以此为依据，通过增加货币供应来压低市场利率。

然而，美国著名经济学家弗里德曼对此持有不同观点：流动性效应是在货币供应增加、其他条件不变时才产生的，然而货币供应量增加的同时并不能保持其他条件不变，如果其他效应很大，市场利率不仅不会下降，反而可能会上升。这样依据流动性效应制定的"增加货币供应以降低利率"的货币政策可能无效。货币供应增加除产生流动性效应外，可能产生的其他效应有收入效应、价格效应和费雪效应。

（1）收入效应。货币供给增加导致经济扩张，人们的收入和财富增加，货币需求曲线右移，均衡利率上升，这种现象称为"收入效应"。如果货币增加后，流动性效应小于收入效应，则利率上升。

（2）价格效应。货币供给增加导致物价水平上升，货币需求曲线右移，均衡利率上升，这种现象称为"价格效应"。如果货币增加后，流动性效应小于价格效应，则利率上升。

（3）费雪效应。货币供给增加，可能会使人们预期未来的物价水平上升，导致预期通货膨胀率上升，债券的均衡利率也会上升，结果引起市场利率上升，这种现象称为"费雪效应"[⊖]。如果货币增加后流动性效应小于费雪效应，则利率上升。

从上述分析可知，货币供给增加对利率所产生的效应有四种：流动性效应、收入效应、价格效应和费雪效应。流动性效应表明，货币供给增加导致均衡利率下降；其余三种效应都表明，货币供给增加使利率上升。如果把货币供给增加产生的四种效应之和称为总效应，把利率上升称为正效应，把利率下降称为负效应，则总效应可以是正效应，可以是负效应，也可以保持不变，具体取决于流动性效应是否大于其余三种效应之和。这样，通过改变增加供给的方式来调市场利率的做法，未必一定能够取得预期的结果。

三、可贷资金理论

英国的罗伯逊和瑞典的俄林等经济学家提出了利率决定的"可贷资金理论"。可贷资金理论一方面反对古典利率决定理论对货币因素的忽视，认为仅以储蓄、投资分析利率的决定过于片面；另一方面批评凯恩斯完全否定非货币因素在利率决定中的作用的观点。

（一）利率决定的一般过程

可贷资金理论在利率的决定问题上同时考虑货币因素与实物因素，其基本观点如下：

⊖ 美国经济学家欧文·费雪第一个指出预期通货膨胀率同利率的关系，因而该效应用费雪的名字命名。

利率决定于可贷资金的需求与供给的相互作用。可贷资金的需求与供给均包括两个方面。借贷资金需求来自某期间的投资量和该期间人们希望持有的货币量的变动：

$$D = I + \Delta M_D$$

式中，D 为借贷资金需求，I 为投资量，ΔM_D 为同期货币需求的改变量。

借贷资金的供给来自同一时期的储蓄量与该时期货币供给量的变动：

$$S = C + \Delta M_S$$

式中，S 为借贷资金供给，C 为同期的储蓄量，ΔM_S 为同期货币供给量的改变。

借贷资金的均衡条件是：

$$I + \Delta M_D = C + \Delta M_S$$

很显然，借贷资金的供给与利率正相关，因为储蓄量与利率正相关；借贷资金的需求与利率负相关，因为投资量与利率负相关，如图 3-5 所示。

可贷资金理论认为，借贷资金的总供给与借贷资金的总需求决定均衡利率，如果投资量 I 与储蓄量 C 这一对实物因素的力量对比不变，则货币供求力量的对比足以改变利率。如在图 3-5 中，M_0 为货币需求量和货币供给量没有发生改变且达到供求均衡时的可贷资金量，对应的均衡利率为 i_0，当货币供应量改变了 ΔM_S、货币需求量改变了 ΔM_D 后，均衡利率变为 i_1。因此，利率在一定程度上是货币现象。

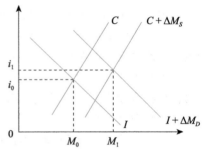

图 3-5　可贷资金理论中均衡利率的决定

（二）均衡利率的变动过程

可贷资金理论认为，可贷资金的需求有投资、货币窖藏和消费信贷等，可贷资金的供给有储蓄、央行货币供给的增加额和货币解封等。为分析的方便起见，我们假设借贷资金的需求就是企业或政府发行债券以筹集资金进行投资，借贷资金的供给就是人们对债券的购买，并从债券市场的供求状况来分析均衡利率的变动，因为债券市场利率的变动会直接带动整个市场利率的变动。

1. 债券需求的变动

决定债券需求的主要因素包括：公众持有的财富；债券相对于其他替代资产的预期收益率；债券相对于其他替代资产的风险；债券相对于其他替代资产的流动性程度。

（1）财富。当公众持有的财富增加（减少）时，对债券的需求也会增加（减少）。一般来说，在经济繁荣时期，公众的财富增加，对债券的需求增加，借贷资金供给曲线右移，均衡利率下降；在经济衰退时期，公众的财富减少，对债券的需求减少，借贷资金供给曲线左移，均衡利率上升。

（2）预期收益率。债券的预期收益率在很大程度上取决于预期通货膨胀率，如果预期通货膨胀率上升，债券的预期收益率就会下降，则人们对债券的需求减少，借贷资金供给曲线左移，均衡利率上升；相反，如果预期通货膨胀率下降，债券预期收益率就会上升，则对债券的需求增加，借贷资金供给曲线右移，均衡利率下降。

（3）风险。如果持有债券的风险增加，人们就会减少债券的持有量，因此风险增加导致债券需求减少，使得借贷资金供给曲线左移，均衡利率上升。

（4）流动性。一种债券的变现能力越强，人们越愿意持有这种债券，因为人们有对资产流动性的偏好，这说明，债券的流动性增强，对债券的需求就增大，借贷资金供给曲线右移，均衡利率下降。

2. 债券供给的变动

决定债券供给的主要因素包括：各种投资机会的预期盈利能力、预期通货膨胀率、政府行为等。

（1）预期盈利能力。企业预期能够盈利的投资机会越多，就越愿意借款和增加债务数量。因此，企业的预期投资收益越高，债券的供给就越多，借贷资金需求曲线右移，均衡利率上升。反之，企业预期能够盈利的投资机会越少，对债券的供给就越少，借贷资金需求曲线左移，均衡利率下降。

（2）预期通货膨胀率。预期通货膨胀上升，借款的实际成本就下降，企业也就越愿意借款，这导致债券供给增加，借贷资金的需求曲线右移，均衡利率上升。

（3）政府行为。如果政府财政赤字，为弥补赤字，政府就要增发债券，这使得债券供给增加，借贷资金需求曲线右移，均衡利率上升。

3. 均衡利率的变动

影响债券供求进而影响均衡利率变动的重要因素有通货膨胀预期和经济扩张。如果预期通货膨胀上升，均衡利率就会上升。在经济扩张时期，一方面，由于人们的财富增加导致借贷资金供给曲线右移，均衡利率下降；另一方面，由于经济繁荣时企业能够盈利的投资机会增多，导致借贷资金需求曲线右移，均衡利率上升。因此在经济扩张时期，均衡利率究竟是上升还是下降，要看借贷资金供给曲线和借贷资金需求曲线哪个右移得更远。

四、*IS-LM* 模型与决定利率的因素分析

前面介绍了三种利率决定理论，分别从不同视角出发，给出了均衡利率形成过程和变动过程的描述。然而，这三种理论均存在缺陷：古典利率决定理论只考虑实物市场的均衡；凯恩斯的流动性偏好理论只考虑货币市场的均衡；可贷资金理论尽管兼顾了实物市场和货币市场，但可贷资金市场的均衡并不能保证实物市场和货币市场各自达到均衡。为了弥补可贷资金理论忽视实物市场、货币市场各自均衡的缺陷，英国经济学家希克斯和美国经济学家汉森对其进行了改造，提出了著名的 *IS-LM* 模型，也称为"希克斯–汉森模型"。希克斯和汉森认为，决定利率的主要影响因素有生产率、节约、灵活偏好、收入水平和货币供给量，因而必须从整个经济体系来研究利率，只有当货币市场与实物市场同时达到均衡时，才能形成真正的均衡利率。

（一）产品市场的均衡：*IS* 曲线

IS 曲线刻画的是产品市场达到均衡时，利率与总产出（总收入）的关系曲线。根据宏

观经济理论，当不考虑国际贸易的影响时，产品市场的均衡条件可表示为：

$$Y = C + I + G$$

式中，Y 代表总产出（总收入），C、I、G 分别表示消费、私人投资与政府购买，三者之和形成产品市场的总需求。政府购买可以认为由政府决策所决定，是一个外生变量；消费主要由收入决定，收入越高，消费意愿就越强烈，因此消费量 $C(Y)$ 是总收入 Y 的增函数；投资主要受利率影响，利率越高，投资意愿就越低，因此投资量 $I(i)$ 是利率 i 的减函数。

在图 3-6a 中，用纵坐标表示总需求 $C + I + G$，用横坐标表示总供给 Y，第一象限的 45° 线：横坐标＝纵坐标，代表产品市场的供求均衡，也就是说，总需求曲线 $Y = C + I + G$ 与 45° 线的交点是产品市场的供求均衡点。由于投资量 $I(i)$ 随利率的增加而减少，因此当利率从 i_1 上升到 i_2 时，总需求曲线 $Y = C + I + G$ 向下平移，均衡点从 E_1 变动到 E_2，对应的总收入将从 Y_1 变动到 Y_2。

这样，当产品市场均衡时，对给定的每个利率 i，都可得到一个对应的总收入 Y，且 Y 随着 i 的增加而减少，用曲线的方式描出 Y 与 i 的这种关系，得到的曲线称为 IS 曲线。IS 曲线显示，当产品市场达到均衡时，利率 i 与总收入 Y 的关系是反向变化的关系，如图 3-6b 所示。

IS 曲线的经济意义是明确的，利率的上升引起私人投资需求下降，使总需求及均衡收入也随之下降，所以 IS 曲线的斜率为负。IS 曲线的斜率的大小，取决于私人投资对利率的敏感性。如果投资对利率变动很敏感，则利率较小幅度的上升将引起投资需求较大幅度的下降，从而使收入也发生较大幅度的下降，因而 IS 曲线将变得较为平坦；反之，如果投资对利率变动的敏感性小，IS 曲线将变得较为陡峭。

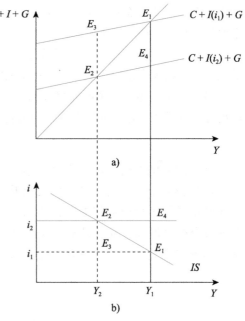

图 3-6　IS 曲线的导出

IS 曲线的平行移动取决于自主性支出。所谓自主性支出，是指消费中受收入以外的因素影响的部分、私人投资中受利率以外的因素影响的部分以及由政府决定的政府购买等外生变量。当自主性支出增加时，IS 曲线右移。这是因为在每一利率水平上，总需求都增加了。反之，自主性支出减少，IS 曲线左移。在所有自主性支出中，经济学家最重视的是自主性投资，它主要受投资的预期报酬率影响，而预期报酬率又受企业家的复杂情绪和预期通货膨胀率支配，因而是不稳定的，从而导致 IS 曲线频繁移动，带来经济的经常性波动。

不在 IS 曲线上的点代表着产品市场上的非均衡点。如图 3-6b 所示，在 IS 曲线左下方的 E_3 点意味着产品市场上存在超额需求，这是因为利率低于均衡利率水平，导致投资需求过大，产品需求较大；在 IS 曲线右上方的 E_4 点意味着存在超额供给，因为利率高于均衡利率水平，导致投资需求过小，产品需求较小。

（二）货币市场的均衡：LM 曲线

LM 曲线是货币市场的均衡曲线，也就是在既定的货币供给条件下，货币市场达到供求均衡时利率与收入的关系曲线。

根据凯恩斯的货币需求理论，货币需求主要取决于收入和利率，货币需求与收入成正比，与利率成反比，用数学方式表示就是：

$$M_d / P = L_1(Y) + L_2(i)$$

式中，$L_1(Y)$ 是收入 Y 的增函数，$L_2(i)$ 为利率 i 的减函数。

凯恩斯把货币供给量 M_S / P 视为一个完全由中央银行控制、不受利率影响的外生变量。货币市场均衡的条件为：

$$M_s / P = L_1(Y) + L_2(i) = L(Y, i)$$

图 3-7a 给出了货币供求曲线与均衡点，其中纵坐标为利率，横坐标为货币供给（需求量）。由于凯恩斯假设货币供给不受利率影响，所以货币供给曲线为垂直于横坐标的直线；当收入 Y 确定时，货币需求曲线随利率 i 的增加而减小，货币需求曲线向下倾斜；在货币供给曲线与货币需求曲线的交点 E_1 处，货币市场达到均衡，对应的利率为 i_1。

由于收入与货币需求成正向关系（凯恩斯说，收入增加则用于交易动机、预防动机的货币需求增加），当收入增加时，货币需求曲线上移，即从 $L(Y_1, i)$ 上移到 $L(Y_2, i)$，如图 3-7a 所示。此时货币市场的供求均衡点为 E_2，对应的利率上升到 i_2。由此可见，当货币市场均衡时，利率 i 与收入 Y 的关系是正向变化关系，如图 3-7b 所示。当货币市场均衡时，反映利率与收入的正向关系的曲线称为 LM 曲线。

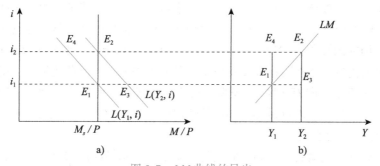

图 3-7 LM 曲线的导出

LM 曲线也有着明确的经济含义：当货币供给不变时，收入上升引起的货币需求增加必须通过利率上升引起的货币需求下降来抵消，才能使货币市场继续保持均衡。LM 曲线的斜率大小由货币需求对利率和收入的敏感性决定。如果货币需求对利率的敏感性强，对收入的敏感性弱，则收入增加引起的货币需求增加只需少量的利率上升便可抵消，LM 曲线就比较平坦。反之，如果货币需求对利率的敏感性弱，对收入的敏感性强，则因收入增加引起的货币需求增加，就要用较大的利率上升才能抵消，LM 曲线就比较陡峭。因此我们知道，LM 曲线的斜率与货币需求对利率的敏感性成反向关系，与货币需求对收入的敏感性成正向关系。

LM 曲线的平移由实际货币供给量的变动决定。如果货币当局增加货币供应量，使 M_s / P 曲线右移，均衡利率下降，则 LM 曲线向右下方移动；如果货币当局减少货币供应量，使

M_s/P 曲线左移，均衡利率上升，则 LM 曲线向左上方移动。

如图 3-7b 所示，位于 LM 曲线左上方的 E_4 点意味着存在超额货币供给，这是因为 E_4 点上的利率高于 Y_1 水平上的均衡利率 i_1，使货币需求（投机需求）小于货币供给。位于 LM 曲线右下方的 E_3 点意味着存在超额货币需求，这是因为 E_3 点上的利率低于 Y_2 水平上的均衡利率 i_2，使货币需求（投机需求）大于货币供给。

（三）产品市场和货币市场的一般均衡：IS-LM 模型

在同一个坐标系中绘出 IS 曲线和 LM 曲线，如图 3-8 所示，可得到 IS 曲线与 LM 曲线的交点 E 以及对应的利率 i^*。由于 IS 曲线上的点反映产品市场均衡时利率与收入的关系，LM 曲线上的点反映货币市场均衡时利率与收入的关系，所以 E 点反映产品市场与货币市场同时达到均衡时均衡利率的决定。

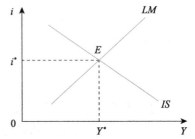

图 3-8　产品市场与货币市场的一般均衡

任何引起 IS 曲线或 LM 曲线移动的因素，必将引起均衡点 E 的变动，进而引起均衡利率的变动。在引起 IS 曲线或 LM 曲线移动的主要因素中，包括以政府支出为主的财政政策和以增减货币供应量为主的货币政策，这涉及财政政策和货币政策问题，我们将在后面的章节中讨论。

五、蒙代尔 – 弗莱明开放经济条件下的利率决定理论

在 IS-LM 模型的推导中，只考虑了国内因素对均衡利率的影响，没有考虑国际因素的影响。然而，随着经济全球化的推进，各国经济与外部世界的联系越来越密切。在开放经济条件下，一国的国际收支状况会对国内利率产生较大影响。为弥补 IS-LM 模型的缺陷，美国经济学家蒙代尔与弗莱明在 IS-LM 模型的基础上加入了国际收支因素，提出了一个三部门均衡的框架模型，即 IS-LM-BP 模型，也称为蒙代尔 – 弗莱明模型。他们认为，只有在国内实体经济部门、国内货币部门和国外部门同时达到均衡时，包括利率、汇率和国民收入的国民经济才能达到均衡状态。

蒙代尔 – 弗莱明模型建立在如下假设的基础上：①总供给曲线是平缓的，这意味着是物价水平而不是实际收入调节着总需求的波动；②经常项目的平衡不受资本账户的影响，经常项目的盈余规模同实际汇率正相关，同实际收入负相关；③在国际收支中，汇率预期是静态的，资本的流动性是不完全的，因此利率在 IS-LM-BP 模型中起中心作用，国际利差引起资本的流入与流出。

IS-LM-BP 模型作为 IS-LM 模型在开放经济下的拓展，是在开放经济条件下分析货币政策、财政政策非常重要的工具。该模型论证了在不同汇率制度下，一国的货币政策和财政政策在长期对该国的利率与国民经济具有不同的效果、不同的优势。对于固定汇率制度下国际资本不完全流动的情况，IS-LM-BP 模型论证了扩张性货币政策只是在短期内会引起利率下降、收入增加、国际收支恶化等结果，本国货币有贬值压力，但在长期，为维护固定汇率，中央银行将出售外汇储备购买本国货币，直至 LM 曲线恢复原来水平，这样利率、国民收入和国际收支将恢复至期初水平，发生变化的只是中央银行资产的内部结构（增加

或减少国内信贷，减少或增加外汇储备），即货币政策在长期是无效的，如图 3-9 所示。但是财政政策在长期是有效的，扩张性财政政策将使利率和国民收入都提高，如图 3-10 所示。

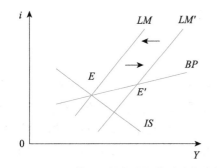 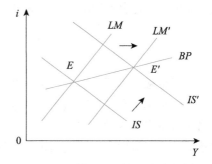

图 3-9　*IS-LM-BP* 模型下的扩张性货币政策的作用　　图 3-10　*IS-LM-BP* 模型下的扩张性财政政策的作用

六、影响利率的主要宏观因素

除以上几种理论提到的利率决定因素外，还有一些宏观经济因素也会直接影响利率的波动。

（一）通货膨胀预期

一般地说，在预期通货膨胀率上升时，利率水平有很强的上升趋势，因为通货膨胀必然引起货币贬值，给资本贷出者造成损失，不仅使利息额的实际价值下降，而且使借贷资本本金贬值。在这种情况下，资金供给者为避免损失，往往会选择股票、黄金或其他替代性资产，使可贷资金的供给减少，同时，预期通货膨胀率的上升又刺激借贷资金的需求上升，借贷资金市场的这种求大于供的状况必然导致利率水平上升。同样，当预期通货膨胀率下降时，利率水平也会有下降的趋势。

（二）国际贸易和国际资本流动状况

国际贸易状况的变化通过产品市场和货币市场两个方面影响利率的变化。在产品市场上，当净出口增加时，利率有上升趋势；当净出口减少时，利率有下降趋势。其作用机制为：当净出口变化时，将以乘数效应正向影响投资、消费和国民收入，从而影响利率的变动。

在货币市场上，净出口增加导致利率下降，净出口减少导致利率上升。其作用机制为：当净出口增加时，必然引起外国资本流入，结果是中央银行的货币供应量增加，而本国的货币需求在短期内保持相对稳定，导致利率下降；相反，当净出口减少时，必然引起外国资本的流出，货币供应量减少，导致利率上升。

这样，国际贸易状况的变化通过产品市场和货币市场对利率影响的方向是相反的。一般来说，在发展中国家，由于其边际储蓄倾向较高以及金融市场较不发达等原因，货币需求对利率的敏感度较小，即 *IS* 曲线较平坦而 *LM* 曲线较陡峭，所以，国际贸易状况的变化通过产品市场对利率的影响程度将大于通过货币市场对利率的影响程度，这样在发展中国家，当净出口增加时，一般会导致利率上升；当净出口减少时，一般会导致利率下降。

国际资本流动状况对利率的影响与国际贸易状况的变动通过货币市场对利率变动的影响相似。当外国资本流入本国时，将引起中央银行增加货币供应量，导致利率下降；当外国资本流出时，将引起货币供应量减少，导致利率上升。

(三) 国际利率水平

在国际金融市场逐步形成、国际经济联系日益密切的时代，国际利率水平及其变动趋势对一国的利率水平具有很强的"示范效应"。如果国际市场与国内市场利率水平不平衡，那么借贷资本自由流动的本性和国际商人的套利天性会引起国际间的资本流动，即资本从利率较低的市场流向利率较高的市场，导致国内市场利率与国际利率趋向于同一水平。同样，各国利率也有这种"趋同倾向"，至少在联系比较密切的国家之间是如此。

(四) 传统习惯

利息是一个经济范畴，同时也是一个历史范畴。利息伴随信用经历了漫长的发展过程，具有延续性。由于不同的国家都有各自很早就存在、经过频繁变动后留传下来的利率体系，所以，各国的利率无论是总体水平还是具体表现形式，均带有浓厚的传统色彩。

(五) 利率管制

利率管制的基本特征是由政府有关部门直接制定利率或利率变动的范围。由于利率管制具有高度的行政干预和法律约束力量，排斥各种经济因素对利率的直接影响，所以，尽管许多发达的市场经济国家也在非常时期实行管制利率，但范围有限，而且一旦非常时期结束即解除利率管制。相比之下，多数发展中国家的利率主要为管制利率。形成这种局面的原因很多，其中最主要的是，经济贫困和资本严重不足，驱使政府期望以低利率促进经济发展。

第四节　利率的结构

前面章节只就利率的决定与利率的变动受哪些因素影响进行了分析，没有讨论不同利率之间的差异。事实上，市场上的利率是多种多样的，不同种类、不同期限、不同风险的债务凭证，其利率往往不同。因而仅仅了解利率的一般走势是不够的，还需要了解各种债务凭证的利率之间的相互关系，也就是利率的结构问题。利率结构主要有两种：一是在期限相同的情况下，各债券利率之间的相互关系，这称为利率的风险结构；二是在其他特征相同而期限不同的情况下，各种债券利率之间的相互关系，这称为利率的期限结构。

一、利率的风险结构

利率的风险结构，即期限相同的各种债券的利率之间的相互关系，主要是由债券的违约风险、债券的流动性以及税收等因素决定的。

（一）违约风险

投资者在购买债券时，也就承担了这种违约风险：债券发行人可能无法按期还本付息。债券的违约风险直接影响债券的利率，显然，债券的违约风险越大，对投资者的吸引力就越小，为使债券能够发行，债券所需支付的利率就越高。有风险债券和无风险债券（如国库券）之间的利率差常被称为风险补偿（又称风险溢价）。

中央政府发行的债券被认为是无风险的，因为中央政府可以通过征税或发行货币来偿付债券的本息。当然，中央政府的债券也不是绝对无风险的，在政局动荡威胁到中央政权的安全时，中央政府债券的持有者也有可能遭受损失。地方政府虽有一定的征税能力，但其偿债能力显然不如中央政府，因而地方政府债券被认为存在着一定风险。公司债券的风险更大，因为公司没有征税权力，只能在竞争中求生存，而竞争又是残酷的，任何决策上的失误或外部环境的变化，都可能使一家信誉卓著的公司面临资不抵债的境地。尤其在经济衰退时期，经济的不景气往往会伴随着一大批中小企业的倒闭。但由于公司之间的差异很大，所以不同公司债券的利率差异也很大。信用等级最好的大公司发行债券的利率与政府发行债券的利率相差很小，而那些不为人知的公司以及那些信用等级低的公司，往往要借助于很高的利率才能将其债券销售出去。

（二）流动性

债券的流动性是影响债券利率的又一重要因素。一般来说，在其他条件相同的情况下，流动性越高的债券利率越低。

债券的流动性大小可用它的变现成本来衡量，变现成本主要包括交易佣金和债券的买卖差价。交易佣金是投资者买卖债券时向经纪商支付的手续费，买卖差价是债券的卖出报价和买入报价间的差额。一般地说，买入报价总是低于卖出报价，而债券持有者将债券变现时得到的却是买入价，其间的差价就构成一项变现成本。不同债券的交易活跃程度是不一样的，对于那些交易频繁的债券（如国库券）来说，由于市场上随时都有很多的买入者和卖出者，所以买卖差价一般很小，流动性很强，债券的利率自然就可低一些；对那些交易不很活跃的债券（如信用等级低的公司债券），买卖差价就要大一些，流动性较弱，债券利率自然应该高一些。

由此可见，不同类型的利率差，不仅反映其违约风险的差异，而且也反映了它们流动性的强弱。

（三）税收因素

相同期限的债券之间的利率差异，不仅体现在违约风险不同、流动性不同上，而且还体现在各种债券的不同税收待遇上。一般而言，债券持有人关心的收益是债券的税后实际利率，而这必然会反映到债券的税前利率上。由于不同债券的税收待遇不一，如中央政府发行的债券通常可以免交利息税，而公司债券往往不享受这种待遇，所以为了吸引债券购买者，公司债券的税前利率通常高于中央政府债券的利率。利息税越高的债券，其税前利率应该越高，反之，税前利率就可以越低。例如在美国，州和地方政府的债券的违约风险高于国债，流动性也低于国债，但由于根据美国税法，州和地方政府的债券收入可以免交联邦所得税和地方税，而国债要交联邦所得税，所以州和地方政府的债券的利率要低于联邦政府债券（国债）的利率。

二、利率的期限结构

债券的期限同样影响债券的利率。具有相同风险、流动性和税收待遇的债券，其利率由于期限的长短不一而可能不同。不同期限债券的利率之间的相互关系，称为利率的期限结构。在考察利率的期限结构前，我们先引入一个描述债券利率期限结构的工具——收益率曲线。将期限不同而风险、流动性和税收因素都相同的债券的收益率（如不同期限的国债的收益率）连成一条曲线，其横轴为债券的期限，纵轴为债券的收益率，这样的曲线称为收益率曲线或回报率曲线，如图 3-11 所示。

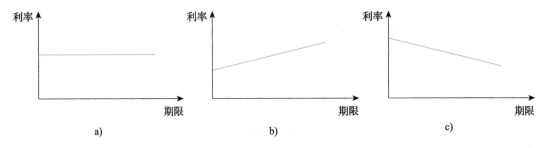

图 3-11   各种形态的收益率曲线

一般来说，收益率曲线有三种可能的形状。水平的收益率曲线表示债券的利率不随期限而变化，各种期限的债券利率相同（见图 3-11a）；向右上倾斜的收益率曲线表明长期债券的利率高于短期债券的利率（见图 3-11b）；向右下倾斜的收益率曲线表明长期债券的利率低于短期债券的利率（见图 3-11c）。在通常情况下，长期债券的利率高于短期债券的利率，因此最常见到的收益率曲线如图 3-11b 所示。

如何解释不同期限的收益率曲线具有不同的形状，如何解释现实中利率期限结构变化呈现的三个重要的经验事实，基于不同的假设条件，形成了三种不同的理论，即预期理论、分割市场理论和期限选择理论。在三种理论中，预期理论可以较好地解释前两个事实，而不能很好地解释第三个事实；分割市场理论可以解释第三个事实，却不能解释前两个事实；只有期限选择理论较好地结合了预期理论和分割市场理论的特点，可以对这三种事实都给出较好的解释，进而被广泛接受，因为期限选择理论是站在前两个理论的基础上得以演进和不断完善的。所以，全面了解这三个理论对于理解利率的期限结构具有重要意义。

(一) 预期理论

预期理论假设整个债券市场是统一的市场，不同期限的债券之间存在着完全的替代性，也就是说，债券的购买者在不同期限债券之间没有特殊的偏好，当某种债券的预期收益率低于期限不同的另一种债券时，人们将不再持有这种债券而改持另一种债券。在此假设基础上，预期理论认为，利率的期限结构由人们对未来短期利率的预期来决定。当预期未来短期利率将上升时，长期利率就会高于短期利率，收益率曲线向上倾斜；当预期未来的短期利率将下降时，长期利率就会低于短期利率，收益率曲线向下倾斜；只有当人们预期未来的短期利率保持不变时，收益率曲线才是水平的。

假设某个投资者有 2 年期的闲置资金，打算购买债券。他可以购买一张 1 年期的债券，到期后将本息取出后再购买第二张 1 年期的债券；他也可以直接购买一张 2 年期的债券。根据预期理论，只要两种购买方法最后的收益相同，投资者对持有短期债券还是长期债券是无差异的。如果投资者采用第一种方式购买债券，投资收益率为：

$$(1+i_1)(1+{}_1i_1)-1 = i_1 + {}_1i_1 + i_1 \times {}_1i_1$$

如果采用第二种方式购买债券，投资收益率为：

$$(1+i_2)^2 - 1 = 2i_2 + i_2^2$$

其中，i_1、i_2 分别为 1 年期债券利率、2 年期债券利率，${}_1i_1$ 为投资者预期的一年后的 1 年期债券利率。当两种投资的收益相同时，有 $i_1 + {}_1i_1 + i_1 \times {}_1i_1 = 2i_2 + i_2^2$，略去高阶项后可得：

$$i_2 = \frac{i_1 + {}_1i_1}{2}$$

因此预期理论断言，长期债券的利率是该债券到期前短期利率预期的平均值。这个结论可推广到更一般的情况，如果对未来 $n-1$ 年各年的短期利率预期为 ${}_1i_1$、${}_2i_1$、…、${}_{n-1}i_1$，则期限为 n 年的长期债券的利率 i_n 为：

$$i_n = \frac{i_1 + {}_1i_1 + \cdots + {}_{n-1}i_1}{n}$$

预期理论将不同期限的债券视为密切联系的统一体，这个理论为第一个事实即债券市场上不同期限债券利率的同向波动提供了解释。从历史上看，短期利率具有今天上升则未来将趋于更高这种特点。因此，短期利率的上升将提高人们对未来短期利率的预期。由于长期利率是短期利率预期的平均值，所以短期利率的上升提高了长期利率，使短期利率与长期利率同向波动。预期理论对第二个事实的解释是：投资者对短期利率有着合理的预期，如果当前短期利率低，则投资者通常预期未来短期利率将升高，导致长期利率升高，收益率曲线向上倾斜；如果当前短期利率高，则投资者预期未来短期利率将下降，导致长期利率下降，收益率曲线向下倾斜。然而，预期理论不能对第三个事实做出合理的解释。

(二)分割市场理论

顾名思义，分割市场理论将不同期限的债券市场视为完全独立、分割开来的市场。于是，各种期限的债券的利率由该种债券的供求状况决定，不受其他期限债券的预期收益率的影响，各种债券之间没有相互替代性。

显然，市场分割是一种很严格的假定，但是如果考虑到下面几个方面的因素，这种假定也并非完全没有道理：①投资者可能对某种期限的债券具有特殊偏好，如注重未来收入稳定性的投资者可能偏好长期债券。②某些机构投资者的负债结构决定了它们在短期债券和长期债券之间的选择，如商业银行以吸收短期存款为主，通常倾向于购买短期债券；保险公司、养老基金等的负债是长期的，它们以购买长期债券为主。③不同借款人往往也只对某种期限的债券感兴趣，如零售商店往往只需借入短期资金，房地产开发商则需要借入长期资金。

根据分割市场理论，收益率曲线的不同形状是与不同到期日的债券相联系的供求差异造成的。一般来说，如果投资者偏好期限较短、利率风险较小的债券（这看起来很合理），则分割市场理论可以对第三个事实做出解释。因为在典型的情况下，对长期债券的需求相对于短期债券的需求要少，所以长期债券价格较低，利率较高，收益率曲线向上倾斜。

分割市场理论可以解释收益率曲线通常向上倾斜的原因，它的缺陷是不能解释第一个和第二个事实。由于它将不同期限的债券市场视为完全分割的市场，所以一种期限债券利率的上升不会影响其他期限债券的利率，因此它无法解释第一个事实。同样，由于分割市场理论无法解释长期债券的供求状况是如何随短期债券的供求状况的变动而变动的，所以这个理论无法解释为何短期利率较低时收益率曲线向上倾斜，短期利率较高时收益率曲线向下倾斜，即第二个事实。

（三）期限选择理论

期限选择理论综合了预期理论与分割市场理论观点的各自特点。期限选择理论认为，长期债券的利率等于该债券到期前短期利率预期的平均值，加上该种债券随供求条件的变化而变化的期限（流动性）升水。

期限选择理论的关键假设是不同期限的债券是替代品，这就意味着一种债券的预期收益率确实可以影响具有不同期限的债券的预期收益率，同时期限选择理论也认为，投资者对不同期限的债券具有自己的偏好。因此，不同期限的债券是替代品，但不是完全替代品。投资者对一种债券期限的偏好大于对另一种债券期限的偏好，他们习惯于到特定的债券市场投资，但投资者仍然关心那些非偏好期限的债券的投资收益率，他们不会让一种债券的预期收益率与另一种债券的预期收益率背离得太远。由于他们对债券期限有偏好，所以只有当能够获得更高一些的收益率时，他们才会购买非偏好期限的债券。

举例来说，如果投资者对短期债券的偏好大于对长期债券的偏好，则当长期债券的利率等于该债券到期之前短期利率预期的平均值时，投资者不会购买长期债券，也就是说，要使投资者购买长期债券，必须还要向他们支付正值的期限升水，即长期利率与短期利率的关系为：

$$i_n = \frac{i_1 + {}_1 i_1 + \cdots + {}_{n-1} i_1}{n} + k_n \qquad （3\text{-}6）$$

式中，k_n 为投资者要求的 n 周期债券的期限升水。很显然，这一结果是对预期理论的一种修正。

下面考察期限选择理论是否可以解释全部三个事实。从式（3-6）中可以看到，在投资者对不同期限债券要求的期限升水一定的条件下，长期债券的利率与该债券到期前短期债券利率预期的平均值密切相关，因此短期债券利率与长期债券利率具有同向波动的趋势。此外，由于投资者对短期利率具有合理预期，所以当短期债券利率较低时，投资者预期未来短期债券利率会上升，于是长期债券利率也会上升；反之，长期债券利率会下降。这样，期限选择理论就可以对第一个和第二个事实做出合理解释。期限选择理论对第三个事实的解释是，由于投资者偏好短期债券，所以期限升水应该为正值，且随着债券期限的延长，期限升水也将增加，于是即使未来短期利率预期的平均值保持不变，长期利率也将高于短期利率，收益率曲线向上倾斜；只有当投资者预期未来的短期利率将大幅下降，使短期利率预期的平均值低于当期短期利率加上期限升水时，收益率曲线才会向下倾斜。但这种情况很少见，因此收益率曲线通常是向上倾斜的。

可见，期限选择理论较好地描述了长短期债券利率之间的关系，并且与经验事实基本相符，因此它是一种最流行的利率期限结构理论。

🌐 专栏 3-5

收益率曲线的预示

中国债券信息网和中国货币网每天公布各种债券的收益率曲线，图 3-12 是 2017 年 6 月 8 日公布的期限从 3 个月至 50 年的 12 个产品的中债国债收益率曲线（经过整理）。

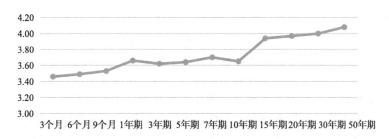

图 3-12　2017 年 6 月 8 日国债到期收益率曲线

按照利率期限结构理论的观点，最为常见的事实是长期利率一般高于短期利率，收益率曲线向右上方倾斜，但也会出现长期利率低于短期利率，收益率曲线向右下方倾斜。我们把向右下方倾斜的现象称为收益率曲线"倒挂"或"反转"。从图中可以看出在 2017 年 6 月 8 日，1 年期与 3 年期、5 年期和 10 年期国债收益率倒挂了。1 年期国债到期收益率是 3.66%，3 年期国债到期收益率是 3.62%，5 年期国债到期收益率是 3.64%，10 年期国债到期收益率是 3.65%。收益率曲线倒挂往往预示着"危机"即将发生。历史上，长短期利率倒挂往往出现在危机时刻：由于经济滑坡，货币当局采用宽松的货币政策，增加货币供应量，从而推动短期利率下降并向长期利率传导，当长期利率下降幅度大于短期利率降幅时，收益率曲线就会呈现如图所示的形状。

资料来源：中国债券信息网 – 中央结算公司 [EB/OL]. http://www.chinabond.com.cn:443/，2017-6-8.

中国货币网 [EB/OL]. http://www.chinamoney.com.cn/chinese/.

🔖 **延伸阅读**

中国利率市场化进程的"最后一公里"

利率市场化是金融领域最核心的改革之一。中国的利率市场化改革从 20 世纪 90 年代中期起步至今，稳妥推进，成效显著。一是利率管制基本放开，遵循改革的基本思路"先贷款后存款、先大额后小额、先外币后本币"，1996 年放开银行间同业拆借利率，2013 年 7 月全面放开金融机构贷款利率管制，2015 年 10 月对商业银行和农村合作金融机构等不再设置存款利率浮动上限。二是以上海银行间同业拆放利率（Shibor）、贷款市场报价利率（LPR）、国债收益率曲线等为代表的金融市场基准利率体系已基本形成。三是初步构建起利率走廊机制，市场化的利率调控能力和传导效率进一步增强。四是市场利率定价自律机制逐步建立健全，对金融机构自主定价行为进行自律约束，有效维护了市场竞争秩序。

目前，利率市场化改革的核心问题是稳妥推进利率"两轨合一轨"，理顺资金价格决定机制。所谓"利率两轨"，指的是存贷款基准利率和市场化无风险利率并存。一方面，存贷款基准利率仍是存贷款市场利率定价的锚。虽然目前存贷款利率浮动的上下限已经放开，但央行仍继续公布存贷款基准利率，作为金融机构利率定价的参考。其中，贷款基准利率一直作为金融机构内部测算贷款利率时的参考基准和对外报价、签订合同时的计价标尺。特别是个别银行通过协同行为以贷款基准利率的一定倍数（如 0.9 倍）设定隐性下限，对市场利率向实体经济传导形成了阻碍。另一方面，市场化无风险利率发展良好。目前市场上的质押式回购利率、国债收益率和公开市场操作利率等指标性利率，对金融机构利率定价的参考作用日益增强。

"利率两轨"的存在影响了货币政策的有效传导，所以要深化利率市场化改革，重点是推动贷款利率"两轨合一轨"，要进一步培育市场化贷款定价机制。从国际经验看，美国、日本、印度等经济体都曾建立起类似 LPR 的报价机制，作为金融机构贷款利率定价的参考，在推动贷款利率市场化改革过程中发挥了重要作用。正是借鉴国际经验，2013 年 10 月 25 日，LPR 集中报价和发布机制正式运行。然而在现实中，LPR 更多作为最优利率的表现形式，而非贷款定价的基准水平，除了少数银行，大部分商业银行仍然采取以中国人民银行公布贷款基准利率作为基准，再根据融资人实际情况、贷款结构等进行上下浮动。所以，LPR 是一个价格展示工具而不是定价工具，银行在进行定价的时候，主要参考的是基准利率，LPR 是定价的结果而非定价的基础。

2019 年 8 月 16 日，我国改革完善了 LPR 形成机制，把银行贷款利率与新的 LPR 和中期借贷便利利率挂钩。核心内容包含两点：一是增设 LPR 5 年期以上品种，二是将 LPR 定价机制确定为"公开市场操作利率加点"的方式。公开市场操作利率主要指中期借贷便利利率（MLF）。LPR 采用"公开市场操作利率加点"定价方式后，由 LPR 引导贷款利率，传导路径由原先的"贷款基准利率→贷款利率"转变为"货币政策利率→LPR→贷款利率"，增加了货币政策利率直接影响贷款利率的渠道，有助于进一步疏通货币政策的传导路径。

中国利率市场化进程的"最后一公里"，即继续深化利率市场化改革，稳妥推进利率"两轨合一轨"，完善市场化的利率形成、调控和传导机制，进一步疏通利率传导，尤其是疏通央行政策利率向信贷利率的传导，提升金融机构自主定价能力，充分发挥上海银行间同业拆放利率、贷款市场报价利率以及中期借贷便利等利率的市场化定价参考作用，拓展定价空间，适度增强市场竞争，促使金融机构更准确地进行风险定价，更好地服务实体经济。

资料来源：完善贷款市场报价利率形成机制. 中国人民银行公告〔2019〕第 15 号 [EB/OL]. http://www.pbc. gov.cn/goutongjiaoliu/113456/113469/3876490/index.html，2019-8-17.

中国人民银行货币政策分析小组. 中国货币政策执行报告 [R]. 2019（1）：18-19.

⊙ 名人传记　沃尔特·瑞斯顿：富于创新的银行家
请扫描二维码详尽了解名人传记

■ 本章小结

1. 利息是资金所有者因借出资金而取得的报酬，它来自生产者使用该笔资金发挥运营职能而形成的利润的一部分。利息实质上是利润的一部分，是剩余价值的特殊转化形式。随着信用经济的发展，人们已经把利息视为收益的一般形态，只要是资本，不管是借来的还是自己的，都要计算利息。

2. 利率是衡量利息水平高低的指标，有多种分类标准。在现实经济生活中，要注意名义利率和实际利率的区分，前者指包含对通货膨胀风险补偿的利率，后者是减去物价上涨率后的利率。人们在进行投资或消费决策时，往往考虑实际利率。

3. 现值是指未来现金流量按一定折现率和折现方法计算得到的现在价值。到期收益率是使债务工具未来现金流的折现值等于其现在价格时的折现率。利用到期收益率，我们能够对市场上各种不同债务工具的利率水平进行比较。

4. 古典利率决定理论主要从储蓄和投资等实物角度探讨利率的决定，认为灵活变动的利率具有使储蓄和投资相等的自动调节功能。然而，古典利率理论忽略了储蓄及投资和收入的联系。凯恩斯的流动性偏好理论将利率视为一种纯粹由货币供求决定的现象。可贷资金理论从可贷资金的供求来讨论利率的决定，既考虑了储蓄、投资等实物因素对利率的影响，又考虑了货币供求变动等货币因素的作用，并从债券供求的角度来分析利率的决定过程。

5. IS-LM 模型是一个精致的分析工具。IS 曲线描述了产品市场均衡时收入和利率之间的相互关系；LM 曲线描述了货币市场均衡时收入和利率之间的相互关系。IS 曲线和 LM 曲线的交点代表产品市场与货币市场同时达到均衡时的均衡利率。

6. IS-LM-BP 模型是 IS-LM 模型在开放经济下的拓展，这个模型是由蒙代尔与弗莱明在 IS-LM 模型的基础上考虑了国际收支因素而构造的。他们提出，只有在国内实体经济部门、国内货币部门和国外部门同时达到均衡时，包括利率、汇率和国民收入的国民经济才能达到均衡状态。

7. 利率的风险结构指期限相同的各种债券利率间的关系，它主要取决于债券的违约风险、流动性及税收等因素。债券的违约风险越大，它的利率越高；流动性越强，它的利率越低；债券利息是否征税及税率高低也直接影响到债券利率的高低。

8. 利率的期限结构指其他特征相同而期限不同的各种债券利率间的关系。有三种期限结构理论可以解释期限不同的债券的利率差别：预期理论认为长期利率等于债券到期日以前预期短期利率的平均值；分割市场理论认为利率差别是各种债券市场独立的供求关系决定的；期限选择理论综合上述两种理论的特点，认为长期利率等于债券到期之前未来短期利率预期的平均值加上短期债券流动性升水。

■ 思考与练习

1. 李先生今年 55 岁, 他下一年的收入为 30 000 元。他认为他的收入在他 60 岁退休前将以 10% 的年增长率增加。请问:

   (1) 当贴现率为 6% 时, 李先生从下一年到退休前全部收入的现值为多少?

   (2) 如果李先生每年节约收入的一半, 并将节约下来的收入以年利率 10% 进行投资, 到 60 岁时, 他能节约多少钱?

2. 债券的息票利率为 8%, 面值为 1 000 元, 距离到期日还有 4 年, 到期收益率为 6%, 在如下几种情况下, 分别求债券的现值:

   (1) 每年支付一次利息;

   (2) 半年支付一次利息;

   (3) 每季度支付一次利息。

3. 有一种 3 年期债券, 利率为 10%, 第一年向债券持有者偿付 1 100 元, 第二年偿付 1 210 元, 第三年偿付 1 331 元。这种债券的现值是多少?

4. 假设 "预期假说" 是正确的期限结构理论, 计算 1~5 年期的期限结构中的利率, 并根据今后 5 年一年期利率的变动过程画出收益率曲线。

   (1) 5%, 6%, 7%, 6%, 5%;

   (2) 5%, 4%, 3%, 4%, 5%。

   如果人们对短期债券的偏好大于长期债券, 收益率曲线将如何变化?

5. 运用流动性偏好理论和可贷资金理论解释经济繁荣时利率上升、经济衰退时利率下降的原因。

6. 判断当发生下列情况时, 利率将如何变化, 简要说明理由:

   (1) 债券风险增大;

   (2) 收入增加;

   (3) 企业家对投资前景看好;

   (4) 货币供给增加 (仅考虑短期的流动性效应);

   (5) 预期赤字增大。

7. 如何从收益率曲线的图形判断市场对通货膨胀或经济危机的预期?

第四章
CHAPTER4

货币市场

> 如果把流动性比作音乐，那么当音乐戛然而止时，一切都将变得复杂。但只要音乐还在演奏，你就得起身跳舞。我们还在翩翩起舞。
>
> ——花旗集团前首席执行官查克·普林斯

■ 本章概要

货币市场是整个金融市场体系中最基本的组成部分，货币市场的存在和发展对于融通短期资金，缓解经济运行中短期资金的供求矛盾十分重要。为什么会形成货币市场？货币市场利率为什么那么重要？金融机构为什么格外关注货币市场？本章将通过介绍同业拆借市场、回购协议市场、票据市场、存单市场和国库券市场来阐释货币市场的特点和功能。

■ 学习目标

1. 了解货币市场的定义、特征和功能；
2. 掌握同业拆借市场、回购协议市场、票据市场、存单市场、国库券市场和货币市场共同基金市场等主要子市场的运作。

■ 基本概念

货币市场	同业拆借	回购协议	商业票据
银行承兑汇票	大额可转让定期存单	同业存单	国库券
货币市场共同基金			

第一节　货币市场概述

一、货币市场的定义与特征

(一) 货币市场的定义

货币市场是指期限在 1 年以内的金融资产交易的市场，又称为短期资金市场。根据货币市场上的融资活动及其流通的金融工具，可将货币市场分成同业拆借市场、回购协议市场、票据市场、国库券市场、存单市场等若干个子市场。由于在该市场上流通的金融工具主要是一些短期金融工具，如国库券、商业票据、银行承兑汇票、大额可转让定期存单等，而这些金融工具具有期限短、流动性强、对利率敏感等特点，可视为"准货币"，所以该市场被称为"货币市场"。

尽管被称为货币市场，但它们并非用来交易货币和 M1 口径中的各项货币。货币是在外汇市场上交易的，同样，M1 口径中的各种货币工具（公众手中的通货、支票）都不会在货币市场上交易。但是，如果将货币定义拓展到 M2 和 M3，就会产生一些货币市场工具，诸如货币市场共同基金、大额可转让定期存单、回购协议及国库券等。因此，货币市场并非完全名不符实，针对广义上 M2 和 M3 类型中的货币，货币市场工具是可以用来筹集资金的，这些工具也归为货币。当投资者需要以准货币的形式保持资金的流动性时，货币市场也是一个储藏资金的理想场所。

(二) 货币市场的特征

1. 融资期限短

货币市场是进行短期资金融通的市场，融资期限最短的只有 1 天，最长的也不超过 1 年，大多期限在 3~6 个月，所以该市场的一个显著特点就是融资期限短。

2. 流动性强

金融工具的流动性与其偿还期成反比，偿还期限越短，流动性越强。由于融资期限短，所以货币市场上金融工具的变现速度都比较快，从而使该市场具有较强的流动性。

3. 风险性小

由于期限短、流动性强，货币市场工具的价格波动不会过于剧烈，所以市场风险较小。此外，货币市场工具的发行主体大多为政府、商业银行及资信等级较高的大公司，其信用风险也较小。

4. 交易额大

货币市场是一个批发市场，大多数交易的交易额都比较大，个人投资者难以直接参与市场交易，因此，货币市场是一个典型的以机构投资者为主体的市场。

二、货币市场的功能

一般认为，货币市场作为短期资金市场，其特有的功能主要体现在以下几个方面。

（一）货币市场是调剂资金余缺、满足短期融资需要的市场

相对于长期投资性资金需求来说，短期性、临时性资金需求是微观经济行为主体最基本、最经常的资金需求。政府的国库收支经常面临先支后收的矛盾，解决这个矛盾的一个较好的方法就是政府在货币市场上发行短期政府债券——国库券。流动性资金快速周转的特征决定了短期融资是企业生产经营过程中最经常的融资需求，通过签发合格的商业票据，企业可以从货币市场及时、低成本地筹集大规模的短期资金来满足这种需求。与此同时，流动性资金暂时闲置的企业也可以通过购买国库券、商业票据等货币市场工具，实现合理的收益回报，达到安全性、流动性和收益性相统一的财务管理目的。

（二）货币市场是商业银行等金融机构进行流动性管理的市场

商业银行等金融机构的流动性是指其能够随时应付客户提取存款或满足必要的借款及对外支付要求的能力。流动性的缺乏意味着偿付能力不足，有可能引发挤兑危机，因此，流动性管理是商业银行等金融机构进行资产负债管理的核心内容。商业银行等金融机构通过参与货币市场的交易活动可以保持业务经营所需的流动性。比如，遇到客户的大额提现需求，商业银行既可以从其他同业机构处借入资金来满足资金周转，也可以通过出售自己所持有的货币市场工具收回资金来应对头寸不足的困难。

（三）货币市场是实施货币政策、调节宏观经济运行的场所

在市场经济国家，中央银行为调控宏观经济运行所进行的货币政策操作主要是在货币市场中进行的。中央银行主要通过再贴现政策、法定存款准备金政策和公开市场业务来影响市场利率与货币供应量，在这个过程中货币市场发挥了基础性作用。首先，中央银行借助于对同业拆借利率和商业银行超额存款准备金的影响，通过同业拆借市场传导货币政策。同业拆借活动涉及范围广、交易量大、交易频繁，同业拆借利率是确定其他市场利率的基础利率。同业拆借利率是市场利率体系中对中央银行货币政策反应最为敏感和直接的利率之一，成为中央银行货币政策变化的"信号灯"。中央银行通过法定存款准备金政策工具的操作，率先影响同业拆借利率，继而影响整个市场利率体系，从而达到调节货币供应量和宏观经济的目的。其次，票据市场为中央银行提供了宏观调控的载体和渠道。在一般情况下，中央银行提高再贴现率，会起到收缩票据市场的作用，反之则扩展票据市场。多种多样的票据也是中央银行进行公开市场操作的工具之一，中央银行通过买进或卖出票据投放或回笼货币，可以灵活地调节基础货币，从而调节货币供应量，以实现货币政策的最终目标。

（四）货币市场为资本市场健康发展提供资金池和缓冲区

首先，发达的货币市场为资本市场提供了稳定充裕的资金来源。从资金供给角度看，资金盈余方提供的资金层次是由短期到长期、由临时性到投资性的，因此货币市场在资金供给者和资本市场之间搭建了一个"资金池"，资本市场的参加者必不可少的短期资金可以从货币市场中得到满足，而从资本市场中退出的资金也能在货币市场上找到出路。其次，

货币市场的良性发展减少了由于资金供求变化对社会造成的冲击。从长期市场退下来的资金有了出路，短期游资对市场的冲击力大减，投机活动得到了最大可能的抑制。因此，只有货币市场发展健全了，金融市场上的资金才能得到合理的配置。

🌐 **专栏 4-1**

2013 年 6 月的货币市场波动和启示

2013 年 6 月，中国货币市场利率出现了较为明显的波动，部分舆论将此称为"钱荒"。这次货币市场波动是近年来中国金融史上的一次重要事件。造成这次波动的原因有如下几个方面。

第一，短期和季节性因素。一方面，6 月企业所得税集中清缴吸收了部分流动性，又恰逢端午节假期现金需求增加，5 月初市场上关于个别银行违约的消息通过互联网迅速传播并夸大。另一方面，美联储退出量化宽松预期强化导致外汇流入减少，直接降低了流动性供给。此外，部分监管措施以及补交法定存款准备金等因素也对流动性造成了影响。这些因素在时点上相互叠加，又进一步放大了对市场的冲击。

第二，市场和宏观调控"博弈"的体现。2013 年前几个月，经济存在一定的下行压力。市场"预计"新一届政府会出台冲击措施、放松银根，依赖高投资和信贷快速扩张拉动经济的措施。部分金融机构通过加快贷款投放、同业扩张等方式提前布局占位，出现了金融与经济数据不同步的情况。2013 年前 5 个月，社会融资总量同比增加 3.12 万亿元，银行同业业务 5 月末同比增速超过 50%。6 月上旬又新增人民币贷款近 1 万亿元，其中近 70% 为票据，部分银行票据占新增贷款的比重超过 90%。而中国人民银行从"总量稳定、结构优化"的取向出发，坚持适度而非完全满足市场需求，避免逆向鼓励金融机构进一步扩张，使金融体系本已存在的总量、结构和期限错配问题加剧乃至引发更大的流动性缺口。这就造成市场出现了流动性暂时短缺的现象。

坚持实施稳健货币政策有效抑制了金融机构的过度加杠杆和信用扩张，取得了较好的政策效果。2013 年前几个月货币信贷增长偏快的势头得到控制，货币市场利率逐步回落到合理区间，金融机构的资产负债结构也开始调整，银行同业业务扩张速度明显放缓，金融机构的流动性管理更加审慎。站在历史的角度回头看，如果没有当时的坚持和定力，货币信贷过快扩张的势头很难得到有效抑制。

资料来源：李波. 构建货币政策和宏观审慎政策双支柱调控框架 [M]. 北京：中国金融出版社，2018.

第二节　同业拆借市场

一、同业拆借市场的产生与发展

同业拆借市场是指金融机构之间以货币借贷方式进行短期资金融通活动的市场。同业拆借的资金主要用于弥补短期资金的不足、票据清算的差额以及解决临时性的资金短缺需要。同业拆借市场是一个交易量大，能敏感地反映资金供求关系和货币政策意图，影响货币市场利率的市场。因此，它是货币市场中非常重要的子市场之一。

同业拆借市场的产生源于中央银行对存款准备金的要求。1913 年美国《联邦储备法案》规定，所有接受存款的商业银行都必须按存款余额计提一定比例的存款准备金，作为不生息的支付准备存入中央银行，准备数额不足就要受到一定的经济处罚。由于清算业务活动和日常收付数额的变化，总会出现有的银行存款准备金多余而有的银行存款准备金不足的情况。这样，在存款准备金多余和不足的银行之间，客观上就存在互相调剂的要求，同业拆借市场便应运而生。流动性和头寸不足的商业银行从有多余流动性和头寸的商业银行拆入资金，弥补了头寸的缺口和流动性的不足；有多余流动性和头寸的商业银行则通过拆出资金，减少了闲置的头寸，获取相应的利息收益。当今西方国家的同业拆借市场，无论在交易内容、开放程度方面，还是在融资规模、功能作用方面，都发生了深刻的变化。拆借交易不仅发生在银行之间，还出现在银行与其他金融机构之间。以美国为例，同业拆借市场在形成之初，市场仅局限于美联储的会员银行之间，后来，互助储蓄银行和储蓄贷款协会等金融机构也参与了这一市场。20世纪80年代以后，外国银行在美国的分支机构也加入了这个市场。

在英国，伦敦同业拆借市场的形成，则建立在银行间票据交换过程的基础之上。伦敦银行间同业拆借市场开始只是银行之间为调整头寸不足而从事英镑短期交易的市场，20世纪60年代以后，随着伦敦金融领域里银行同业之间的相互拆借短期资金活动增多，伦敦同业英镑拆借市场开始取代贴现市场，成为伦敦银行界融资的主要场所。20世纪70年代，路透社全球知名咨询供应商通过向伦敦各家银行咨询有关利率报价，进行计算后公开发布。这便是伦敦银行间同业拆借利率（London Interbank Offered Rate，Libor）的雏形。

中国的同业拆借始于1984年，各专业银行之间、同一专业银行各分支机构之间开办了同业拆借业务。到1987年6月底，除西藏自治区外，全国各省（直辖市、自治区）都建立了不同形式的拆借市场。1996年1月3日，经过中国人民银行长时间的筹备，全国统一的银行间同业拆借市场正式建立，形成了全国统一的同业拆借市场格局，生成了由市场供求决定的、统一的同业拆借利率（Chibor）。为推进利率市场化改革，健全市场化利率形成和传导机制，培育货币市场基准利率，中国人民银行于2007年正式推出了上海银行间同业拆放利率（Shanghai Interbank Offered Rate，Shibor）。Shibor是根据信用等级较高的银行组成的报价团自主报出的人民币同业拆出利率计算确定的算术平均利率，是单利、无担保、批发性利率。目前公布的Shibor品种包括隔夜、1周、2周、1个月、3个月、6个月、9个月及1年。在每个交易日，交易中心根据各报价行的报价，剔除最高、最低的各4家报价，对其余报价进行算术平均计算，得出每一期限品种的Shibor，并于北京时间上午11点对外发布。

二、同业拆借市场的分类

同业拆借市场可以按照种类划分为头寸拆借和同业借贷两类。头寸拆借是指金融机构之间为轧平头寸、补足存款准备金和票据清算资金而在拆借市场上融通资金的活动。当头寸拆借用于补足存款准备金时，一般为隔夜拆借，即当天拆入，第二个营业日归还。与以补充存款准备金为目的的头寸拆借相比，以调整清算头寸为目的的头寸拆借更具普遍性和经常性。银行在每个营业日终了时都要进行清算，有的商业银行具有多余的头寸，而有的商业银行头寸不足。为了弥补清算时头寸的缺口，头寸不足的商业银行就可以通过同业拆借市场借入资金，及时补充头寸，确保清算顺利进行。同业借贷以调剂临时性、季节性的资金融通为目的，其作用不在于弥补准备金或头寸的不足，而在于获取更多的短期负债。对于拆入的金融机构来说，同业借贷可使其及时获取足额的短期资金，拓展负债业务。对拆出的金融机构而言，同业借贷盘活了短期闲置资金，可以增加经营收益。

同业拆借的运作程序因关系人的不同而分成直接拆借和经纪商拆借两类。在直接拆借方式中，一般是由拆出银行开出支票交拆入银行存在中央银行，使拆入银行在中央银行的存款准备金增加，补足资金差额。同时，拆入银行开出一张同等金额并加息的支票给拆出银行，并写明兑付日期（一般为出票日后的1～2天）。到期后，拆出银行将支票通过票据交换清单收回本息，整个拆借过程即告完成。在通过经纪商拆借方式中，买卖双方先将其需要拆出或拆入的金额、利率、期限等告知经纪商，由经纪商为其寻找交易对象，一旦成交，即由买卖双方按规定的交易程序完成交易。

三、同业拆借市场的特点与功能

（一）同业拆借市场的特点

1. 期限短

同业拆借市场的拆借期限通常以1～2天为限，短至隔夜，多则1～2周，一般不超过1个月，当然也有少数同业拆借交易的期限是接近或达到1年的。在美国的联邦基金市场上，隔夜拆借大致占到所有联邦基金交易的75%。在中国2017年和2018年的银行间同业拆借市场交易中，隔夜拆借占到了85%以上，其次是7天拆借，交易额占比在10%左右（见表4-1）。

表4-1　2017年和2018年中国银行间同业拆借市场交易情况

拆借期限	2017年		2018年	
	交易额（亿元）	占比（%）	交易额（亿元）	占比（%）
1天	679 807	86.07	1 255 458	90.13
7天	80 521	10.20	102 943	7.39
14天	12 750	1.61	10 554	0.76
21天	3 126	0.40	2 975	0.21
1个月	5 079	0.64	5 038	0.36
2个月	5 063	0.64	4 205	0.30
3个月	2 180	0.28	5 136	0.37
4个月	475	0.06	1 214	0.09
6个月	377	0.05	996	0.07
9个月	103	0.01	323	0.02
1年	329	0.04	653	0.05

资料来源：中国人民银行网站统计调查专栏。

2. 参与者广泛

现代同业拆借市场的参与者相当广泛，商业银行、非银行金融机构和中介机构都是同业拆借市场的主要参与者。机构类型从 1998 年年初只有中资商业银行，扩展到目前包括中资商业银行及授权分行、外资商业银行、中外合资商业银行、城乡信用社、信托投资公司、金融租赁公司、保险公司、证券公司、财务公司在内的绝大多数金融机构。根据表 4-2 可知，中资大中型银行是资金的融出方，证券业和保险业机构是资金的融入方。截至 2018 年年底，中国同业拆借市场成员共计 2 123 家。有了非银行机构的参与，中国的同业拆借需求并不完全源自法定存款准备金缺口。例如，当股票市场看涨时，证券公司和基金公司就可能从同业拆借市场借入更多的资金，以抓住有利的市场机会。这些机构参与了同业拆借市场活动以后，就在资本市场和货币市场之间打通了一条资金流通的路径。正因如此，同业拆借市场的利率和交易量，与资本市场价格的波动息息相关。

表 4-2　2014～2018 年金融机构同业拆借资金净融出、净融入情况　　　（单位：亿元）

融资主体	2014 年	2015 年	2016 年	2017 年	2018 年
中资大型银行	-63 213	-183 955	-237 311	-170 598	-290 833
中资中型银行	-41 619	-23 790	19 786	-111 693	-134 766
中资小型银行				135 183	184 557
证券业机构	76 852	106 682	175 790	119 990	201 362
保险业机构	180	58	97	77	930
外资银行	6 806	29 785	270	2 295	-18 563
其他金融机构及产品	20 994	71 221	41 909	24 747	57 313

注：负号表示净融出，正号表示净融入。

资料来源：中国人民银行历年《中国货币政策执行报告》。

3. 信用拆借

同业拆借活动都是在金融机构之间进行的，市场准入条件比较严格。美国早期的同业拆借市场，只有在联邦储备银行开立准备金账户的商业银行才能参加联邦基金市场的交易活动。中国同业拆借市场的主体目前包括所有类型的金融机构，但金融机构进入同业拆借市场必须经过中国人民银行批准。在金融机构以其信誉参加拆借活动的情况下，同业拆借是在无担保的条件下进行的，是信用拆借。

(二) 同业拆借市场的功能

1. 同业拆借市场为金融机构资产的流动性和盈利性提供了保障

有了同业拆借市场，商业银行等金融机构就可以在不用保持大量超额准备金的前提下，满足存款支付及汇兑清算的需要。同业拆借市场使具有超额准备金头寸的金融机构可以及时拆出资金，减少闲置资金，提高资金使用效率和盈利水平；同时，也为准备金不足的金融机构提供了高效率、低成本地获取资金的途径。

2. 同业拆借利率为市场提供了基准利率，是货币市场的核心利率

同业拆借利率能够及时、灵敏、准确地反映货币市场乃至整个金融市场的短期资金供求关系。同业拆借利率持续上升，反映资金需求大于供给，预示市场流动性可能下降；当

同业拆借利率下降时，情况相反。同业拆借利率的升降，会引导和牵动其他金融工具利率的同方向变化。

3. 同业拆借市场是中央银行制定和实施货币政策的重要载体

同业拆借市场利率有效地反映了资金市场上短期资金的供求状态，中央银行可根据其利率变化情况了解市场资金的松紧状态，进而有针对性地运用货币政策工具进行宏观调控。比如，中央银行可以调节存款准备金率，增加或减少商业银行缴存准备金的数量，改变金融机构短期资金的供求关系，迫使同业拆借利率上升或下降，进而影响其他利率水平的变动，最后使得信贷需求、投资需求、消费需求发生变化，实现宏观调控目标。

四、同业拆借市场的拆借期限与利率

(一) 同业拆借期限

根据中国人民银行 2007 年颁布的《同业拆借管理办法》，同业拆借的期限在符合以下规定的前提下，由交易双方自行商定：①政策性银行、中资商业银行、中资商业银行授权的一级分支机构、外商独资银行、中外合资银行、外国银行分行、城市信用合作社、农村信用合作社县级联合社拆入资金的最长期限为 1 年；②金融资产管理公司、金融租赁公司、汽车金融公司、保险公司拆入资金的最长期限为 3 个月；③企业集团财务公司、信托公司、证券公司、保险资产管理公司拆入资金的最长期限为 7 天；④金融机构拆出资金的最长期限不得超过对手方由中国人民银行规定的拆入资金最长期限。中国人民银行可以根据市场发展和管理的需要调整金融机构的拆借资金最长期限。

(二) 同业拆借利率

同业拆借的拆息按日计算，每天的拆息率不同，甚至每时每刻都有变化，它灵敏地反映着货币市场资金的供求状况。同业拆借有两个利率，拆进利率（bid rate）表示金融机构愿意借款的利率，拆出利率（offer rate）表示金融机构愿意贷款的利率。一家金融机构的拆进（借款）实际上也是另一家金融机构的拆出（贷款）。同一家金融机构的拆进和拆出利率相比较，拆进利率永远小于拆出利率，其差额就是金融机构的得益。

在国际货币市场上，有代表性的同业拆借利率有三种，即伦敦银行间同业拆借利率、新加坡银行同业拆借利率和香港银行同业拆借利率。伦敦银行间同业拆借利率是伦敦金融市场上银行间相互拆借英镑、欧洲美元及其他欧洲货币的利率，分为存款利率和贷款利率两种报价。伦敦银行间同业拆借利率已成为国际金融市场上的一种关键利率，一些浮动利率的融资工具在发行时，也以该利率作为浮动的依据和参照物。新加坡银行同业拆借利率和香港银行同业拆借利率主要反映的是亚洲市场货币供求状况的变化。

上海银行间同业拆放利率（Shibor）是由位于上海的全国银行间同业拆借中心为技术平台计算发布的，由信用等级较高的银行组成报价团自主报价的人民币同业拆出利率计算确定的算术平均利率。中国人民银行成立了工作小组，依据《上海银行间同业拆放利率（Shibor）实施准则》确定和调整报价银行团成员、监督与管理 Shibor 运行、规范报价与指定发布人行为。Shibor 报价银行团现由 18 家商业银行组成。[⊖]报价银行是公开市场一级交易商或外汇市场做市商，在中国货币市场上人民币交易相对活跃、信息披露比较充分的银行。全国银行间同业拆借中心授权 Shibor 的报价计算和信息发布。2008～2018 年隔夜和 1 年期 Shibor 变化趋势如图 4-1 所示，需要指出的是，Shibor 实际上是虚盘报价，报价行为并不受报价成交的约束。

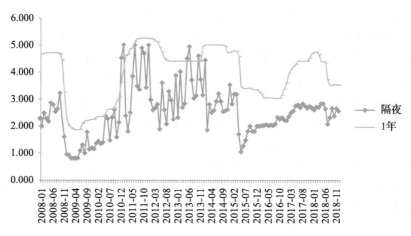

图 4-1　2008～2018 年隔夜和 1 年期 Shibor 变化趋势图

🌐 专栏 4-2

货币市场基准利率——Shibor

在有关各方的共同努力下，经过十余年成长的 Shibor 已经成为中国认可度较高、应用较广泛的货币市场基准利率之一。

首先，Shibor 基准性明显提升，比较有效地反映了市场流动性松紧。短端 Shibor 与拆借、回购交易利率的相关性均在 80% 以上，并维持较窄价差，其中隔夜 Shibor 与隔夜拆借、回购交易利率的相关性高达 98%；中长端 Shibor 得益于同业存单市场的发展壮大，基准性也有显著增加，Shibor3M 与 3 个月同业存单发行利率的相关系数高达 95%。

其次，Shibor 产品创新取得进展，应用范围不断扩大。目前 Shibor 已被应用于货币、债券、衍生产品等各个层次的金融产品定价，部分商业银行也依托 Shibor 建立了较完善的内部转移定价（FTP）机制，金融体系内以 Shibor 为基准的定价模式已较为普遍。

最后，Shibor 与实体经济联系日趋紧密，越来越多地发挥了传导货币政策和优化资源配置的作用。通过 Shibor 挂钩理财产品、Shibor 浮息债、非金融企业参与的 Shibor 利率互换交易等渠道，Shibor 较好地将货币政策信号传导至实体经济，并随着直接融资比重提升和多层次资本市场建立完善，进一步发挥优化资源配置的作用。

资料来源：中国人民银行货币政策分析小组. 中国货币政策执行报告 [R]. 2017.

⊖　根据上海银行间同业拆放利率官网公布，目前的 18 家银行分别是中国工商银行、中国农业银行、中国银行、中国建设银行、交通银行、招商银行、中信银行、光大银行、兴业银行、浦发银行、北京银行、上海银行、汇丰中国、渣打银行、华夏银行、广发银行、中国邮政储蓄银行和国家开发银行。

第三节　回购协议市场

一、回购协议市场概述

（一）回购协议市场定义

回购协议市场是指通过回购协议进行短期资金融通的市场。所谓回购协议（repurchase agreements）是指按照交易双方事先的协议，由卖方将一定数额的有价证券以一定的价格出售给买方，并承诺在未来约定的期限，以约定好的价格将这些有价证券买回。具体来说，在回购交易中先出售证券、后购回证券称为正回购；先购入证券、后出售证券则为逆回购。当然，回购协议虽然表现为买卖证券的形式，但买卖价格与真正买卖证券的价格脱离，一般稍低于市价。实际上由于按约定价格购回，所以不受证券价格涨跌的影响，一般不会发生资本损失的风险，其安全性是可靠的。

证券回购这种集证券交易和抵押贷款的优点于一身的货币交易方式，不仅为投资者提供了相对比较安全的投资渠道，为借款人开拓了一条非常方便的融资途径，也为各国中央银行提供了进行公开市场操作的重要工具。

（二）回购协议市场分类

1. 质押式回购市场和买断式回购市场

按证券的所有权在回购交易中是否发生了实质性的转移，回购协议分为质押式回购和买断式回购。质押式回购（pledge-style repo）是交易双方进行的以证券为权利质押的一种短期资金融通业务，指资金融入方（正回购方）在将证券质押给资金融出方（逆回购方）融入资金的同时，双方约定在将来某一日期由正回购方按约定回购利率计算的资金额向逆回购方返还资金，逆回购方向正回购方返还原出质证券的融资行为。买断式回购（outright repo）是指证券持有人（正回购方）在将证券卖给证券购买方（逆回购方）的同时，交易双方约定在未来某一日期，正回购方再以约定价格从逆回购方那里买回相等数量的同种证券的交易行为。在中国银行间债券回购协议市场中，质押式回购交易成交额远远超过买断式回购交易成交额（见图 4-2），且质押式回购交易成交速度也高于买断式回购交易。

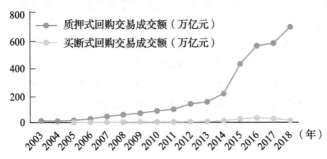

图 4-2　银行间债券质押式回购和买断式回购交易额

2. 双方回购市场和三方回购市场

传统的双方回购是交易双方以有价证券为权利质押而进行的一种短期资金融通业务，

三方回购则属于回购市场中的创新品种,诞生于 20 世纪 70 年代末的美国。三方回购(tri-party repo)是指由中央托管机构作为第三方,提供专业担保品管理服务的证券质押融资交易。回购双方在交易时,只协商回购资金金额、利率和期限,而对应的质押证券则委托中央托管机构管理,按照市场参与者事先共同约定的规则进行自动选取、计算、质押,并对质押证券进行估值盯市和自动置换等期间管理服务。

相比双方回购,三方回购的优势体现在以下三方面。①交易活跃。与双方回购相比,三方回购有利于市场参与者更加便利地开展回购业务,而每日自动解冻的机制安排更是大大提升了回购交易的活跃度。由于在每个交易日,无论回购双方协议到期与否,正逆回购方的证券与资金均可在日间进行使用,这大大提高了参与者进行交易的积极性。交易双方可在日间安排对自己有利的回购交易,在日终根据自身协议安排进行券种与资金的匹配,将自身交易所产生的利益最大化。②融资便利。第三方机构的日间授信为交易双方特别是正回购方提供融资便利。正回购方在日间获得第三方机构的有抵押授信,其可在回购市场上进行交易再融资,赚取授信额度带来的收益或流动性。③成本节约。担保品的再分配机制给正回购方很大的抵押物分配空间,同时正回购方也可根据与逆回购方担保品范围的划定,选择自身最优的担保品排列方式,最大限度地降低回购成本。

二、回购协议市场的参与者

回购协议市场的参与者十分广泛,中央银行、商业银行等金融机构、非金融机构企业都是这个市场的重要参与者。在美国等一些国家,甚至地方政府也参与这个市场的交易活动。回购协议的交易一般是通过电话进行的,没有一个集中的市场,大多数交易在资金供应方和资金获得者之间直接进行,但也有少数交易通过市场专营商进行。这些专营商大多为政府证券交易商,它们同获得资金的一方签订回购协议,并同供应资金的另一方签订逆回购协议。交易金额一般都很大,像美国一般每笔交易都在 100 万美元以上。

(一)中央银行

中央银行参与回购协议市场的目的是进行货币政策操作。在市场经济较为发达的国家或地区,中央银行在回购协议市场上扮演着非常特殊的角色。中央银行参与回购协议市场并不是为了获取短期拆借资金,其参与目的是调控货币供给量。当中央银行发现商业银行在其账户上存有大量的超额存款准备金,并预计在一段时期内会趋于正常水平时,就可以通过对其进行回购协议,出售其持有的政府债券给商业银行,并约定在到期日买回这些债券。这就是对市场上这段时期内过多流动性的收紧,并在到期后放回流动性。相反,当中央银行发现这段时期内市场上流动性短缺时,可通过逆回购的形式,先注入流动性,而后在到期时收回流动性。如果中央银行在到期时发现流动性还是过剩或不足,可以继续进行回购或逆回购。

(二)商业银行等金融机构

商业银行等金融机构参与回购协议市场的目的是在保持良好流动性的基础上获得更高

的收益。同业拆借市场通常是信用拆借，无担保的特性使得一些不知名的中小银行很难从同业拆借市场上及时拆入自己所需的临时性资金，而回购协议的证券质押特征则解决了这个问题。证券公司等非银行金融机构也是回购协议市场的重要参与者，它们既可以用所持有的证券作为担保来获得低成本的融资，也可以通过对市场利率的预期进行回购和逆回购的投资组合来获利。例如，如果某证券公司预期未来利率会上升，那么它可以通过持有期限较短的逆回购协议（融出资金）和期限较长的回购协议（融入资金）来获利。

（三）非金融企业

非金融企业参与回购协议市场的积极性很高，因为逆回购协议可以使它们暂时闲置的资金在保证安全的前提下获得高于银行存款利率的收益，而回购协议则可以使它们以持有的证券组合为担保获得急需的资金来源。

从融资主体结构看，中资大中型银行为回购协议市场的资金融出方，中资小型银行、证券业机构、其他金融机构及产品是回购协议市场的资金主要融入方（见表4-3）。

表 4-3   2014～2018 年金融机构回购资金净融出、净融入情况   （单位：亿元）

融资主体	2014 年	2015 年	2016 年	2017 年	2018 年
中资大型银行	−816 890	−1 885 635	−1 953 274	−1 450 764	−1 669 110
中资中型银行	314 746	619 911	356 213	−651 465	−920 274
中资小型银行				701 303	438 495
证券业机构	299 378	364 808	490 116	465 915	692 711
保险业机构	89 564	79 014	−31 443	−8 761	74 081
外资银行	50 404	104 578	70 702	49 186	68 718
其他金融机构及产品	62 798	717 324	1 067 686	894 587	1 315 380

资料来源：中国人民银行历年《中国货币政策执行报告》。

三、回购协议市场的期限与利率

回购协议的期限从 1 天至数月不等。在回购交易中，若贷款或证券购回的时间为 1 天，则称为隔夜回购，如果时间长于 1 天，则称为期限回购。隔夜回购从资金融通的角度看，是今天借入、明天还款；从证券买卖的角度看，是今天卖出、明天购回。

在回购协议的交易中，回购利率是交易双方最关注的因素。约定的回购价格与售出价格之间的差额反映了借出资金者的利息收益，它取决于回购利率的水平。证券回购价格、售出价格与回购利率之间的关系可用下列公式表示：

$$回购价格 = 售出价格 + 约定利息$$

$$回购利率 = \frac{回购价格 - 售出价格}{售出价格} \times \frac{360}{距到期日天数} \times 100\%$$

回购利率与证券本身的年利率无关，影响回购协议利率的因素包括：①抵押资产的质量，质量高则利率低；②回购期限，期限短则利率低；③交割要求，交割成本低则利率低；④货币市场中其他金融工具的利率水平。回购协议的利率水平不可能脱离货币市场其他子市场的利率水平而单独决定，它一般是参照同业拆借市场利率来确定的。

下面举例说明回购协议市场的利率是如何计算的。假如 A 机构以市场价值 100 万元人民币的有价证券（如国库券）向 B 机构融资。A 机构与 B 机构商定如下：B 机构以 90 万元的价格从 A 机构购买这些证券，而 A 机构承诺在 3 个月之后，以 91 万元的价格从 B 机构处买回证券。由此可见，回购协议是卖出和买回两个协议组成，缺一不可。在这个例子中出现了两个差价，第一个差价是证券的市值和出售价格之间的差价，即 10 万元；第二个差价是买回证券时的价格与出售价格的差价，即 1 万元。后者是 A 机构向 B 机构支付的 3 个月利息。回购利率的计算公式是

$$回购利率 =（利息 / 本金）\times（360 / 期限）\times 100\%$$

在本例中，回购利率为：（1 / 90）×（360 / 90）× 100% = 4.44%。

上述举例中的第一个差价是指估值折扣（haircut），其作用主要是能有效地规避 B 机构在持有这些证券时，因为证券市值下跌而带来的 A 机构不进行回购的违约风险。虽然 B 机构可以在 A 机构违约的情况下，按照协议处置这些证券，如在相应的市场出售以弥补损失，但由于交易成本的存在，以及证券的市值波动风险，A 机构按期回购对 B 机构而言才是最优的。如果在 B 机构持有这些证券期间，其市值大幅下跌，那么 B 机构还会要求 A 机构继续增加证券数量，以确保回购协议中的证券价值稳定在事先约定的范围内。

第四节 票据市场

一、票据与票据市场

（一）票据

票据是指由出票人签发的，约定自己或者委托付款人在见票时或指定的日期向收款人或持票人无条件支付一定金额的有价证券。票据可以分为本票、支票和汇票。本票是指出票人签发的，承诺自己在见票时无条件支付确定的金额给收款人或持票人的票据。支票是指出票人签发的，委托办理支票存款业务的银行或其他金融机构在见票时无条件支付确定金额给收款人或持票人的票据。汇票是指出票人签发的，委托付款人在见票时或在指定日期无条件向持票人或收款人支付确定金额的票据。汇票根据出票人的不同，可以细分为银行汇票和商业汇票。银行汇票是指一家银行向另一家银行签发的书面支付命令，其出票人和付款人都是银行；商业汇票则是由公司或个人签发的汇票，商业汇票经过承兑后称为承兑汇票。

（二）票据市场

票据市场是指票据交易和资金往来过程中产生的以商业汇票的签发、承兑、贴现、转贴现、再贴现来实现短期资金融通的市场。票据市场按照运作主体和功能的不同，分为一级市场和二级市场。一级市场，即票据的发行市场。票据发行包括签发和承兑，其中承兑是一级市场的核心业务。在这个市场里，票据作为一种信用凭证诞生，实现融资的功能，票据的基本关系人因贸易交换给付对价关系或其他资金关系而使用票据，使其实现存在并交付。二级市场，即票据的交易市场。交易包括票据背书转让、贴现、转贴现和再贴现等

业务。二级市场实现了票据的流动、货币政策的传导、市场信息反馈等功能，是票据流通关系人、投资机构、市场经纪人进行交易的场所。

二、商业票据市场

(一) 商业票据市场的产生与发展

商业票据是最古老的货币市场工具之一。最初的商业本票产生于商品交易，源于赊销或延期支付。到 19 世纪初，商业本票的性质发生了变化，许多美国的大企业开始发行纯粹融资性质的本票，并脱离了与商品交易的关系。20 世纪 20 年代起，随着美国经济的快速发展，汽车和其他耐用消费品的生产和销售量的扩张，大大增加了消费者对短期信贷的需求，由此导致消费信贷金融公司的产生，以满足消费品购买的融资需要，其筹措资金的渠道主要是通过发行商业票据。首家发行融资性票据的消费信贷公司是美国通用汽车公司下属的金融公司——通用汽车票据承兑公司，该公司票据的成功发行带动了其他金融公司和金融机构进入市场，在很大程度上改变了商业票据市场发行人的结构，进而进一步推动了商业票据市场的发展。20 世纪 60 年代，在经济持续增长、联邦储备体系实行紧缩货币政策的背景下，为满足日益扩张的资金需求，美国的商业银行开始发行自己的商业票据，美国商业票据发行迅速增加。20 世纪 80 年代以后，美国商业票据市场又有了较大发展，商业票据因其信用质量高、期限短、信息透明等优点，得到广大投资者的青睐。1989 年，美国商业票据未清偿金额为 4 928 亿美元，超过了短期国库券未清偿金额（4 170 亿美元），成为美国货币市场上非常重要的融资工具。

从募集资金的使用方向看，发行商业票据主要用来补充营运资本以及短期资金。由于商业票据发行的便捷性，近年来也逐步被用作并购项目中的过渡融资（bridge financing）工具。例如某企业需要进行一项价值 300 万元的投资，期限为 3 年。为了加快投资进度，该企业可以一边发行 300 万元的商业票据，一边申请 3 年期 300 万元的银行贷款。当银行贷款审批下来之后，企业可以将其用以偿还商业票据。在这个过程中，发行商业票据起到了为企业提供过渡性融资的作用，帮助企业从短期资金支持过渡到长期资金支持。

(二) 商业票据的发行市场

1. 商业票据的发行者和投资者

商业票据的发行者一般有三类。①大企业的子公司。一些大型工商企业组建自己的财务公司，通过发行商业票据融资，再向母公司的销售商购买分期付款的债权，从而使销售商可以再向母公司进货。如美国的通用汽车公司、福特汽车公司通过这种方式支持消费信用，同时也推动公司生产的发展。②银行控股公司。一些银行的控股公司也直接发行商业票据，以筹措资金支持银行的其他金融业务，如租赁、消费信用等。③其他获得商业银行信用额度支持的企业。商业票据的发行本身就是公司实力、信誉的最好证明，只有实力雄厚的大公司才能进入商业票据市场达成融资目的。为此，有的大公司即便不需要融资，为保持自己在市场上的声誉也会发行商业票据。

商业票据的投资者一般包括商业银行、投资公司、各类基金、非金融机构、政府部门等，个人投资者较少。传统的主要投资者商业银行在这个市场上的份额在逐步缩小，其主要的参与方式是提供信用支持。在美国，储蓄贷款协会和互助储蓄银行也获准在其资金20%的限度内投资于票据市场。

2. 商业票据的发行方式

商业票据的发行方式有直接发行和间接发行两种。直接发行是由发行者直接将商业票据销售给最终投资者，采用此方式的主要是某些大公司附设的金融公司，它们承担着为母公司发行商业票据、提供金融服务的职能，由于发行规模较大，发行次数频繁，所以它们大多建立自己的销售网点，直接面向市场发售票据，从而大大节约发行费用。直接发行的基本程序是：①发行人向信用评级机构提出评级申请并提供必要的财务数据，由信用评级机构做出商业票据等级评定；②发行人公布商业票据发行的数量、期限和价格；③投资者与发行人洽谈买卖条件，包括数量、期限及价格等；④投资者买入票据，发行者收进资金。

间接发行则是通过票据经销商承销发行，这种方式简单易行，但是费用较高，发行人按一定的比例向承销人支付手续费。间接发行的基本程序是：①发行公司选择承销机构；②发行公司与经销商协商承销商业票据的有关事项，包括承销方式、期限、费用等，并以书面合同形式签订委托发行协议；③办理商业票据评级；④承销商依照委托协议的内容进行销售策划、宣传；⑤投资者购买商业票据，资金进入承销商账户；⑥承销商将资金划转至发行公司账户，并按协议规定处理未售完商业票据；⑦发行公司向承销商支付手续费。

3. 商业票据的发行价格

商业票据通常用贴现方式发行，发行价格低于票面金额，两者差额部分为投资者的利息。商业票据的利率一般高于短期国债的利率，但低于商业银行的短期贷款利率，这一特点，使大企业更热衷于发行商业票据以取得资金。

商业票据的发行为贴现发行，因而商业票据的利率就是贴现率。商业票据利率主要取决于发行成本、发行人资信等级、有无担保及担保人的资信等级、税收、流动性程度等。商业票据价格主要是指发行价格，发行价格 P_1 是商业票据面额 P_0 与贴现收益 V 之差，即 $P_1 = P_0 - V$。而贴现收益 V 取决于票据面额 P_0、贴现率 r 和偿还期（天数）M，即 $V = P_0 \times r \times M / 360$。所以，商业票据的发行价格 $P_1 = P_0 \times (1 - r \times M / 360)$。

（三）商业票据的流通市场

商业票据的持有者一般都将票据持有至到期，流通市场并不发达。如果票据的持有者有迫切的现金需要，可以把票据回售给交易商或发行人。

中国目前还不允许各类企业发行这种没有交易背景，纯粹为了融资的商业票据。《中华人民共和国票据法》第十条明确规定：票据的签发、取得和转让，应当遵循诚实信用的原则，具有真实的交易关系和债权债务关系。票据的取得，必须给付对价，即应当给付票据双方当事人认可的相对应的代价。为进一步发展货币市场、拓展企业融资渠道，中国人民银行在 2005 年颁布了《短期融资券管理办法》，允许符合规定条件的非金融企业在银行间债券市场发行、交易类似西方融资性商业票据的短期融资券。

三、银行承兑汇票市场

　　承兑是指汇票到期前，汇票付款人或指定银行确认票据记明事项，在票面上做出承诺付款并签章的一种行为。承兑有银行承兑和商业承兑两种，其中银行承兑汇票是货币市场上重要的交易工具。汇票之所以需要承兑，是由于债权人作为出票人单方面将付款人、金额、期限等内容记载于票面，从法律上讲，付款人在没有承兑前不是真正的票据债务人，只有经过承兑，承兑人才成为汇票的主债务人，因此只有承兑后的汇票才具有法律效力，才能作为市场上合格的金融工具转让流通。一般来说，银行承兑汇票以商品交易为基础，且在汇票到期前一天，由汇票签发人将款项存入承兑银行，以便银行向持票人付款，如果一切顺利，在承兑业务中银行只是对汇票进行保证或担保，并不需动用银行资金，还可收到1%～1.5%的承兑手续费。正因为如此，原则上银行可以进行无限制的承兑业务，而不必像贷款那样要受到银行可贷资金额度的限制。但是，商业银行所进行的承兑业务越多，所担风险也就越大，所以，应对银行未清偿的承兑汇票有一定限制。

(一) 银行承兑汇票市场的产生与发展

　　银行承兑汇票是为方便商业交易活动而创造出的一种工具，在对外贸易中运用较多。当一笔国际贸易发生时，由于出口商对进口商的信用不了解，加之没有其他的信用协议，出口方担心对方不付款或不按时付款，进口方担心对方不发货或不能按时发货，所以交易就很难进行，这时便需要银行信用从中加以保证。一般地，进口商首先要求本国银行开立信用证，作为向国外出口商的保证。汇票可以是即期的也可以是远期的。若是即期汇票，付款银行（开证行）见票付款。若是远期汇票，付款银行（开证行）在汇票正面签上"承兑"字样，填上到期日，并盖章为凭。银行承兑汇票具有银行和企业的双重信用为保障，其信用级别相对较高，而远期的银行承兑汇票可能使企业在完成一次交易活动的短期时间内存在再生产资金短缺的现象，具有良好的信用保障的银行承兑汇票就成为其较好的融资工具，企业可以以贴现的方法在二级市场上卖出银行承兑汇票，获得资金。这样，就形成了对融资者、投资者和银行都有利的银行承兑汇票市场。银行承兑汇票最常见的期限有30天、60天、90天等几种，银行承兑汇票相对违约风险较小，但存在利率风险。

　　银行承兑汇票市场具有以下特点。①安全性高。由于汇票的主债务人是银行，所以相对于商业票据而言，银行承兑汇票的信用度较高，投资者的收益能够得到更好的保障。②流动性强。银行承兑汇票以银行信用为付款保证，在市场上易于转让或贴现，变现能力强。③灵活性强。银行承兑汇票的持有人既可以选择在二级市场上出售票据或办理贴现，也可以持有汇票到期获得收益。正是由于银行承兑汇票具有以上特点，才使其成为货币市场上最受欢迎的一种短期金融工具。

(二) 银行承兑汇票的一级市场

　　银行承兑汇票的一级市场由出票和承兑两个环节构成，两者缺一不可。

1. 出票

出票是指出票人签发票据并将其交付给收款人的票据行为。汇票的出票人必须与付款人具有真实的委托付款关系，并且具有支付汇票金额的可靠资金来源。不得签发无对价的汇票用以骗取银行或者其他票据当事人的资金。汇票必须记载下列事项：表明"汇票"的字样、无条件支付的委托、确定的金额、付款人名称、收款人名称、出票日期、出票人签章。汇票上未记载上述七个规定事项之一的，汇票无效。

2. 承兑

承兑是指汇票的付款人承诺负担票据债务的行为。汇票的发票人和付款人之间是一种委托关系，发票人签发汇票，并不等于付款人就一定付款，持票人为确定汇票到期时能得到付款，在汇票到期前向付款人进行承兑提示。如果付款人签字承兑，那么他就对汇票的到期付款承担责任，否则持票人有权对其提起诉讼。票据承兑有三个主要功能：确认债权债务关系，确定付款日期，减轻和明确发票人或背书人的权利。

(三) 银行承兑汇票的二级市场

银行承兑汇票的二级市场，包括票据交易者、商业银行、中央银行及其他金融机构等参与者。银行承兑汇票的二级市场包括贴现、转贴现、再贴现等票据交易行为。这一系列交易行为的前提是汇票的背书。

1. 背书

背书是由持票人在汇票背面签上自己的名字，并将汇票交付给受让人的行为。在银行承兑汇票持票人背书转让汇票权利时，应当按照法律的规定进行有关的记载，并且应该将汇票进行交付。由于银行承兑汇票可以通过背书的方式进行转让，所以汇票的流通性大大增加了。但是如果背书人不愿意将此汇票继续背书流通下去，也可以在汇票的背面记载"不得转让"的字样，此汇票就属于不能够背书转让的汇票。

2. 贴现

票据贴现是指票据的持有人在需要资金时，将其持有的未到期承兑汇票或商业票据转让给银行，银行扣除利息后将余款支付给持票人的行为。对于持票人来说，贴现是以出让票据的形式，提前收回垫支的商业成本。对于贴现银行来说，是买进票据，成为票据的权利人。当票据到期时，银行可以取得票据所记载金额。贴现时所扣除的利息称为贴现息，其计算公式为：

贴现息 ＝ 贴现票据面额 × 贴现率 × 贴现日至票据到期日的间隔期

例如，某企业将 3 个月后到期、面额为 50 000 元的商业票据出售给银行，银行按照 4% 的贴现率计算，则贴现息为 500 元（＝ 50 000×4%×3 / 12），银行支付给该企业的贴现金额是 49 500 元。

3. 转贴现

如果商业银行自身急需资金，也可将贴进的票据向其他金融机构转贴现。转贴现是指贴现银行在需要资金时，将已贴现的未到期票据再向其他金融机构办理贴现的票据转让行为。票据转贴现不仅拓展了票据业务的深度和广度，而且活跃了票据市场，满足了商业银行调整信贷资产结构、调节短期资金、提高资金收益的需要，成为各家商业银行重要的一项资产业务和流动性管理工具。

4. 再贴现

再贴现是贴现银行在需要资金时，将已贴现的未到期票据再向中央银行办理贴现的票据转让行为。在一般情况下，再贴现是最终贴现，票据经过再贴现即退出流通过程。再贴现是中央银行对商业银行和其他金融机构融通资金的一种形式，通过调整再贴现率，中央银行可以调节市场利率和货币供应量。

第五节　其他货币市场

除了同业拆借市场、回购协议市场、票据市场外，在货币市场中比较重要的子市场还有存单市场和国库券市场。存单（certificates of deposits）是指受理存款业务的银行或其他金融机构发给存款人的存款凭证，是存款人提取存款的证明。存单可分为面向居民个人发行的大额可转让定期存单和面向金融机构发行的同业存单，中国目前比较活跃和重要的存单市场是大额可转让定期存单市场和同业存单市场。

一、大额可转让定期存单市场

（一）大额可转让定期存单市场概述

1. 大额可转让定期存单的定义与特点

大额可转让定期存单（Negotiable Certificate of Deposit，NCD）是商业银行印发的一种可以在金融市场上转让流通的定期存款凭证，凭证上印有一定的票面金额、存入和到期日以及利率，到期后可按票面金额和规定利率提取全部本利，逾期存款不计息。

与传统的定期存单相比，大额可转让定期存单具有以下特点。①传统定期存单记名且不可流通转让；大额可转让定期存单不记名且可在市场上流通并转让。②传统定期存单的金额是不固定的，由存款人意愿决定；大额可转让定期存单一般面额固定且较大。③传统定期存单可提前支取但会损失一些利息收入；大额可转让定期存单不可提前支取，但可以在二级市场上流通转让。④传统定期存款依照期限长短有不同的固定利率；大额可转让定期存单的利率既有固定的，也有浮动的，一般高于同期限的定期存款利率。

2. 大额可转让定期存单市场的产生与发展

大额可转让定期存单首创于美国，和商业票据一样都是 20 世纪 60 年代美国的银行业为规避"Q 条例"而进行金融创新的产物。1929 年之后，美国经历了一场经济大萧条，金融市场随之也开始了一个管制时期。"Q 条例"的基本内容是：银行对于活期存款不得公开支付利息，并对储蓄存款和定期存款的利率设定最高限度，即禁止联邦储备委员会的会员银行对它所吸收的活期存款（30 天以下）支付利息，并对上述银行所吸收的储蓄存款和定期存款规定了利率上限。为减少利率管制后的存款外流，商业银行必须开发出新的存款工具以吸引客户。花旗银行集团首先于 1961 年推出了大额可转让定期存单。由于大额可转让定期存单兼顾了活期存款的流动性和定期存款的收益性，也合理地规避了金融管制，所以它一上市就受到投资者的欢迎和青睐。

按照不同的发行者，美国的大额可转让定期存单分为国内存单、欧洲美元存单、扬基（Yankee）存单和储蓄机构存单。国内存单由美国国内银行发行，存单上注明存单的金额、到期日、利率及期限。国内存单的期限由银行和客户协商确定，常常根据客户的流动性要求灵活安排，期限一般为 30 天或者 12 个月，也有超过 12 个月的。欧洲美元存单是美国境外银行（外国银行和美国银行在外的分支机构）发行的，以美元为面值的一种可转让定期存单。欧洲美元存单的中心在伦敦，但欧洲美元存单的发行范围不仅仅限于欧洲。扬基存单是外国银行在美国的分支机构发行的一种可转让定期存单，其发行者主要是西欧和日本等地的著名国际性银行在美国的分支机构。扬基存单的期限一般较短，大多在 3 个月以内。储蓄机构存单是由一些非银行机构（储蓄贷款协会、互助储蓄银行、信用合作社）发行的一种可转让定期存单。因为法律上的规定或实际操作困难，储蓄机构存单不能流通转让，所以其二级市场规模较小。

3. 中国大额可转让定期存单市场

中国大额可转让定期存单的发行始于 1986 年，最初由中国银行和交通银行发行。1989年起其他商业银行也开始发行。期限大多是半年和 9 个月，面额从最初的 1 万元起点降到500 元（向个人发行的存单）。由于缺乏统一的管理办法和统一的二级流动交易市场，大额存单市场比较混乱。另外，大额存单市场出现了一系列问题，如超过中央银行审批额度发行、盗开和伪造银行存单，中国人民银行于 1997 年暂停了相关的发行申请。2015 年，为拓宽存款类金融机构负债产品市场化定价范围，有序推进利率市场化改革，中国人民银行颁布了《大额存单管理暂行办法》，中国大额可转让定期存单市场正式重启。

大额存单市场的健康发展，不仅有利于有序扩大负债产品市场化定价范围，健全市场化利率形成机制，也有利于进一步锻炼金融机构的自主定价能力，培育企业、个人等零售市场参与者的市场化定价理念，为继续推进存款利率市场化进行有益探索并积累宝贵经验。同时，通过规范化、市场化的大额存单逐步替代理财等高利率负债产品，对于促进降低社会融资成本也具有积极意义。

（二）大额可转让定期存单的一级市场

1. 发行者和投资者

中国大额可转让定期存单的发行主体为银行业存款类金融机构，包括商业银行、政策性银行、农村合作金融机构以及中国人民银行认可的其他金融机构等。中国在重启大额可转让定期存单市场后，首批大额存单于 2015 年 6 月 15 日发行，首批发行的 9 家银行为中国工商银行、中国农业银行、中国银行、中国建设银行、交通银行、浦发银行、中信银行、招商银行和兴业银行。银行业存款类金融机构发行大额存单采用标准期限的产品形式，大额存单期限包括 1 个月、3 个月、6 个月、9 个月、1 年、18 个月、2 年、3 年和 5 年共 9 个品种。

大额存单的投资者包括个人、非金融企业、机关团体等非金融机构投资者。鉴于保险公司、社保基金在商业银行的存款具有一般存款属性，且需缴纳准备金，这两类机构也可以投资大额存单。考虑到不同投资群体投资能力的差异,《大额存单管理暂行办法》在存单起点金额设计上对个人和机构投资者有所区别。结合利率市场化推进进程和金融市场发展情况,中国人民银行可对大额存单起点金额适时进行调整,目前个人投资者认购的大额存单起点金额不低于 20 万元,机构投资者则不低于 1 000 万元。

2. 发行方式和定价

大额可转让定期存单的发行方式主要有两种:①批发式发行,即银行集中发行一批存单,发行时将存单的发行数量、时间、利率、面额等予以公布,由投资者选购;②零售式发行,即银行根据客户的要求,随时出售合乎客户要求的存单,存单的面额、期限、利率等由银行与客户协商后确定。中国大额可转让定期存单发行采用电子化的方式,大额存单可以在发行人的营业网点、电子银行、第三方平台以及经中国人民银行认可的其他渠道发行。

大额可转让定期存单的发行价格也有两种:①按票面价格出售,到期支付本金及利息;②贴现发行,即低于面值出售,到期按照面额兑付。发行价格的确定,主要取决于发行人的资信等级、发行时的市场利率水平、存单的期限、存单的流动性等因素。

一般而言,大额可转让定期存单的利率会比国库券利率高,主要因为两点:①大额可转让定期存单的风险无论如何都会比国库券大,因而流动性比国库券大;②存单收益是应税所得,而国库券收益是免税的。中国大额可转让定期存单的发行利率以市场化方式确定,固定利率存单采用票面年化收益率的形式计息,浮动利率存单以上海银行间同业拆放利率(Shibor)为浮动利率基准计息。大额存单利率实现市场化方式确定,是我国存款利率市场化改革的重要举措,将为全面放开存款利率上限奠定更为坚实的基础。

(三) 大额可转让定期存单的二级市场

投资者购买存单,如果在大额存单到期前急需现金,则可将大额存单在流通市场上进行转让。在大额存单流通市场上,存单经销商起着重要的作用,他们既买进存单,又卖出存单,充当存单转让的中介,也可以持存单到期兑取本息。活跃的二级市场是推进存单市场发展的重要前提。借鉴国际经验并结合企业、个人等不同投资主体的交易需求,《大额存单管理暂行办法》规定大额存单的转让可以通过第三方平台开展,转让范围限于非金融机构投资者;通过发行人营业网点、电子银行等自有渠道发行的大额存单,可以根据发行条款通过自有渠道办理提前支取和赎回。

由于大额可转让定期存单多以平价发行,所以其流通价格和收益率主要由同期市场利率决定。其中,浮动利率可转让定期存单的价格视利率浮动幅度而定,固定利率可转让定期存单的转让价格计算公式如下:

$$大额存单的流通价格 = \frac{面额 \times (1 + 存单利率 \times 存单发行日至到期日的实际天数 / 360)}{1 + 市场利率 \times 存单买入发行日至到期日的实际天数 / 360}$$

式中,存单利率是存单发行时的规定利率,市场利率是指存单买入时新发行的存单的同期利率。

对于面额为 100 万元、利率为 10%、期限为 60 天的大额可转让定期存单,投资者在发行 30 天后买入,当时的市场利率为 9%,则:

$$大额存单流通价格 = \frac{1\,000\,000 \times (1 + 10\% \times 60 / 360)}{1 + 9\% \times 30 / 360} = 1\,009\,100 (元)$$

二、同业存单市场

(一)同业存单市场概述

1. 同业存单的定义与特点

根据《同业存单管理暂行办法》的规定，同业存单是指存款类金融机构在全国银行间市场发行的一种记账式定期存款凭证，是一种货币市场工具。与线下同业存款相比，同业存单具有电子化、标准化、流动性强、透明度高、市场化定价等优势。一般来说，同业存单具备以下三个特点。①主动负债。同业存单的主要作用是拆入资金，具有不能提前赎回和利率市场化两大优势，是中小银行进行主动负债管理的重要工具。②滚动发行。同业存单的发行期限在 1 年以内，以 1 个月和 3 个月的短期存单为主，具有滚动发行的特点。③具备投资性。同业存单作为流动性好、信用风险较低的产品，成为货币市场中重要的投资品种。

2. 同业存单市场的产生与发展

随着互联网金融、货币市场基金和股市对银行存款的持续分流，商业银行以存款为主的负债来源受到了一定冲击，存款波动加剧，商业银行对同业负债的依赖程度日益上升。自 2013 年 12 月面市迄今，银行同业存单发行急剧扩张，增长迅猛。2018 年，银行间市场发行同业存单 27 306 只，发行总量为 21.1 万亿元，二级市场交易总量为 149.85 万亿元，同业存单发行交易全部参照 Shibor 定价。

专栏 4-3
中国同业存单业务快速发展的原因

中国同业存单业务快速发展，主要有以下几方面原因。

(1) 同业存单作为主动负债工具满足了商业银行流动性管理和负债结构优化的需要。近年来，中央银行基础货币的投放形式从外币占款转变为需要抵押品的新型货币工具政策（如逆回购、SLF 和 MLF 等），中小银行因缺少合格抵押品，无法从中央银行直接获取资金，所以通过发行同业存单的方式来从大银行拆借资金。同业存单期限从 1 个月到 3 年不等，既可满足银行日常流动性管理需要，也可补充中长期负债缺口，有助于商业银行优化负债结构，提高主动负债管理水平。

(2) 同业存单弥补了原有网上融资期限的不足，兼顾收益性、安全性和流动性，受到投资者欢迎。我国银行间市场上回购和拆借融资期限八成左右集中于隔夜和 7 天，3 个月以上的极少发生，同业存单的期限刚好填补了这一空白。同时，同业存单发行频繁、安全性高、收益好、流动性强，受到投资者的迅速接受和欢迎。

(3) 同业存单作为主动负债工具更为便利和灵活。同业存单计入应付债券，不需缴纳存款准备金，相比同业存款不存在提前支取问题。同时，同业存单的发行与金融债相比较为便利和灵活，发行额度年初一次备案，年内分期自主发行，两个工作日即可完成发行工作。

(4) 股份制银行和城市商业银行的快速崛起带动了同业存单的迅猛发展。由于中小银行网点少、吸储能力较弱、流动性缺口较大，同业存单对资金链条偏紧的区域性银行流动性管理具有重要意义。对中小银行来说，发行同业存单购买同业理财和对接非标资产，是实现弯道超车、做大规模和收益的重要途径。

资料来源：张婷，李金顺，李敏.我国同业存单市场总体概况及未来展望[J].农村金融研究，2017（04）：29-32.

（二）同业存单的一级市场

1. 同业存单市场的发行者和投资者

存款类金融机构是同业存单市场的发行者，具体包括政策性银行、商业银行、农村合作金融机构以及中国人民银行认可的其他金融机构。存款类金融机构发行同业存单应当具备以下条件：①是市场利率定价自律机制成员单位；②已制定本机构同业存单管理办法；③中国人民银行要求的其他条件。股份制银行和城市商业银行是我国同业存单市场的主要发行方，其发行合计占存单发行市场的90%；农村商业银行的发行规模占比约10%，大型商业银行和外资银行发行占比不足1%。

同业存单的投资和交易主体为全国银行间同业拆借市场成员、基金管理公司及基金类产品。广义基金、商业银行、非银行金融机构、政策性银行、境外机构是同业存单的主要持有者。为进一步推动同业存单市场发展，满足境外金融机构配置人民币资产的需求，2016年6月21日，我国在同业存单投资者范围中增加了"境外金融机构及央行认可的其他机构"。

2. 同业存单市场的发行方式和定价方式

符合中国人民银行规定的发行条件的存款类金融机构每年需向中国人民银行报备同业存单年度发行计划，经批准后向同业拆借中心登记当年的发行备案额度。同业存单的发行方式包括公开发行和定向发行。目前市场的主要发行模式是报价发行，发行人在发行前确定同业存单的全部发行要素，发行开始后投资者点击该报价即以发行人设定的发行要素认购成交。

同业存单的发行利率、发行价格等以市场化方式确定。其中，固定利率存单期限原则上不超过1年，为1个月、3个月、6个月、9个月和1年，参考同期限上海银行间同业拆放利率定价。浮动利率存单以上海银行间同业拆放利率为浮动利率基准计息，期限原则上在1年以上，包括1年、2年和3年。

（三）同业存单的二级市场

同业存单最大的优势就是可以进行交易和质押。同业存单完成登记后可在银行间市场上交易流通，可进行的交易品种包括买卖、回购以及中国人民银行批准的其他交易品种。除定向发行的同业存单只能在该同业存单初始投资者范围内流通转让外，公开发行后的同业存单可以通过同业拆借中心的电子交易系统在二级市场上交易流通，可以作为回购交易的标的物。同业存单二级市场交易通过同业拆借中心的电子交易系统进行，交易系统提供询价、点击成交和请求报价（RFQ）交易方式。同业存单交易实行做市商制度，同业存单做市商应通过同业拆借中心交易系统连续报出相应同业存单的买卖双边价格，并按其报价与其他市场参与者达成交易。

三、国库券市场

(一)国库券

国库券(treasury bill)是指政府部门以债务人身份承担到期偿付本息责任的短期债务凭证。它主要是政府部门为了短期资金周转的需要而承担的主动负债,同时还是中央银行进行公开市场操作的主要品种,是连接财政政策与货币政策的契合点。在我国,不管是期限在 1 年以内还是 1 年以上的由政府财政部门发行的政府债券,均称为国库券。但在国外,期限在 1 年以上的政府中长期债券称为公债,1 年以内的证券才称为国库券。

中国的国库券从 1981 年开始发行。但是,当时的国库券实际上是中长期国债,因而与英美等发达国家的国库券有所不同。1981~1983 年发行的国库券,从第 6 年按发行额分 5 次 5 年还清;1985~1987 年发行的国库券,期限为 5 年,到期一次性付清;1988~1990 年发行的国库券,期限缩短为 3 年,到期一次性偿还;1991~1997 年发行的国库券,既有 3 年期,又有 5 年期,由投资者选择;1996 年我国首次发行了 3 个月期限的短期国库券;1998 年以后,实物国库券正式退出了历史舞台,改为发行凭证式和记账式国债。国库券的发行逐步与国际惯例接轨,期限有 1 年以内的,也有 10 年的,利息支付有到期一次支付的,也有每年支付的。发行方式基本是招标拍卖的方式。1988 年以后,国库券的流通逐步在部分城市试点,1990 年后全国各地开办了国库券在银行柜台转让的业务。1994 年后国库券开始进入上海证券交易所挂牌交易,从现货交易又发展到了期货交易。1996 年由于过度投机,国债期货交易被停止。2013 年 9 月 6 日,国债期货重新在中国金融期货交易所上市交易。

(二)国库券市场的特征

国库券市场包括国库券的发行市场和流通市场,它是货币市场重要的组成部分,发行量和交易量都非常巨大,在满足政府短期资金周转和宏观调控方面都发挥着重要作用。与其他货币市场相比,国库券市场具有如下几个特征。

1. 信用度高

国库券以国家信用为保障,因而它被认为是没有违约风险的货币市场工具,而其他金融工具都存在一定的违约风险。国库券的无违约风险特征提高了其对投资者的吸引力。

2. 流动性强

国库券能在交易成本较低、价格风险较低的情况下迅速变现,具有高度的可流通性。当然,当投资者需要资金时,究竟是出售国库券还是通过其他手段来筹集资金,在很大程度上取决于其所需资金的期限和筹集资金的机会成本。

3. 面额小

相对于其他货币市场工具来说,国库券的面额较小,其面额远远低于其他货币市场工具的面额。对许多小投资者来说,国库券通常是他们能从货币市场直接购买的唯一的有价证券。

4. 利息免税

为了保障中央政府融资渠道畅通，按照国际惯例，对国库券利息收入免征所得税。对国库券交易而言，其他有价证券的适用所得税率越高，国库券的吸引力越大。

（三）国库券的发行市场

1. 国库券的发行人和投资者

国库券的发行人是政府财政部门。财政部门发行国库券的主要目的有两个。①融通短期资金，调节财政年度收支暂时不平衡，弥补年度财政赤字。此外，通过滚动发行国库券，政府可以获得低息、长期的资金用于弥补年度的财政赤字。②作为一项重要的财政政策工具，实现调控宏观经济运行的目的。

国库券的投资者包括商业银行、非金融公司和中央银行。商业银行和非金融公司持有大量的国库券作为流动性储备，直到需要现金。对于这些机构而言，国库券最有吸引力的特征是它们极强的流动性和价格稳定性。中央银行参与国库券市场是出于公开市场操作的考虑，中央银行买入、卖出国库券从而影响其他货币市场的利率，改变商业银行的信贷行为，最终影响经济中的投资支出和消费支出。不过，大部分国家规定中央银行不能直接在发行市场上购买国库券。

2. 国库券的发行方式

国库券一般以贴现方式发行，这意味着国库券本身没有利息，投资者的收益是证券的购买价格与证券面额之间的差额。例如，1 个月期的国库券发行价格为 900 元人民币，面额为 1 000 元。当该类国库券到期后，投资者的收益为 100 元。国库券的买卖并不按价格报价，而是按收益率报价，并以银行贴现为基础。由于国库券主要采用贴现方式发行，其发行价格根据如下贴现公式确定：

$$发行价格 = 面额 \times (1 - 贴现率 \times 发行期限 / 360)$$

新国库券大多通过拍卖方式发行，投资者可以两种方式来投标：①竞争性方式，竞标者报出认购国库券的数量和价格（拍卖中长期国债时通常为收益率），所有竞标者根据价格从高到低（或收益率从低到高）排序；②非竞争性方式，由投资者报出认购数量，并同意以中标的平均竞价购买。竞标结束后，发行者首先将非竞争性投标数量从拍卖总额中扣除，剩余数额分配给竞争性投标者。发行者从申报价最高（或收益率最低）的竞争性投标开始依次接受，直至售完。当最后中标标位上的投标额大于剩余招标额时，该标位中标额按等比分配原则确定。

（四）国库券的流通市场

在国库券的流通市场上，参与者有商业银行、中央银行、证券交易商、企业和个人投资者。国库券行市的变动，要受景气动向、国库券供求关系、市场利率水平等诸多因素的影响。国库券的转让主要通过贴现或买卖方式进行。在发达国家，未到期的国库券一般都有一个活跃的二级交易市场，但这种交易一般不在有组织的市场进行，而是由经纪人或券商通过电话等方式进行，即在场外市场交易。在美国，证券交易商在进行国库券交易时，通常采用双向式挂牌报价，即在报出 1 交易单位买入价的同时，也报出 1 交易单位卖出价，两者的差额即为交易商的收益，交易商不再附加佣金。在英国，票据贴现就是国库券二级市场上最为活跃的市场主体。持有国库券的机构和个人如需转让，可向贴现所申请贴现。英格兰银行实施公开市场操作，也以贴现所为中介，先向贴现所买入或卖出国库券，然后贴现所再对商业银行进行买卖。

延伸阅读

货币市场共同基金市场

货币市场是一个批发市场，单笔的交易量一般都非常大，动辄上千万元甚至是上亿元的交易量。这样大的单笔交易量，储蓄存款只有几十万元或几百万元的个人存款者，是难以望其项背的。有些货币市场只能是金融机构参与其中，即便是拥有上亿元的大富豪也无法直接参与银行间货币市场交易。然而，货币市场的收益率又常常高于相同期限的银行存款利率。个人投资者是否只能望着货币市场较高的收益而兴叹呢？货币市场基金就帮助个人投资者解决了这些难题。

基金是将众多小额投资者的资金集合起来，由专门的经理人进行市场运作，在赚取收益后按一定的期限及持有的份额进行分配的一种金融组织形式。而对于主要在货币市场上进行运作的共同基金，则称为货币市场共同基金（money market mutual funds，MMMF）。该基金资产主要投资于货币市场工具，如国库券、商业票据和大额定期存单等。货币市场共同基金最早出现在 1972 年，是一种新型投资理财工具。当时，美国政府出台了限制银行存款利率的"Q 条例"，导致银行存款对许多投资者的吸引力下降。货币市场共同基金正是在这种情况下应运而生的。货币市场共同基金出现后，其发展速度很快。目前，在发达的市场经济国家，货币市场共同基金在全部基金中所占的比重最大。中国第一只货币市场共同基金是 2003 年 10 月发行的"景顺长城货币"。此后，中国货币市场共同基金市场经历了从无到有、稳步发展、快速扩张的阶段。中国货币市场共同基金市场的发展有四次高峰：首先是 2004~2006 年的发展初期，货币市场共同基金的运行框架初步确立，规模快速扩张；之后是 2008 年金融危机爆发，股市大跌，市场风险偏好下降，大量资金流入货币市场基金；而后是 2011 年证监会取消了货币市场基金投资定期存款比例不超过 30% 的限定；最后 2013 年后余额宝的发展使得货币市场基金规模再次扩张，货币市场基金规模从 7 000 多亿元迅速突破 7 万亿元，成了中国居民投资理财的一项重要金融产品。中国目前规模最大的货币基金是天弘基金旗下的余额宝货币基金。

货币市场基金是不同于银行存款、股票和债券的一个新型理财工具，具有如下特点。

（1）基金单位是 1 元。货币市场基金的单位资产净值是固定不变的，通常是每个基金单位 1 元。投资者可利用收益再投资，投资收益不断累加，增加投资者所拥有的基金份额。比如，投资者以 100 元定投到某货币市场基金，可以持有 100 个基金单位。1 个月后，如果投资年回报率是 6%，那么投资者就多了 0.5 个基金单位，共计为 100.5 个基金单位，市值为 100.5 元。

（2）流动性好、安全性高。货币市场是一个风险低、流动性高的市场，投资者可以不受到期日的限制，灵活地投资或赎回基金单位。在实际操作中，货币市场基金投资一般遵循 T 日买入，T＋1 日确认并开始计算收益，T＋2 日起可以查看收益；基金赎回一般遵循 T 日下午 3 点后可提交赎回申请，以 T 日收益为结算点，赎回 T＋2 日后到账。货币市场工具的到期日通常较短，货币市场基金投资组合的平均期限一般为 4～6 个月，因此风险较低，其价格通常只受市场利率的影响。

（3）投资成本低，能够享受税收优惠。货币市场基金通常不收取购买或赎回费用，管理费用也较低，货币市场基金的年管理费用大约为基金资产净值的 0.25%～1%，比传统 1%～2.5% 的基金年管理费率要低。除了国债和地方政府债券以外，大部分债券的利息收入是需要缴纳所得税的。投资于股票所得的红利、投资于企业债券所得的票息，都要根据税法要求缴纳相应的所得税，但持有货币市场基金所获得的收入可享受免税优惠政策。

货币市场共同基金一般属开放型基金，即其基金份额可以随时购买和赎回。当符合条件的基金经理人设立基金的申请经有关部门许可后，就可着手基金份额的募集。投资者认购基金份额与否一般依据基金的招募说明书来加以判断。基金发行方式有公募和私募两种。具体来说，基金的发行可采取发行人直接向社会公众招募，由投资银行或证券公司承销或通过银行及保险公司等金融机构进行分销的办法。

基金的初次认购按面额进行，一般不收取或收取很少的手续费。由于开放型基金的份额总数是随时变动的，所以货币市场共同基金的交易实际上是指基金购买者增加持有或退出基金的选择过程。但货币市场共同基金与其他投资于股票等证券交易的开放型基金不同，其购买或赎回价格所依据的净资产值是不变的，一般是每个基金单位 1 元。同时，对基金所分配的盈利，基金投资者可以选择转换为新的基金份额还是领取现金。在一般情况下，投资者会选择用投资收益再投资，增加基金份额。由于货币市场基金的净资产值是固定不变的，所以衡量该类基金表现好坏的标准就是其投资收益率。

资料来源：彭兴韵. 金融学原理 [M]. 上海：格致出版社，2013.

⊙ 名人传记　沃尔特·白芝浩

请扫描二维码详尽了解名人传记

■ 本章小结

1. 货币市场是指期限在 1 年内的金融工具交易的场所。货币市场一般具有流动性强、期限短、金融工具面额大等特点。

2. 同业拆借市场是指金融机构以货币借贷的方式进行短期融资的市场。其融资的目的主要是弥补金融机构（如银行）短期资金的不足、票据清算的差额以及解决临时性资金短缺的需求，也被称为临时性头寸调剂市场。同业拆借基本上是信用拆借。

3. 回购协议是指按照交易双方事先的协议，由卖方（融资方）将一定数额的有价证券以一定的价格出售给买方（出资方），并承诺在未来约定的期限，以约定好的价格将这些有价证券买回。三方回购是指由独立第三方提供担保品管理服务，提供交易结算，为证券估值并确保保证金的交付等的回购方式。回购协议市场的参与者十分广泛，中央银行和商业银行等金融机构、非金融机构企业都是这个市场的重要参与者。

4. 票据市场是指在票据交易和资金往来过程中产生的以商业汇票的签发、承兑、贴现、转贴现、再贴现来实现短期资金融通的市场。商业票据是最古老的货币市场工具之一，票据市场的发展源于商品贸易中的赊销或延期支付。按照运作主体和功能的不同，票据市场分为一级市场和二级市场。

5. 存单可分为面向居民个人发行的大额可转让定期存单市场和面向金融机构发行的同业存单。大额可转让定期存单是银行或储蓄机构发行的一种存款证明，一般由银行担保，并可以在流动性较高的二级市场进行交易，但是不可以提前兑现。同业存单是指存款类金融机构在全国银行间市场发行的一种记账式定期存款凭证，是一种货币市场工具，具有电子化、标准化、流动性强、透明度高、市场化定价等优势。

6. 国库券市场又称为短期政府债券市场，主要包括国库券的发行市场和流通市场。国库券的发行主体是政府财政部门。国库券一般以贴现方式发行，投资者的收益是证券的购买价格与证券面额之间的差额。

▌思考与练习

1. 什么是货币市场？它包括哪些子市场？
2. 货币市场有哪些功能？
3. 同业拆借市场有什么特点？
4. 回购协议市场上不同参与者的目的有何区别？
5. 中央银行是如何利用回购协议市场调节货币供应量的？
6. 大额可转让定期存单与普通定期存单有哪些区别？
7. 发展大额可转让定期存单市场有什么作用？
8. 中国同业存单市场快速发展的原因有哪些？
9. 国库券有何特点？国库券市场的功能是什么？

第五章
CHAPTER5

资本市场

在股票市场上，寻求别人还没有意识到的突变。

——乔治·索罗斯

■ 本章概要

资本市场是现代金融体系的重要组成部分。20世纪90年代初，中国组建了上海和深圳两个证券交易所，股票、债券、基金等金融投资品交易规模逐年增加，已经成为我国企业、居民、政府、金融机构等经济主体金融活动的重要场所，资本市场在国民经济中的作用越来越重要，资本市场的波动也越来越引人关注。本章通过对股票市场、债券市场和投资基金市场的学习，来更好地了解和掌握资本市场的相关知识。

■ 学习目标

1. 掌握资本市场的概念、特征；
2. 掌握股票、债券、投资基金市场的相关概念和特征；
3. 理解股票、债券、投资基金市场的发行、交易和运作；
4. 了解我国多层次资本市场发展现状。

■ 基本概念

资本市场	一级市场	二级市场	注册制
核准制	公募	私募	直接发行
间接发行	投资基金	证券交易所	场外交易市场
股票价格指数	债券评级	多层次资本市场	

第一节　资本市场概述

一、资本市场的含义

资本市场是指以期限在 1 年以上的金融工具为媒介进行长期性资金融通交易活动的场所，又称长期资金市场。广义的资本市场包括两大部分：银行中长期信贷市场和有价证券市场，其中有价证券市场包括中长期债券市场和股票市场。狭义的资本市场专指发行和流通股票、债券、基金等有价证券的市场，也称证券市场。

二、资本市场的特点

与其他市场相比，资本市场有以下四个特点。

（1）交易工具的期限长。例如，中长期债券的期限都在 1 年以上；股票没有到期日；属于永久性证券；封闭式基金的存续期限一般都在 15～30 年。

（2）筹资目的是满足投资性资金需要。在资本市场上筹措的长期资金主要是用于补充固定资本，扩大生产能力，如开办新企业、更新改造或扩充厂房设备、国家长期建设性项目的投资等，具有很强的投资性。

（3）筹资和交易的规模大。企业在资本市场上初始发行或增资发行的规模一般都比较大，由于资金用于中长期投资，比起通过银行借贷筹措流动资金的规模明显要大。

（4）二级市场交易的收益具有不确定性。作为资本市场交易工具的有价证券与短期金融工具相比，价格变动幅度大，收益较高但风险较大。

三、资本市场的功能

现代市场经济中资本市场之所以具有重要的地位与作用，是因为它具备并发挥着以下重要的功能。

（1）筹资与投资的平台。资本市场是企业筹集中长期投资性资金的平台。对于股份有限公司而言，通过资本市场发行股票或债券可以筹集到投资所需的中长期资金，用以补充自有资金的不足，或开发新产品、新项目。通过发行上市或增资，可以迅速提升公司的资本金实力，为后续发展奠定基础。资本市场也是投资者进行金融资产配置组合的平台。资本市场上证券投资的平均收益率一般高于储蓄存款的收益率，对风险承受能力强的投资者具有吸引力。除此之外，资本市场上资产价格波动频繁，股票、基金等交易活跃，流动性强，资本买卖差价对投机者的吸引力更强，因而资本市场为金融证券投资者、市场投机者提供了资产组合、投机和套利平台。

（2）资源有效配置的场所。资本市场的产生与发展适应了社会化商品经济发展的需要，同时促进了社会化大生产的发展。从历史上看，现代大工业中产生的新兴产业以及为工业服务的基础产业部门，都极大地提高了生产社会化程度和资本集中规模，而单个资本既难以筹集现代大工业所需的巨额投资，也无力承担巨额投资所带来的风险。在这种情况下，资本社会化就成为现代大工业发展的核心问题。如果资本社会化实现不了，那么现代大工业中的新兴产业及基础产业就难以发展，产业结构也将停留在原有水平上。资本市场为资本所有者自由选择投资方向和投资对象提供了十分便利的活动舞台，而资金需求者也冲破了自有资金的束缚和对银行等金融机构的依赖，有可能在社会范围内广泛筹集资金。随着资本市场运作不断规范，其对产业结构调整的作用大大加强。因为在资本市场中企业产权的商品化、货币化、证券化，在很大程度上削弱了生产要素部门间转移的障碍。资产采取有价证券的形式可以在资本市场上自由买卖，打破了实物资产的凝固和封闭状态，使资产具有最大的流动性。一些效益好、有发展前途的企业可根据社会需要，通过控股、参股方式实行兼并和重组，发展资产一体化企业集团，开辟新的经营领域。另外，在资本市场上，通过发行债券和股票广泛吸收社会资金，其资金来源不受个别资本数额的限制。这就打破了个别资本有限，难以进入一些产业部门的障碍，有条件也有可能筹措到进入某一产业部门最低限度的资金数额，从而有助于生产要素在部门间的转移和重组，实现资源的有效配置。

（3）并购与重组的渠道。在资本市场建立和发展以后，企业介入资本市场，从各方筹集资金，必须要触及企业的产权关系，企业可以通过发行股票组建股份有限公司，也可以通过股份交易实现公司的重组，以调整公司的经营结构和治理结构。现代企业的兼并重组离不开资本市场。从我国来看，可以利用资本市场实现企业改制和产权结构的调整。例如，对国有企业进行股份制改造，由于投资者不同，形成国家、法人、个人共同持股的结构，从而形成对企业多层次的约束。这种多层次的约束机制，是建立在各投资主体对企业行为和利益的关联性基础之上的，因为各投资主体直接代表了各方的利益，各层次的相互约束能形成一个有机统一的制衡整体，有助于提高公司的经营效率和发展能力。

第二节　股票市场

因为股票是一种权益工具，所以股票市场也称权益市场。根据其组织结构，股票市场可分为一级市场和二级市场。

一、股票一级市场

一级市场也称发行市场，它是指公司直接或通过中介机构向投资者出售新发行的股票。所谓新发行的股票包括初次发行和再发行的股票，前者是公司第一次向投资者出售的原始股，后者是在原始股的基础上增加新的份额。

（一）股票发行制度

股票投资是一种高风险的投资，为了保障投资者的权益，促进股票市场健康、高效地运行和发展，各国政府都授权某一部门对申请发行股票的公司进行审核评估。世界各国对证券发行的审核制度主要有两种，即注册制和核准制。

1.注册制

注册制也称登记制，是指股票发行人在公开募集和发行股票之前，需要向证券监管部门按照法定程序申请注册登记，同时依法提供与发行股票有关的一切资料，并对所提供资料的真实性、可靠性承担法律责任。注册制遵循"信息公开原则"，对信息披露情况进行事后监管。其审核主体是中介机构，仅进行形式审查而不进行实质判断，审核效率较高，透明度相对较高，审核机构难以人为干预。其特点主要有以下五个方面：①加强中介机构责任，在选择和推荐企业方面，由主承销商培育、选择和推荐企业，增加了承销商的责任；②在公司发行股票的规模上，由公司根据资本运营的需要自行选择，没有额度限制，满足了公司持续成长的需要；③在发行审核上，强调强制性信息披露和合规性审核，发挥股票发行审核委员会的独立审核功能；④在股票发行定价上，由发行人与主承销商协商，并充分反映投资者的需求，使发行定价真正反映公司股票的内在价值和投资风险；⑤在股票发行方式上，提倡鼓励发行人和主承销商进行自主选择与创新，最大限度地发挥各种优势，建立证券发行人和承销商各担风险的机制。目前西方发达国家多采用注册制。

2. 核准制

核准制是指股票发行者不仅必须公开有关所发行股票的真实情况，而且所发行股票还必须遵守公司法和证券法规定的若干实质性条件，证券监管机关有权否决不符合实质条件的股票的发行申请。核准制遵循"实质管理原则"，强调主管机构在股票发行中的"把关"作用，审核效率相对较低，透明度也相对较低，审核机构有较大的裁量权。核准制的特点主要有以下四个方面：①企业拥有发行股票筹集资本的绝对自主权，只要不违背国家利益和公众利益，企业能否发行股票，以及发行股票的时间和价格，均由企业和市场自主决定；②实行以信息披露为中心的监管理念，要求企业必须向投资者披露所有能够影响投资决策的信息；③市场参与主体勤勉尽责，发行人是信息披露的第一责任人，中介机构承担对发行人信息披露的把关责任，投资者依据公开披露信息自行做出投资决策并自担投资风险；④实行宽进严管，重在事中和事后监管，严惩违法违规行为，保护投资者合法权益。核准制广泛实行于具有稳健型管理传统的欧洲大陆各国和股票市场发育不够成熟的发展中国家。我国现已形成了以核准制为核心的股票发行监管制度，初步建立了市场化的新股发行和承销管理制度，并在加快推进股票发行注册制的改革。

（二）股票发行方式

股票发行方式可以从不同的角度进行分类。

1. 按股票发行所涉及的对象不同，分为私募和公募

私募指只向少数特定投资者发行股票。私募发行方式不必事先提供企业的财务资料，也不必向主管部门申报批准，发行手续简单，发行费用较低，但不能公开上市交易，收益率一般也较公募要高。

公募指面向市场上大量的非特定投资者发售股票。公募发行方式要求发行者具有较高的社会信誉，需报主管部门申请批准，因而手续麻烦，费用也较高，但由于公募可以扩大股票的发行量，并且可以上市交易，从而提高企业的知名度，所以，多数筹资者愿意选择公募发行方式。

2. 按股票发行是否借助于证券承销商来完成，分为直接发行和间接发行

直接发行指发行人不通过股票发行中介机构，直接向投资者销售股票。直接发行手续

简单，发行费用低，但发行数额一般不大，私募发行的股票通常都采用直接发行方式。

间接发行指通过股票发行中介机构即承销商向社会发行股票。间接发行尽管承销费用较高，手续较复杂，但具有发行面广、风险小、知名度高的优点，因此，在一般情况下，证券发行大都采用间接发行方式。

在我国，根据《中华人民共和国公司法》（简称《公司法》）的规定，股票的发行只允许采用间接发行方式，即只要是公开募集的股票，都应当由依法设立的证券经营机构承销，签订承销协议。按发行风险的承担、所筹资金的划拨及手续费高低等因素不同划分，证券承销商的承销方式有三种。

（1）代销。证券发行者与承销商签订代销合同，支付一定的佣金，委托承销商代为销售。承销商发行多少算多少，不负责承购余额的责任，发行风险全部由发行者自己承担。

（2）助销。由承销商按规定的发行额和发行条件，在约定期限内向社会全力销售，到销售截止日，未售出的余额由承销商负责认购，承销商要按约定时间向发行者支付全部证券款项。这种方式能够保证证券全部销售出去，从而减少了发行者的风险，因而发行者必须支付比代销更高的佣金。

（3）包销。承销商以承销价格向发行公司买断所有新发行的证券，然后再以比承销价格稍高的公开发行价格将证券出售给普通投资者，其间的价差，就是承销商的收入。如果证券未能以商定的公开价格销售出去，其损失将完全由承销商承担。因此，在这种方式下，承销商承担了全部的发行风险。

由于在包销方式中，承销商承担的风险较大，所以当发行数量过大，风险过高，超过了单个证券商（投资银行或证券公司）的承受能力时，往往由数家证券商组成承销集团（或称承销辛迪加）共同进行包销。

3. 按股票发行价格与股票面额的关系不同，分为溢价发行、折价发行和平价发行

由于股票发行时的市场供求状况、股份公司以往的盈利水平、市场信誉等不同，股票的发行价格也不同。溢价发行（premium issue）是指股票发行价格高于股票面额。折价发行（discount issue）是股票发行价格低于股票面额。平价发行（par issue）是指股票发行价格等于股票面额。我国《公司法》规定，股票不得以低于股票票面金额的价格发行。

（三）股票的发行程序

世界各国对股票发行的程序都有严格的规定，现将股票发行的一般程序概括如下。

1. 准备阶段

为了使股票发行工作能顺利进行，要做好一系列准备工作。其内容包括：①准备好申请批准发行的一系列有关文件资料，如公司章程、资产评估报告或验资报告、公司近年来的财务状况报表等；②事先物色和选择好承销商，确定承销方式，并与承销机构签订承销意向书。

2. 审批阶段

股票发行必须经过政府主管机关及证券管理机关审批后才能实施。审批的内容是根据国家有关股票发行的文件、法规进行确定。具体审批两方面的内容：一是审批有关文件资

料是否符合国家有关法规所规定的条件，二是审批发行规模。

3.发行阶段

经审批通过后即可开始向社会公开发行股票。一般而言，在这个阶段，首先发行者要与承销商正式签署协议，确定承销方式、发行价格、承销期限和付款方式等。其次是公开招股说明书。最后应积极做好宣传动员工作，让投资者充分了解公司的情况和投资前景，调动投资者的认购积极性，争取在规定的承销期内完成发行工作。

二、股票二级市场

股票二级市场即股票交易市场、流通市场，是指对已发行的股票进行买卖、转让和流通的市场。流通市场只是投资者之间的市场，在股票流通市场上销售股票的收入属于出售股票的投资者，而不属于发行该股票的公司。股票交易市场为一级市场上发行的股票提供流动性，使资源流向效率最高的地方。

(一) 股票交易的组织形式

股票交易市场有两种基本的组织形式，即证券交易所市场和场外交易市场。另外，近几十年来，美国又出现了第三市场和第四市场。

1.证券交易所

证券交易所是集中交易已发行证券的固定场所，它是证券交易市场的核心。证券交易所是证券交易市场的最早形态，早在 300 多年前，一些股票经纪人就在伦敦主要进行商品交易的交易所内从事证券交易业务，据说后来由于股票经纪人太多，声音太嘈杂，以致使伦敦交易所的商人劝他们另找地方，于是证券经纪人离开伦敦商品交易所，于 1773 年成立了第一家股票交易所。在美国，相传举世闻名的纽约证券交易所源于 24 个商人和证券投机者每天在华尔街的一棵大梧桐树下的交易，后来搬到室内正式成立纽约证券交易所。现在，发达国家或经济高速发展的发展中国家普遍都设有证券交易所，例如，美国有两家全国性的证券交易所——纽约证券交易所（New York Stock Exchange，NYSE）和美国证券交易所（American Stock Exchange，AMEX），还有 7 家主要的地区性证券交易所，其中纽约证券交易所是世界上最大的证券交易所，在该交易所挂牌交易的证券包括 3 000 多种股票、3 000 多种债券。英国有 7 家证券交易所，其中最大的是伦敦证券交易所，该交易所也是世界上最古老的证券交易所。日本有 8 家证券交易所，其中东京证券交易所的业务量占日本全国的 85%。我国在中华人民共和国成立前曾在北京和上海分别设立了证券交易所，新中国成立后，这两家交易所都被关闭，但随着股份经济的发展，股票和债券发行规模的逐步扩大，1990 年 12 月和 1991 年 7 月，上海和深圳两家证券交易所相继成立。

证券交易所本身并不参与证券的买卖，它是作为一个服务机构和自律机构而存在的。它的基本功能是：①提供一个设施齐全的场所，供买卖双方聚集在一起进行交易；②制定各项规章制度，对交易主体、交易对象和交易过程进行严格的管理，以维持一个公平而有序的市场；③收集和发布市场价格变动信息及与证券价格相关的各类信息；④仲裁证券交易过程中发生的各种纠纷。

证券交易所的组织形式有两种，即会员制和公司制。会员制交易所是由会员（经纪人或自营商）自愿组成的、不以盈利为目的的联合体。它可以是法人组织，如日本和中国的证券交易所；也可以是非法人组织，如美国的证券交易所。公司制交易所则是由股东出资组成的股份有限公司，它以盈利为目的，并由股东选举董事会进行管理。

2. 场外交易市场

场外交易市场又称店头市场，它是由自营商通过计算机、电话、报刊等通信工具建立起来的一个无形交易网络。它既没有交易时间规定，也没有交易秩序和交易章程，在不违反法律的前提下，只要双方愿意，可在任何时间、任何地点以任何方式成交。

与证券交易所公开竞价不同，场外交易市场买卖证券通常是采取讨价还价的形式。自营商通过计算机等通信工具持续地报出某种证券的买入价和卖出价，并随时准备应客户的要求以该价格向客户买入或卖出证券，获取差价收入。任何愿意接受其报价的投资者都可以直接和它们进行交易，也可以通过经纪商与之进行联系。通过经纪商进行交易，同样要支付佣金，但佣金的比率是不固定的，由委托人和经纪商根据买卖方式、成交额、市场行情等情况协商确定。另外，场外交易市场上既没有交易席位的限制，也没有上市标准，任何证券均可交易，且不必公开发行公司的财务状况。由于有这些便利，场外交易市场成为证券交易所的有效补充。此外随着计算机技术的迅速发展，场外交易正变得越来越方便，因而在证券交易中的地位也越来越重要。

虽然场外交易市场有加速证券发行、增强证券流动性等优点，但场外交易市场存在缺乏统一的组织、信息不灵等缺点。为了监督、协调场外市场的交易活动，加强信息交流，美国于1939年建立了全国证券商协会，该协会是美国管理场外交易活动的非营利组织，全权管理场外交易市场上的所有证券交易活动。1971年后，该协会还建立了一个巨大的自动报价、迅速清算的电子计算机系统——全美证券商协会自动报价系统（National Association of Securities Dealers Automated Quotation System，NASDAQ，纳斯达克），从而改变了以前完全依靠电话报行市的做法，对美国场外交易市场的发展起了革命性的作用。

3. 第三市场

第三市场是指原来在证券交易所登记上市的股票移到场外进行交易而形成的市场。第三市场最早出现于20世纪60年代的美国。长期以来，美国的证券交易所都实行固定佣金制，而且对大宗交易没有折扣佣金，从而使大宗交易的费用很高。因此，买卖大宗上市证券的机构投资者（如养老基金、保险公司、投资基金等）和一些个人投资者就试图通过在场外交易上市证券来降低交易费用。于是由非证券交易所会员在场外充当了这些大宗证券交易的中间人或经纪人，直接与买方或卖方进行交易，证券交易价格由双方协商确定，由此形成了第三市场。第三市场因其佣金便宜、手续简便而受到投资者的欢迎。

但在1975年5月1日，美国的证券交易委员会宣布取消固定佣金制，由交易所会员自行决定佣金，而且交易所内部积极改革，采用先进技术，提高服务质量，加快成交速度，从而使第三市场不像以前那样有吸引力了。

4. 第四市场

第四市场是指各机构投资者或大户投资者之间不通过经纪人，而利用电子计算机网络直接进行大宗交易的场外交易市场。它也是场外交易市场的一个组成部分。

场外交易市场的交易通常也都需要经纪人的穿针引线，但随着场外交易市场的发展，场外交易规模日益扩大，从而使佣金的金额日益增加，这就产生了节省交易费用的需要。同时，随着电子计算机网络技术的发展，能通过网络把千千万万个投资者连在一起，从而为他们直接进行证券交易提供了可能。这样，第四市场就应运而生了。

第四市场的出现是为了获得更好的价格，节省佣金，以及不必在交易所登记就可以进行证券交易。第四市场的发展对证券交易所和其他场外交易市场产生了巨大的竞争压力，从而促使这些市场降低佣金，改进服务。

（二）股票交易的基本程序

由于一般投资者不能直接进入证券交易所买卖证券，而只能委托证券经纪人为其买卖证券，所以股票交易的基本程序是开立账户、委托买卖、竞价交易、清算交割和办理过户。

1. 开立账户

股票投资者在选择好经纪人后，应向经纪人办理名册登记，并在经纪人处开立证券账户和资金账户。名册登记分个人名册登记和法人名册登记。个人名册登记应载明登记日期、姓名、性别、身份证号码、家庭地址、职业、联系电话等，并留存印鉴或签名样卡。法人名册登记应提供法人证明，并载明法定代表人及证券交易执行人的姓名、性别，留有法定代表人授权股票交易执行人的书面授权书。

在我国，股票投资者需开立两个账户：一是证券账户，在各地证券登记机构开设，上海证券交易所和深圳证券交易所分别开设，证券账户既可用于股票交易，也可用于上市债券和上市基金等证券品种的交易；二是资金账户，在各证券商处开设，凭证券账户只能在一家证券商处开设，资金账户中的资金由证券商代为转存银行，利息自动转入该账户。

2. 委托买卖

客户在开立账户后，就可以通过电话、电报、信函或当面委托证券商买卖股票。

（1）委托方式。常见的委托方式有当面委托和电话委托，当面委托是客户直接去证券商营业部填单委托，因当面确认并签章，所以客户填单错误所造成的损失由客户自己承担。电话委托是客户通过证券商的专线电话办理委托事项，事后如有差错，凭电话录音来判断是谁的责任。另外还有电报、信函和传真委托，由证券商填写委托单，并将函电粘贴于委托书后。

（2）委托种类。按交易行为委托可以划分为购买委托和出售委托。按委托买卖的数量可以分为整数委托和零数委托。为了统一及计算方便，各证券交易所都规定，除了零数交易之外，每次成交数量不得少于一个基数或其倍数，这个基数就是交易单位，俗称"一手"。

（3）委托价格。委托价格有市价委托、限价委托和停止损失价委托。市价委托是指委托人自己不确定股票价格，而委托经纪人按市面上最有利的价格买卖股票。限价委托是指客户委托经纪人按他自己确定的价格，或比限定价格更为有利的价格买卖股票。停止损失价委托是一种限制性的市价委托，它是指客户指示经纪人当价格朝不利的方向波动达到某一临界点时就立即买卖股票。

（4）委托时效。委托时效分为当日委托和开口委托。当日委托是指只在签发委托的当天有效的委托。凡是投资者没有指明有效时间的委托，一律视为当日委托。市价委托一般都是当日委托。开口委托，又分为当周委托、当月委托和撤销前有效委托等几种。当周委托和当月委托分别指在签发委托的当周和当月有效的委托，撤销前有效委托则是指客户如没有通知撤销，则始终保持有效委托直到被执行为止。开口委托一般和限价委托相结合。

3. 竞价交易

公开竞价交易是指接到买卖委托的经纪人以及证券自营商分别报出各种股票的买卖申报价格，证券交易所的专柜工作人员则把各种股票的买方最高申报价格和卖方最低申报价格，按价格优先、时间优先、市价委托优先、代理优先等原则决定成交。所谓价格优先是指较高买进申报价比较低买进申报价优先满足；所谓时间优先是指同价位申报，先申报者优先满足。价格优先和时间优先是世界上绝大多数证券交易所共同实行的成交原则。此外，有的证券交易所还遵循市价委托优先和代理优先的原则。前者是指市价委托优先于其他价格委托，后者是指同价位申报，客户的委托申报优先于自营商的委托。这都是为了实现证券交易的"公平、公开、公正"原则。

4. 清算交割

清算是指将买卖股票的数量和金额分别予以抵消，然后通过证券交易所交割净差额股票或款项的一种程序。清算工作由证券交易所组织完成，各证券商都以交易所为中介来进行清算。交割是指卖方向买方交付证券而买方向卖方交价款。交割后钱货两清，整个交易过程才告结束。至于成交后要相隔多长时间交割，各国及有关地区证券交易所的做法不完全相同，有当日 24 小时内交割的，有第二个营业日交割的，还有例行交割的。

5. 办理过户

过户是股票交易的最后一个阶段。所谓过户是指投资者从证券交易市场买进股票后，到该股票的上市公司办理变更持有人姓名的手续。过户的方法很简单，但十分重要，只有过户后的投资者才能获得应有的权益，如分红、支付股息等。

(三) 股票交易的方式

股票交易方式有现货交易、期货交易、信用交易和期权交易四种。

1. 现货交易

现货交易是指股票买卖双方成交后的当天或 3 个营业日内交割，即卖者将股票交付给买者，同时买者将现款或支票交付给卖者，钱货两清。我国目前的股票交易仅以现货交易为限。

2. 期货交易

期货交易是指股票买卖双方在成交后的某一约定时间（一般为 30 天、60 天、90 天等），按协议中规定的价格、数量进行交割的股票交易方式。这种交易的显著特点是：①成交与交割不同步；②交割时可以按照清算方式相互轧抵，只需交割差额；③交易中既有一般投资者，也有投机者。对投机者来说，进行期货交易并不是真正为了到期后买进或卖出股票，而是根据自己的预测对行市的涨落进行赌博，结算时也只是支付股票行市涨落的差额。在这种情况下的卖出行为叫"卖空"，买进行为叫"买空"，并由此出现了股票交易中做"空头"和"多头"的投机者。做空头是指投机者预计股票价格将下跌，因而先抛出股票期货，过后等股票价格下降后低价买进，从贵卖贱买中赚取差价。做多头则是预计股票价格将上涨，因而先买进期货，到时以较高的价格卖出，从贱买贵卖中获利。这种买卖都没实物经手，只交少量的保证金，故称"买空卖空"。

3. 信用交易

信用交易是指投资者在购买股票时只支付一部分价款作为保证金，差额部分由经纪人垫付的股票交易方式。投资者向经纪人支付利息。经纪人以代投资者所购股票作为抵押，向银行以短期拆借的方式借款，其利率低于为投资者垫款的利率，因此，采用信用交易方式，经纪人可以取得佣金和利差的双重收入。当投资者不能偿还垫款时，经纪人有权出售股票。信用交易不仅为投资者提供了用小本钱做大生意的机会，而且跟期货交易一样，也可成为投机的方式。当预期股票行市上涨时，可以先交保证金买进股票，待行市的确上涨后再行卖出，所得收入扣除归还垫款和支付利息后如有剩余就是投机收益。这种看涨的投机叫"保证金买长"。如果预期行市下跌，则通过交付保证金买入股票并立即卖出，待行市的确下跌后再行买进，这种看跌的投机叫"保证金卖短"。

4. 期权交易

期权交易是指买卖双方按约定的价格在约定的时间就是否买进或卖出股票而达成的契约交易。在这个过程中，买卖双方买卖的并不是股票本身，而是一种买卖股票的权利。这种权利，能保证期权购买者到期按约定的价格和数量实现买进或卖出，也允许期权购买者放弃行使买卖股票的权利，任其作废。我们将在下一节中详细论述。

（四）股票的价格

狭义的股票价格通常指的就是股票交易价格，广义的股票价格则包括股票的发行价格和交易价格这两种形式。在股票投资活动中，经常运用的是狭义的股票价格概念。

1. 股票交易价格的特点

股票交易价格的最大特点表现在其事先的不确定性，且总处在不断变动之中，而且这种变动是连续性、非间断性的。这与其票面价值、账面价值、清算价格和发行价格显然不同。股票交易价格的这一特点正是股票的最吸引人之处，因为只有交易价格不断变化，投资者才有可能通过不停地买卖股票而获得差价收益。

2. 股票的理论价格

股票代表的是持有者的股东权，这种股东权的直接经济利益表现为股息、红利收入。而所谓的股票理论价格，就是为获得这种股息、红利收入的请求权而付出的代价（机会成本），是股息资本化的表现。按照这种分析，即可以得出股票的理论价格公式：

$$V = \frac{D_1}{(1+i)^1} + \frac{D_2}{(1+i)^2} + \cdots + \frac{D_t}{(1+i)^t} + \frac{P_n}{(1+i)^n} \tag{5-1}$$

式中，V 表示股票理论价格；D_t 表示第 t 年期望股息；i 表示利率；n 表示持有年数；P_n 表示第 n 年年末股票销售价格。

股票的理论价格不等于股票的市场价格（实际交易价格），两者甚至有相当大的差距。

实际影响股票交易价格的因素是相当复杂的，股票的供求关系、通货膨胀率、投机因素、国内外的政治、经济动态，都会对股票交易价格产生影响。但是，理论价格为预测股票市场价格的变动趋势提供了重要依据，同时也是股票市场价格形成的一个基础性因素。

（五）股票价格指数

股票价格指数是指反映股票行市变动的价格平均数，描述一个国家或地区、某一行业或主题的股票市场价格水平及其变动趋势的动态相对数，是测度股市行情变化幅度的重要指标参数，同时也是反映当前总体经济或部分行业发展状态的灵敏信号。

1. 股价指数功能

股票价格指数有两大功能：基准功能和投资功能。

（1）基准功能。股价指数产生的初衷就是对市场股价变动的趋势和幅度进行描述，所以其天然具备基准功能，主要体现在以下三个方面：第一，描述股票市场趋势，反映国民经济发展状况；第二，提供客观衡量投资者投资收益和风险的基准；第三，为不同细分市场的投资配置与选择提供基准。

（2）投资功能。股价指数的另一大基本功能是投资功能，主要体现在以下两个方面。第一，作为指数化投资工具的基础。所谓指数化投资，就是通过复制某一股价指数或者按照其编制原理构建投资组合而进行的组合投资方法。完全按照指数化投资方式进行被动式操作的基金就被称为指数基金。第二，作为金融衍生工具的投资标的。股价指数可以作为金融衍生工具的投资标的，从而派生出新的投资工具，这是金融衍生工具在发展中与指数的结合创新。此类衍生产品的典型代表是股指期货和股指期权。

2. 股价指数编制方法

股票价格指数的编制与商品价格指数的编制方法基本相同，即先选定若干有代表性的股票作样本，再选定某一合适的年份作为基期，并以基期的样本股票价格为 100 元，然后用报告期样本股票价格与基期价格相比较，就是报告期的股票价格指数。股票价格指数的具体编制方法基本上有两种，即简单平均法和加权平均法。简单平均法是不考虑样本股票各自的上市数量，将选定股票同等看待，其公式为：

$$股票指数 = \frac{\sum \dfrac{报告期价格}{基期价格}}{样本股票数} \times 基期指数值 \tag{5-2}$$

加权平均法在计算股票指数时把各个样本股票的成交量或上市量考虑在内，其公式为：

$$股价指数 = \frac{\sum 报告期股票价格 \times 报告期上市股票数}{\sum 基期股票价格 \times 报告期上市股票数} \times 基期指数值 \tag{5-3}$$

3. 主要股价指数

在国际股票市场上，各家金融服务商、媒体和证券交易所发布的股价指数很多，其中最具有影响力和代表性的品种有以下五种。

（1）道琼斯股价平均数。道琼斯股价平均数是世界上最早、最享有盛誉和最有影响的股票价格平均数，由美国道琼斯公司编制并在《华尔街日报》上发布。它以 1928 年 10 月

1 日为基期，基期指数为 100。编制方法采用除数修正的简单平均法，使得平均数能连续、真实地反映股价变动情况。

（2）金融时报指数。金融时报指数是英国最具权威性的股价指数，由设在伦敦的《金融时报》编制和公布，是反映英国经济的晴雨表。

（3）标准普尔 500 指数。标准普尔 500 指数是由美国标准普尔公司发布的股价指数。目前，它的样本公司由在纽约证券交易所上市的 400 家工业企业、40 家共用事业、20 家运输企业和 40 家金融企业组成。

（4）日经股价指数。日经股价指数是《日本经济新闻》编制和公布的以反映日本股票市场价格变动的股价指数。现在日经股价指数分成两组，分别是日经 225 种股价指数和日经 500 种股价指数。

（5）恒生指数。恒生指数由恒生银行的一个全资子公司——恒生指数服务有限公司于 1969 年 11 月 24 日起编制和公布的股价指数，是系统反映中国香港股票市场行情变动情况的最有代表性和影响最大的指数。它挑选了 33 种有代表性的上市股票为成分股，用加权平均法计算。

我国内地主要的股票价格指数包括以下三种。

（1）中证指数有限公司的股份指数。中证指数有限公司是由上海证券交易所和深圳证券交易所共同出资发起设立的一家专业从事证券指数及指数衍生产品开发服务的公司，其旗下的指数主要有沪深 300 指数和中证规模指数。

（2）上海证券交易所的股份指数。由上海证券交易所编制并发布的上证指数系列是一个包括上证 180 指数、上证 50 指数、上证综合指数、A 股指数、B 股指数、分类指数、债券指数、基金指数等指数系列，其中最早编制的为上证综合指数。

（3）深圳证券交易所的股份指数。主要包括深证成分股指数和深证 100 指数。

🌐 专栏 5-1

我国股票发行注册制改革

2013 年 11 月，中国共产党第十八届中央委员会第三次全体会议（简称"中共十八届三中全会"）审议通过的《中共中央关于全面深化改革若干重大问题的决定》中明确提出，推进股票发行注册制改革。

2015 年 3 月，"实施股票发行注册制改革"写入当年的政府工作报告中。

2015 年 4 月，在《中华人民共和国证券法》（简称《证券法》）修订草案提请一审时，还明确取消股票发行审核委员会制度，规定公开发行股票并拟在证券交易所上市交易的，由证券交易所负责对注册文件的齐备性、一致性、可理解性进行审核。

2015 年 12 月 27 日，全国人大授权国务院在改革中调整适用《证券法》，从 2016 年 3 月 1 日起实行，期限是两年，2018 年 2 月 28 日到期。

2017 年，《证券法》二审稿中没有关于注册制的相关表述。

2018 年 2 月 23 日，《关于延长授权国务院在实施股票发行注册制改革中调整适用 < 中华人民共和国证券法 > 有关规定期限的决定（草案）》提请全国人大常委会审议，拟将相关授权再延长两年，至 2020 年 2 月 29 日。

2018 年 2 月，全国人大常委会会议决定股票发行注册制改革授权延期两年。一方面，目前 A 股市场信息披露制度仍不完美，部分公司存在信息披露不及时、不完善、不准确等现象，严重损害了中小投资者利益；另一方面，我国资本市场的退市制度没有实现常态化，作为注册制改革配套的退市制度有待完善。

我国现行股票发行制度是核准制。在核准制条件下，证券发行必须遵守信息披露义务、符合法律法规规定的证券发行条件并接受证券监管部门的审查和监管。核准制虽然在一定程度上发挥了积极作用，但也带来了核准成本高、效率有待提升等问题。

但注册制改革既不能"单兵突进"，又不能停滞不前，不能为了追求注册制推出实施的速度，而忽视了资本市场发展的质量。至少要等上市公司、二级市场、投资者等各方面都对注册制具备充分的预期和准备后，方可实施。

此外，根据"十三五"规划纲要，要"创造条件实施股票发行注册制"。从政策的连续性看，显然注册制改革的方向并没有根本变化，但现阶段推出注册制的条件并不成熟，要努力创造和完善推出的条件。

展望未来，注册制改革没有必要为了追求某个时间点而急于推进，也没有必要照搬照抄国外做法，当务之急应根据我国资本市场的实际情况，逐步完善核准制，然后稳妥有序地推进注册制改革。

资料来源：中国证券监督管理委员会官网。

第三节　债券市场

一、债券的一级市场

债券的一级市场，又称为债券发行市场，是指新发行各种债券的市场。债券的发行与股票类似，不同之处主要有债券评级和偿还两方面。

（一）债券发行的四大要素

债券的投资价值是由面值、利率、偿还期和发行价格这四个要素决定的，这四个要素也称为债券的发行条件。面值、利率和偿还期是债券发行的基本因素，这三个要素决定了债券的基本投资价值。

（1）面值，即债券的票面价值。它载明债券面值的单位、数额和币种。

（2）利率，即年利息额对票面金额的比率。大多数债券都是固定利率债券，固定利率债券的利率在整个债券期限内不变。因此，利率的确定应该根据市场情况及发展趋势全面考虑。

（3）偿还期。从发行到兑付的期间称为偿还期。债券期限分为长期、中期和短期三种情况。通常短期为 1 年以内，中期为 1～5 年，长期为 5 年以上。

（4）价格。债券的价格是债券价值的表现形式。发行价格可以分为四种情况：一是票面价发行，即以票面价格发行债券；二是折价发行，即以低于票面额的价格发行债券；三是溢价发行，即以高于票面额的价格发行债券；四是贴现发行，即从票面金额中扣除贴现额后发行。

（二）债券评级

债券违约风险的大小与投资者的利益密切相关，也直接影响着发行者的筹资能力和成本。为了较客观地估计不同债券的违约风险，通常需要由中介机构进行评级，但评级是否具有权威性则取决于评级机构。目前最著名的两大评级机构是穆迪公司和标准普尔公司。

穆迪公司和标准普尔公司主要依据以下三点进行债券评级：①违约的可能性，即债务人根据债券上事先规定的条件按时还本付息的能力和意愿；②债务的性质和条款；③在破产、重组等情况发生时，该项债务向债权人提供的保障程度。根据这三个依据，穆迪公司和标准普尔公司将债券的信用分成 9 个等级，如表 5-1 所示。

表 5-1　穆迪公司与标准普尔公司的债券信用评级标准

穆迪评级	标准普尔评级	评级质量含义	分　类
Aaa	AAA	最高质量（违约风险最低）	投资级债券
Aa	AA	高级质量（违约风险很低）	投资级债券
A	A	中上级质量	投资级债券
Baa	Bbb	中级质量	投资级债券
Ba	Bb	中下级质量	垃圾债券
B	B	投机级别	垃圾债券
Caa	Ccc、Cc	可能违约（违约风险很高）	垃圾债券
Ca	C	高度投机	垃圾债券
C	D	最低质量（违约风险最高）	垃圾债券

从表 5-1 中可以看出，信用级别在 Baa（Bbb）级或以上的债券，被认为是违约风险相对较低的债券，被称为投资级债券；信用评级在 Ba（Bb）级或以下的债券，具有较高的违约风险，被称为垃圾债券。

（三）债券的偿还

债券的偿还一般可分为定期偿还和任意偿还两种方式。

（1）定期偿还。定期偿还是指在经过一定宽限期后，每过半年或 1 年偿还一定金额的本金，到期时还清余额。这一般适用于发行数量巨大、偿还期长的债券，但国债和金融债券一般不使用该方法。

（2）任意偿还。任意偿还是指在债券发行一段时间（称为保护期）以后，发行人可以任意偿还债券的一部分或全部，具体操作可根据早赎或以新偿旧条款进行，也可在二级市场上买回予以注销。

二、债券的二级市场

债券的二级市场与股票类似，也可分为证券交易所、场外交易市场以及第三市场和第四市场几个层次。证券交易所是债券二级市场的重要组成部分，在证券交易所申请上市的债券主要是公司债券，但国债一般不用申请即可上市，享有上市豁免权。然而，上市债券与非上市债券相比，它们在债券总量中所占的比重很小，大多数债券的交易是在场外市场进行的，场外交易市场是债券二级市场的主要形态。

关于债券二级市场的交易机制，与股票并无差别，其他方面不再赘述。一般来说由于债券的风险小于股票，其交易价格的波动幅度也较小。

 专栏 5-2

大公国际买卖评级

2018 年 8 月 28 日，中国证监会北京证监局公布了对大公国际资信评估有限公司（以下简称"大公国际"）采取责令改正监管措施的决定。早在 8 月 14 日，证监会新闻发布会披露，大公国际因内部管理混乱等因素，北京证监局拟责令大公国际限期整改。

经查，北京证监局正式指出大公国际在开展证券评级业务中存在的多项违规问题。

（1）内部控制机制运行不良，内部管理混乱。大公国际存在公章被其他关联公司混用，以及与其他关联公司的财务人员混合办公的情况。

（2）开展评级业务违背独立原则，违反行业规范、职业道德和业务规则。其一，大公国际为 3 家发行人提供评级服务，期间又与发行人或其关联企业签订"委托服务协议"，提供企业信用管理系统建设服务。大公国际上调了其中 2 家发行人的评级。其二，大公国际已签订评级服务协议的 10 家评级对象，分别向大公国际的关联公司购买了产品及服务。大公国际上调了其中 5 家的评级。其三，大公国际与其他关联公司之间存在相互推荐介绍业务的情况。

（3）人员资质不符合要求。2018 年 6 月 7 日至 7 月 25 日，大公国际负责证券评级业务的高管人员通过资质测试的不满足 3 人；评审委员会主任未通过高管资质测试，未取得证券执业资格证书；从事证券资信评估业务的管理人员有 3 人未取得证券执业资格证书；从事证券资信评估业务的专业人员（评审委员）有 31 人未取得证券执业资格证书，其中 29 人开展了相关证券业务。

（4）评级项目底稿资料缺失，模型计算存在数据遗漏。其一，在某评级项目两份评级报告的评级底稿中，公司子公司及关联方的对外担保明细、涉及诉讼、是否受行政处罚的相关材料缺失，有关银行出具的公司无欠息证明等部分缺失。其二，在某评级项目的评级项目工作底稿中，未将其他流动负债数据导入模型，未将对外担保率作为或有负债调整项进行调整。

北京证监局称，大公国际的上述行为违反了《证券市场资信评级业务管理暂行办法》第三条、第五条、第七条第（二）项及第（三）项、第八条第（二）项、第十二条第（六）项、第二十三条，《证券业从业人员资格管理办法》第二条、第十五条，以及《证券资信评级机构执业行为准则》第十五条、第四十一条的规定。

依据《证券市场资信评级业务管理暂行办法》第三十二条、第三十三条的规定，北京证监局对大公国际采取责令限期整改的监管措施，期限 1 年，整改期间不得承接新的证券评级业务，更换不符合条件的高级管理人员。

资料来源：中国证券监督管理委员会官网北京监管局.关于对大公国际资信评估有限公司采取责令改正监管措施的决定 [Z].2018-8-28.

第四节　投资基金市场

一、投资基金的概念和种类

投资基金市场交易的主要对象是股票、债券等资本市场工具，但也包括货币市场工具。我们这里为了方便将投资基金市场列入资本市场。

（一）投资基金的概念

投资基金，是通过发行基金券（基金股份或收益凭证），将投资者分散的资金集中起来，由专业管理人员分散投资于股票、债券或其他金融资产，并将投资收益分配给基金持有者的一种投资制度。

投资基金在不同的国家和地区有不同的称谓，美国称"共同基金"或"互助基金"，也称"投资公司"；英国和中国香港称"单位信托基金"；日本、韩国和中国台湾称"证券投资信托基金"。虽然称谓有所不同，但特点无本质区别，可以归纳为如下几个方面：①通过规模经营，可以降低交易成本；②通过分散投资，可以降低非系统风险；③通过专家管理，可以创造更好的收益。

基金相较于股票和债券而言，主要存在以下区别。

（1）反应的经济关系不同。基金反映的是一种信托关系，是一种受益凭证，投资者购买基金份额就成为基金的受益人。股票反映的是一种所有权关系，是一种所有权凭证，投资者购买股票后就成为公司的股东。债券反映的是债权债务关系，是一种债权凭证，投资者购买债券后就成为公司的债权人。

（2）所筹资金的投向不同。基金所筹集的资金主要投向有价证券等金融工具或产品。股票和债券筹集的资金主要投向实业领域。

（3）投资收益与风险大小不同。基金投资于众多金融工具或产品，能有效分散风险，是一种风险相对适中、收益相对稳健的投资品种。在通常情况下，股票价格的波动性较大，是一种高风险、高收益的投资品种。债券可以给投资者带来较为确定的利息收入，波动性也较股票小，是一种低风险、低收益的投资品种。

（二）投资基金的种类

根据不同的标准，投资基金有不同的分类。

1. 根据组织形式不同，可分为公司型基金和契约型基金

公司型基金是依据公司法成立的股份有限公司形式的基金。该种投资基金的主要特点是，基金本身就是股份制的投资公司，基金公司通过发行股票筹集社会资金，投资者通过购买股票成为基金公司的股东。

契约型基金是依据信托契约、通过发行受益凭证而组建的投资基金。一般由基金管理公司（发起人）、基金保管公司及投资者三方当事人订立信托契约。契约型基金不具有法人资格，基金资产为信托财产。

2. 根据基金运作方式不同，可分为开放型基金和封闭型基金

开放型基金是一种基金单位或股份总规模不固定，可随时向投资者出售或赎回的基金。

封闭型基金是一种基金成立后在存续期内规模保持不变，且投资者不得向基金管理公司赎回所持份额的基金。封闭型基金通常是一次性销售，只要在规定期限内达到预定规模，基金即可成立。基金成立后可在交易所上市，投资者可通过证券交易所转让所持有的基金单位或股份。

3. 根据投资目标不同，可分为收入型基金、成长型基金和平衡型基金

收入型基金是以获取最大的当期收入为目标的投资基金，其特点是损失本金的风险小，但长期成长的潜力也相应较小，适合较保守的投资者。收入型基金又可分为固定收入型和权益收入型两种，前者主要投资于债券和优先股股票，后者则主要投资于普通股。

成长型基金是以追求资本的长期增值为目标的投资基金，其特点是风险较大，可以获取的收益也较大，适合能承受高风险的投资者。成长型基金又可分为三种：①积极成长型，这类基金通常投资于有高成长潜力的股票或其他证券；②新兴成长型基金，这类基金通常投资于新行业中有成长潜力的小公司或有高成长潜力行业（如高科技）中的小公司；③成长收入型基金，这类基金兼顾收入，通常投资于成长潜力大、红利也较丰厚的股票。

平衡型基金是以净资产的稳定、可观的收入及适度的成长为目标的投资基金，其特点是具有双重投资目标，谋求收入和成长的平衡，故风险适中，成长潜力也不很大。

4. 根据投资对象的不同，投资基金可分为股票基金、债券基金、货币市场基金、混合投资基金

股票基金以股票为主要投资对象，是投资基金主要的投资种类，其具体投资对象包括普通股和优先股。按照投资风格的不同，股票基金又可以细分为资本增值型、成长型和收入型股票基金。股票基金是证券投资基金市场的主流产品，其数量在各种基金中也最多。

债券基金是指主要以政府公债、市政债券、公司债券等债券品种为投资对象的基金，其投资目的在于获得较稳定的收益。债券基金在一般情况下定期派息，除高收益债券基金外，债券基金的风险和投资回报率通常比股票基金的低。

货币市场基金则是指将所募集的资金统一投资于货币市场上那些既安全，流动性又强的短期金融工具（如短期国库券、可转让存单、商业票据、银行承兑票据等）的投资基金，其核心在于通过增强流动性来降低投资的风险。

混合投资基金是指投资于股票、债券和其他证券的组合，提供从保守型到激进型等多种投资目的的基金品种。

5. 20世纪90年代以后，基金创新层出不穷，出现了一些新的基金类型，主要有指数基金、交易所交易基金、基金的基金、伞形基金等

指数基金是指按照某种指数构成的标准，购买该指数包含的证券市场中全部或部分证券的基金，其目的在于达到与该指数相同的收益水平。

交易所交易基金（exchange-traded funds，ETF）是一种可以在交易所上市交易的基金，代表一揽子股票的所有权可以连续发售和用一揽子股票赎回。它为投资者同时提供了交易所交易以及申购、赎回两种交易方式。

基金的基金是指投资于其他基金的基金。

伞形基金只是在一组基金（称为"母基金"）之下再组成若干个"子基金"，以方便和吸引投资者在其中自由选择与低成本转换，严格说来，伞形基金并不是一种基金。

二、投资基金的作用

(一) 有利于拓宽中小投资者的投资渠道

证券投资基金作为一种面向中小投资者的间接投资工具，把众多投资者的小额资金汇集起来进行组合投资，由专业投资机构进行管理和运作，从而为投资者提供了有效参与证券市场的投资渠道。

(二) 有利于促进证券市场的稳定和规范化发展

第一，基金的参与和发展，有效改善了证券市场的投资者结构，有利于证券市场的稳定。

第二，充分发挥机构投资者对上市公司的监督和制约作用，有利于促进上市公司的规范化建设，推动上市公司治理结构的完善。

第三，增加了证券市场的投资品种，扩大了证券市场的交易规模，起到了丰富和活跃证券市场的作用。

(三) 有利于推动金融产品创新

第一，推动货币市场和债券市场的发展。

第二，推动资产证券化的发展。

第三，促进证券市场国际化和商业银行的发展，降低金融运行风险。

三、投资基金的设立和发行

(一) 投资基金的设立

设立基金首先需要发起人，发起人通常是法人，可以是单个法人，也可以是多个法人共同组成。一般而言，基金发起人必须同时具备以下条件：①至少有一家金融机构；②实收资本不得低于基金规模的 50%；③均为公司法人，且有两年以上的盈利记录；④首次认购基金份额不低于 20%，同时保证基金存续期内持有基金份额不低于 10%。

发起人要确定基金的性质并制定相关的要件，如属于契约型基金，则包括信托契约；如属于公司型基金，则包括基金章程和所有重大的协议书。这些文件规定基金管理人、保管人和投资者之间的权利义务关系，会计师、律师、承销商的有关情况以及基金的投资政策、收益分配、变更、终止和清算等重大事项。发起人在准备好各项文件后，报送主管机关，申请设立基金。

(二) 投资基金的发行

基金的设立申请一旦获主管机关批准，发起人即可发布基金招募说明书，着手发行基金股份或受益凭证，该股票或凭证由基金管理公司和基金保管公司共同签署并经签证后发行，发行方式可分公募和私募两种，类似于股票的发行。

对封闭型基金的申购只能在发行期内进行，申购价格按面值计算。一旦申购额达到预定发行总额，不管是否到期，基金都要封闭，不再接受申购申请。对开放型基金的申购可以持续进行，但在首次发行期内的申购价格和首次发行期结束后的申购价格不一样。前者以面值加一定的手续费计算，后者则以认购单位基金资产净值计算。

四、投资基金的运作与投资

(一) 投资基金的运作

按照国际惯例，基金在发行结束一段时间（通常为3～4个月）内就应安排基金证券的交易事宜。对于封闭型基金股份或受益凭证，其交易与股票债券类似，可以通过自营商或经纪人在基金二级市场上随行就市，自由转让。对于开放型基金，其交易表现为投资者向基金管理公司认购股票或受益凭证，或基金管理公司赎回股票或受益凭证，赎回或认购价格一般按当日每股股票或每份受益凭证基金的净资产价值来计算，大部分基金是每天报价一次，计价方式主要采用"未知价"方式，即基金管理公司在当天收市后才计价，以充分反映基金净资产和股份或受益凭证总数的变化。

(二) 投资基金的投资

投资基金的一个重要特征是分散投资，通过有效的组合来降低风险。因此，基金的投资就是投资组合的实现，不同种类的投资基金根据各自的投资对象和目标确定与构建不同的"证券组合"。

专栏 5-3
天使投资、风险投资和私募股权投资

从企业的生命周期来看，企业的发展分为四个阶段：种子期、发展期、扩张期以及稳定期。处于不同成长时期的企业，其融资方式也有所不同，主要是天使投资、风险投资、私募股权投资。

（1）天使投资（angel investment，AI）是权益资本投资的一种形式，指富有的个人或机构出资协助具有专门技术或独特概念的原创项目或小型初创企业，进行一次性的前期投资。天使投资的投入资金额一般较小，属于一次性投入，投资者一般不参与企业直接管理。天使投资者对投资企业的选择更多基于自己的主观判断甚至是喜好。天使投资所投的是一些非常早期的项目，有些甚至没有一个完整的产品和商业计划，或者仅仅只有一个概念。天使投资一般在A轮后退出，它是风险投资的一种。

（2）风险投资（venture capital，VC）简称"风投"，主要是指向初创企业提供资金支

持并取得该公司股份的一种融资方式。风险投资公司是专业的投资公司，由一群具有科技及财务相关知识与经验的人组合而成，经由直接投资获取投资公司股权的方式，提供资金给需要资金者（被投资公司）。风投所投的通常是一些中早期项目，经营模式相对成熟，一般有用户数据支持，获得了市场的认可，且盈利能力强，在获得资金后进一步开拓市场可以继续爆发式增长。投资节点一般为死亡之谷（Valley of Death）的谷底。风投可以帮助创业公司速提升价值，获得资本市场的认可，为后续融资奠定基础。

（3）私募股权投资（private equity，PE）是指通过私募形式对私有企业，即非上市企业进行的权益性投资，在交易实施过程中附带考虑了将来的退出机制，即通过上市、并购或管理层回购等方式，出售持股获利。PE所投的通常是一些处于Pre-IPO阶段的公司，公司已经有了上市的基础，PE进入之后，通常会帮助公司梳理治理结构、盈利模式、募集项目，以便能令其在1~3年内上市。

资料来源：和讯网.天使投资、风险投资（VC）、私募股权投资（PE）的异同 [EB/OL]. https://pe.hexun.com/2019-07-20/197925090.html，2019-07-20.

第五节　我国多层次资本市场

在资本市场上，不同的投资者与融资者都有不同的规模大小与主体特征，存在着对资本市场金融服务的不同需求。投资者与融资者对投融资金融服务的多样化需求决定了资本市场应该是一个多层次的市场经济体系。我国多层次资本市场可从以下几个维度进行分类。

一、主板

主板市场也称为一板市场，是一个国家或地区证券发行、上市及交易的主要场所。主板市场对发行人的营业期限、股本大小、盈利水平、最低市值等方面的要求标准较高，上市企业多为大型成熟企业，具有较大的资本规模以及稳定的盈利能力。中国内地主板市场的公司在上海证券交易所和深圳证券交易所两个市场上市。主板市场是资本市场中最重要的组成部分，很大程度上能够反映经济发展状况，有"国民经济的晴雨表"之称。

二、中小板

中小板块即中小企业板，是指流通盘大约1亿以下的创业板块。中小板是相对于主板市场而言的，有些企业的条件达不到主板市场的要求，所以只能在中小板市场上市。2004年5月17日，经国务院批准，中国证监会批复同意深圳证券交易所设立中小企业板。2004年5月27日，中小板正式开板。2004年6月25日，新和成等八家公司首批成功登陆中小板。截至2019年5月27日，中小板933家上市公司累计首发融资6 127亿元，累计再融资1.6万亿元，直接融资功能不断增强；实施并购重组400多家次，交易金额超8 000亿元，配套融资超2 000亿元，有力推进了资源优化配置和产业转型升级。

三、创业板

创业板市场是地位次于主板市场的二级证券市场，以纳斯达克市场为代表，在中国特指深圳创业板。在上市门槛、监管制度、信息披露、交易者条件、投资风险等方面和主板市场有较大区别。其目的主要是扶持中小企业，尤其是高成长性企业，为风险投资和创投企业建立正常的退出机制，为自主创新国家战略提供融资平台，为多层次的资本市场体系建设添砖加瓦。2012 年 4 月 20 日，深圳证券交易所正式发布《深圳证券交易所创业板股票上市规则》，将创业板退市制度方案内容，落实到上市规则之中，规则于同年 5 月 1 日起正式实施。

四、科创板

科创板是独立于现有主板市场的新设板块，并在该板块内进行注册制试点。2018 年 11 月 5 日，习近平总书记宣布将在上海证券交易所设立科创板并试点注册制。这是党中央根据当前世界经济金融形势，立足全国改革开放大局做出的重大战略部署，是资本市场的重大制度创新，是完善我国多层次资本市场体系的重大举措。2019 年 1 月 30 日，证监会发布《关于在上海证券交易所设立科创板并试点注册制的实施意见》。2019 年 6 月 13 日，科创板正式开板。上海证券交易所宣布科创板开市时间为 7 月 22 日，首批上市公司数量为 25 家。

五、全国中小企业股份转让系统

全国中小企业股份转让系统（俗称"新三板"）是经国务院批准，依据《证券法》设立的继上海证券交易所、深圳证券交易所之后第三家全国性证券交易场所，也是我国第一家公司制运营的证券交易场所。2013 年 12 月 13 日，国务院发布《关于全国中小企业股份转让系统有关问题的决定》（国发 [2013] 49 号），进一步巩固了全国股转系统作为全国性公开证券市场的法制基础，明确全国股转系统主要为创新型、创业型、成长型中小微企业发展服务，境内符合条件的股份公司均可通过主办券商申请挂牌，公开转让股份，进行股权融资、债权融资、资产重组等。截至 2018 年 12 月 31 日，全国股转系统挂牌公司 10 691 家，其中创新层挂牌公司 914 家，基础层挂牌公司 9 777 家；总市值 3.45 万亿元。2018 年共完成 1 402 次股票发行，融资 604.43 亿元。

六、区域性股权交易市场

区域性股权交易市场是为特定区域内的企业提供股权、债券的转让和融资服务的私募市场，一般以省级为单位，由省级人民政府监管。该市场是我国多层次资本市场的重要组成部分，也是中国多层次资本市场建设中必不可少的部分。对于促进企业特别是中小微企业股权交易和融资，鼓励科技创新和激活民间资本，加强对实体经济薄弱环节的支持，具有积极作用。目前全国建成并初具规模的区域股权市场有：青海股权交易中心、天津股权交易所、齐鲁股权托管交易中心、上海股权托管交易中心、武汉股权托管交易中心、重庆股份转让系统、前海股权交易中心、广州股权交易中心、浙江股权交易中心、江苏股权交易中心、大连股权托管交易中心、海峡股权托管交易中心等十几家股权交易市场。

延伸阅读

资本市场开放按下"快进键"

2019 年，中国资本市场开放动作频频。6 月 21 日，A 股纳入富时罗素全球指数启动仪式在深圳证券交易所举行，富时罗素宣布将 A 股纳入其全球股票指数体系，并于 6 月 24 日开盘时正式生效；在此几天前，沪伦通正式启动；国家外汇管理局透露，研究适度放宽甚至取消合格境外机构投资者（QFII）额度管理；5 月中旬，全球最大指数公司明晟（MSCI）宣布将把现有 A 股的纳入因子从 5% 提高至 10%。分析人士指出，中国资本市场对外开放已经按下了"快进键"，力度持续加大。近期，股市、债市、期市等市场都有望迎来系列开放新举措，更多境外资本将会进入中国市场。

（1）A 股外资流入规模将增加。继 MSCI 2018 年将 A 股纳入其新兴市场指数后，中国资本市场对外开放迎来又一个具有重要意义的里程碑事件：A 股顺利纳入富时罗素指数。据悉，此次有超 1 000 只 A 股入选富时罗素全球股票指数系列，纳入流程将从 2019 年 6 月至 2020 年 3 月分三步完成。A 股已先后纳入 MSCI、富时罗素全球指数，接下来还将纳入标普道琼斯指数。世界三大指数公司都将 A 股纳入其全球指数体系，意味着 A 股进入了国际资本配置资产的篮子中，凸显了国际投资界对中国经济和中国资本市场的认可。

（2）拓宽双向跨境投融资渠道。就在 A 股"入富"当周的早些时候，中国证监会和英国金融行为监管局发布联合公告，批准上海证券交易所和伦敦证券交易所开展沪伦通业务，沪伦通正式启动。中国证监会相关负责人表示，启动沪伦通是中国资本市场改革开放的重要探索，也是中英金融领域务实合作的重要内容，对拓宽双向跨境投融资渠道，促进中英两国资本市场共同发展，助力上海国际金融中心建设，都将产生重要和深远的影响。知名投行摩根大通认为，沪伦通的开通一方面有助于拓宽 A 股上市公司境外资本市场融资渠道，推进优质中国企业的国际化布局；另一方面也为国际投资者更深度地进入中国资本市场，分享中国经济发展成果提供了全新的途径。

（3）市场吸引力强增长空间大。近年来，包括股市在内，中国资本市场开放步伐持续加快：针对 QFII、人民币合格境外机构投资者（RQFII）取消相关资金汇出比例限制、本金锁定期要求；QFII 总额度增至 3 000 亿美元，RQFII 试点地区扩大到荷兰；大幅放宽证券基金期货行业外资股比限制；沪深股通额度扩大 4 倍，北向看穿机制正式实施；铁矿石期货、精对苯二甲酸（PTA）期货引入境外交易者；中国债券纳入彭博巴克莱全球综合指数。

证监会主席易会满日前指出，下一步，证监会将加快推进资本市场的双向开放，确保 2021 年前完全取消证券期货行业的外资股比限制，并进一步修订完善 QFII/RQFII 制度，深化和完善境内外股票市场互联互通机制，逐步扩大交易所债券市场的对外开放，在条件成熟的商品期货品种引入境外交易者，进一步提升证券期货市场对外开放水平等。

中国人民银行副行长潘功胜指出，目前中国资本市场中境外投资者的比重仍然较低，未来具有较大的增长空间，境外资本进入中国资本市场的潜力大，这将是未来中国国际收支结构演变的一个重要特征。

资料来源：邱海峰. 资本市场开放按下"快进键" [N]. 人民日报海外版，2019-06-22(3).

⊙ 名人传记　乔治·索罗斯：金融巨鳄

请扫描二维码详尽了解名人传记

■ 本章小结

1. 资本市场是指期限在 1 年以上的以长期金融工具为交易对象进行长期性资金融通的市场。资本市场通常有三个特点：一是交易期限较长，二是交易的目的主要是解决长期投资的资金来源问题，三是交易的投机性和风险性较大。

2. 资本市场主要是证券发行和交易的场所。证券发行市场也称一级市场，是专门从事新证券发行的场所，证券发行主要有公募和私募两种，公募一般要通过证券商发行，证券商发行通常有包销、代销和助销三种。为确保证券发行市场的公开与公平，必须要发展证券信用评级制度。证券交易市场也称二级市场，主要通过证券交易所进行集中性交易，有现货交易、期货交易、信用交易和期权交易四种方式。资本市场通常由股票市场、债券市场和投资基金三个子市场构成。

3. 投资基金是资本市场的一个新的形态，它本质上是股票、债券及其他证券投资的机构化，即通过发行基金股份（或收益凭证）将投资者分散的资金集中起来，由专业管理人员分散投资于股票、债券或其他金融资产，并将投资收益分配给基金持有者的一种投资制度。

4. 我国多层次资本市场主要分为场内市场和场外市场。场内市场包括主板、中小板和创业板。场外市场包括全国中小企业股份转让系统和区域性股权交易市场。

■ 思考与练习

1. 什么是资本市场？它包括哪些子市场？其主要功能有哪些？

2. 证券承销商承销证券的方式有哪几种？请分析每一种方式的适用性。

3. 根据我国 20 世纪 90 年代初有关组建沪深两市的背景资料，分析当时我国建立证券交易所的目的是什么。你认为是否达到了目的？

4. 如果你在宏观经济管理部门工作，你认为资本市场具有什么经济和政策意义？

5. 假设你是一家上市公司的总经理，资本市场对提高公司的效益能发挥什么作用？

第六章
CHAPTER6

金融衍生产品市场

对很多人，期货交易是福音；
对很多人，期货交易是祸根；
对大多数人，期货交易是谜。

——利奥·梅拉梅德

■ 本章概要

金融衍生产品市场是多层次资本市场的有机组成部分，发挥着套期保值、价格发现和风险管理的重要作用。本章将讨论几种常见的金融衍生产品市场：远期市场、期货市场、期权市场和互换市场。为理解投资者在投资组合中纳入衍生产品的做法，本章将分析金融衍生产品为什么能让交易者获益以及金融衍生产品交易双方的义务和权利。

■ 学习目标

1. 了解金融原生产品和金融衍生产品的区别与联系；
2. 了解远期的概念及分类，能够分析远期交易双方的收益或损失；
3. 掌握期货交易的主要功能，了解期货合约的主要内容；
4. 掌握期权分类及其在风险管理中的作用，理解期权的价值；
5. 了解互换的概念，理解互换在降低利息成本和风险管理中的作用。

■ 基本概念

金融衍生产品	远期	期货	期权	套期保值
看涨期权	看跌期权	互换	套利	

第一节　金融衍生产品市场概述

金融衍生产品市场是相对于传统金融市场而言的，它是交易金融衍生工具的市场。根据"华尔街圣经"《期权、期货及其他衍生产品》[一]一书给出的定义，金融衍生产品（derivative）是指由某种更为基本的变量派生出来的产品。衍生产品的标的变量常常是某种交易资产的价格。金融衍生产品，又称金融衍生工具，是指其价值依赖于原生性金融工具的一类金融产品，如远期、期货、期权、互换等。金融衍生工具往往是根据原生性金融工具预期价格的变化定值。这类相关的或原生的金融工具一般指股票、债券、存单和货币等。金融衍生产品市场的历史虽然很短，却因其在融资、投资、套期保值和套利行为中的巨大作用而获得了飞速的发展。

一、金融衍生产品市场的产生与发展

金融衍生工具的迅速发展是 20 世纪 70 年代以来的事。由于 70 年代高通货膨胀率以及普遍实行的浮动汇率制度，使规避通货膨胀风险、利率风险和汇率风险成为金融交易的一项重要需求。同时，各国政府逐渐放松金融管制以及金融业的激烈竞争，这些都为金融衍生工具的迅速繁衍、发展提供了可能。另外一个促进金融衍生产品市场发展的重要因素是期权定价公式的问世。对期权如何定价，曾是一个研究多年但难以解决的难题，1997 年诺贝尔经济学奖获得者斯科尔斯和默顿在 20 世纪 70 年代初推出的期权定价公式解决了这一难题，许多相关领域的定价问题也连带得到解决。

中国商品类衍生工具和金融类衍生工具都出现在 20 世纪 90 年代初期。1990 年 10 月，郑州粮食批发市场成立，以现货为主，首次引入期货交易机制。1992 年 12 月，上海证券交易所率先推出了我国标准化的国债期货合约。经过一段时间的试行后，1993 年 10 月，上海证券交易所在重新设计国债期货合约品种、交易机制的基础上，正式向社会广泛推开。自 1993 年年底，深圳证券交易所、武汉证券交易中心、广东联合交易所等国内其他交易场所纷纷开办国债期货业务。许多交易场所规章制度不健全，品种设置不合理，忽视风险控制，过度投机和操纵市场行为，最终导致了 1995 年的"327 国债风波"，中国证监会于 1995 年 5 月 17 日宣布"在全国范围内暂停国债期货交易试点"，曾经火爆一时的中国国债期货交易暂时画上了一个句号。随着金融改革不断深化，中国金融衍生产品市场逐渐发展起来，按资产类别划分有以下几类产品：利率类产品，包括场内的国债期货以及场外的利率远期与利率互换产品；权益类衍生产品，主要包括股票期权、股指期货和认股权证；货币类衍生产品，包含人民币外汇期权和期权组合、外汇远期、外汇掉期和货币掉期等；信用类衍生产品，目前仅包含 2010 年 10 月推出的信用风险缓释合约（CRMA）和信用风险缓释凭证（CRMW）两类产品。与国外的衍生产品市场相比较，中国衍生产品市场仍处于商品衍生产品领先、金融衍生产品缺乏的初级阶段，在流动性、市场结构、基础性建设等方面均存在很大的改进空间。

[一]　本书中文版已由机械工业出版社出版。

二、金融衍生产品市场的特征、功能与风险

(一) 金融衍生产品市场的特征

金融衍生产品市场交易一般具有以下四个基本特征。

1. 跨期交易

金融衍生产品是为规避或防范未来价格、利率、汇率等变化风险而创设的规范化、标准化合约，合约标的物的实际交割、清算都是在未来约定的时间进行。因此，金融衍生产品所载明标的物的交易是跨期交易。

2. 杠杆效应

金融衍生产品交易借助合约标的物市场价值 5%～10% 的保证金，或者支付一定比例的权益费而获得一定数量合约标的物在未来时间交易的权利。无论是保证金还是权益费，与合约标的物价值相比都是很小的数目，相对于打了 0.5 折或 1 折买到的金融资产，具有 10～20 倍的交易放大效应。

3. 高风险性

金融衍生产品价格变化具有显著的不确定性，由此给衍生工具的交易者带来很高的风险。由于杠杆效应的存在，金融衍生产品的价格变化有可能会给交易的一方造成巨大亏损而使得交易的另一方获得高额收益。在通常情况下，期货和期权交易的风险要比互换交易的风险大，复杂衍生产品交易的风险要比一般衍生产品交易的风险大。

4. 合约存续的短期性

金融衍生产品一般是规范化、标准化的合约，合约从签署生效到失效的这段时间称为存续期。与股票、债券等有价证券的期限相比，金融衍生产品的存续期限都是短期性的，一般不超过 1 年。

(二) 金融衍生产品市场的功能

金融衍生产品市场具有套期保值、价格发现和投机套利的功能。

1. 套期保值

最早出现的衍生工具——远期合约，就是为了适应农产品交易双方出于规避未来价格波动风险的需要而创设的。考虑这样一种情形，豆制品企业可以利用衍生产品来对冲大豆价格波动风险，如果未来大豆价格上涨，那么该衍生产品的价值也随之上涨。也就是说，如果大豆价格真的上涨了，企业会因购买高价大豆而出现损失，但这一损失会被衍生产品价值的上涨所抵消；如果未来大豆价格下跌了，企业会因购买低价大豆而获利，但会因衍生产品价值下跌而受损。股指期货、国债期货等金融衍生产品市场和农产品市场一样具有套期保值的功能。在现货市场和期货市场对同一种类的商品同时进行数量相等、方向相反的买卖活动，即在买进或卖出现货的同时，在期货市场上卖出或买进同等数量的期货，经过一段时间，当价格变动使现货买卖上出现盈亏时，可由期货交易上的亏盈得到抵消或弥补。

2. 价格发现

金融衍生产品交易价格是对合约标的物未来价格的事先确定，如果市场竞争是充分有效的，那么衍生工具价格就是对标的物未来价格的事先发现。大部分金融衍生产品集中在有组织的交易所内进行，市场参与主体众多，通过竞价方式形成市场价格，能够相对准确反映交易者对标的物未来价格的预期。金融衍生产品的价格波动隐含了投资者对资产价格中长期走势的判断，金融期权价格中引申出来的波动率指数可以直接作为预判市场未来风险的领先指标。

3. 投机套利

只要商品或资产存在价格的波动就有投机与套利的空间。衍生工具将大宗商品细化为标准化的可交易合约，使交易双方买卖更加便利。金融衍生产品都是跨期交易，存在一个期限，相同期限的不同衍生产品、同一衍生产品的不同期限之间往往存在套利的可能。金融衍生产品市场的投机行为增强了衍生产品市场的流动性。如果没有投机者，就没有足够的买方和卖方，市场也就无法正常运转。和任何金融市场一样，除非有一个二级市场能够轻易地将衍生产品卖出去，否则没人愿意持有它们。

专栏 6-1
金融衍生产品市场的风险管理功能

在社会经济活动中，经营风险是普遍存在的，无论是在实体经济活动中还是在金融经济领域中都是如此。在实体经济活动中，人们为了获取利润而控制风险，但在金融行业不同，他们会设法去接受实体经济的资金风险，并通过有效管理风险获得报酬。中国已发展为全球第二大经济体，每年的 GDP 增长量相当于一个中等发达国家的经济规模。大国崛起需要一个发达的资本市场作为支撑，而一个发达的资本市场离不开种类丰富的金融风险管理工具。要顺利实现中国的经济转型升级，就必须加快完善金融风险管理工具，搭建一个功能完备、安全高效的金融风险管理平台。相比于商业银行和证券市场的风险管理功能，金融衍生产品市场在风险管理方面的作用更突出、更易管理，而且成本极低，金融衍生产品市场也因此成为金融风险管理的主战场。诺贝尔经济学奖获得者默顿·米勒认为，"金融期货期权市场的运转就像一家巨大的保险公司，高效的风险分担机制是金融衍生产品革命性的集中体现"。

金融市场最重要的功能是配置金融资源。从这个角度出发，金融衍生产品市场的功能则是配置风险资源，以此增强整个金融体系运行的稳定性。衍生产品市场的出现起源于人类对于风险规避或管理的动机，其发展依赖于风险计量技术的进步，但其能够存在并壮大的根本原因还在于市场存在着大量对于风险具有不同认识的交易者——风险规避者努力降低风险寻求平均收益，风险偏好者则勇于承担风险寻求超额收益。现代金融理论已经表明，风险也是重要的经济资源，风险意味着获取利润、创造价值的机会。品种丰富的金融衍生产品有利于经济体系的参与者将经营活动中面临的各类风险进行分割、剥离和转让，从而根据自己的意愿和能力调整所面临的风险，将不擅长管理的风险出售给那些擅长管理此类风险的机构，并且将自己擅长管理的风险控制在能够承担的范围之内。通过衍生产品交易，风险资源在整个经济体系中得到合理配置：风险规避者因为转出风险而提升了效用，各类风险被有雄厚资本实力和较高风险管理能力的投资者所承担，进而创造出更大的价值，即便风险转化为实际损失也不会影响其正常的经营活动，风险由此被控制在单个投资者内部而不会扩散出去形成系统性风险，这将有利于增强整个金融体系的稳定性。

资料来源：肖成.试论建设与中国经济地位相匹配的衍生品市场 [J]. 期货日报，2019.

刘玄.金融衍生品功能的理论分析 [J]. 中国金融，2016（04）：65-66.

（三）金融衍生产品市场的风险

金融衍生产品市场的产生和发展源于市场主体对规避金融风险的需求。金融衍生产品市场提供了规避金融风险的手段，它比传统的风险管理手段和措施更加有效。然而，具有讽刺意义的是，金融衍生产品市场本身所具有的高风险性也是其他风险管理方法无法比拟的。在 2008 年金融危机中，部分投资者、经济学家认为金融衍生产品加剧了危机的严重性，著名投资者沃伦·巴菲特都宣称金融衍生产品是"时间炸弹，对交易者如此，对经济体系同样如此"。根据各自风险的性质，我们可以将金融衍生产品交易面临的风险分为市场风险、信用风险、流动性风险、操作风险和法律风险五类。

1. 市场风险

金融衍生产品交易的市场风险是因衍生工具价格发生变化而产生损失的一种风险。每种衍生产品的交易都以相关原生金融产品价格变化的预测为基础，当实际价格的变化方向或波动幅度与交易者的预测出现背离时，就会造成损失，形成金融衍生产品交易的市场风险。

2. 信用风险

金融衍生产品交易中合约的一方出现违约所引起的风险即为信用风险，分为交割前风险和交割时风险两种。交割前风险是指在合约到期前由于交易对方破产而无力履行合约义务的风险；交割时风险是在合约到期日交易一方履行了合约，但交易对方未付款而造成的风险。一般来说，金融衍生产品合约到期时间越长，信用风险越大，而且交易所外交易的衍生产品信用风险大于场内交易的风险。

3. 流动性风险

金融衍生产品的流动性风险源于衍生工具持有者不能以合理的价格卖出金融衍生产品合约，只能等待执行最终交割的风险。金融衍生产品涉及大量资金的交易，而拥有交易资金能力的交易主体有限，一旦市场发生大的波动，可能因为缺失交易对手而无法规避流动性风险。

4. 操作风险

由企业内部管理不善、人为错误等原因带来损失的风险称为操作风险。第一类操作风险是日常交易过程由于通信线路故障、计算机系统故障等意外事故给衍生产品交易者带来损失的风险；第二类操作风险是由于经营管理上的漏洞使交易员在交易决策中出现故意或非故意的失误，而给整个机构带来损失的风险。金融衍生产品投资的复杂性，使得交易员在运营管理方面出现操作风险的可能性更大。

5. 法律风险

法律风险指由于金融衍生合约在法律上无效、合约内容不符合法律规定等给衍生工具交易者带来损失的可能性。各类金融机构不断创新推出新的金融衍生工具，金融衍生产品层出不穷，而相应的法律规范建设却相对落后，使得金融衍生产品交易经常存在法律风险。大量金融衍生产品的交易是全球化的，很多国家都参与其中，当出现交易纠纷时，往往不能找到具体适用国家的法律，出现法律上的管辖空白情况。

第二节　金融远期市场

一、金融远期合约的含义与种类

金融远期市场是指双方约定在未来的某一确定时间，按确定的价格买卖一定数量的某种金融资产的市场。远期合约一般不在交易所交易而是在金融机构之间或金融机构与客户之间通过谈判后签署。在签署远期合约之前，双方可以就交割地点、交割时间、交割价格、合约规模、标的物的品质等细节进行谈判，以尽量满足双方的需要。因此远期合约跟期货合约相比，灵活性较大，这是远期合约的主要优点。但远期合约也有明显的缺点：首先，远期合约没有固定的、集中的交易场所，不利于信息交流和传递，不利于形成统一的市场价格，市场效率较低；其次，每份远期合约千差万别，这就给远期合约的流通造成较大不便，因此远期合约的流动性较差；最后，远期合约的履约没有保证，当价格变动对一方有利时，对方有可能无力或无诚意履行合约，因此远期合约的违约风险较高。

金融远期合约主要有远期利率协议、远期外汇合约等。远期利率（forward interest rate）是指现在时刻确定的将来一定期限的利率。在 20 世纪 70 年代和 80 年代初期，利率变动非常剧烈，公司财务主管开始向银行寻求某种金融工具，以便他们避免因利率变动而承担较高的借款成本。银行对这种需要提出了一种解决方法，其形式就是"远期对远期贷款"。远期外汇合约（forward exchange contracts）是指双方约定在将来某一时间按约定的远期汇率买卖一定金额的某种外汇的合约。远期外汇交易的目的主要是保值、避免汇率波动的风险，外汇银行与客户签订的交易合同须经外汇经纪人担保，客户还要缴存一定数量的押金或抵押品。当汇率变化不大时，银行可以用押金或抵押品抵补应负担的损失；当汇率变化使客户的损失超过押金或抵押品时，银行就应通知客户加存押金或抵押品，否则合同就失效。

二、金融远期合约的盈亏分析

在远期合约中规定在将来买入标的物的一方称为多头（long position），而在未来卖出标的物的一方称为空头（short position）。合约中规定的未来买卖标的物的价格称为交割价格。在远期合约的有效期内，合约的价值随着相关资产市场价格的波动而变化。若合约到期时以现金结清的话，当市场价格高于执行价格（合约约定价格）时，应由卖方向买方按价差支付结算金额；当市场价格低于执行价格时，则由买方向卖方支付金额。按照这样一种交易方式，远期合约的买卖双方可能形成的收益或损失都是无限大的。

如图 6-1 所示，S_T 表示合约到期日标的资产的现货市场价格，K 表示该合约的执行价格，对于多头而言，1 单位资产远期合约的损益为 $S_T - K$。当 $S_T > K$ 时，多头盈利，空头亏损；当 $S_T < K$ 时，多头亏损，空头盈利。由此可以看出，多头和空头之间实质上是一种零和游戏。

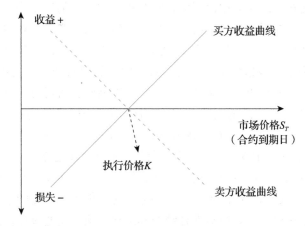

图 6-1　远期交易的收益/损失

下面我们以远期利率合约为例说明远期合约为什么能让交易者获益。假定在 2019 年 3 月 30 日，某公司财务经理预计 2019 年 6 月 1 日起有总额 100 万元、3 个月的远期资金需求。同时，财务经理还认为未来利率可能会上升，因此，他想对冲利率上升的风险。于是，他在 4 月 1 日从某商业银行买进了一份 2×5 的远期利率协定（即该远期利率合约的期限是在 2 个月后开始生效，5 个月后结束），约定商业银行以 4.75% 的利率贷给该公司 100 万元。该远期利率合约的参考利率为上海银行间同业拆放利率（Shibor），到 2019 年 8 月 31 日为止。该合约以 360 天为 1 年。如果在 6 月 1 日 Shibor 上升到了 5.25%，那么，由于财务经理事先与商业银行签订了远期利率合约，公司就可以 4.75% 的利率借入资金 100 万元，从而成功地通过远期利率合约规避了利率上升的风险，使得公司节约利息成本（5.25% − 4.75%）×（92 / 360）×1 000 000 = 1 277.78 元。如果在 6 月 1 日 Shibor 上升到了 5.75%，那么公司就能从远期利率合约中获益 2 555.56 元。反之，如果市场利率走势与预期相反，6 月 1 日 Shibor 下降到了 4.25%，那么公司也必须按 4.75% 的利率借入 100 万元，公司多支付的 1 277.78 元利息便构成了商业银行的收益。

远期外汇合约如何使交易者获益的原理与远期利率合约是一致的。2019 年 2 月，某企业未来 1 个月将有一笔美元支出，为规避汇率波动风险，该企业与某商业银行做 2 000 万欧元的远期外汇买卖，约定 1 个月后卖出欧元买入美元，欧元兑美元（EUR/USD）的远期汇率为 1.40。2019 年 3 月产品到期时欧元兑美元贴水，企业与商业银行正常交割，此时欧元兑美元的即期汇率为 1.36。企业按照与商业银行事先约定的欧元兑美元汇率 1.40 进行交割，可以比按即期汇率交割多获得 2 000×1.4 − 2 000×1.36 = 80 万美元。通过该笔交易，企业提前锁定了汇率变动风险。反之，如果 2019 年 3 月产品到期时欧元兑美元升水，欧元兑美元即期汇率为 1.46，企业按约定汇率进行交割比按即期汇率交割多亏损 2 000×1.46 − 2 000×1.4 = 120 万美元，这 120 万美元便是商业银行在该笔远期外汇合约交易中得到的盈利。当然，远期外汇市场中的绝大部分交易都是投机性的，买入或卖出货币的个人或机构没有在最后实际交割货币的计划，他们仅仅是在特定货币的波动中投机。

第三节　金融期货市场

一、期货交易的产生与发展

　　期货交易最早是在商品交易中出现的，它起源于农产品的远期合约交易。由于农产品的生产周期较长，农民在播种季节做出生产决策，但是等到产品收获的时候可能市场行情已经发生了很大的变化。价格如果上升，自然有利于农民，但万一价格下降，农民就可能蒙受很大的损失。为了克服这种不确定性，农民便开始同农产品买主签订远期交货合同，在播种季节就把农产品的销售价格和数量谈妥，待产品收获后再行交割。这样农民就把价格波动的风险转移给了农产品的买主。在19世纪中期美国最大的农产品集散地芝加哥，这种远期合约十分普遍，以至于在1848年出现了专门从事这种交易的芝加哥期货交易所（Chicago Board of Trade，CBOT）。但由于远期合约不是标准化合约，商品质量、数量、交货地点和时间等都不统一，虽然农民把风险转移给了买主，而买主在合约到期前却无法将合约转移出去。另外，远期合约的履行没有保障，完全依赖于双方的信誉，因此违约的风险很大。为了克服上述缺点，必须实现合约的标准化，便于流通转让，并建立强有力的履约保障机制，这样现代意义上的期货合约和期货交易便应运而生了。期货交易正式开始于1865年的芝加哥期货交易所，但直到20世纪70年代以前，期货交易主要局限于农产品的交易。70年代以后，先出现了石油、有色金属等非农产品，而后于1972年出现了金融期货。芝加哥期货交易所开始是进行国际货币期货交易，1975年首次引进了利率期货，1982年又引进了股票指数期货交易。

　　所谓期货合约（future），实际上是由交易所统一设计的，并在交易所内集中交易的标准化的远期交货合约。与远期合约相比，其最大优点是，每张合约所包含的内容如商品种类、数量、质量、交货的时间和地点等都是标准化的。如在芝加哥期货交易所交易的每张玉米期货合约的标准规格为5 000蒲式耳[⊖]，交割的等级以2号黄玉米为准，合约的到期月份为1月、2月、3月、5月、7月、9月6种，合约的最后交易日为交割月最后营业日之前的第7个营业日。由于这一优点，期货合约能够很容易地在不同的经济主体之间进行流通，也就是说，当合约商品的买主或卖主不愿再承担其购货或交货权利和义务时，他们可以将合约转移出去，由其他人来接替他们在合约中的权利和义务。另外，由于合约交易集中在交易所进行，合约的履行由交易所保证，所以不存在违约问题，因此期货交易很好地弥补了远期交易的不足。

　　期货交易的目的不是获得实物商品，而是转移有关商品的价格风险，或赚取期货合约的买卖差价。一般来说，期货交易有以下几个方面的特征。①期货交易是在有组织的交易所进行的，属于场内交易。②期货交易是集中在交易所，以公开竞价的方式进行的，不是一对一私下签订契约，只有交易所会员或其委托的代表有资格直接进入交易所进行期货交易，一般投资者只能委托经纪公司代理交易，这一点与证券交易所的股票交易没什么区别。期货交易合约是标准化的。每一份期货合约都有固定的金额、交割时间、交割期限等，期货投资者无法自行决定。③杠杆投资。投资者在进行期货交易时，只需缴纳少量的保证金和佣金即可，用少量的资本做成大量的交易，是期货交易的

　　⊖　1美式蒲式耳 = 35.238千克，1英式蒲式耳 = 36.368千克。

一大特点。

期货市场的主要功能体现在以下两个方面：一是价格发现功能，它指的是期货市场上买卖双方通过公开、公平、公正的竞争，不断更新期货交易商品的未来价格，并使之逼近某一均衡水平，从而为未来的现货价格确定提供充分信息；二是规避风险功能，它指的是期货交易的产品持有者在期货市场上买进或卖出与其所持产品数量相当但交易方向相反的期货合约，以期抵偿因现货市场价格变动而带来的实际价格风险。

二、期货交易的方式

所有期货交易都必须在主管部门批准的期货交易所内进行。期货交易所必须确保交易的商品符合合约规定的等级，并制定相应的交易规则，如每次报价的最小波动幅度，以及每天的最大价格波动幅度等，更重要的是，只有作为交易所成员的经纪商和自营商才能进场交易，并通过收取保证金的方式来确保合约的履行，因而履约的保障性较好。具体的交易方式如下。

(一) 开仓和平仓

开仓（opening）是指投资者最初买入或卖出某种期货合约，从而确立自己在该种合约交易中的头寸位置。期货合约的买入者处于多头头寸，卖出者处于空头头寸。原先拥有多头或空头头寸的投资者可以通过一笔反向的交易来结清其头寸，这就叫平仓（closing out a position）。例如在 3 月的某一天买入一份 9 月到期的玉米合约的投资者，可以在 4 月的某一天卖出一份该种合约，从而使自己的净头寸为零；在 4 月卖出一份 6 月到期的玉米合约的投资者，也可以在该种合约的最后交易日之前买入一份该种合约，来冲销原先的空头头寸。实际上大部分的期货交易都是以上述方式对冲的，大约只有 5% 的合约需要到期实际交割。

(二) 最小变动价位和每日最大价格变动幅度

期货交易所规定了每种期货的报价单位，这种报价单位也就构成了该种期货的最小变动价位。例如，纽约商品交易所的原油期货价格是以每桶原油的美元数来报价的，并且取两位小数（即精确到美分），因此，该种期货在交易中的最小变动价位就是每桶 0.01 美元。为了维护价格的稳定，各交易所还规定了每种期货的每日最大价格变动幅度，一旦价格变动超出该幅度，当天的交易就自动停止。这与我国股票市场上的涨跌停板制度是完全一样的。

(三) 保证金制度

在期货交易中，不是期货合约的购买者马上向其出售者缴纳现金，并获得相应的资产，而是买卖双方都在各自的经纪商那里存入一定比例的保证金，同时经纪商必须在交易所所属的结算所存入一定比例的保证金。从这个意义上来说，期货合约的买卖双方不是交易了一笔资产，而是签订了一个未来交易的合约。对于投资者来说，保证金还有初始保证金和维持保证金之分，初始保证金是投资者开仓时应存入的保证金，它一般只占投资者所买卖的期货合约价值的 5%～10%。维持保证金则是在平仓之前，投资者必须始终保留在其保证金账户上的最低金额，它一般占初始保证金的 75%。在投资者的保证金账户中，超过初始保证金的部分，投资者可以支取；一旦保证金余额低于维持保证金，投资者就应该在 24 小时内将保证金追加到初始保证金水平，否则经纪商就会强行对他进行平仓。

(四) 每日结算制度

期货交易和其他交易方式的最大不同在于实行每日结算制度，也就是要在每个交易日结束时，根据当天的收盘价，将投资者的损益计入保证金账户。例如，在 2019 年 9 月 1 日，某投资者在纽约商品交易所以每盎司[○]黄金 400 美元的价格买入一张 12 月到期的黄金期货合约，由于在该交易所内，每张黄金期货合约代表的黄金数量为 100 盎司，所以该笔交易所涉及的总金额为 40 000 美元。假定该投资者的经纪商规定的保证金比例为 5%，维持保证金为初始保证金的 75%，则该投资者应在其经纪商处存入 2 000 美元的初始保证金，并且在平仓之前，始终在保证金账户上保有不低于 1 500 美元的余额。若当天收盘时，12 月的黄金期货价格上涨到每盎司 402 美元，则该投资者就有 200 美元的盈利。这 200 美元将马上增加到他的保证金账户中，并且该投资者还可以将这部分多余的保证金提走。反之，如果在此后的某一天里，该期货的收盘价下降到每盎司 394 美元，则在扣除相应的亏损额后，该投资者的保证金账户余额就只有 1 400 美元，低于 1 500 美元的维持保证金水平，其经纪商就会向他发出追加保证金的通知，要求该投资者在 24 小时内将其保证金补足到 2 000 美元，否则就对他强行平仓。

三、几种主要的金融期货市场

金融期货，顾名思义就是以金融原生产品为交易对象的期货交易。金融期货主要包括外汇期货、利率期货和股指期货等。

(一) 外汇期货

外汇期货是最早出现的金融期货，其主要品种有美元、英镑、欧元、日元、加拿大元等主要可兑换货币。外汇期货主要是用来防范汇率波动的风险。例如，假定在 6 月 1 日，某公司有 100 万美元暂时闲置，可以进行 3 个月的短期投资，当时英镑的存款利率高于美元，所以该公司打算把美元换成英镑存款，但是它又担心 3 个月后英镑贬值，反而得不偿失，这时候可以利用期货市场来套期保值。该公司可以在现货市场上买进 100 万美元的英镑，并把它变成 3 个月的存款，同时在期货市场上卖出金额大致相当的 9 月英镑期货。这样一旦 3 个月后英镑真的贬值，那么它的期货价格也将下降，该公司就可以在现汇市场上卖出英镑的同时，在期货市场上买进与先前卖出数量相同的 9 月英镑期货，从而消除其英镑期货的多头地位，并获得差价，以此来弥补现货市场上的损失。

　○　1 盎司 = 28.35 克。

（二）利率期货

利率期货是指以债券类证券为标的物的期货合约，它可以回避利率波动所引起的证券价格变动的风险。国债期货属于利率期货中最常见的一种，买卖双方通过有组织的交易场所，约定在未来特定时间，按预先确定的价格和数量进行券款交割的国债交易。1975 年世界上第一张国债期货合约诞生于芝加哥期货交易所。中国的国债期货交易试点开始于 1992 年，结束于 1995 年 5 月，历时两年半。时隔 18 年后，国债期货于 2013 年 9 月 6 日正式在中国金融期货交易所上市交易。

由于债券的价格是同利率成反向变化的，这些债券期货合约的价格都受利率波动的影响，所以它们被称为利率期货。利率期货可以用来防范利率风险。例如，假定某人预计在 3 个月后能有一笔收入，他准备用来购买短期政府债券，但是他又担心 3 个月后利率下降（也就意味着政府债券价格上升）使他蒙受损失。这时，他就可以先买入一定数量的政府债券期货。假定 3 个月后利率真的下降，他在现货市场上就会有损失，因为政府债券的价格上升后，他能够购买的债券数量减少了。但这种损失可以在期货市场上得到弥补，因为此时债券期货的价格也必将随着现货价格的上升而上升，从而为他带来一定的价差收入。

 专栏 6-2

国债期货合约

中国在 2013 年再次推出 5 年期国债期货合约和 10 年期国债期货合约，国债期货市场对于深化金融体制改革，加快发展多层次资本市场，推进金融创新，维护金融稳定具有重要意义。具体来说，国债期货市场的积极作用体现在以下几个方面。①国债期货可以为国债发行定价提供重要参考，并增强承销商的积极性，进而提高国债发行效率，降低国债发行成本，保证国债顺利发行。②国债期货市场的建立，将满足市场对利率风险管理的迫切需求，构建起完整的债券市场体系，使债券的发行、交易和风险管理环节形成良性互动，增强投资者持有债券的信心，提高市场流动性。这对于完善我国债券市场结构，健全债券市场功能，扩大直接融资比例，促进债券市场长远发展具有深远意义。③国债期货具有套期保值功能，能够为债券市场乃至整个经济体提供高效率、低成本的利率风险管理工具，增强实体经济抵御利率风险的能力。④国债期货产品标准、报价连续、集中交易、公开透明，能够准确反映市场预期，形成全国性、市场化的利率参考定价，有助于构建起一条市场公认、期限完整的基准收益率曲线，并助推利率市场化进程。

中国的国债期货合约设计采用了国际上通用的名义标准券概念，表 6-1 展示了 5 年期国债期货合约的主要内容。

表 6-1　5 年期国债期货合约表

合约标的	面值为 100 万元人民币、票面利率为 3% 的名义中期国债
可交割国债	合约到期月份首日剩余期限为 4~5.25 年的记账式附息国债
报价方式	百元净价报价
最小变动价位	0.005 元
合约月份	最近的三个季月（3 月、6 月、9 月、12 月中的最近 3 个月循环）

（续）

交易时间	09:15～11:30，13:00～15:15
最后交易日的交易时间	09:15～11:30
每日价格最大波动限制	上一交易日结算价的 ±1.2%
最低交易保证金	合约价值的 1%
最后交易日	合约到期月份的第二个星期五
最后交割日	最后交易日后的第三个交易日
交割方式	实物交割
交易代码	TF
上市交易所	中国金融期货交易所

资料来源：中国金融期货交易所网站。

（三）股票指数期货

最早出现的股票指数期货是 1982 年 2 月由美国的堪萨斯交易委员会引入的价值线股票指数期货。紧随其后的是芝加哥商业交易所推出的标准普尔 500 股票指数期货。后来陆续推出的还有纽约期货交易所的纽约证券交易所综合指数期货和芝加哥交易委员会的主要市场指数期货等。目前中国国内有中证 500 股指期货、上证 50 股指期货和沪深 300 股指期货三种股票指数期货。

股票价格指数是反映整个股票市场上各种股票的市场价格总体水平及其变动情况的一种指标，而股票价格指数期货即是以股票价格指数为标的物的期货交易，主要是避免股票交易的系统性风险。股指期货交易是一种典型的"数字游戏"，因为它买卖的不是任何一种具体的商品或者金融资产，而是根本无法实际交割的"数字"。以标准普尔 500 指数期货为例，它的面值为某一指数乘以 500 美元，它有 3 月、6 月、9 月和 12 月 4 个到期月份。假定在 4 月的某一天，6 月到期的指数期货为 420.80 点，那么该期货合约的面值就为 420.80×500 = 210 400 美元。它的最小变动幅度为 0.05 点，也就是 0.05×500 = 25 美元。假如你断定在未来一段时间内，标准普尔指数将上涨，你就可以在现在买进一份 6 月到期的股票指数期货。如果一个月后，现货市场上的标准普尔指数真的上涨了，那么它必然带动 6 月到期的指数期货的上涨。假定该指数期货也跟着上涨到 435.80 点，此时你将先前买入的那份指数期货抛出，便可获利（435.80 – 420.80）×500 = 7 500 美元。

第四节   金融期权市场

在古希腊和古罗马时期就已经出现了期权交易的雏形，但是直到 20 世纪 70 年代，期权交易都是在非正式的场外市场进行的，金融期权还处在可有可无的地位。1973 年，世界上第一个集中性的期权市场——芝加哥期权交易所诞生，场内股票看涨期权的交易大获成功，标志着金融期权发展的重大突破。

一、期权的含义与种类

（一）期权的含义

期权交易是指期权（options）的买方有权在约定的时间或时期内，按照约定的价格买进或卖出一定数量的相关资产，也可以根据需要放弃行使这一权利。为了取得这一权利，期权合约的购买者必须向卖方支付一定数额的期权费（option premium）。对于金融期权的买方而言，期权是一项权利而非义务，在到期日或之前，他可以选择不执行这份期权；对于期权的卖方而言，期权是一项义务而非权利。这意味着，如果期权的买方选择执行期权，卖方就必须执行；如果买方选择不执行期权，卖方就无须执行。

（二）期权的分类

期权按不同的标准可以有不同的分类。

1. 按期权合约可以执行的时间划分，可分为美式期权和欧式期权

美式期权是指在合约规定的有效期内任何时候都可以行使权利的期权。欧式期权是指在合约规定的到期日方可行使权利的期权，期权的买方在合约到期日之前不能行使权利，过了期限，合约则自动作废。实际上，美式期权和欧式期权的差别与地理名称没有任何联系。在美国期权市场上交易的也有不少欧式期权，在欧洲期权市场上也有不少美式期权。

2. 按期权合约的性质划分，可分为看涨期权和看跌期权

看涨期权（call option），又称买入期权，是指期权的持有者拥有在规定时间内以协议价格向期权出售者买入一定量的商品、证券等的权利。以股票为例，只有当股票价格上升，并超过协议价格的时候，期权合约的持有者才有利可图，所以叫看涨期权。看跌期权（put option），又称卖出期权，是指期权的持有者拥有在规定的时间内以协议价格向期权出售者卖出一定量的商品、证券等的权利。显然，它与看涨期权相反，只有在价格下跌时才能使期权的拥有者获得高卖低买的收益，所以叫看跌期权。

3. 按期权合约的标的资产划分，可以为股票期权、外汇期权和利率期权等

上海证券交易所在 2015 年 2 月 9 日开始启动中国的股票期权交易试点，股票期权（stock option）合约为上海证券交易所统一制定的、规定买方有权在将来特定时间以特定价格买入或者卖出约定股票或者跟踪股票指数的交易所交易基金（ETF）等标的物的标准化合约。就个股期权来说，期权的买方（权利方）通过向卖方（义务方）支付一定的费用（权利金），获得一种权利，即有权在约定的时间以约定的价格向期权卖方买入或卖出约定数量的特定股票或 ETF。当然，买方（权利方）也可以选择放弃行使权利。如果买方决定行使权利，卖方就有义务配合。

🌐 专栏 6-3

个股期权能给投资者带来什么

个股期权最早可以追溯到 1973 年正式成立的芝加哥期权交易所（CBOE）。作为全球第

一个规范化的个股期权交易场所，CBOE 当年就推出了 16 只标的股票的认购期权，掀开了个股期权标准化交易的序幕。个股期权对投资者的用途主要包括以下五个方面。

（1）为持有的标的资产提供保险。当投资者持有现货股票，已经出现账面盈利，但开始对后市预期不乐观，想规避股票价格下跌带来的亏损风险时，可以买入看跌期权作为保险，而不用担心过早或过晚卖出所持的现货股票。比如，投资者以 8 元 / 股的价格买入并持有某股票，当投资者判断股价可能下跌时，他可以买入执行价格为 10 元的看跌期权。如果后续股价继续上涨时，投资者可以享受股票上涨收益；当股价跌破 10 元时，投资者可以提出行权，仍然以 10 元价格卖出。因此上述看跌期权对于投资者来说，就如同一张保险单，投资者支付的权利金相当于支付的保费。同样的道理，当投资者对市场走势不确定时，可先买入看涨期权，避免踏空风险，相当于为手中的现金买了保险。

（2）降低股票买入成本。投资者可以卖出较低执行价格的看跌期权，为股票锁定一个较低的买入价（即执行价格等于或者接近想要买入股票的价格）。若到期时股价在执行价格之上，则期权一般不会被行权，投资者可赚取卖出期权所得的权利金。若到期日股价在执行价格之下而期权被行使的话，则投资者便能够以原先锁定的执行价格买入指定的股票，而实际成本则因获得权利金收入而有所降低。

（3）通过卖出看涨期权，增强持股收益。当投资者持有股票时，如果预计股价在到期时上涨概率较小，则可以卖出执行价格较高的看涨期权收取权利金的收入，增强持股收益。如果到期时股价没有上涨，期权一般不会被行权，投资者便赚得了权利金收入；如果到期日股价大幅上涨，超过了执行价格，则卖出的看涨期权被行权，投资者以较高的执行价格卖出所持有的股票。

（4）通过组合策略交易，形成不同的风险和收益组合。得益于期权灵活的组合投资策略，投资者可通过不同的执行价格或到期日的看涨期权和看跌期权的多样化组合，针对各种市况，形成不同的风险和收益组合。

（5）进行杠杆性看多或看空的方向性交易。比如，投资者看多市场，或者当投资者需要观察一段时间才能做出买入某只股票的决策，同时又不想踏空时，可以买入看涨期权。投资者运用较小的投资来支付权利金，或者锁定买入价格，或者获得放大了的收益与风险。

资料来源：上海证券交易所网站。

二、期权交易双方的盈亏分析

期权这种衍生工具的最大魅力在于它可以使期权买方将风险锁定在一定范围内。因此，期权是一种有助于规避风险的理想工具，也是投机者理想的操作手段。对于看涨期权的买方来说，当市场价格高于执行价格时，他会行使买的权利；当市场价格低于执行价格时，他会放弃行使权利，所亏不过限于期权费；对于看跌期权的买方来说，当市场价格低于执行价格时，他会行使卖的权利；反之则放弃权利，所亏也仅限于期权费。因此，期权对于买方来说，可以实现有限的损失和无限的收益；对于期权的卖方则恰好相反，损失无限而收益有限。

（一）股票期权的盈亏分析

假定甲支付 5 000 元期权费向乙购买一张看涨期权合约，每股股票的期权价格为 5 元，该合约允许甲在未来 3 个月内以每股 50 元的价格买入 1 000 股 X 公司的股票。显然，若 3

个月内 X 公司的股价在 50 元以下，那么甲将不行使该期权，且最多损失 5 000 元期权费。若股价涨到每股 50 元以上，那么甲将行使该期权，以 50 元的价格从乙手中购买 1 000 股股票，并在现货市场上转手卖出，从而获得其差价。但是在股价上升到 55 元之前，甲行使期权的收益并不足以补偿其支付的期权费，也就是说每股 55 元为甲的盈亏平衡点，此时他行使期权的收益恰好等于他支付的期权费。显然，这一点也是乙的盈亏平衡点。但是当股价上升到 55 元以上后，甲就开始有一个净剩余（即利润），而且股价上升得越高，他的利润就越大，乙的亏损也就越大。从图 6-2 中可以看出，*B* 点是双方的盈亏平衡点；在期权交易中，一方所得即为另一方所失，因此看涨期权交易也是一种零和游戏。

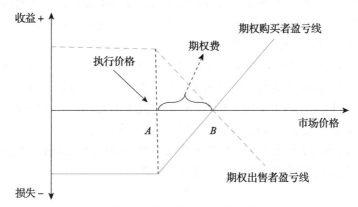

图 6-2　看涨期权双方盈亏图

假定丙支付 5 000 元期权费向丁购买一张看跌期权合约，每股股票的期权价格为 5 元，该合约允许丙在未来 3 个月内以每股 50 元的价格卖出 1 000 股 Y 公司的股票。显然，若 3 个月内 Y 公司的股价在 50 元以上，则丙将不行使该期权，且最多损失 5 000 元期权费。若股价跌到每股 50 元以下，则丙将行使该期权，按市场价格购买 1 000 股 Y 公司股票并以 50 元的价格卖给丁，从而获得其差价收益。但是在股价下跌到 45 元之前，丙行使期权的收益并不足以补偿其支付的期权费，也就是说每股 45 元为丙的盈亏平衡点，此时他行使期权的收益恰好等于他支付的期权费。显然，这一点也是丁的盈亏平衡点。但是当股价下跌到 45 元以下后，丙就开始有一个净剩余（即利润），而且股价下跌得越多，他的利润就越大，丁的亏损也就越大。从图 6-3 中可以看出，在看跌期权交易中，一方所得即为另一方所失，因此看跌期权交易也是一种零和游戏。

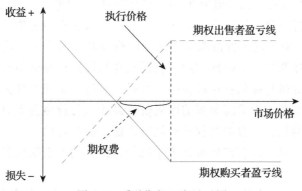

图 6-3　看跌期权双方盈亏图

（二）外汇期权的盈亏分析

在外汇期权市场上，交易者可以根据对外汇市场的预期买入或卖出外汇看涨（跌）期权。某企业需要在 1 个月后用美元支付进口货款。为规避美元升值风险，该客户向某商业银行购买一个人民币兑美元、期限为 1 个月、本金为 100 万美元的欧式期权。假设约定的汇率为 6.5 元人民币兑换 1 美元，那么该公司则有权在将来期权到期时，以 6.5 元人民币兑换 1 美元向商业银行购买约定数额的美元。如果在期权到期时，市场即期汇率为 6.4 元人民币兑换 1 美元，则该公司可不执行期权，因为此时按市场上即期汇率购买美元更为有利。相反，如果在期权到期时，即期汇率为 6.6 元人民币兑换 1 美元，则该公司可决定行使期权，要求商业银行以 6.5 元人民币兑换 1 美元的汇率将美元卖给他们，这样，客户每 1 美元可少支出 0.1 元人民币，降低了购汇成本。

如果某企业需要在 1 个月后用美元支付进口货款，为规避美元升值风险，该客户向某商业银行卖出一个人民币兑美元、期限为 1 个月、本金为 100 万美元的欧式看跌期权，收到一笔期权费。假设约定的汇率为 6.5 元人民币兑换 1 美元。如果在期权到期时，市场即期汇率为 6.4 元人民币兑换 1 美元，则银行选择行权，客户按 6.5 元购汇。相反，如果在期权到期时，即期汇率为 6.6 元人民币兑换 1 美元，则银行选择不行权，客户按照即期价格购汇，客户期初收到的期权费可以用来改善购汇价格。

三、金融期权的价值

一般地，金融期权价格等于期权的内在价值与时间价值之和，如下式所示：

$$期权价值 = 期权的内在价值 + 期权的时间价值$$

（一）期权的内在价值

期权的内在价值是指期权的溢价部分，即市场价格与执行价格之间的差额。例如，如果贵州茅台看涨期权的执行价格为 480 元，股票的市场价格为 500 元，那么期权的内在价值就是 20 元，因为只要买方立即执行该期权，就可以按照 480 元的价格从卖方那里购买一股贵州茅台股票，并按照 500 元的市场价格卖出去。对于看涨期权，如果资产的现行市价等于或低于执行价格，立即执行不会给持有人带来净收入，持有人也不会去执行期权，此时看涨期权的内在价值为 0。对于看跌期权，如果资产的现行市价等于或高于执行价格，立即执行不会给持有人带来净收入，持有人也不会去执行期权，此时看跌期权的内在价值为 0。期权内在价值取决于执行价格与其标的物市场价格之间的关系，执行价格是买卖双方在期权成交时约定的、在期权合约被执行时交易双方实际买卖标的物的价格。根据执行价格与标的物市场价格的关系，可将金融期权分为实值期权、虚值期权和平价期权三种类型：①看涨期权的市场价格高于执行价格为实值期权，市场价格低于执行价格为虚值期权；②看跌期权的市场价格低于执行价格为实值期权，市场价格高于执行价格为虚值期权；③若市场价格等于执行价格，则看涨期权和看跌期权均为平价期权。

从理论上说，在期权交易中，一个期权是绝不会以低于其内在价值的价格出售的。如果以低于内在价值的价格出售，那么套利者立刻买进所有他可能买到的期权，并执行期权，他所得到的利润就是溢价部分与低于内在价值的期权价格之间的差额。套利者频繁套利使得期权的内在价值趋于 0。

（二）期权的时间价值

期权的时间价值是指随着时间的延长，相关合约标的价格的变动有可能使期权增值时期权的买方愿意为买进这一期权所付出的金额，它是期权权利金中超出内在价值的部分。因此，期权的时间价值实质上是期权在其到期之前获利潜力的价值。我们知道，期权的买方通过支付期权费，获得了相应的权利，即无限的收益可能和有限的损失。这意味着标的资产价格发生同样幅度的上升和下降，所带来期权价值的变化是不对称的，这一不对称性使得期权总价值超过了其内在价值，这就是期权时间价值的根本来源。原始金融产品价格波动幅度越大，其时间价值都应越大，无论是看涨期权还是看跌期权。另外，金融期权的时间价值的大小还取决于期权剩余有效期的长短，剩余有效期越长，期权的时间价值也就越大。期权的时间价值随着到期日的临近而减少，到到期日时，时间价值为零。

计算期权的内在价值比较简单，但要确定距离到期日时间及相应资产价格波动性对期权费用的影响就困难多了。因为难以确定期权价值，所以多年来期权交易都非常少。1973年，芝加哥大学经济学家费雪·布莱克和迈伦·斯科尔斯做出了突破性贡献，布莱克 – 斯科尔斯期权定价公式促进了期权交易的爆炸式增长，它向金融实务界证明，复杂的数学模型让金融企业能够对复杂的金融有价证券定价。结果是金融企业大量雇用了经济学、金融学或数学专业的高学历人才，让他们去构建数学模型，用以给新的有价证券定价、评估。这些人逐渐以"宽客"（quant）著称。

🌐 专栏 6-4

期权交易和期货交易的比较

金融期权和金融期货是 20 世纪的两大金融创新，二者具有密切的联系。期权与期货都是标准化合约，但一般认为期权交易是在期货交易的基础上发展起来的，期权交易以期货交易的发育程度与规则的完备为前提。期权在为交易者提供更多选择工具的同时，也推动了期货市场的发展。它们之间主要有以下几点区别。

（1）买卖双方的权利和义务不同。期权是单向合约，买卖双方的权利与义务不对等，买方有以合约规定的价格买入或卖出标的资产的权利，而卖方则被动履行义务。期货合约是双向的，双方都要承担期货合约到期交割的义务。

（2）履约保证不同。在期权交易中，买方最大的亏损为已经支付的期权费，所以不需要支付履约保证金；卖方面临较大的风险，可能亏损无限，因而必须缴纳保证金作为担保履行义务。在期货交易中，期货合约的买卖双方都要缴纳一定比例的保证金。

（3）标准化程度不同。期货合约都是标准化的，因为它们都是在交易所中交易的，而期权交易不一定。在美国，场外交易的现货期权都是非标准化的，但在交易所中的现货期权和所有的期货期权则是标准化的。

（4）清算交割方式不同。当期权合约被持有至行权日时，期权买方可以选择行权或者放弃权利，期权的卖方则只能被行权。而在期货合约的到期日，标的物自动交割。

（5）合约价值不同。期权合约本身有价值，即期权费。期货合约本身无价值，只是跟踪标的价格。

（6）盈亏特点不同。期权合约的买方收益随市场价格的变化而波动，但其最大亏损只为购买期权的期权费。卖方的收益只是出售期权的期权费，亏损则是不固定的。在期货交易中，买卖双方都面临着无限的盈利与亏损。

资料来源：和讯网 . 期权与期货的区别 [EB/OL]. http://futures.hexun.com/2014-03-19/163159486.html，2014-03-19.

第五节　金融互换市场

互换合约最早出现在 1979 年的伦敦，但一开始并没有引起市场的充分重视。1981 年所罗门兄弟公司促成了世界银行和 IBM 的一项货币互换，成为金融互换市场发展的里程碑。同年在伦敦推出了利率互换，第二年利率互换被引进美国，从此互换市场迅速成长起来。

一、互换的定义与分类

（一）互换的含义

期货合约和期权合约的标准化确保了流动性，但是期货合约和期权合约都没法调整以满足投资者与企业的特殊需求。这个问题促发了互换合约的发展。互换（swap）是指交易双方达成协议，约定在未来某个时间以事先约定的方法交换两笔货币或资产的金融交易。因此，从本质上说，互换是远期合约的一种延伸。互换交易在金融市场上主要用于降低长期资金筹措成本，并对利率和汇率等风险进行防范，因此，互换交易既是融资工具的创新，也是金融风险管理的新手段。

（二）互换的分类

按照标的资产的种类，互换交易可以分为利率互换、货币互换和衍生互换三种。

1. 利率互换

利率互换是互换交易中发展最早又最为普遍的互换。利率互换是指交易双方在债务币种相同的情况下，互相交换不同形式利率的一种合约。具体来说，利率互换是指参与互换的合约双方（甲方和乙方），在合约中约定一笔名义的本金数额，然后甲方承诺在约定的未来一定时期内支付乙方一笔货币，其金额为事先在合约中约定的按固定利率计算利息，而乙方则按合约中的约定支付给甲方一笔货币，其金额为事先在合约中约定的按市场浮动利率计算的利息。

2. 货币互换

货币互换也是常见的互换，进行货币互换的贷款面值不同，有时涉及两种以上的货币。在货币互换中，本金和利息一起交换，这一点不同于利率互换。货币互换也是由不同信用级别的机构在不同市场有不同的比较优势而产生的。在货币互换过程中，交易双方根据互补的需要，以商业的本金数额和利率为基础，进行债务或投资的本金交换并结清利息。两个独立的需要借入不同货币的借款者，同意在未来的时间内，按照约定的规则，互相负责对方到期应付的借款本金和利息。

3. 衍生互换

由于凡是约定在未来某一时间以事先规定的方法交换两笔货币或资产的金融交易都称为互换，所以互换的种类非常多。除前面介绍的利率互换和货币互换这两种最基本的互换外，还有商品互换和股权互换。另外，由于创造互换的方法有许多，所以又存在许多基本互换类型的变异形式，如利率互换的变异形式、货币互换的变异形式等，我们称其为衍生互换。

二、互换的交易

(一) 利率互换交易

利率互换交易是基于不同投资者在不同资金市场上有不同的比较优势的情况而产生的，较高信用级别的机构与较低信用级别的机构在筹集固定利率资金上的利率差幅，比筹集浮动利率资金时的利率差幅要大。换句话说，信用级别较低的机构在浮动利率市场筹资比信用级别较高的借款人具有一定的比较优势；反之，信用级别较高的借款人在固定利率市场上筹资比信用级别较低的借款人具有一定的优势。因此，如果各借款人都在其具有比较优势的市场上筹资，然后再相互交换其相应的利息支付，那么双方都能降低融资成本。

在利率互换中，市场浮动利率以市场基准利率（如伦敦银行间同业拆借利率、上海银行间同业拆放利率）为基准，参与交易的各方根据各自的情况在市场基准利率之上附加一定的加息率作为浮动利率。在利率互换中，由于固定利率借款与浮动利率借款的本金数目是相同的，所以本金不用交易，只是互换不同形式的利息。下面的例子说明了利率互换如何降低利息成本。

甲公司借入固定利率资金的成本是 10%，浮动利率资金的成本是 Shibor + 0.25%；乙公司借入固定利率资金的成本是 12%，浮动利率资金的成本是 Shibor + 0.75%。假定甲公司希望借入浮动利率资金，乙公司希望借入固定利率资金。如果采用第一种筹资方式（甲公司借入固定利率资金，乙公司借入浮动利率资金），则二者借入资金的总成本为 Shibor + 10.75%；如果采用第二种筹资方式（甲公司借入浮动利率资金，乙公司借入固定利率资金），则二者借入资金的总成本为 Shibor + 12.25%。由此可知，第一种筹资方式组合发挥了各自的优势，能降低筹资总成本，共节约 1.5%，存在"免费蛋糕"。但这一组合不符合二者的需求，因此，应进行利率互换。

互换过程是甲公司借入固定利率资金，乙公司借入浮动利率资金，并进行利率互换，甲公司替乙公司支付浮动利率，乙公司替甲公司支付固定利率。假定二者均分"免费蛋糕"，即各获得 0.75%，利率互换结果如图 6-4 所示。

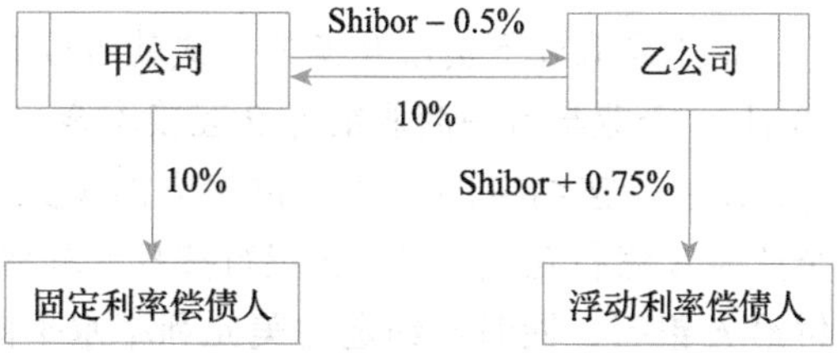

图 6-4 利率互换结果

　　在实际操作中，利率互换的交易双方只需要有一方向另一方支付两种利息的差额即可，即若固定利率利息大于浮动利率利息，则由固定利率支付方向浮动利率支付方按两种利息的差额进行支付；若固定利率利息小于浮动利率利息，则由浮动利率支付方向固定利率支付方按两种利息的差额进行支付。利率互换通过改变净现金流量达到改变资产或负债所承担风险性质的目的。

　　甲公司需要向债权人支付 10% 的固定利率，向乙公司支付 Shibor – 0.5% 的浮动利率（直接借入浮动利率资金需要支付 Shibor + 0.25%，因获得 0.75% 的"免费蛋糕"，所以需向乙公司支付 Shibor – 0.5%），并从乙公司收到 10% 的固定利率，因此，甲公司的融资成本为 10% + Shibor – 0.5% – 10% = Shibor – 0.5%，比它以浮动利率方式直接筹资节约 0.75%。

　　乙公司要向浮动利率债权人支付 Shibor + 0.75% 的浮动利率，向甲公司支付 10% 的固定利率，并从甲公司收到 Shibor – 0.5% 的浮动利率，因此，乙公司的融资总成本为 Shibor + 0.75% + 10% –（Shibor – 0.5%）= 11.25%，比它以固定利率方式直接筹资约 0.75%。乙公司应该向甲公司净支付 10% –（Shibor – 0.5%）= 10.5% – Shibor。

（二）货币互换交易

　　货币互换是持有不同币种的两个交易主体按事先约定在某一时点交换等值货币，在另一时点再换回各自的本金，并相互支付相应利息的市场交易行为，交易双方签订的协议为货币互换协议。若交易的主体为中央银行，则称为央行货币互换。从 20 世纪 50 年代开始，美国国际收支持续恶化，出现全球性美元过剩，各国央行纷纷抛售美元，要求美联储兑换黄金，美国出现大量黄金外流。为避免黄金外流，1962 年 5 月，美联储与法国央行签署了首份央行货币互换协议，用法郎购入法国央行持有的美元，避免了法国央行向美联储提出兑换黄金的要求。自 2008 年以来，中国人民银行先后与韩国银行、澳大利亚储备银行、俄罗斯联邦中央银行等 30 多个国家和地区的货币当局签署了货币互换协议。

　　下面的案例说明了货币互换如何防范汇率波动风险。某企业从商业银行 A 获得一笔 10 亿日元的贷款，期限为 5 年，利率为固定利率 6.25%，付息日为每年 6 月 30 日和 12 月 31 日。2015 年 12 月 20 日提款，2020 年 12 月 20 日到期一次性归还本金。企业提款后，将日元换成美元，用于采购生产设备，产品出口后获得美元收入。企业从商业银行 A 获得的日元贷款是存在一定汇率风险的。企业借的是日元，用的是美元，收到的货款也是美元。而在偿付利息和到期一次性归还本金时，企业都需要将美元换成日元。如果日元升值而美元贬值，那么企业需要用更多的美元来换成日元还款，直接增加了企业的财务成本。

　　企业采取以下货币互换的方式就可以有效锁定汇率风险。①在提款日（2015 年 12 月 20 日），企业与另一商业银行 B 互换本金。企业从 A 银行提取贷款本金，同时支付给 B 银行，B 银行按约定的汇率支付相应的美元。②在付息日（每年 6 月 30 日和 12 月 31 日），企业与 B 银行互换利息。B 银行按日元利率水平向企业支付日元利息，公司将日元利息支付给 A 银行，同时按约定的美元利率水平向 B 银行支付美元利息。③在到期日（2020 年 12 月 20 日），企业与 B 银行再次互换本金。B 银行向企业支付日元本金，企业将日元本金归还给 A 银行，同时按约定的汇率水平向 B 银行支付相应的美元。

在期初与期末，企业与 B 银行均按约定的同一汇率互换本金，且在贷款期内企业只支付美元利息，而收入的日元利息正好用于归还日元贷款利息，从而使企业避免了汇率波动的风险。

延伸阅读

中信泰富巨亏事件

中信泰富曾是四大红筹之一，是国家前副主席荣毅仁创办的中信集团在中国香港的子公司，并由荣毅仁之子荣智健担任首任董事局主席。2008 年 10 月 20 日，香港上市公司中信泰富公告称，因为签订的若干澳元杠杆式买卖合约，公司损失 155 亿港元。

让中信泰富巨亏的主要是一种奇异期权"澳元累计期权合约"。累计期权英文名称为"accumulator"，这种期权设有"取消价"（knock out price）和"行权价"（strike price）。行权价通常相比签约时的市场价格略低，而取消价则高于行权价。在合约存续期，标的资产的市场价格如果处于取消价及行权价之间，期权购买者可以定时以行权价从期权卖方手中买入一定数量的标的资产，从而获得利润（此时市场价格高于行权价）。当标的资产的市场价格涨得太多，高于取消价时，合约便终止。而当标的资产的价格低于行权价时，投资者便须定时用行权价买入 2 倍甚至 4 倍数量的标的资产，直至合约完结。此时，投资者会遭受重大亏损。

由此可见，购买累计期权的收益和风险是极不对称的。一方面，期权所能带来的收益是有限的。如果标的资产的价格涨得太多，超出了取消价，则期权卖出方可以终止合约。相反，如果标的资产的价格跌到了行权价之下，那么期权购买者会持续承受巨大损失。不过，一些投资者往往只看到这种期权在价格上涨时带来的收益，而忽视了它的巨大风险。这种投资者往往被这种期权所给的些许甜头所吸引，而在市场价格下跌后损失惨重。因此，有人取累计期权英文名"accumulator"的谐音，将其戏称为"I kill you later"（我迟些才杀死你）。

中信泰富作为一家中国香港公司，在澳大利亚经营着一家铁矿，有支付澳元的需求。而在 2008 年之前，澳元相对美元持续升值。为了规避澳元升值的风险，中信泰富在 2007～2008 年，与花旗集团、汇丰等 24 家银行签订了数十份外汇合约，其中最大头的是澳元累计期权合约，总额为 90.5 亿澳元。根据这种合约，中信泰富可以用 0.87 的汇率（1 澳元兑换 0.87 美元）向对手银行用美元兑换澳元。在合约签订之时，市场普遍预期澳元会相对美元继续升值。在这种升值预期下，中信泰富买入澳元累计期权似乎没什么问题。事实上，在 2008 年 7 月，澳元兑美元汇率还曾涨到 0.97 的高位。但随着 2008 年 9 月雷曼兄弟的倒闭、次贷危机的爆发，澳元大幅贬值。澳元兑美元汇率在 2008 年 10 月就跌到了 0.7 以下。中信泰富因此蒙受巨额亏损。

事后来看，中信泰富买入的累计期权对自己极为不利。利用金融工程来计算，尽管合约签署时的澳元汇率高于期权行权价，但如果把风险考虑进来，这种期权事实上在签署时就给中信泰富带来负的期望收益。中信泰富之所以会买入这样的期权，要么是公司相关人员违背了审慎原则，将本来的套期保值业务当成了投机来做；要么就是被相关银行给"忽悠"了，未能认清这一期权的真正风险。但不管怎样，中信泰富为自己在期权定价方面的失误付出了巨大代价，时任中信泰富董事局主席荣智健也因此事而黯然辞职。

2008 年 11 月，中信集团决定向中信泰富注资 15 亿美元备用信贷，以及认购 15 亿美元的中信泰富可换股债券，同时又以 93 亿元收购其部分澳元累计期权合约。在母公司注资下，中信泰富暂时渡过了难关。中信集团在 2014 年进一步整治中信泰富，在 3 月底宣布将整体资产注入中信泰富，变相借壳来港上市，并正式改名为中信股份，新集团会从事房地产、金融、铁矿等业务。4 月 16 日中信泰富宣布，以 2 865 亿元收购母公司全部资产，并引入 27 个投资者，包括腾讯、周大福、马来西亚富商郭鹤年等，开创了央企整体上市先河。

资料来源：徐高. 金融经济学二十五讲 [M]. 北京：中国人民大学出版社，2018.

⊙ 名人传记 "站在一群巨人肩膀上"的罗伯特·C. 默顿
请扫描二维码详尽了解名人传记

■ 本章小结

1. 金融衍生产品是在原生金融工具基础上派生出来的金融产品，主要包括远期、期货、期权、互换等四类衍生产品。金融衍生产品的价值依赖于原生性金融工具，往往根据原生性金融工具预期价格的变化而定。金融衍生产品市场具有套期保值、价格发现和投机套利的功能。

2. 金融远期市场是指双方约定在未来的某一确定时间，按确定的价格买卖一定数量的某种金融资产的市场，灵活性较大，主要有远期利率协议和远期外汇交易。远期交易的作用在于锁定未来的价格，但交易双方可能形成巨大的收益或损失，违约风险较高。

3. 期货合约是由交易所统一设计推出，并在交易所内集中交易的标准化远期交货合约。它是为弥补普通远期合约的不足而产生的。期货交易在交易所集中进行，交易所确保合约的履行，并负责制定有关的交易规则，期货交易实行保证金和每日结算

制度。期货市场的主要功能是使投资者可以通过套期保值实现风险转移。期货可以分为商品期货和金融期货。金融期货主要包括外汇期货、利率期货和股票指数期货，它们分别用来防范汇率风险、利率风险和股票市场上的系统性风险。

4. 期权是一种权利，其持有者有权在未来一定时间内以既定的价格向期权的出售者买入（看涨期权）或卖出（看跌期权）一定数量的商品、证券或期货。期权交易双方的可能盈亏是不对称的，购买期权一方的最大损失是既定的，而收益却是不确定的；出售期权一方的最大收益是既定的，而损失却是不确定的。

5. 互换是指交易双方达成协议，约定在未来某个时间以事先约定的方法交换两笔货币或资产的金融交易，主要有利率互换、货币互换和衍生互换三种。互换可以比较有效地规避利率和汇率波动的风险，降低互换双方的筹资成本。

■ 思考与练习

1. 金融衍生产品市场产生和发展的原因有哪些？

2. 金融衍生产品市场有哪些功能？

3. 比较金融期权和金融期货的区别和联系。

4. 假定某公司在 3 个月后要借入一笔资金，为了规避利率波动的风险，请分别运用远期利率合约和利率期权的原理，简要说明如何规避利率风险。

5. 中国从 2010 年开始陆续推出了中证 500 股指期货、上证 50 股指期货和沪深 300 股指期货三种股票指数期货。利用期货交易原理，分析期货交易给投资者的交易带来哪些方面的影响。如果在股票市场持续下跌时，投资者依然想获利，那么他在股指期货市场上该如何操作？

6. 某投资者在 4 月 1 日购买了 6 月 1 日到期的欧式英镑看涨期权 1 000 万英镑，协议价格为 £1 = $1.800 0，期权费为每英镑 0.05 美元。若 6 月 1 日的即期汇率为：（1）£1 = $1.820 0；（2）£1 = $1.900 0；（3）£1 = $1.700 0 三种情形，则该投资者的损益分别为多少美元？

第七章
CHAPTER7

商业银行

> 银行家是一个在晴天借给你雨伞，而在下雨前一分钟却要把伞收回去的家伙。
>
> ——马克·吐温

■ 本章概要

商业银行是金融体系中历史最悠久、服务领域最广泛、对社会经济生活影响最大的金融机构，是现代金融体系的主体。随着经济环境的变化，商业银行的性质、功能和经营业务等也发生着巨大的变迁。本章将在介绍商业银行的概念、性质、职能、组织形式的基础上，着重分析商业银行的业务构成和商业银行的经营管理理论。

■ 学习目标

1. 理解并掌握商业银行的基本概念、性质与职能；
2. 熟悉商业银行的经营模式和组织结构；
3. 掌握商业银行的各项业务及其构成；
4. 明确商业银行经营管理的基本理论和基本原则。

■ 基本概念

商业银行	信用中介	支付中介	信用创造	分业经营
混业经营	单一银行制	分支行制	持股公司制	连锁银行制
负债业务	银行资本	核心资本	附属资本	资本充足率
资产业务	中间业务	表外业务	资产负债管理	

第一节 商业银行概述

一、商业银行的概念

"商业银行"的英文是"commercial bank"。最初使用"商业银行"这个概念，是因为这类银行在发展初期，只承做"商业"短期放贷业务。放款期限一般不超过 1 年，放款对象主要是商人和进出口贸易商。人们将这种以主要吸收短期存款，发放短期商业贷款为基本业务的银行，称为"商业银行"。

《经济大辞典·金融卷》把商业银行界定为："以经营工商业存放款为主要业务，并以利润为其主要经营目标的信用机构。"[一]美国经济学家萨缪尔森将商业银行定义为："商业银行是企业的银行，是银行货币的主要提供者。"法国 1984 年的《银行法》把商业银行定义为："向公众吸收资金，为客户提供金融服务的信贷机构。"在我国，1995 年颁布的《中华人民共和国商业银行法》（简称《商业银行法》）将商业银行定义为："商业银行是依照本法和《公司法》设立的吸收公众存款、发放贷款、办理结算业务的企业法人。"这一定义揭示了现代商业银行的三大基本特征：设立的合法性（必须依法成立）、业务的特殊性（特定的银行业务）和组织的法律性（必须是企业法人）。

因此，对商业银行这一概念可理解为：商业银行是以经营工商业存款、贷款为主要业务，以盈利为主要经营目标的金融企业。与其他金融机构相比，吸收活期存款（支票存款），创造存款货币是商业银行最明显的特征。正是商业银行具有创造货币的功能，使商业银行具有特殊的职能，它的活期存款构成了货币供给的重要组成部分，也是信用扩张的重要源泉。因此，人们又称商业银行为"存款货币银行"。

商业银行发展到今天，与其最初因发放基于商业行为的自偿性贷款从而获得"商业银行"的称谓相比，已相去甚远。特别是第二次世界大战以来，随着社会经济的发展、银行业竞争的加剧，商业银行的业务范围不断扩大，逐渐成为多功能、综合性的"金融百货公司"。

二、商业银行的性质和职能

（一）商业银行的性质

从商业银行的起源和发展历史看，商业银行的性质可以归纳为以追求利润为目标，以经营金融资产和金融负债为对象，具有综合性、多功能的金融企业。

首先，商业银行是一种企业，它具有现代企业的基本特征。与一般的工商企业一样，商业银行具有业务经营所需的自有资金，也需独立核算、自负盈亏，将追求利润最大化作为自己的经营目标。获取最大限度的利润是商业银行产生和发展的基本前提，也是商业银行经营的内在动力。就此而言，商业银行与工商企业没有区别。

其次，商业银行与一般的工商企业又有所不同，它是一种特殊的企业。商业银行的特殊性主要表现在如下方面。①商业银行的经营对象和内容具有特殊性。一般工商企业的经

○ 于光远. 经济大辞典 [M]. 上海：上海辞书出版社，1987.

营对象是物质产品和劳务，从事商品生产和流通；商业银行以金融资产和负债为经营对象，经营的是特殊商品——货币和货币资本，经营内容包括货币收付、借贷以及各种与货币运动有关的或与之联系的金融服务。②商业银行对整个社会经济的影响和受社会经济的影响具有特殊性。商业银行对整个社会经济的影响要远远大于任何一家企业，同时商业银行受整个社会经济的影响也较任何工商企业更为明显。③商业银行的责任具有特殊性。一般工商企业只以盈利为目标，只对股东和使用自己产品的客户负责；商业银行除了对股东和客户负责之外，还必须对整个社会负责。

最后，商业银行是一种特殊的金融企业。商业银行既有别于中央银行，又有别于专业银行和非银行金融机构。商业银行的业务经营则具有很强的广泛性和综合性，它既经营"零售业务"，又经营"批发业务"，其业务触角已延伸至社会经济生活的各个角落，成为"金融百货公司"和"万能银行"。而中央银行是国家的货币管理当局和金融体系的核心，具有较强的独立性，它不对普通客户办理具体的信贷业务，不以盈利为目的。专业银行和各种非银行金融机构只限于办理某一种或几种特定的金融业务，业务经营具有明显的局限性。

（二）商业银行的职能

作为现代金融业的重要组成部分，商业银行在社会经济结构中发挥着不可替代的重要作用，它具有以下四个方面的职能。

1. 信用中介

信用中介职能是商业银行最基本也最能反映其经营活动特征的职能。这一职能的实质是商业银行充当了买卖资本商品使用权的角色，使社会闲散资金得以充分利用并转化为资本。商业银行通过负债业务，把社会上的各种闲散货币资金集中到银行，再通过商业银行的资产业务，将所集中的货币资金投向社会经济各部门。商业银行作为货币资本贷出者和借入者的中介或桥梁，实现资本盈余与短缺之间的融通，满足不同经济主体的需求，提高资本配置和使用效率，扩大社会资本总量，加速经济增长。

2. 支付中介

商业银行在社会经济活动中是出纳中心和支付中心。商业银行在经营活期支票存款账户的基础上（如通过存款在账户上的转移），为客户办理支票的签收和兑付、货币结算、收付、兑换以及电汇资金等业务，成为工商业团体和个人的货币保管者、出纳者和支付代理人。商业银行支付中介职能的发挥，大大减少了现金的使用，节约了社会流通费用，加速了结算过程和货币资金周转，促进了经济发展。支付中介职能和信用中介职能是相互联系、相互促进的，两者互动构成了银行借贷资本的整体运动。

3. 信用创造

商业银行的信用创造职能是在信用中介与支付中介职能的基础之上产生的。商业银行利用存款发放贷款，在支票流通和转账结算的基础上，贷款又转化为派生存款，在这种存款不提取或不完全提取的情况下，就增加了商业银行的资金来源。最后在整个商业银行体系，形成数倍于原始存款的派生存款。但是，商业银行也不能无限制地创造信用，更不能凭空创造信用，它至少要受原始存款、中央银行法定存款准备金率及现金漏损率等条件的制约。

4. 金融服务

商业银行由于联系面广，信息比较灵通，特别是电子计算机在银行业务中的广泛应用，使其具备了为客户提供信息服务的条件，咨询服务、对企业"决策支援"等服务应运而生。工商企业生产和流通专业化的发展，又要求把许多原来的属于企业自身的货币业务转交给银行代为办理，如发放工资、代理支付其他费用等。个人消费也由原来单纯的钱物交易，发展为转账结算。现代化的社会生活从多方面对商业银行提出了创新金融业务的要求。在强烈的业务竞争压力下，各商业银行也不断开拓服务领域，通过金融服务业务的发展，进一步拓展商业银行资产负债业务，并把资产负债业务与金融服务结合起来，开拓新的业务领域。在现代经济生活中，金融服务已经成为商业银行的重要职能。

因其广泛的职能，商业银行对整个社会经济活动的影响十分显著，在整个金融体系乃至国民经济中具有特殊而重要的地位。随着社会经济的发展和全球经济一体化，商业银行已经展现出职能多元化的发展趋势。

三、商业银行的经营模式

从商业银行发展的历史来看，按业务经营范围划分，商业银行的经营模式主要有分业经营和混业经营两类。前者以英国银行为典型，后者以德国银行为代表，故又可以分别称为"英国模式"和"德国模式"。

(一) 分业经营

分业经营是指银行业、证券业、保险业等金融部门各自开展本行业内的业务，业务领域不发生交叉，各个行业由不同的机构分别经营并由不同的政府部门进行监管。在分业经营模式下，商业银行不得兼营证券业务和信托业务，不能直接参与工商企业的投资。这种模式下的商业银行以融通短期存款为主，资产集中于短期自偿性贷款。英国的商业银行是分业经营制度的典型代表，在英国，早期银行的资金主要来源于流动性较大的活期存款，商业银行的信用创造能力有限。而且，传统的商业银行理论认为，银行的资金来源于客户的存款，这些存款经常被提取，因此为了应付存款人难以预料的提款，银行只能将资金短期使用，且强调贷款以商业票据为依据，随着票据到期清偿贷款（即自偿性贷款），而不能用于长期贷款或进行长期投资。在这种背景下，英国政府就对商业银行业务进行严格限制以保持流动性和安全性。

在 20 世纪 30 年代以前，大多数国家对银行经营活动极少加以限制，商业银行大都可以综合经营多种业务。但在 1929～1933 年的大萧条中，大量银行破产倒闭，造成历史上最大的一次货币信用危机。不少西方经济学者将之归咎于银行的综合性业务经营，尤其是长期贷款和证券业务经营。据此，许多国家认定商业银行只能从事短期工商信贷业务，并以立法的形式将商业银行和投资银行的业务范围加以明确划分。1933 年美国国会通过《格拉斯－斯蒂格尔法案》，明确禁止商业银行承销公司证券和从事经纪商活动，同时禁止投资银行从事商业银行业务，禁止银行从事保险及其他被认为有风险的非银行业务。随后日本等国都参照这种模式来管理银行体系。

（二）混业经营

混业经营是指商业银行及其他金融企业以科学的组织方式，在货币和资本市场进行多业务、多品种、多方式的交叉经营与服务。在欧洲大陆的德国、荷兰、瑞士等国，长期以来有发达的金融市场和完善的金融监管体系，金融机构的安全自律意识也较强，因而为混业经营提供了良好的宏观和微观环境。商业银行混业经营的基本特点是，法律允许商业银行可以经营一切金融业务，没有职能分工的限制。这种类型的商业银行，不仅可以经营工商业存款、短期抵押放款、贴现，办理转账结算、汇兑、现金出纳等传统业务，而且可以涉及多种金融业务领域，如信托、租赁、代客买卖有价证券、代收账款、代客保管财产、咨询、现金管理、自动化服务等，因此被称为"金融百货公司"或"金融超级市场"。德国商业银行是混业经营模式的典型代表。作为后起的资本主义国家，德国原始积累过程短暂而不充分，民间资本积蓄十分有限，同时面临英、法等国家的竞争，企业不仅需要短期流动性贷款，更需要长期固定资产贷款，甚至要求银行参股，因此，银行为巩固和发展客户关系，也积极提供丰富的综合性金融业务。混业经营有利于商业银行开展全方位的业务经营活动，提高竞争实力，但同时也加大了银行面临的经营风险。

分业经营与混业经营的优缺点如表 7-1 所示。

表 7-1　分业经营与混业经营的优缺点

	分业经营	混业经营
优点	（1）有利于培养两种业务的专业技术和专业管理水平，一般证券业务要根据客户的不同要求，不断提高其专业技能和服务，商业银行业务则更注重与客户保持长期稳定的关系 （2）分业经营为两种业务发展创造了稳定而封闭的环境，避免了因竞争摩擦和混业经营可能出现的综合性银行集团内的竞争和内部协调困难问题 （3）有利于保证商业银行自身及客户的安全，阻止商业银行将过多的资金用在高风险的活动上 （4）有利于抑制金融危机的产生，为本国和全球经济的稳定发展创造条件	（1）全能银行同时经营商业银行业务和证券业务，可以使两种业务相互促进、相互支持，做到优势互补 （2）有利于降低银行自身的风险 （3）全能银行充分掌握企业经营状况，可以降低贷款和证券承销的风险 （4）银行可以兼营商业银行和证券公司业务，加强了银行业的竞争，有利于优胜劣汰，提高效益，促进社会总效用的提升
缺点	（1）以法律形式所构造的两种业务相分离的运行系统，使得两类业务难以开展必要的业务竞争，具有明显的竞争抑制性 （2）使商业银行和证券公司无法形成优势互补，证券业难以利用商业银行的资金和网络优势，商业银行也不能借助证券公司的业务来推动其本源业务的发展 （3）不利于银行进行公平的国际竞争，尤其是面对规模宏大、业务齐全的欧洲大型全能银行时，单一型商业银行很难在国际竞争中占据有利地位	（1）易形成金融市场的垄断，产生不公平竞争 （2）规模庞大的综合性银行集团易产生集团内竞争和内部协调困难问题，可能会招致更大的金融风险

分业经营和混业经营各有优缺点，但随着经济的不断发展，分业经营模式的缺点和混业经营模式的优点越来越明显。分业经营不能满足工商业及社会公众对融资多样化的需求，而混业经营的业务多样化，能向客户提供更广泛的金融服务，增强银行的竞争能力。相比之下，混业经营的商业银行更能适应经济发展的客观需要。

自 20 世纪 70 年代末以来，伴随着迅速发展的金融自由化浪潮和金融创新的层出不穷，商业银行的上述两个传统特征和分工界限已被突破，欧美许多发达国家相继取消了商业银行业务的限制。1986年，英国颁布了《金融服务法案》，宣布银行业可以直接进入证券交易所进行交易，从而确立了英国金融业混业经营的新时代。1998年4月，日本正式启动"大爆炸"式的金融改革，实施了"金融体系改革一揽子法"，放宽了银行、证券和保险等行业的业务限制，废除了银行不能直接经营证券、保险的禁令，允许各金融机构跨行业经营各种金融业务。1999年11月12日美国总统克林顿签署了《金融服务现代化法案》，正式放开银行从事其他金融业务的限制，推动了商业银行与投资银行之间的相互渗透，标志着全能型银行体制将在美国推行，进而对全球金融体系产生深远影响。

然而，随着美国次贷危机的爆发，混业经营模式受到质疑，主要的压力来自美国颁布的《沃尔克规则》。《沃尔克规则》以美联储前主席沃尔克的姓氏命名，于2013年12月得到美国货币监理署（OCC）、联邦存款保险公司（FDIC）、美国联邦储备系统（FED）、美国证券交易委员会（SEC）和美国商品期货委员会（CFTC）五大监管机构的批准。它依据2010年通过的《多德－弗兰克法案》制定，于2014年4月1日生效，其核心是禁止银行从事自营性质的投资业务，以及禁止银行拥有、投资或发起对冲基金和私募基金。《沃尔克规则》是美国继20世纪30年代之后对金融监管的最大改革，标志着华尔街最核心、最赚钱的业务进入更加严苛的监管时代。进入2019年，华尔街又迎来了期盼已久的利好：美国监管方有望集体批准彻底修改《沃尔克规则》。这意味着，美国政府将放宽对银行自营投机性投资的严格限制。8月20日，美国货币监理署和联邦存款保险公司双双批准了《沃尔克规则》改革方案。

🌐 **专栏 7-1**

我国银行分业经营与混业经营的选择

随着金融业的不断发展，国际上对分业和混业经营模式进行不断修正，现阶段发达市场经济国家多采用混业经营模式。混业经营有两种基本形式：一是在一家银行内同时开展信贷中介、投资、信托、保险等业务；二是以金融控股公司的形式把分别独立经营金融业务的公司连接在一起。

在改革开放之前，我国是分业经营。改革开放之后，四家国有商业银行纷纷成立自己的信托投资公司、证券营业部，开始经营证券、信托等业务。然而我国银行在这期间的"混业经营"与发达市场经济国家中的银行所实施的混业经营也有着重大的原则性区别：典型的混业经营，在一家银行内的不同大类银行业务之间，在人事、资金方面均实行独立的管理，特别是决策各有其严格的程序。而在我国银行里，资金调度和经营决策并不独立。在实践中，这种情况给金融业带来一定程度的混乱。于是，我国于1995年颁布的《商业银行法》确立了严格的分业经营原则。

我国实行分业经营，是符合我国商业银行业的发展和管理水平的，但弊端也是存在的。分业经营导致资源不能合理优化配置，金融创新受到抑制，在全球经济金融一体化的趋势下竞争压力不断增大。目前，随着经济的发展和金融改革的深化，分业经营与混业经营的界限不断模糊化。现实生活中，在现行政策法令允许的范围内，商业银行正充分利用广泛的机构网点、资金、信息、清算效率和客户基础优势，积极拓展与资本市场有关的中间业务，并不断加强与证券业和保险业的合作，扩大业务范围，从而促进自身进一步发展。

资料来源：多恩布什，费希尔，斯塔兹.宏观经济学[M].范家骧，等译.北京：中国人民大学出版社，2000.

四、商业银行的组织形式

商业银行的组织形式是指商业银行在社会经济生活中的存在形式，主要类型有：单一银行制、分支行制、持股公司制、连锁银行制。

(一) 单一银行制

单一银行制，是指银行业务由各自独立的商业银行经营，不设立任何分支机构的组织形式。

这种银行制度在美国较为典型，这是由美国特殊的历史背景和政治制度决定的。美国是各州独立性较强的联邦制国家，历史上经济发展很不平衡，东西部悬殊较大。为了适应经济均衡发展的需要，特别是适应中小企业发展的需要，反对金融权力集中，美国联邦及各州均立法禁止或限制银行开设分支机构，特别是跨州设立分支机构。

单一银行制具有如下优点：①能防止银行业的垄断与集中，符合自由竞争的原则；②单一制银行与当地经济联系密切，可以更好地为地方经济服务；③单一制银行规模小，管理层次少，组织比较严密，易于管理。

单一银行制也有明显的缺点：①银行不设立分支机构，这与经济的外向发展和商品交换范围的扩大存在矛盾，同时，在电子计算机广泛应用的条件下，其业务发展和金融创新受到限制；②银行业务多集中于某一地区或某一行业，易受经济发展波动的影响，风险集中；③银行规模较小，经营成本高，不能取得规模经济效益。

随着经济的发展，地方差距的缩小，美国对商业银行设立分支机构的限制逐步放松。1994年美国国会通过《瑞格–尼尔跨州银行与分支机构有效性法案》，取消了限制跨州建立分支行的规定，单一银行制向分支行制转变已成为发展趋势。但由于历史原因，至今在美国仍有许多单一制商业银行。

(二) 分支行制

分支行制又称总分行制，是指法律允许在总行之下设有分支机构的组织形式。商业银行的总行一般设在各大中心城市，所有分支机构归总行统一领导。分支行制按管理方式不同，又可进一步划分为总行制和总管理处制。总行制是指总行除管理、控制各分支机构以外，本身也对外营业，办理业务。总管理处制是指总行只负责管理、控制各分支机构，本身不对外办理业务，总行所在地另设分支机构对外营业。目前世界各国商业银行大都采取分支行制的组织形式，我国商业银行也实行分支行制。

与单一银行制相比较，分支行制有如下优点：①分支行制形成了以总行为中心，分支机构遍布各地的商业银行业务经营系统和网络，有利于吸收存款，调剂转移资金，提高资金的使用效益，同时，由于贷款和投资范围广泛，使风险易于分散，提高了银行经营的安全性；②经营规模大，服务范围广，可以取得规模经济效益，相对降低单位业务的成本；③内部工作可以实行高度的分工制，有利于培养专业化人才，提高工作效率；④有利于采用现代化设备，提供方便的金融服务；⑤分支行制下商业银行总数较少，便于金融当局的宏观管理。

分支行制的缺点在于，容易造成大银行对小银行的吞并，形成金融垄断，阻碍竞争。

同时，从银行内部管理角度看，由于规模过大，内部层次、下设机构过多，总行统一管理的难度较大。

(三) 持股公司制

持股公司制又称集团银行制，是指由一个企业集团成立控股公司，再由该公司控制或收购若干银行的组织形式。在持股公司制下，控股公司既可以由非银行的大型企业组建，也可以由大银行组建。在法律形式上，被控股的银行仍然保持各自独立的地位，但其业务经营都由同一股权公司所控制。持股公司一般有两种类型，即多银行持股公司和单一银行持股公司。多银行持股公司拥有两家或两家以上的银行，所以又可称为"集团银行"。单一银行持股公司只有一家实力雄厚的银行。持股公司制能够扩大银行资本总量，增强实力，提高抵御风险和竞争的能力，弥补单一银行制的不足，并且可以通过这种组织形式打破银行法对商业银行禁设分支行机构的限制。

银行持股公司最早在 19 世纪出现，但作为银行的一种重要组织形式，直到 20 世纪 20 年代才被人们所认识，并在 20 世纪下半叶在美国得到迅速发展。1965 年美国有 47 家银行持股公司，它们总共控制的银行有 1 954 家。至 1989 年，美国的银行持股公司达到了 5 871 家，所控制的存款总额占美国银行存款的 90% 左右。美国的银行持股公司之所以迅猛发展，是因为其长期坚持单一银行制，其主要目的是突破法律的限制，克服美国单一银行制下的银行资金规模小、竞争力不强的弊端。持股公司制下的银行能够有效扩大总资本量，增强银行实力，提高抵御风险的能力和参与市场竞争的实力。

(四) 连锁银行制

连锁银行制又称联合银行制，是指由某个人或某一集团通过购买若干家独立银行的多数股票，或以其他法律允许的方式取得对这些银行控制权的一种组织形式。在连锁银行制下，被控银行在法律上是独立的，但其所有权和业务经营要掌握在控制这些银行的个人或集团手中。连锁银行制与持股公司制性质相近，但连锁银行制不是以股权公司的形式存在。

🌐 **专栏 7-2**

我国新型民营银行：浙江网商银行

浙江网商银行由浙江蚂蚁小微金融服务集团、上海复星工业技术发展有限公司、万向三农集团有限公司、宁波市金润资产经营有限公司共同发起设立，是中国银监会批准的首批五家民营银行之一。2014 年 9 月 29 日，银监会批准筹建。2015 年 5 月 27 日，银监会发布公告称，批准浙江网商银行股份有限公司开业，核准其注册资本为 40 亿元人民币。2015 年 6 月 25 日，浙江网商银行正式开业。

截至 2019 年，自设立以来的 4 年来，浙江网商银行向 1 746 万家小微企业提供无抵押、无担保的纯信用贷款逾 3 万亿元；户均贷款余额 2.6 万元，平均每笔贷款 1.1 万元；80% 的客户是首次获贷，意味着浙江网商银行是为在传统银行风险评估体系里"零信用"的人发放纯信用贷款；平均贷款周期 90 天。几年间，网商银行的客户范围从网上扩大到线下，几乎全是小微网商、个体工商户。这些商户一般不超过 5 人，往往一人开店就能带动全家就业，约占全国小微商家的 1/6，对经济形势的变动最敏感。这些"小微中的小微"如同中国经济的毛细血管，单个体量小但总量大，汇集起来就是强大的需求。

资料来源：郑庆东，齐平，陈果静．浙江网商银行调研记：挖掘中国人的信用富矿 [J]．经济日报，中国经济网，2019-8-10．

第二节　商业银行的主要业务

一、商业银行资产负债表

尽管各国商业银行的组织形式、名称、经营内容和重点各异，但就其经营的主要业务来说，一般均分为负债业务、资产业务以及中间业务和表外业务。随着银行业国际化的发展，国内这些业务还可以延伸为国际业务。

商业银行所做的工作，就是在拥有一定量资本的前提下，通过发行对自身的债权（即负债）来获得资金，然后用这些资金去购买资产；通过从资产上获得的收益，来弥补发行各种负债的费用，并且获得一定的剩余（即利润）。要理解银行的业务运作，首先要考察银行的资产负债表，银行的资产负债表是银行的资金来源（负债）和资金运用（资产）的列表，其中银行总资产等于银行总负债与银行资本之和。下面我们以 2014 年 6 月美国所有商业银行合并起来的资产负债表（见表 7-2）为例，对商业银行的资产和负债逐项考察。

表 7-2　美国所有商业银行合并资产负债表　　　　（2014 年 6 月）

资产（资金运用）		负债（资金来源）	
准备金和现金	19%	存款	
证券		支票存款	11%
美国政府和政府机构证券	13%	非交易存款	
州和地方政府证券及其他证券	6%	储蓄存款 + 小额定期存款（< 10 万美元）	47%
贷款		大额定期存款	11%
工商业贷款	12%	借款	20%
不动产贷款	25%		
消费者贷款	8%	银行资本	11%
银行同业贷款	1%		
其他贷款	7%		
其他资产（如实物资产）	9%		
资产总额	100%	负债与资本总额	100%

注：按流动性从高到低排列。

资料来源：弗雷德里克·米什金．货币金融学 [M]．郑艳文，荆国勇，译．北京：中国人民大学出版社，2017：159.

二、商业银行的负债业务

商业银行负债业务是其最基本、最主要的业务，负债业务形成商业银行的资金来源，是商业银行资产业务的前提和条件。商业银行的资金来源包括自有资本和吸收的外来资金两部分。商业银行的负债主要由银行资本、存款、借款等方面组成。

（一）银行资本

银行资本是银行从事经营活动必须注入的资金，包括银行投资者为了正常的经营活动及获取利润而投入的货币资金和保留在银行的利润，即银行的净值。银行资本是金融管理部门实施监管的工具。银行面临的未来风险越大，资产增长越快，银行所需的资本量就越多。从本质上看，属于商业银行的自有资金才是资本，它代表着投资者对商业银行的所有权，同时也代表着投资者对所欠债务的偿还能力。从这个意义上理解，商业银行的资本主要包括实收资本、资本公积、盈余公积和未分配利润。银行资本一般只占其全部负债的很小一部分，却起着极为重要的作用。它不仅是银行存在和发展的先决条件，而且是客户存款免遭损失的保障，还是银行正常经营的保障。但是，在实际工作中，商业银行持有的长期债券等一些债务也被当作银行资本。从监管角度来理解，银行资本分为核心资本和附属资本，其中附属资本不得超过核心资本的100%。

1. 核心资本

核心资本包括实收资本、资本公积、盈余公积、未分配利润等。

（1）实收资本是指企业投资者按照企业章程或合同、协议的约定，实际投入企业的资本。我国实行的是注册资本制，在投资者足额缴纳资本之后，企业的实收资本应该等于企业的注册资本。为保证商业银行进行正常经营，保护存款人的利益，各国都以法律的形式规定商业银行开业时必须具有最低注册资本的限额。我国《商业银行法》规定，商业银行的注册资本最低限额为10亿元人民币。在股份制商业银行中，注册资本主要表现为普通股，它是银行股本金资本的基本表现形式。

（2）资本公积是指商业银行在筹集资金中的股票溢价、法定资产重估增值以及接受捐赠的资产价值等。它可以按照法定程序转增资本金。股票溢价，是指股票发行价格超过其面值的部分。有些国家法律规定，商业银行在开始营业时，必须拥有至少等于股本金总额20%的资本公积。

（3）盈余公积是商业银行按照有关规定，从税后利润中提取的公积金，它是商业银行自我发展的积累，既可以用于弥补亏损，又可转增银行资本。根据我国金融企业会计制度的规定，商业银行应在税后利润中提取10%作为盈余公积，当盈余公积达到注册资本的50%时可不再提取。

（4）未分配利润是商业银行在经过各种形式的利润分配后剩余的利润。这部分利润尚存于商业银行中，是银行增加自有资金的重要方法，特别是对那些难以进入股市筹资的银行。在经济发展缓慢、资金紧张，或所得税税率较高时，也往往选择这种方法增加自有资金。

2. 附属资本

商业银行的附属资本包括贷款呆账准备金、坏账准备金、投资风险准备金、5年及5年以上的长期债券。

（1）贷款呆账准备金是商业银行在从事放款业务过程中，按规定以贷款余额的一定比例提取的，用于随时补偿可能发生的贷款呆账的准备金。

（2）坏账准备金按照年末应收账款余额的3‰提取，用于核销商业银行的应收账款损失。

（3）投资风险准备金，按照规定，我国商业银行每年可按上年年末投资余额的3‰提取。如达到上年末投资余额的1%时可实行差额提取。

（4）5年及5年以上的长期债券，属于金融债券的一种，是由商业银行发行并还本付息的资本性债券，用来弥补商业银行的资本金不足。

专栏 7-3
《巴塞尔协议Ⅲ》与我国的银行资本监管政策

2010年《巴塞尔协议Ⅲ》的推出使全球的金融监管发生了重大变化，我国监管当局充分借鉴国际经验，紧密结合国内银行业的经营特点和监管实践，确立了我国银行业实施新监管标准的政策框架。

2011年5月，中国银监会推出《中国银行业实施新监管标准指导意见》，明确了一系列监管标准，包括资本充足率、杠杆率、流动性、贷款损失准备等，被称为中国版的《巴塞尔协议Ⅲ》。

该指导意见强化了资本充足率监管，其表现在以下方面。

（1）改进了资本充足率计算方法，对资本定义、风险加权资产的计算方法等进行了新的规定，将监管资本分为核心一级资本、其他一级资本和二级资本，并采用差异化的信用风险权重方法。

（2）提高了资本充足率监管要求，明确了核心级资本充足率、一级资本充足率和资本充足率分别不得低于5%、6%和8%；引入了逆周期的资本监管框架，包括建立25%的留存超额资本和0～2.5%的逆周期超额资本；对系统重要性银行的附加资本提高要求，暂定为1%。按照上述标准，正常条件下系统重要性银行和非系统重要性银行的资本充足率将分别不低于11.5%和10.5%。

（3）引入杠杆率监管标准，要求商业银行的一级资本占调整后表内外资产余额的比例不低于4%，以弥补资本充足率的不足，控制银行业金融机构以及银行体系的杠杆率积累。

（4）强化贷款损失准备监管，通过建立贷款拨备率和拨备覆盖率监管标准以强化贷款损失准备监管。贷款拨备率（贷款损失准备占贷款的比例）不低于2.5%，拨备覆盖率（贷款损失准备占不良贷款的比例）不低于150%，原则上按两者孰高的方法确定监管要求。同时建立动态调整贷款损失准备制度。

（5）合理安排过渡期。新资本监管标准从2012年1月1日开始执行，系统重要性银行和非系统重要性银行要求分别于2013年年底和2016年年底前达标。

2012年6月7日银监会公布《商业银行资本管理办法（试行）》，自2013年1月1日起实施。该办法坚持我国银行业资本监管的成功经验，以《巴塞尔协议Ⅱ》三大支柱为基础，考虑《巴塞尔协议Ⅲ》的新要求，分别对监管资本要求、资本充足率计算、资本定义、信用风险加权资产计量、市场风险加权资产计量和操作风险加权资产计量、商业银行内部资本充足评估程序、资本充足率监督检查和信息披露等进行了规范。它体现了宏观审慎监管和微观审慎监管有机结合的银行监管新理念，使我国资本监管制度在更高水平与国际标准接轨。

这些监管措施的出台，推动了中国银行业实施国际新监管标准。

资料来源：中国银行业监督管理委员会网站：《关于中国银行业实施新监管标准的指导意见》；
中国新闻网：银监会发布《银行业实施新监管标准指导意见》，2011年5月3日。

（二）存款

存款是商业银行接受客户存入货币款项，存款人可以随时或按约定的期限提取款项的信用业务，是商业银行最主要的资金来源，通常占全部资金来源的 70%～80%。商业银行传统的存款主要有活期存款、定期存款和储蓄存款三大类。

1. 活期存款

活期存款是指无须任何事先通知，存款户即可随时存取和转让的一种银行存款，它没有确切的期限规定，银行也无权要求客户取款时有事先的书面通知。持有活期存款账户的存款者可以用各种方式提取存款，如开出支票、本票、汇票、电话转账、使用自动柜员机等。由于各种经济交易，包括信用卡、商业零售等都是通过活期存款账户进行的，所以在国外又把活期存款称为交易账户。作为商业银行主要资金来源的活期存款有以下几个特点：①具有很强的派生能力；②流动性大，存取频繁，手续复杂，所费成本较高。因此，西方国家商业银行一般都不支付利息，有时甚至还要收取一定的手续费。

2. 定期存款

定期存款是指客户与银行在存款时事先约定期限、利率，到期后支取本息的存款。存款期限通常为 3 个月、6 个月和 1 年不等，期限最长的可达 5 年或 10 年。利率根据期限的长短不同而存在差异，但都要高于活期存款。定期存款的存单可以作为抵押品取得银行贷款。定期存款具有以下特点：①定期存款带有投资性。由于定期存款利率高，风险小，所以是一种风险最小的投资方式。由于期限较长，按规定一般不能提前支取，所以定期存款是银行稳定的资金来源。②定期存款所要求的存款准备金率低于活期存款。因为定期存款有期限的约束，有较高的稳定性，所以定期存款准备金率就可以要求低一些。③手续简单，费用较低，风险性小。由于定期存款的存取是一次性办理的，在存款期间不必提供其他服务，所以除了利息以外没有其他的费用，因而费用低。同时，定期存款较高的稳定性导致其风险性较小。

3. 储蓄存款

储蓄存款主要是指个人为了积蓄货币和取得一定的利息收入而开立的存款。储蓄存款也可分为活期存款和定期存款。储蓄存款具有两个特点：①储蓄存款多数是个人为了积蓄购买力而进行的存款；②金融监管当局对经营储蓄业务的商业银行有严格的规定。储蓄存款多数属于个人，分散于社会上的各家各户，为了保障储户的利益，各国对经营储蓄存款业务的商业银行有严格的管理规定，并要求银行对储蓄存款负有无限清偿责任。

除上述各种传统的存款业务以外，为了吸收更多存款，打破有关法规限制，西方国家商业银行在存款工具上有许多创新，如可转让支付命令账户、自动转账账户、货币市场存款账户、大额定期存单等。

（三）借款

借入资金是商业银行一种持久地主动增加资金来源的手段，它使商业银行可以持有较高比例的流动性较差的生息资产。商业银行的借入资金主要包括中央银行借款、银行同业拆借、国际金融市场借款、回购协议交易、发行金融债券等。

1. 中央银行借款

商业银行向中央银行借款有两种方式：再贴现和再贷款。再贴现是指商业银行把贴现买进的尚未到期的商业票据出售给中央银行。再贷款是商业银行开出本票或借据，以信用的方式，或者以政府债券、银行承兑汇票等作为抵押品的方式，直接从中央银行取得的贷款。商业银行向中央银行借款的主要目的是缓解本身流动资金不足的压力，而不是用来发放贷款赚取利息。

2. 银行同业拆借

银行同业拆借是商业银行之间或商业银行与其他金融机构之间相互进行的资金融通。同业拆借款只能用于弥补商业银行在中央银行存款账户上的准备金头寸不足，拆出资金则主要是商业银行在中央银行账户上的超额准备。同业拆借款一般期限都很短，有时是今借明还，常称为"隔日放款"。我国目前的同业拆借有1天、7天、14天、21天、1个月、2个月、3个月和4个月8个品种。同业拆借的款项具有利率低、期限短、不需要缴纳法定准备金的特点。

3. 国际金融市场借款

当商业银行在资金周转不足时，除了通过上述几种途径借款外，还可以通过向国外金融机构借款来应急。国外金融机构借款的期限一般有三类：首先是短期市场，借款期限在1天和1年之间；其次是中期资金存放市场，期限通常在1年和5年之间；最后是长期债券市场，即5年以上政府公债或公司债券发行、交易的场所。一般来说，商业银行向国外金融机构拆借资金主要是前两个市场。目前，全球规模最大、最具影响力的是欧洲货币市场，商业银行的国外借款主要在这个市场上交易。在这个市场中，欧洲货币是指以外币表示的银行存款账户。例如，存在英国伦敦银行的以美元、日元表示的存款账户，就是欧洲货币。由于国际贸易结算通常都是用美元，所以欧洲美元就成了欧洲货币市场的主要货币。欧洲美元是指那些位于美国以外的银行所持有的美元存款。但是，目前欧洲货币市场并不仅仅指在欧洲发生、交易的市场，实际上它的交易范围不限于欧洲，已扩展到亚洲、非洲及拉丁美洲，现在日本、加拿大、新加坡、中国香港等国家或地区都在经营欧洲美元存款。在欧洲货币市场进行资金交易不受利率的管制，在税收及存款准备金方面也比较有利，因此，它已经成为商业银行进行资金交易的重要市场。

4. 回购协议交易

回购协议交易是指商业银行在通过出售证券等金融资产取得资金的同时，约定在一定期限后按约定价格购回所卖证券，以获得即时可用资金的交易方式。回购协议最常见的交易方式有两种：一种是证券卖出和回购采用相同的价格，协议到期时以约定的收益率在本金外支付费用；另一种是回购证券时的价格高于卖出时的价格，其差额就是即时资金提供者的收益。我国规定，回购协议的期限最长不得超过3个月。证券回购实际上是商业银行以证券作为质押担保来实现资金的融通。

5. 发行金融债券

金融债券是银行等金融机构为筹措资金而发行的一种债务凭证。对于债券的购买者而言，它是一种债权凭证，持有期间从发行者那里取得利息收入，到期收回本金。银行通过发行金融债券可以筹集资金，以此作为一项重要资金来源。金融债券可分为资本性金融债券和一般性金融债券。资本性金融债券是为弥补银行资本不足而发行的，介于存款负债和股份资本之间的一种债务，《巴塞尔协议》将其归入附属资本或次级长期债券。一般性金融债券是指商业银行为筹集用于长期贷款、投资等业务的资金而发行的债券。

三、商业银行的资产业务

商业银行的资产业务属于其资金运用业务，是指商业银行将通过负债业务所积聚的货币资金加以应用获取收益的业务。商业银行的收益是由贷款、贴现和证券投资等主要资产业务形成，但为满足商业银行经营的安全性、流动性和收益性的基本原则要求，商业银行的资产中必然有部分属于无收益或低收益的资产，因此，商业银行的资产业务除贷款业务、贴现业务和证券业务等主要业务外，还有一部分现金资产。

(一) 现金资产

现金资产是维护银行支付能力、保持其流动性的第一道防线，也称为一级储备。现金资产一般被视为流动性最强的资产或非盈利性资产，主要包括库存现金、存放中央银行款项、同业存款、托收未达款等。现金资产业务虽不能给银行带来收益或收益极小，却是银行正常经营所必需的。

1. 库存现金

库存现金是指商业银行为应付存款户提取现金和商业银行日常开支而库存的现金。为保证支付能力，商业银行必须保留足够的库存现金。但是，因为库存现金没有收益，过多则会影响商业银行的盈利，商业银行在保证正常支付的前提下，应尽可能减少库存现金。

2. 存放中央银行款项

商业银行的存放中央银行款项由两部分组成：法定存款准备金和超额存款准备金。根据法律规定，商业银行每吸收一笔存款必须按规定的比例存放一部分资金在中央银行，商业银行不能将该部分款项用于放款或支付。所规定的比率，即为法定存款准备金率，其存款即为法定准备金存款。最初建立法定存款准备金制度的目的是确保商业银行在遇到突然大量提取银行存款时，能有相当充足的清偿能力，现在法定存款准备金制度则成了中央银行的重要货币政策工具。超额存款准备金则是商业银行在中央银行的存款中超过法定存款准备金的部分，是商业银行资产中流动性最强的资产之一。

3. 同业存款

同业存款是指商业银行存放在其他商业银行的资金，其主要目的是方便自身清算业务。在国外，许多小银行将其资金存放在大银行中，以换取包括支票收款、外汇交易以及帮助购买债券等多种服务。

4. 托收未达款

托收未达款是银行应收的清算款项。在银行办理转账结算业务中，由其他银行转入本银行的款项,尚未收到之时,即为托收未达款。这些款项是本银行对其他银行的资金要求权,在很短时间内,即可收到该款项。届时该银行的准备金存款或银行同业存款余额即可增加,因而被视同现金。银行通常把这部分款项称为"浮存"。

(二)证券业务

商业银行的证券投资业务是商业银行将资金用于购买有价证券的活动,主要是通过证券市场买卖股票、债券进行投资。商业银行进行证券投资的主要目的有三个方面:①通过资产多元化以分散风险;②保持流动性;③提高收益。商业银行证券投资业务的主要对象是各种证券,包括国库券、中长期国债、政府机构债券、市政债券或地方政府债券以及公司债券。在这些证券中,国库券由于风险小、流动性强而成为商业银行重要的投资工具。由于公司债券信用等级差别较大,所以商业银行投资于公司债券的比重越来越小。随着银行业务综合化的发展,商业银行努力扩展证券投资的业务范围,商业银行兼营投资银行的业务甚至成为一种趋势。按我国现行商业银行法规定,商业银行不得从事境内信托投资和股票业务。因此,目前我国商业银行证券投资业务的对象主要是政府债券和中央银行、政策性银行发行的金融债券等,且规模都不大。

(三)贷款业务

贷款是商业银行最主要的资产业务。它是商业银行将其所吸收的资金,按照一定的条件贷放给需要补充资金的企业,从而获得收益的业务。虽然各国商业银行因所处经济环境及经营策略不同,贷款在其资产中所占比重存在着差异,但大都占到总资产的50%~70%。商业银行的贷款可以按照不同的标准划分为不同的种类。

1. 根据贷款期限划分,可分为短期贷款、中期贷款和长期贷款

短期贷款是指贷款期限在1年以内(含1年)的贷款。短期贷款用于支持借款人对流动资金的短期需要,特点是流动性强,风险相对较小,属于短期周转或临时垫付性质。中期贷款,是指贷款期限在1年(不含1年)以上、5年(含5年)以下的贷款。长期贷款,是指贷款期限在5年(不含5年)以上的贷款。基本建设等大型项目贷款属于长期贷款。长期贷款数额多,期限长,流动性弱,风险大。因此,必须根据借款人和借款项目两方面的调查情况来进行贷款决策。

2. 根据贷款方式划分,可分为信用贷款和担保贷款

(1)信用贷款。它是指以借款人的信誉为保证发放的贷款。信用贷款的优点是手续简便,贷款限制条件少,适用面广,借款企业不用提供抵押品或者由第三方作担保;缺点是银行仅以客户的信誉及相关经济数据为凭据予以贷款,还款保障性差,贷款风险系数较大,因而只能向资信良好、高效益的借款人发放。

(2)担保贷款。它是指依据借款人以外的第三方为履行债务进行担保而发放的贷款。银行与借款人及第三方签订担保协议后,当借款人财务状况恶化、违反借款合同或无法偿还贷款本息时,银行可以通过执行担保来收回贷款本息。担保贷款可以分为保证贷款、抵押贷款和质押贷款。保证贷款,是指按《担保法》规定的保证方式以第三方承诺在借款人

不能偿还贷款时，按约定承担一般保证责任或者连带责任而发放的贷款。抵押贷款，是指按《担保法》规定的抵押方式，以借款人或第三方的财产作为抵押物发放的贷款。当借款人不履行债务时，商业银行有权依照《担保法》的规定以抵押的财产折价或者以拍卖、变卖抵押财产的价款优先受偿。质押贷款，是指按《担保法》规定的质押方式以借款人或第三方的动产或权利作为质押物发放的贷款。质押贷款又分动产质押贷款和权利质押贷款。

3. 根据贷款风险程度进行分类，可分为正常贷款、关注贷款、次级贷款、可疑贷款、损失贷款

（1）正常贷款。借款人能够履行合同，一直能正常还本付息，不存在任何影响贷款本息及时全额偿还的消极因素，银行对借款人按时足额偿还贷款本息有充分的把握。贷款损失的概率为零。

（2）关注贷款。尽管借款人目前有能力偿还贷款本息，但存在一些可能会对偿还产生不利影响的因素。在这类贷款中，贷款的本息偿还仍然正常，但发生了一些可能会影响贷款偿还的不利因素。因此，对这些不利因素应该随时给予关注或对其进行监控。

（3）次级贷款。借款人的还款能力出现了明显的问题，依靠其正常的经营收入已无法保证足额偿还本息。在次级贷款中，借款人依靠其正常经营收入已经无法偿还贷款本息，而不得不通过重新融资或拆东墙补西墙的办法来归还贷款。

（4）可疑贷款。借款人无法足额偿还本息，即使执行抵押或担保，也肯定要造成部分的损失。可疑贷款具备了次级贷款的全部症状，而且程度更加严重。如果属于抵押担保贷款，即使履行抵押担保，贷款本息也注定要发生损失。只是由于贷款正在重组等原因，对损失程度尚难以确定，因此称为可疑。

（5）损失贷款。在采取所有可能的措施和一切必要的法律程序之后，本息仍然无法收回，或只能收回极少的一部分。在损失贷款中，无论采取什么措施和履行什么程序，贷款者注定要损失。

4. 根据贷款对象分类，可分为工商业贷款、农业贷款、消费贷款

工商业贷款是商业银行以工业和商业企业流动资产增加与固定资产更新、改造的需要为对象而发放的贷款。农业贷款主要用于满足农业生产的融资需求。消费贷款是银行向个人提供的用于购买消费品的贷款。

（四）贴现业务

票据贴现是银行应客户的要求，买进未到期的票据。它是在商业票据的基础上产生的一种融资行为，也称贴现贷款。从表面上看，这是一种票据买卖，实际上是银行的信用业务。因为票据的支付人对持票人是一种负债关系，在票据未贴现以前，票据是银行客户的债权；贴现以后，票据转为对银行的债权。因此，票据买卖实际上是债权的转让，相当于银行间接贷款给票据支付人。银行把资金支付给申请贴现的企业，却在票据到期时才能从付款人那里收回资金，因此，银行就要向客户收取一定的利息，称为贴现利息或折扣。

贴现的具体程序是：银行根据票面金额及既定贴现率，计算出从贴现日起到票据到期日止这段时间的贴现利率，并从票面金额中扣除，余额部分支付给客户；当票据到期时，

银行持票据向票据载明的支付人索取票面金额款项。贴现业务最初曾是商业银行最重要的资产业务，目前在资产业务中仍占相当比重，贴现对象也由过去主要是商业票据扩展到政府短期债券。

贴现业务与普通贷款相比，虽然都是资金运用并收到利息，但有许多不同之处：贷款是在放贷期间收取利息，而贴现则是在贴现业务发生时从票据面额中预扣利息；贷款期限有大于1年的，且常有转期情况，而贴现的票据期限一般较短，通常都是3个月到期，最长不会超过1年，到期即可收回；贷款的申请人是银行的直接债务人，而贴现的申请人并非银行的直接债务人，票据的出票人、承兑人和背书人均应对票面款项负责；贷款利率要略高于贴现率，银行的实际付款额低于票面额，所以贴现利率要低于贷款利率。

四、商业银行的中间业务

(一) 中间业务的概念

中间业务是指商业银行在资产业务和负债业务的基础上，利用技术、信息以及信誉等方面的优势，不运用或较少运用自己的资财，以中间人或代理人的身份为客户办理收付、代理、委托、担保和咨询等事项，提供各类金融服务并收取一定费用的经营活动。由于在办理这些业务时，银行不涉及资产与负债的运用，所以业务的发生一般不在资产负债表中反映。在资产业务和负债业务两项传统业务中，银行是作为信用活动的一方参与；中间业务则不同，银行不再直接作为信用活动的一方，扮演的只是中介或代理的角色，通常实行有偿服务。国际上对这类业务常用表外业务概括，但具体内涵上有所不同。

巴塞尔委员会将表外业务（off-balance sheet activities，OBS）解释为"不列入资产负债表，而仅可能出现在财务报表附注中的交易活动"。巴塞尔委员会对表外业务进行了狭义、广义概念上的区分。广义的表外业务是指包括所有不在资产负债表中反映的一切业务，具体包括金融服务类表外业务和或有债权、或有债务类表外业务。狭义的表外业务则是指或有债权、或有债务类表外业务。金融服务类表外业务是指那些只能为银行带来服务性收入而不会影响银行表内业务质量的业务，主要包括与贷款有关的服务、信托与咨询服务、支付服务、经纪人、代理人服务、进出口服务等业务。或有债权、或有债务类表外业务是指不在资产负债表内反映，但在一定条件下会转变为资产业务和负债业务的或有资产、或有负债的业务，主要包括贷款承诺、担保和金融衍生业务三大类。

所以，从概念和形式上看，表外业务和中间业务一样，是指虽不在资产负债表上直接反映出来，但在一定条件下转变成资产或负债业务，因而同资产和负债业务密切相关的一些业务，这些业务需要在资产负债表外记载，以便对其进行反映、核算、管理和控制。但是，就具体的内容、性质和风险而言，表外业务和中间业务还是有严格区分的，特别是表外业务本身是一种或有资产或或有负债，对资产负债表会产生潜在的影响。尤其是表外业务中的衍生业务，其风险也大。这与国内传统的中间业务（几乎无风险）有本质的区别。当然，也有观点认为，不必严格地区分中间业务和表外业务，表外业务实际上也属于中间业务的部分，这是因为"表外业务同其他中间业务一样，是一种收费业务，并且其业务内容也不直接反映在资产负债表上。更重要的是随着世界经济的发展，银行业面临来自国内外越来越激烈的竞争，金融工具的创新推动了银行中间业务的迅猛发展，传统的中间业务概念无论在理论上还是在实践上都已明显地不能适应金融业发展的需要"[一]。许多业务实际上已经无法准确地区分出是纯粹的中间业务还是表外业务。例如，一些人们认为几乎没有风险的结算、代理和信息咨询等业务也会有结算差错、交易纠纷与咨询失败的损失赔偿风险，一旦出现了损失，必然要在资产负债表上得到反映。

（二）中间业务的分类

1. 支付结算类中间业务

支付结算类中间业务是指由商业银行为客户办理因债权债务关系引起的与货币支付、资金划拨有关的收费业务，如支票结算、进口押汇、承兑汇票等。

2. 银行卡类中间业务

银行卡类中间业务是由经授权的金融机构向社会发行的具有消费信用、转账结算、存取现金等全部或部分功能的信用支付工具。依据清偿方式，银行卡业务可分为贷记卡业务、准贷记卡业务和借记卡业务。借记卡可进一步分为转账卡、专用卡和储值卡。

3. 代理类中间业务

代理类中间业务是指商业银行接受客户委托、代客户办理指定的经济事务、提供金融服务并收取一定费用的业务，包括代理政策性银行业务、代收代付款业务、代理证券业务、代理保险业务、代理银行卡收单业务等。

4. 担保类中间业务

担保类中间业务是指商业银行为客户债务清偿能力提供担保，承担客户违约风险的业务，包括银行承兑汇票、备用信用证、各类保函等。

5. 承诺类中间业务

承诺类中间业务是指商业银行在未来某一日期按照事前约定的条件向客户提供约定信用的业务，包括贷款承诺、透支额度等可撤销承诺，以及备用信用额度、回购协议、票据发行便利等不可撤销承诺。

6. 交易类或金融衍生类中间业务

交易类或金融衍生类中间业务指商业银行为满足客户保值或自身风险管理的需要，利用各种金融工具进行的资金交易活动，包括期货、期权等各类金融衍生业务。

7. 基金托管类中间业务

基金托管类中间业务是指有托管资格的商业银行接受基金管理公司委托，安全保管所托管基金的全部资产，为所托管基金办理基金资金清算款项，包括封闭式和开放式投资基金托管业务。

8. 咨询顾问类中间业务

咨询顾问类中间业务是指商业银行依靠自身在信息和人才等方面的优势，收集和整理

[一] 刘毅.商业银行经营管理学 [M].北京：机械工业出版社，2010：160.

有关信息，结合银行和客户资金运动的特点，形成系统的方案并提供给客户，以满足其经营管理需要的服务活动，主要包括财务顾问和现金管理业务等。

9. 其他类中间业务

其他类中间业务包括保管箱业务以及其他不能归入以上八类的业务。

（三）中间业务的作用

与商业银行表内资产和负债业务相比，商业银行的中间业务具有以下作用。

（1）为商业银行的风险管理提供了工具和手段。中间业务不直接构成商业银行的表内资产或负债，风险较小，为商业银行的风险管理提供了工具和手段。商业银行在办理中间业务的时候，不直接以债权人或债务人的身份参与，不直接构成商业银行的表内资产或负债，虽然部分业务会产生或有资产或或有负债，但相对于表内业务而言，风险较小，从而改变了商业银行的资产负债结构。在商业银行的中间业务中，金融衍生业务风险相对较大，但这部分业务在具有一定风险的同时，也给商业银行管理自身风险提供了工具和手段，提高了商业银行资产负债管理能力和风险防范水平。

（2）为商业银行提供了低成本的稳定收入来源。商业银行在办理中间业务时，通常不运用或不直接运用自己的资金，这就极大地降低了商业银行的经营成本。中间业务收入属于非利息收入，不受存款利率和贷款利率变动的影响。由于信用风险和市场风险较小，中间业务一般不会遭受客户违约的损失，即使发生损失，影响也不大。这样中间业务能给商业银行带来低成本的稳定收入来源，有利于提高商业银行的竞争能力，促进商业银行的稳健发展。中间业务收入已经成为国外一些商业银行营业收入的主要组成部分，占比一般为40%～60%，一些银行甚至达到70%以上。

（3）完善了商业银行的服务功能。随着财富的积累、物质生活和文化生活日益丰富，人们对银行在投资理财、财富管理、外汇交易和证券买卖等方面的需求不断提高，大力发展中间业务能进一步完善商业银行的金融服务功能。

第三节　商业银行的经营管理

一、商业银行经营管理的原则

商业银行经营的高负债率、高风险性以及受到监管的严格性等特点决定了商业银行的经营原则不能是单一的，而只能是几个方面的统一。商业银行的经营原则一般概括为安全性原则、流动性原则和盈利性原则。例如我国《商业银行法》第四条规定，我国商业银行以安全性、流动性、效益性为经营原则，实行自主经营、自担风险、自负盈亏、自我约束。

（一）安全性

安全性是指商业银行在运营过程中资产免遭损失的可靠程度。可靠程度越高，资产的安全性就越强；反之，则资产的安全性越差。因为商业银行经营具有很大的外部性特征，也就是说一旦银行倒闭，其对社会的危害要大大超过一般企业的倒闭，所以安全性是商业银行经营最根本的原则。安全性的相对概念为风险性，即商业银行资产遭受损失的可能性。商业银行经营不存在绝对安全，但要尽量采取措施把风险降到最低，做好风险的防范工作。

（二）流动性

流动性是指商业银行能够随时应付客户提现和满足客户借贷的能力。流动性有两个方面，即资产的流动性和负债的流动性。资产的流动性是指银行资产在不受损失的前提下随时变现的能力。负债的流动性是指银行能够经常以合理的成本吸收各项存款和其他所需资金。一般情况下，我们所说的流动性是指前者，即资产的变现能力。因为银行要满足客户提取存款方面的要求，银行在安排资金运用同时，一方面要使资产具有较高的流动性，另一方面必须力求负债业务的结构合理，并保持较强的融资能力。商业银行的流动性一定要保持适度，过高的流动性会使银行失去盈利机会甚至出现亏损；过低的流动性可能导致银行出现信用危机，客户流失，资金来源丧失，甚至会因为挤兑导致银行倒闭。

（三）盈利性（效益性）

盈利性是指商业银行获得利润的能力。商业银行作为金融企业，在业务经营活动中同样力求获得最大限度的利润。盈利性越高，获得利润的能力越强，反之获得利润的能力越弱。盈利水平提高，可以提高银行信誉，增强银行实力，吸引更多的客户，同时也可以增强银行承担经营风险的能力，避免因资本大量损失而带来破产倒闭的危险。

（四）安全性、流动性、盈利性三个原则的关系

盈利性与安全性、流动性在一定意义上是统一的。但是在实际经营活动中，盈利性与安全性、流动性又存在着一定的矛盾和冲突。一般地说，盈利性与安全性、流动性之间是对立的。

首先，安全性与流动性之间具有统一性。流动性强的资产，安全程度就高。

其次，安全性与盈利性之间具有统一性。银行要增加盈利，首先以安全经营为前提，如果失去安全性，出现大量亏损或面临倒闭的风险，盈利性就无从谈起；反之，银行盈利增加为银行的安全经营创造了物质条件。只有在保持较高盈利水平的条件下，银行才有可能增加自有资本的积累，增强抵抗风险和履行付款责任的能力。

再次，安全性与盈利性之间又具有对立性。越是期限短的资产，其风险越小，但盈利水平也较低。

最后，流动性与盈利性之间具有对立性。流动性强的资产盈利率较低，流动性差的资产盈利性较强。

🌐 专栏 7-4

风险集中的商业银行

商业银行的自有资本金很少，资金的主要来源是公众存款，也就是说商业银行主要是

负债经营，一旦经营不善甚至发生破产，就会影响广大公众的利益，甚至影响社会的稳定，因而风险高度集中。

　　商业银行在经营的过程中会面临很多风险。首先是信用风险，即银行无法按期收回贷款本息的风险，这是商业银行最主要的风险。其次是市场风险，是指由于利率、汇率、证券价格以及其他资产和商品价格的波动给商业银行带来的损失。存款与贷款的利差是银行收入的主要来源，利率的波动会造成银行收入的波动。对于有些商业银行，尤其是那些开办跨国业务的银行，汇率波动也会给它们的外币资产带来贬值的风险。此外，一些实物资产的价格波动也会给商业银行带来风险。比如，作为贷款抵押物的房屋价格下跌，也会间接给银行带来损失。最后是操作风险，是指由不完善或有问题的内部程序、人员及系统或外部事件所造成损失的风险。比如，由于银行内部控制不够严密，某个员工可能会违反规定错误操作或者干脆携款潜逃，给银行带来巨大损失。例如 1995 年 7 月，日本大和银行纽约分行职员井口俊英长达 10 年的舞弊行为，造成了 10 亿美元的巨额损失。1995 年 2 月 26 日，英国中央银行突然宣布，巴林银行不得继续从事交易活动并将申请破产清算。这则消息让全世界震惊，因为巴林银行是英国举世闻名的老牌商业银行，有着 233 年的悠久历史，在全球掌管着 270 多亿英镑的资产，曾经创造过无数令人羡慕的辉煌业绩。但它竟葬送在了巴林银行新加坡分行一名刚满 28 岁，名叫尼克·里森的普通交易员之手。里森的主要工作是在日本及新加坡进行日经指数期货的套利活动，过于自负的里森并没有严格按照规则去做，他判断日经指数期货将要上涨，于是伪造文件、私设账户挪用大量的资金买进日经指数期货。1991 年日本关西大地震打碎了里森的美梦，日经指数期货大幅下挫，里森持有的期货头寸损失巨大。此刻如果里森立即平仓，损失还在可控的范围。然而里森选择了孤注一掷，继续大量买进期货合约，结果损失进一步扩大。1995 年 2 月 23 日，里森突然失踪，他失败的投机活动导致巴林银行损失逾 10 亿美元之巨，已经远远超过了巴林银行 5.41 亿美元的全部净资产。英格兰银行束手无策，于 2 月 26 日正式宣布巴林银行破产。3 月 6 日，巴林银行被荷兰商业银行以 1 英镑的象征性价格收购。巴林银行破产的原因从表面上看，是由里森个人的投机失败直接引发的，而深层次的原因在于巴林银行控制内部风险尤其是操作风险的制度相当薄弱。所以近年来，银行业的安全性问题已经越来越引起了人们的关注和重视。

　　资料来源：钱水土，等.货币银行学 [M].2 版.北京：机械工业出版社，2013.

二、商业银行经营管理理论

　　西方商业银行经营管理理论经历了资产管理理论、负债管理理论、资产负债管理理论和资产负债外管理理论的发展过程。

(一) 资产管理理论

　　早期的商业银行的利润主要来自贷款、投资等资产业务。银行能够主动管理的也只有资产，因为负债取决于存款者的意愿，所以银行只能被动管理。因此，早期的商业银行都遵行资产管理理论，把经营的重点放在资产方面。在商业银行的发展历程中，资产管理理论经历了商业贷款理论、可转让性理论和预期收入理论三个阶段。

1. 商业贷款理论

　　商业贷款理论，又称为真实票据论，是最早的资产管理理论，它源自 200 多年前的亚当·斯密的《国富论》。该理论认为，商业银行的资金主要来源于活期存款，因此商业银行只应承做短期的与商品周转相联系或者与生产物资储备相适应的自偿性贷款，而不能发放购买证券的贷款、不动产贷款、消费贷款、长期性的设备贷款和农业贷款。该理论认为，自偿性贷款安全性最高，因为这一类资金融通的商业票据背后有商品作为基础，银行发放贷款的同时掌握了商业票据，一旦企业不能偿还贷款，银行就可以处理其抵押商品以收回贷款。这样既符合流动性原则，又考虑了盈利性。

2. 可转让性理论

第一次世界大战以后，金融市场不断发展和完善，商业银行可持有的短期国库券和其他证券增加，人们对保持商业银行流动性有了新的认识，从而产生了可转让性理论。该理论认为，商业银行能否保持资产的流动性，关键在于它持有的资产能不能随时在不发生损失的前提下转让出去，取得现款。只要商业银行手中持有的第二准备金（各种公债和证券）能在市场上随时变现，其资产就具有较大的流动性。可转让性理论的出现，意味着商业银行的业务大大扩展，不仅可以发放短期自偿性贷款，而且可以投资于有价证券。基于有价证券的高利息收入，这样既保证了资产的流动性，又提高了盈利能力。

3. 预期收入理论

预期收入理论是在前两种理论的基础上，于第二次世界大战以后对资产管理理论的发展。这种理论认为，无论是短期商业贷款还是可转让资产，其贷款偿还或证券变现都是以将来的收入作为基础的。如果一项投资的未来收入有保证，即使期限长，仍可保持流动性；相反，如果未来收入没有保证，即使放款期限短，仍有不能收回或者坏账的风险。因此，商业银行在发放短期贷款并以短期债券作为第二准备金的同时，还可对一些预期收入有保障的项目发放中长期贷款。这一理论强调的是银行贷款偿还与未来收入的关系，而前两种理论强调的是贷款的偿还与担保品的关系。基于这种理论，银行在可能的条件下，可以发放中长期设备贷款、住宅抵押贷款、个人消费贷款等。

以上三种资产管理理论反映了商业银行在不同发展阶段上经营管理的特点，在保证银行资产流动性方面各有侧重。商业贷款理论主要通过短期放款来保证银行资产流动性；可转让理论是在金融市场得到一定发展、金融资产交易成为普遍的条件下，通过金融资产的交易来保证流动性；预期收入理论则主要从贷款和投资的清偿条件来考虑资产安全性与流动性。

(二) 负债管理理论

从金融方面来看，该理论产生的历史背景是：第一，金融工具的创新；第二，金融业竞争的加剧；第三，金融管制的影响。20世纪60年代前期，由于金融市场的迅速发展，吸引存款的分流，加之通货膨胀的普遍存在和各国政府对商业银行存款利率的管制，商业银行吸引资金的能力受到限制。为了吸引资金，扩大负债，负债管理理论应运而生。

负债管理理论主张商业银行将管理重点放在负债业务方面，通过寻找新的资金来源实现经营方针的要求。该理论银行的流动性不仅可以通过调整资产结构获得，而且可以通过调整负债结构提供。换言之，银行可以用积极出售债务的方式，即主动负债，从各种不同的来源借入资金来提供流动性，即通过扩大银行的借款市场，保证银行的流动性，因此没有必要在资产方保持大量高流动性资产，而应将它们投入高盈利的贷款和投资中，甚至在必要时可以通过主动借款来支持贷款规模的扩大。

随着负债理论的发展，西方商业银行传统的主动型负债方式向中央银行借款和同业拆借得到了很大完善，同时，随着欧洲货币市场的形成，又开始向欧洲货币市场借款，此后，又开始开发出大额可转让定期存单和"回购协议"等借款形式，扩大了资金来源。

负债管理理论找到了保持流动性的新方法，在流动性管理上变单一的资产调整为资产和负债两个方面相结合。这一理论还为扩大银行信贷规模，增加贷款投放创造了条件。

这种理论也存在一定的缺憾，主要表现在：负债管理理论建立在对吸收资金抱有信心并能如愿以偿的基础上，在一定程度上带有主观色彩；负债管理理论导致银行不太注意补充自有资本，使自有资本占商业银行资金来源比重下降，经营风险增大，提高了银行负债成本。在美国，实施负债管理主要通过发行大额可转让定期存单、向中央银行贴现窗口借款、向联储资金市场借款、票据回购协议借款、向欧洲美元市场借款等方式来实现。通过这些方式来借款都必须付息而且高于一般存款利息，这类负债增加，必然增加银行负债成本，加大银行经营风险。如果市场上资金普遍紧张，无论银行怎样努力也难以借到款项，那么用负债管理来提供流动性就无法保证，这样就会提高银行流动性的风险。另外，在负债成本提高的情况下，为了保住利润，银行需要把资产投放在收益高的贷款和投资上，而收益高的贷款和投资往往伴随着更高的信用风险和流动性风险。

（三）资产负债管理理论

20世纪70年代末80年代初，西方经济普遍出现衰退，并伴随较强的通货膨胀，出现"滞胀"局面，银行的经营环境恶化。与此同时，西方金融市场利率大幅度上升，从而使银行负债的成本提高，影响了银行的盈利水平。20世纪60年代开始负债经营的结果，使银行自有资本的比重越来越小，短期资金的比重越来越大，银行的安全性和流动性受到威胁。20世纪80年代初西方国家对存款利率管制的放松，使负债管理的必要性下降。在这种背景下，资产负债管理理论应运而生。

资产负债管理理论，是指商业银行在经营管理的过程中，将资产管理与负债管理结合为一体。在适当安排资产结构的同时，寻找新的资金来源，使资产和负债统一协调以实现经营方针的要求。该理论认为，商业银行单纯依靠资产管理或单纯依靠负债管理，都难以保证安全性、流动性、盈利性三者的均衡。只有根据经济情况的变化，通过资产结构和负债结构的共同调整，才能实现商业银行经营管理的要求。管理的基本内容是使资产和负债各科目在数量、期限和利率上相互匹配，实现利润最大化和风险最小化，也就是保持利差高水平的稳定。实现这一目的主要有两种手段：①根据利率的变化积极调整银行的资产负债结构，即运用利率敏感性差额管理法；②运用金融市场上转移利率风险的工具，如期限管理法、金融期货、期权、利率互换等保值工具，作为差额管理法的补充。

资产负债管理理论既汲取了资产管理理论和负债管理理论的精华，又克服了其缺陷，从资产负债平衡的角度去协调银行安全性、流动性、盈利性之间的矛盾，使银行经营管理更为科学。

（四）资产负债外管理理论

尽管 20 世纪 80 年代以来，资产负债管理理论仍为西方商业银行所推崇，但这种理论也有明显的缺陷。在 80 年代放松管制、金融自由化的形势下，商业银行之间及其他金融机构之间的竞争更加激烈，尤其在 80 年代后期西方经济普遍出现衰退的情况下，银行经营环境恶化抑制了银行利率的提高和经营规模的扩大，银行存放款的利差收益越来越小。

资产负债外管理理论主张银行应从正统的负债和资产业务以外的范围去寻找新的经营领域，从而开辟新的盈利源泉。这种理论认为，存贷业务只是银行经营的一条主轴，在其旁侧，可以延伸发展起多样化的金融服务。同时，这种理论还提倡原本资产负债表内的业务转化为表外业务，以降低成本。在信息时代到来和电子计算机技术普及运用的今天，以信息处理为核心的服务领域成为银行资产负债以外业务发展的重点。例如，商业银行通过贷款转让、存款转售（在资产和负债上分别销账）等方法，使表内经营规模维持现状甚至缩减，银行收取转让的价格差额，既可增加收益，又可逃避审计和税务部门的检查。在资产负债外管理理论的影响下，商业银行的表外业务迅速发展，各种服务费收益在银行盈利中的比重已日益上升。

🍂 延伸阅读

美国五大银行金融科技投资布局

通过积极投资金融科技创业公司，美国顶尖银行正迎接未来的到来。至 2019 年年初，美国顶尖银行参与了 24 项金融科技公司相关的股权交易。2018 年，美国顶尖银行创纪录地参与了 45 个金融科技创业企业的融资轮，比 2017 年增加 180%，2019 年这一趋势再次延续。美国顶尖银行主要投资的金融科技细分领域如表 7-3 所示，投资者战略趋势对金融科技领域投资最积极的美国银行投资者（按照投资组合公司数量）是高盛集团、花旗银行和摩根大通。虽然这三家美国顶尖银行近年来都加大了对金融科技领域的投资，但它们采取了不同的投资策略。

表 7-3　美国五大银行投资金融科技公司数量（自 2012 年以来）

领域	高盛集团	花旗银行	摩根大通	摩根士丹利	富国银行
支付和结算	7	7	3	0	2
资本市场	7	7	7	6	2
数据分析	8	6	1	3	3
会计和税务	2	3	4	0	1
房地产	7	2	1	0	0
财富管理	5	1	2	0	0
区块链	5	6	3	1	2
个人理财	3	2	0	1	0
数据聚合	4	2	0	0	0
贷款	3	1	3	0	0
监管科技	3	3	2	0	1
保险	3	0	0	1	1
其他	1	0	0	0	0

高盛集团和花旗银行是最活跃的投资者，主要是因为它们的投资部门自 2018 年以来分别参与了 21 个和 11 个金融科技公司融资轮，如表 7-4 所示。因此，两家银行继续投资于各个金融科技细分领域。

表 7-4　美国五大银行参与的金融科技公司融资轮（自 2012 年以来）

领域	高盛集团	花旗银行	摩根大通	摩根士丹利	富国银行
支付和结算	10	7	3	0	2
资本市场	9	8	11	6	4
数据分析	11	10	1	4	3
会计和税务	2	3	5	0	1
房地产	12	3	1	0	0
财富管理	6	2	2	0	0
区块链	6	8	4	1	4
个人理财	5	2	0	1	0
数据聚合	5	2	0	1	0
贷款	3	2	3	1	0
监管科技	6	3	3	0	1
保险	4	0	0	1	1
其他	1	0	0	0	0

自 2017 年以来，高盛集团将其金融科技投资重点放在房地产、数据分析以及支付和结算领域。对这些细分领域的投资与高盛集团扩大其面向消费者的 Marcus 贷款平台这一数字化战略一致。自 2017 年以来，花旗银行已投资了 4 个区块链企业、3 个资本市场企业以及 3 个支付和结算初创公司。通常，这些投资符合花旗银行打造开放银行基础设施的宏大战略。2019 年 3 月，花旗银行宣布计划为机构建立"数字消费者支付业务"，并且有传言称花旗银行可能推出银行即服务平台（BaaS）。

同时，摩根大通仍然专注于强化其资本市场解决方案，扩大其支付业务。自 2017 年以来，摩根大通已经投资了 4 家资本市场创业公司和 4 家会计类初创公司（包括专注于应付账款 / 应收账款的创业公司）。在同一时期，摩根大通还在支付和结算、监管科技以及贷款领域各自投资了 2 家公司。

其他银行自 2012 年以来至少投资了 5 家金融科技创业公司，这些银行包括摩根士丹利、富国银行、美国银行和 PNC 金融服务集团。

美国顶尖银行参与金融科技公司的融资，主要有两个原因：高回报的潜力和战略伙伴关系。在第一种情况下，银行、企业风险投资集团和战略性银行基金主要投资于创业公司，目的是获得未来回报以及接触新兴行业。在其他情况下，银行进行战略性投资，与金融科技创业公司合作，以实现其内部目标。例如，在 2019 年 5 月，富国银行领投 Openfin 的 1 700 万美元 C 轮。现在，富国银行（以及其他银行投资者）在内部利用该平台帮助其软件实现前后台功能的现代化。另一个例子是高盛集团 2018 年对 Even Financial 的投资，这是一种 API，可以帮助合格的客户直接获取金融机构的产品。高盛集团面向消费者的平台 Marcus 目前使用 Even Financial 的平台挖掘潜在客户。金融科技各细分领域的投资趋势随着新技术的出现和消费者需求的发展，多年来银行的关注领域发生了变化。2018 年，银行参与的金融科技创业公司融资交易数量创纪录，使其在更广泛的金融科技领域的投资多样化。在交易方面，支付和结算、资本市场与数据分析一直是银行投资于金融科技的主要领域。与此同时，区块链自 2015 年获得大量投资者的兴趣以后已经逐渐降温。到目前为止，2019 年最受欢迎的投资领域是房地产、资本市场和财富管理。

资料来源：http://www.360doc.com/content/19/0823/17/30681898_856658605.shtml.

⊙ 名人传记　约翰·皮尔蓬·摩根：金融界最后的贵族
请扫描二维码详尽了解名人传记

■ 本章小结

1. 商业银行是以经营工商业存款、贷款为主要业务，以盈利为主要经营目标的金融企业。与其他金融机构相比，商业银行能够吸收活期存款（支票存款），从而创造存款货币是其最明显的特征。因此，人们又称商业银行为存款货币银行。

2. 商业银行具有信用中介、支付中介、信用创造、金融服务四大职能。其中信用中介职能是商业银行最基本也最能反映其经营活动特征的职能。

3. 从世界各国商业银行业务经营的发展过程来看，商业银行的经营模式可分为分业经营与混业经营两种模式。自 20 世纪 70 年代以来，上述两种模式商业银行经营的范围和界限有所突破，混业经营是全球各国商业银行发展的大趋势。

4. 从商业银行外部组织形式来看，有单一银行制、分支行制、持股公司制和连锁银行制。绝大多数国家的商业银行是实行分支行制或总分行制。

5. 商业银行的资金来源主要包括存款、借款和银行资本。银行的资金运用则主要包括现金资产、证券业务、贷款业务和贴现业务等。银行的资产总额等于负债总额加银行资本。除了反映在银行资产负债中的资产业务和负债业务外，未在资产负债表中直接反映出来的中间业务和表外业务也是商业银行的重要收入来源。

6. 商业银行的经营管理必须遵循安全性、流动性和盈利性三大原则。这三项原则实际上可以说是利润最大化目标的进一步具体化。为了使安全性、流动性和盈利性三者目标协调合理配合，在银行经营管理上发展了资产管理、负债管理、资产负债综合管理和资产负债外管理等一系列经营管理的理论与方法。

■ 思考与练习

1. 商业银行的性质和职能是什么？
2. 试比较商业银行分业经营与混业经营的优缺点。
3. 单一银行制和分支行制各有何优缺点？
4. 商业银行资产负债业务的主要内容有哪些？
5. 目前我国商业银行从事的中间业务主要有哪些？
6. 简述商业银行表外业务的构成及主要内容。
7. 简述商业银行经营管理的原则及其相互关系。
8. 试述商业银行经营管理理论的发展脉络。

第八章
CHAPTER8

其他金融机构

全球金融危机以后，金融创新、银行脆弱的资产负债表、经营模式的改变以及监管的加强，使得融资向其他非银行金融机构转变，全球金融市场结构发生重大变化，其他金融机构的作用日益凸显。作为一国金融中介的重要组成，其他金融机构对其金融体系稳定、货币政策传导等起到重要作用。

——IMF《全球金融稳定报告》

■ 本章概要

其他金融机构作为一国金融体系的必要构成，其业务开展对微观经济主体十分重要。本章我们将学习金融机构体系的构成以及各类金融机构的主要功能和业务特点，结合目前我国金融机构的现状、问题和前景，掌握各类其他金融机构的业务和功能。

■ 学习目标

1. 了解我国金融体系的构成和运行情况；
2. 掌握专业银行的分类和业务功能；
3. 掌握政策性银行的种类和业务功能；
4. 了解其他各类金融机构的业务功能。

■ 基本概念

开发银行	农业政策性银行	进出口政策性银行	保险公司
证券公司	信托公司	金融资产管理公司	财务公司
租赁公司	基金组织	信用合作社	小额贷款公司

为了适应高度发达的市场经济要求，各国都有一个规模相当的金融中介体系。一般来说，世界各国的金融机构体系包括：货币金融政策、制度的制定和执行机构；金融业务的经营机构；金融活动的监督管理机构。我国的金融机构体系包括：中国人民银行和政策性银行；国有独资商业银行、全国及地方性股份制商业银行和非银行金融机构；外资金融机构、外国金融机构的分支机构、中外合资金融机构；中国银行保险业监督管理委员会、中国证券业监督管理委员会。这种体系可概括为众多存款类金融机构和其他金融机构并存的格局。其中，其他金融机构作为一国金融体系的必要构成，其业务开展对微观经济主体十分重要。

第一节　专业银行

专业银行是指有专门经营范围和提供专门性金融服务的银行。这类银行一般都有其特定的客户。这类银行的存在是社会分工发展到金融领域的表现——随着社会分工不断发展，银行必须具有某一方面的专门知识和专门职能，这就推动各类专门银行不断出现。

一、储蓄银行

储蓄银行是指以办理居民储蓄存款为主要资金来源的银行。世界第一家地方储蓄银行是 1817 年由慈善团体在荷兰建成的，英、德等国也于 18 世纪和 19 世纪相继建立。就经营组织形式而言，西方国家的储蓄银行既有私营的，也有公营的，但以公营为主。

储蓄银行分为互助储蓄银行、信托储蓄银行、储金局、储蓄会、储蓄贷款协会、邮政储蓄系统等。

（1）互助储蓄银行。互助储蓄银行属于互助储金性质的银行，它将储户资金集中起来，以优惠的条件贷给储户。这种银行最早在美国建立，至今已很普遍。

（2）信托储蓄银行。存款者将资金存入银行后，可指定用途，也可不指定用途。

（3）储金局。苏联的储蓄银行名称，为国家集中闲置资金。

（4）储蓄会。中国早期办理有奖储蓄的金融机构，如 1936 年成立的中央储蓄会，1945 年已停止营业。

（5）储蓄贷款协会。办理储蓄和住宅贷款的金融机构，旨在为私人购买、修缮或新建住宅提供贷款。

（6）邮政储蓄系统。邮政储蓄系统不属于银行系统，由邮政部门设立的开展储蓄业务的机构，吸收闲散资金，以补充银行系统储蓄的网点不足。中国邮政储蓄系统主要为国家集中闲散资金，作为国有银行信贷资金的来源之一。

储蓄银行的存款余额较稳定，其资金主要用于长期投资，如发放不动产抵押贷款和针对市政机构的贷款，投资于政府公债、公司股票和债券等。西方国家早期的储蓄银行，吸收的存款主要用来购买政府债券和由政府担保的证券。有的也投资于房地产，其限制资金则转存于商业银行赚取利息。

储蓄银行一般是区分于商业银行独立运行的，并设有专门的管理法规，其主要内容一方面是保护小额储蓄人的利益，另一方面是规定资金的投向。早期储蓄银行的业务活动受到一定的约束，如不得经营支票存款，不得经营一般工商贷款，近年来已有所突破，有些储蓄银行已开始经营过去只有商业银行才能经营的许多业务。

二、抵押银行

抵押银行是以土地、房屋等不动产作抵押办理放款业务的专业银行，是不动产抵押银行的简称。抵押银行一般发放期限较长的长期信贷，其业务对象大体可分为两类：①办理以土地为抵押的长期放款，主要贷款对象是土地所有者或者购买土地的农业主；②办理以城市房屋为抵押的长期放款，主要贷款对象是房屋所有者或经营建筑业的企业。法国的房地产信贷银行、德国的私人抵押银行和公营抵押银行等，均属此类。这类银行作为抵押品的除土地、房屋外，也接受股票、债券和黄金作为贷款的抵押品。抵押银行的资金来源主要是发行不动产抵押证券，这种证券以抵押在银行的土地和其他不动产做保证，可以买卖转让。

我国没有设立专门的抵押银行，只是在《中华人民共和国民法通则》和《中华人民共和国借款合同条例》中规定了可以开展抵押的条款。

三、合作银行

合作银行是由私人和信用合作社组成的互助性合作金融机构。它一般是在信用合作社基础上建立和发展起来的，具有与信用合作社相同的宗旨和经营原则。

合作银行的组织形式有如下两种。

（1）在各类信用合作社以外单独建立自己的机构体系，并与其他信用合作社相互协调、相互配合。如丹麦的合作银行，根据该国公司法和特别法规定，个人或合作社均可成为该行的出资人，各类合作社和个人社员各占60%和40%。资金来源主要是合作社、农民、其他个人的存款，贷款对象主要是合作社，约占贷款总额的2/3。

（2）大多数国家的合作银行是信用合作社的地区或全国的联合组织。这种联合组织是由各信用合作社为了共同业务和社务需要，以法人社员资格入股，逐级组成的联合社，为单位信用合作社所共有、共治、共享。联合社的最高权力机构是由各所属合作社选派代表组成的代表大会。

合作银行的负债业务主要是通过组织合作社存款、发行债券和向国外发行债券等方式筹集长期资金。资金来源中有财政拨款或政府出资，但占比很小，大部分是下一级合作银行或信用合作社上缴的存款和股金，有些国家的合作银行对上缴存款实行优惠利率或规定上缴的比例。

合作银行的资产业务主要是向下一级合作银行或信用合作社提供贷款，或直接发放大额长期贷款，用来弥补合作社资金不足。其他业务主要有，在信用合作社之间调剂资金，组织清算和汇总，开展证券和国外业务等。由于合作银行的经营目的是发展合作和社会公益事业，所以贷款实行低利率。对符合国家发展经济政策的项目，不仅提供优惠贷款，还给予贴息。例如，法国农业信贷互助银行向农业贷款的优惠利率往往低于金融市场利率6%~8%，差额由国家给予补助。

在我国，城市合作银行是在城市信用合作社基础上，由城市企业、居民和地方财政投资入股组成的地方性股份制商业银行。其主要任务是融通资金，为本地区经济的发展，特别是城市中小企业的发展提供金融服务。在城乡一体化发展的地区，由已经商业化经营的农村信用社合并组建农村合作银行，其性质是股份制商业银行，主要为农业、农产品加工业和农村各类企业服务。

四、清算银行

清算银行也称为交换银行、划拨银行、汇划银行，是指直接在票据交换所进行票据清算的银行。

票据交换是指在同城范围内银行间相互代收、代付票据进行相互清算。这是一种集中办理转账清算的制度。票据清算一般由中央银行管理，通过票据交换所进行。清算结果应收款大于应付款的差额增加机构在央行的存款，应收款小于应付款的差额减少机构在央行的存款。票据清算的结算原则是维护收付双方的正当权益，中央银行不予垫款，其优点是便利资金清算，节省大量现金使用。国际上最早的票据交换组织是成立于1775年的英国伦敦票据交换所。

在英国，清算银行实质上就是商业银行，不同的是这些商业银行能参与伦敦票据交换所办理票据结算。各类银行能否参与票据交换所直接进行清算，因各国实际情况而异。英美的票据交换所为少数大银行所控制，小银行一般不具有直接参与票据清算的资格。

在日本组成清算机构的是日本银行和办理各种民间存款的金融机构。在这些金融机构中，由各种资本交易产生的金融机构间借贷差额最终要在日本银行的活期存款账户间转账清算。日本银行作为最终的清算机构，处于中枢地位。近年来随着计算机通信技术的显著发展，在清算机构内部出现了清算账户和投资账户组合在一起的新金融产品——综合账户，且清算业务体系的机械化与自动化程度非常高，清算网络十分广泛和连锁化。至1986年3月，日本全国已有5个自动综合联机体系，成员金融机构609个。

中国早在清朝时期，上海的钱庄就设立了"钱业总公所"，办理票据清算。参加"钱业总公所"可以办理票据清算的称为"汇划庄"，俗称"大同行"。1933年，上海银行业成立了自己的票据交换所，负责组织银行和钱庄间的票据清算。在上海，外国银行则在汇丰银行办理票据交换。抗日战争胜利后，由当时的中央银行对票据清算进行统一管理。各银行、钱庄间交换差额的划拨清算集中于中央银行办理，所有的银行和钱庄均可直接参加票据交换。新中国成立后，票据交换由各地中国人民银行统一管理，在同城范围内，各行均可直接参加交换，清算资金。目前中国人民银行已经拥有了中国金融卫星通信网和功能齐全的电子联行系统，资金清算质量和速度大大提高，从而加速了资金周转，促进了国民经济的发展。

国际清算银行成立于1930年，总部设在瑞士巴塞尔，最初是为了清算德国在第一次世界大战后进行的战败赔款，但目前国际清算银行已演变成协调全球主要经济体的货币政策、处理国际清算、管理外汇储备以及召开主要成员中央银行会议的"央行中的央行"。国际清算银行董事会于1996年9月9日通过决议，接纳中国等9个国家的中央银行和货币当局为该行新成员，这有利于促进中国人民银行与国际清算银行以及各国中央银行之间的合作。

第二节　政策性银行

政策性银行是指那些多由政府创立、参股或保证的，不以盈利为目的，专门为贯彻并配合政府社会经济政策或意图，在特定的业务领域内，从事政策性融资活动，充当政府发展经济、进行宏观经济管理媒介的金融机构。政策性银行也具有专业性银行的特征，一般来说，大多数国家成立的政策性银行主要有开发银行、农业政策性银行和进出口政策性银行。

一、开发银行

开发银行是指那些专门为经济开发提供长期投资贷款的金融机构。当第一家开发银行在 1822 年诞生于比利时时，其主要职能是促进新工业的创立。

开发银行可分为国际型和国家型。国际型开发银行由若干个国家出资共同设立，可分为全球性和区域性两种，前者如世界银行，后者如亚洲开发银行、泛美开发银行、非洲开发银行等。国家型开发银行可分为全国性开发银行和地方性开发银行。前者一般由一国中央政府建立，服务于全国；后者一般由地方政府设立，专为本地区经济开发服务，如巴西东北部开发银行等。由于各国国情差异，所以开发银行资金来源和运用各有不同，其资金来源渠道主要包括如下几种。

（1）资本金。资本金大多依靠政府资金，有的由政府提供全部资本金和部分营运资金。

（2）发行债券。开发银行发行债券一般由政府担保，风险很小，具有较大的吸引力，成为其主要的筹资手段。

（3）吸收存款。开发银行主要吸收定期存款、储蓄存款和发行大额可转让存单。吸收存款易与商业银行形成竞争局面，有悖于开发银行的宗旨。因此，广泛吸收存款的开发银行为数不多，主要集中在发展中国家。

（4）借入资金。开发银行可从政府、中央银行和其他金融机构借入资金。开发银行借用政府资金一般条件极为优惠，成本低廉，数额庞大，有助于降低经营成本，保持充足的资金量，有利于开发银行不考虑盈利条件，致力于有宏观价值的项目，并能承担由于发放优惠贷款和投资造成的利差损失。

（5）借入外资。开发银行一般通过借入一定比例的外资，引进技术设备，建设重要项目，发放贷款和投资，支持经济发展。

开发银行资金运用主要有如下三种途径。

（1）贷款。开发银行的主要业务是对开发项目提供贷款，满足开发项目对资金的需求。其特点是中长期、资本性，条件是支出项目要符合政府经济政策，尤其是产业政策意图。开发银行除直接发放贷款外，还采取联合贷款的方式，以满足大型建设项目的资金需求。

（2）投资。开发银行的直接投资，即参与某一项目的筹建并购买一定的股权。开发银行的投资活动要遵循投资面宽、风险损失有限、投资比例适当及持有股份比例适当等原则。

（3）债务担保。开发银行从事担保的目的在于使项目（企业）能得到更广泛的融资渠道，从而获得更多的开发资金。

中国的国家开发银行于 1994 年 3 月成立，成立目的是更有效地集中资金和力量保证国家重点建设，破除经济发展中的瓶颈，增强国家对固定资产投资的宏观调控能力，这是进一步深化金融体制改革和投资体制改革的重大举措。

国家开发银行是政策性金融机构，它同商业性金融机构相比，表现出不同的特性：①任务特殊，着重于贯彻政府政策意图，支持国家进行宏观经济管理，促进经济和社会的发展；②经营目标特殊，不以盈利为目标，主要从经济发展的角度来评价和选择项目；③融资原则特殊，其主要资金来源是国家财政划拨资金和其他财政性资金、向金融机构发行的债券、向社会发行由财政担保的建设债券和经批准在国外发行的债券，不吸收居民储蓄存款。开发银行不以盈利为目的，但必须按照市场经济的原则，讲求效益，择优选定项目，建立投资约束和风险责任机制。

经国务院批准，国家开发银行于 2008 年 12 月 11 日整体改制为国家开发银行股份有限公司，但保持政策性银行性质不变。股份公司自成立之日起，将承继国家开发银行全部资产、负债和业务。国家开发银行以"增强国力，改善民生"为使命，紧紧围绕服务国家经济重大中长期发展战略，发挥中长期投融资和综合金融服务优势，筹集、引导和配置社会资金，支持领域主要包括基础设施等经济社会发展领域，新型城镇化和城乡一体化等区域发展领域，产业转型升级领域，保障安居工程、扶贫和普惠金融等增进人民福祉领域，一带一路等国际合作领域。

二、农业政策性银行

为贯彻配合政府农业政策，为农业提供特别贷款，主要是低利率中长期优惠贷款，促进和保护农业生产与经营的金融机构被称为农业政策性银行。其主要职责是：①提供农业低利贷款，弥补农业信贷资缺口，满足农业资金需求；②提供特别政策性贷款、补贴或补偿，配合实施政府农业政策。德国是世界上最早建立农业金融制度的国家，至今已有 200 多年的历史。

农业政策性银行的资金来源呈现多样化，主要包括如下几种。

（1）借入政府资金。如美国农业合作信贷机构均由联邦政府出资建立；法国农业信贷银行在较长时期内一直向政府借款，只是近年逐步减少；印度国家农业和农村开发银行等均以向政府借款为主要来源。一般而言，发展中国家的农业政策性银行比发达国家的农业政策性银行更依赖政府资金。

（2）发行由政府担保的债券筹措资金。如美国农业合作信贷机构发行联合的统一债券，法国农业信贷银行、韩国"农协"均发行债券，筹措社会资金。这些债券得到政府担保，被视为政府债券，筹资能力较强。

（3）向中央银行和其他金融机构借入资金。一些国家，尤其是发展中国家的农业政策性银行还从中央银行借款，即由中央银行充当农业信贷"最后贷款人"。此外，有些国家的农业政策性银行还从商业性金融机构借入资金，满足短期周转需求。

（4）国外借款。农业政策性银行的借款途径还包括国际金融机构，如世界银行及其附属机构（国际开发协会、国际农业开发委员会）、外国政府和外国金融机构等。

（5）少数农业政策性银行吸收存款。如法国农业信贷银行拓展业务范围，吸收存款，逐步向综合性银行发展；中国农业发展银行也吸收存款。

农业政策性银行资金运用主要有如下三种途径。

（1）贷款。贷款是农业政策性银行最主要的资金运用形式。农业政策性银行通过贷款向农业生产经营者提供所需的资金和特别资助。例如，日本农林渔业金融公库贷款包括土地改良贷款、自耕农维持贷款、农业结构改善贷款、综合设施贷款等，基本上是根据农业发展的要求而增加贷款项目，利率优惠 3%～7%，期限 10 年以上，最长可达 45 年，并成为日本农业贷款第二大来源。

（2）担保。担保是以承保金融机构自身实力弥补农贷生产经营者担保力不足的弱点，目的在于扩大农业融资规模。

（3）发放补贴。例如，美国商品信贷公司对遭受洪水、干旱等自然灾害而造成的种植面积减少或较大减产给予灾害补贴。

中国农业发展银行成立于 1994 年，注册资本 570 亿元，直属国务院领导，是我国唯一一家农业政策性银行。其主要任务是以国家信用为基础，以市场为依托，筹集支农资金，支持"三农"事业发展，发挥国家战略支撑作用。其经营宗旨是紧紧围绕服务国家战略，建设定位明确、功能突出、业务清晰、资本充足、治理规范、内控严密、运营安全、服务良好、具备可持续发展能力的农业政策性银行。其经营范围如下：

（1）办理由国务院确定、中国人民银行安排资金并由财政予以贴息的粮食、棉花、油料、猪肉、食糖等主要农副产品的国家专项储备贷款；

（2）办理粮、棉、油、肉等农副产品的收购贷款和粮油调销、批发贷款；

（3）办理承担国家粮、油等产品政策性加工任务企业贷款和棉麻系统棉花初加工企业的贷款；

（4）办理国务院确定的扶贫贴息贷款、老少边穷地区发展经济贷款、贫困县县办工业贷款、农业综合开发贷款以及其他财政贴息的农业方面贷款；

（5）办理国家确定的小型农、林、牧、水利基本建设和技术改造贷款等；

（6）办理中央和省级政府的财政支农资金的代理拨付，为各级政府设立的粮食风险基金开立专户并代理拨付；

（7）发行金融债券；

（8）办理业务范围内开户企事业单位存款；

（9）办理开户企事业单位的结算；

（10）境外筹资等。

中国农业发展银行成立以来，坚守本源专注主业，全力服务"三农"实体经济。聚焦农业农村重点领域、薄弱环节和贫困地区，全力服务国家粮食安全、脱贫攻坚、农业现代化、城乡发展一体化和国家重点战略。

三、进出口政策性银行

进出口政策性银行是一个国家支持和推动进出口尤其是出口，促进国际收支平衡，带动经济增长的重要金融机构。从命名看，有的国家称为进出口银行或输出入银行、外贸银行；有的国家称为出口信贷公司、出口信贷担保公司、出口信贷保险公司等。进出口银行的建立和发展源于进出口贸易成为各国经济的重要组成部分。这些政策性进出口金融机构承担商业性金融机构和普通出口商不愿或无力承担的高风险，弥补商业性金融机构贷款不足，改善本国出口融资条件，增强本国商品出口竞争能力。

最早出现的专门从事进出口融资的金融机构是 1919 年成立的英国信贷担保局。美国于 1934 年成立美国进出口银行，1945 年将其确定为联邦政策独立机构，办理美国进出口融资、保险、担保业务。第二次世界大战后，各国开始恢复和发展经济，为促进出口，法国于 1946 年设立对外贸易银行，日本于 1950 年设立进出口银行，德国于 1952 年设立出口信贷有限公司，瑞典于 1962 年建立出口信贷公司。战后发展中国家走上发展民族经济的道路，如韩国、泰国、印度等，在经济发展过程中，因逐渐重视出口的作用，也先后设立了政策性金融机构。

从所有权看，进出口政策性银行多半为官方或半官方所有，极少数为私营机构。从职能来看，主要包括：①融通资金，如提供出口信贷和各种有利于刺激出口的贷款；②为融资提供便利，提供贷款担保、保险等；③提供其他服务，如提供咨询服务等；④经办对外援助，服务于政府的对外政策。

进出口政策性银行的资金来源有政府拨入资金、借入资金、发行债券和其他渠道等，其资金运用主要有贷款、担保和保险。贷款业务上，各国金融机构一般以不同方式提供贷款支持出口。担保业务上，进出口政策性银行成为进出口商获得银行贷款的保证人，一旦借款人不能偿还债务，由进出口政策性银行予以偿还全部或部分贷款。保险业务上，与绝大多数国家由保险公司经营，银行等其他金融机构不经营保险业务不同的是，进出口银行和专门的出口信贷保险机构等金融机构均有经营出口信贷保险业务的资格。

中国进出口银行于 1994 年成立，是由国家出资设立，直属国务院领导，支持中国对外经济贸易投资发展与国际经济合作，具有独立法人地位的国有政策性银行。其主要经营范围有：

（1）设立基金，为出口商提供长期、低息贷款，鼓励出口；

（2）为大宗货物出口提供卖方、买方贷款和信贷担保，以抵消他国出口补贴，推动本国商品出口；

（3）参与国家外贸战略方针的制定和贯彻执行；

（4）为本国金融机构在海外开拓业务提供支持；

（5）广泛参与国内、国际银团，向他国提供援助和信贷。

中国进出口银行成立以来，依托国家信用支持，积极发挥在稳增长、调结构、支持外贸发展、实施"走出去"战略等方面的重要作用，加大了对重点领域和薄弱环节的支持力度，促进了经济社会持续健康发展。

第三节　非银行金融机构

其他非银行金融机构，泛指除中央银行、商业银行和其他专业银行以外的金融机构，这类机构通常以公司、信用社或基金相称。

一、保险公司

保险业是极具特色并具有很大独立性的系统。这一系统之所以被列入金融体系，是由于依照世界各国通例，保费收入被广泛用于各项金融投资。

保险公司业务范围分为两大类：①财产保险业务，具体包括财产损失保险、责任保险和信用保险等；②人身保险业务，具体包括人寿保险、健康保险和意外伤害保险等。由于保险公司的保费收入远超过保费支出，所以积聚大量资金。这些货币资金比银行存款更为稳定，是国家金融体系长期资本的重要来源。我国保险公司的资金运用，最初除用于理赔给付外，只限于银行存款，买卖政府债券、金融债券及证券投资基金，近年来保险资金的运用渠道不断拓宽，被允许投资公司债券和股票、市政债券、政府公债、发放不动产抵押贷款、保单贷款、银行股权以及间接投资基础设施建设等。

改革开放以来，我国保险业发展迅速。1988年以前，保险业由中国人民保险公司独家经营。后来，保险市场主体逐步增加，如中国太平洋保险公司、中国平安保险公司、华泰财产保险公司、新华人寿保险公司、泰康人寿保险有限公司等多家保险公司先后加入保险系统。1996年7月，中国人民保险公司改建为中国人民保险（简称"中保"）（集团）公司，下设中保财产、中保人寿和中保再保险，实现产、寿险分业经营。根据《中华人民共和国保险法》确立的商业保险与社会保险分开经营的原则，17家地方寿险公司全部并入中保人寿保险有限公司。1998年10月，为进一步促进我国保险事业健康发展，撤销了中国人民保险（集团）公司，上述三家子公司分别更名为中国人民保险公司、中国人寿保险公司、中国再保险公司；将中国人民保险（集团）公司所属的其他海外经营性机构全部划归香港中国保险（集团）有限公司管理。此后又成立了政策性保险公司、保险代理公司等。此外，改革开放以来，许多外国保险公司看好中国保险市场的巨大潜力，纷纷来华设立分公司和代表处。

与发达国家和地区相比，我国内地的保险业发展还存在明显差距。2019年，保险深度（即保费收入占GDP的比例）只有4%，保险密度（即人均保费）仅为441.44美元。相较2017年美国、日本、中国香港地区7.1%、8.59%和17.94%的保险深度以及4 216美元、3 312美元、8 313美元有明显差距。

二、证券公司

证券公司又称券商，是由证券主管机关批准设立的以经营证券业务为主的非银行金融机构。初设时的证券公司，或是由某一家金融机构全资设立的独资公司，或是由若干金融机构、非金融机构以入股形式组建的股份制公司。与此同时，银行、信托投资公司、城市信用合作社、企业集团财务公司，乃至融资租赁公司、典当行等大多设有证券部。随着分业经营、分业管理原则的贯彻及规范证券公司的发展，一方面要求证券机构彻底与其原来出资组建的金融机构脱钩，另一方面则要求非证券业金融机构所属的证券部和种种不规范的证券营业机构进行撤销或转让。在这一过程中，鼓励经营状况良好、实力雄厚的证券公司收购、兼并业务量不足的证券公司。

我国证券公司的业务范围包括：代理证券发行业务；自营、代理证券买卖业务；代理证券还本付息和红利的支付；证券的代保管和签证；接受委托代收证券本息和红利；接受委托办理证券的等级和过户；证券抵押贷款；证券投资咨询业务等。1999年7月1日开始实施的《中华人民共和国证券法》明确了综合类证券公司和经纪类证券公司的分类管理原则，前者可从事证券承销、经纪、自营业务，后者只能从事证券经纪类业务。

　　我国没有直接以投资银行命名的投资银行，为数众多的证券公司实际充当着金融中介机构体系中投资银行的角色。1995 年 8 月，依据《中外合资投资银行类机构管理暂行办法》，中国建设银行与美国投资银行摩根士丹利等 5 家金融机构合资组建了中国第一家中外合资投资银行——中国国际金融有限公司。此外，为剥离不良债权而成立的 4 家金融资产管理公司也准许经营投资银行业务。

　　目前，我国的证券公司与国外成熟的现代投资银行存在明显差距，尚不能充分发挥投资银行职能。两者差距主要表现在，证券公司的业务经营范围比较狭窄，除了经营证券业务等传统投资银行业务外，对公司并购、公司理财、项目融资、资产管理等业务的开展极为有限或尚未涉足。另外，虽然证券公司数量众多，但规模小、机构分散、缺乏竞争力。近年来，部分证券公司已开始向现代投资银行过渡。

💡 专栏 8-1

投资银行

　　投资银行是专门从事代理发行长期融资证券，为证券的流通转让提供经纪人服务，并作为企业资产重组或并购财务顾问的金融机构。准确地讲，投资银行并不是严格意义上的金融中介，它是金融市场上为直接融资提供服务的金融机构。投资银行名称适用于欧洲大陆和美国，而在英、德、日、法分别称为商人银行、私人承兑公司、证券公司、实业银行等。

　　英国的投资银行起源于 18 世纪中叶的承兑所，它是由伦敦商人为海外贸易活动融资而设立的银钱商号，在对外贸易中产生了兼具部分融资业务的商行。随着业务不断扩展，进而从事证券发行、认购和资产管理、公司融资、投资顾问等业务。美国的投资银行起源于 19 世纪初贴现企业票据和经销政府债券的商号。19 世纪南北战争以后，企业为满足资金需要发行了许多票据，产生了专门经营票据融资的商号。另外，19 世纪 70 年代至 80 年代，铁路公司发行了相当数量的股票和债券用以扩建铁路，出现了专门从事认购铁路公司发行的证券，并转手倒卖给美国和欧洲投资者的业务。我国资本市场起步较晚，第一家专业证券公司是 1987 年由国内 12 家金融机构投资组建的深圳特区证券公司，至 2017 年年底，各类规模的证券公司已达 31 家。第一家投资银行是 1995 年挂牌的中国国际金融公司。随着金融市场的发展，国内许多证券公司、信托投资公司和其他金融机构都把发展目标定位在投资银行上。

　　现代投资银行发展和资产证券化密不可分。在市场经济较为发达的西方国家，长期融资证券化特征十分显著。20 世纪 80 年代中期以来，将各种贷款转变为可交易证券的金融创新产品资产证券化出现，且发展势头非常迅猛。1985～1989 年美国各类贷款支持证券已达 1 500 亿美元，而在次贷危机爆发前的 2006 年年底，美国发行的各类贷款支持证券已达 7 539 亿美元。在危机之后，美国资产证券化速度并没有降下来，反而出现上升，2010～2014 年美国资产证券化市场每年发行约 2 万亿美元，余额达到 10 万亿美元。

　　在 2008 年国际金融危机中，拥有 85 年历史的华尔街第五大投行贝尔斯登折价出售给摩根大通；拥有 94 年历史的美林被美国银行收购；最悠久的投行——拥有 158 年历史的雷曼兄弟宣布破产；拥有 139 年历史的高盛集团和 73 年历史的摩根士丹利同时转为银行控股公司。五大投行的剧震带来了美国投资银行业格局、监管背景及组织、业务和盈利模式的变化。

　　首先，投资银行组织模式形成新的格局。一是投资银行业务纳入大型综合化金融集团的组织框架，出现了像美国银行集团、摩根大通银行集团和花旗银行集团那样商业银行和投资银行业务并重的全能银行；同时以投资银行业务为特色的高盛银行集团和摩根士丹利集团也开始发展其商业银行业务。二是华尔街特色投资银行体系如专门的并购咨询机构、自营商、对冲基金、私募股权基金、结构投资工具和渠道、货币市场基金以及非银行抵押贷款机构等经历了危机后大浪淘沙式的重组后，形成了大型全能银行机构和中小型特色投行业务机构的共生格局。

其次，美国资本市场将迎来监管新时代。美国投资银行业务目前已纳入美联储对商业银行或综合化金融集团的监管，在享受"最后贷款人"支持通道的同时必须接受相应的规范风险监管，未来可能会将新金融衍生产品和新金融机构集团纳入监管。

最后，随着投资银行业务格局和监管更新，投资银行的经营理念可能会发生改变。投资银行业务的核心价值被人们重新审视，在一定程度上将摒弃交易型资产膨胀式投资银行业务模式，回归服务型模式的投资银行业务。

资料来源：王晓光．金融学 [M]．北京：清华大学出版社，2016.

三、信托公司

信托的基本含义是，接受他人委托，代为管理、经营和处理经济事务的行为。信托投资公司，也称信托公司，是以资金及其他财产为信托标的，根据委托者的意愿，以受托人的身份管理和运用信托资财的金融机构。

现代信托业务源于英国，但历史上最早办理信托业务的经营性机构产生于美国。美、英、日、加拿大等西方国家的现代信托业比较发达。美、英等国除一些专营信托公司外，相当部分的信托业务由各商业银行信托部门来办理。日本、加拿大的情况有所不同，政府从法律上限制商业银行和信托机构的业务交叉，实行银行业务与信托业务分离的政策。因此，这两个国家的信托公司具有资本雄厚、经营稳健、管理有序的特点。

信托业务主要包括两大类：一是货币信托，包括信托存款、信托贷款、委托存款、委托贷款、养老金信托、投资信托、养老金投资基金信托等；二是非货币信托，包括有价证券信托、债券信托、动产与不动产信托、事业信托、私人事务信托等。信托公司的投资对象包含国家和地方政府公债、不动产抵押贷款、公司债及股票等。我国信托投资公司的主要业务范围如下：

（1）信托业务类，包括信托存款、信托贷款、信托投资、财产信托等；

（2）委托业务类，包括委托存款、委托贷款、委托投资；

（3）代理业务类，包括代理发行债券和股票、代理收付款项、代理催收欠款、代理监督、信用签证、代理会计事务、代理保险、代保管、代理买卖有价证券等；

（4）租赁业务类，包括直接租赁、转租赁、代理租赁、回租租赁等；

（5）资讯业务类，包括资信调查、商情调查、投资咨询、介绍客户、金融业务咨询等。

我国最早的信托公司是 1921 年在上海成立的"上海通商信托公司"。1979 年以后，我国开始恢复信托业务，1979 年中国银行恢复设立信托咨询部，同年 10 月，中国国际信托投资公司成立。1980 年，中国人民银行系统试办信托业务，各地政府也纷纷成立了信托公司或信托投资公司。

我国对信托投资公司进行过多次整顿。1995 年后，我国根据分业经营与规范管理的要求再次进行数年整顿。其间，银行系统所属的信托投资公司直接被撤销、转让或转为银行分支机构;各级政府、计委、财政和其他党政群部门所办的信托投资公司也基本撤销。属于信托投资公司的银行,则与母公司脱钩。一些颇具影响的信托投资公司受到清理、关闭的处理。2001 年,《中华人民共和国信托法》《信托投资公司管理办法》《信托投资公司资金信托业务管理暂行办法》相继颁布。银监会成立以来,大力推动信托公司改革发展和业务转型。2007 年修订并重新颁布了信托公司主要监管规定,规定信托投资公司可以经营的本外币业务主要有:资金信托业务;动产、不动产及其他财产的信托业务;投资基金业务;企业资产的重组、并购及项目融资、公司理财、财务顾问等中介业务;国债、政策性银行债券、企业债券等债券的承销业务;代理财产的管理、运用和处分;代保管业务;信用见证、资信调查及经济咨询业务等。

四、金融资产管理公司

资产管理公司是对从金融机构中剥离的不良资产实施公司化经营而设立的专业化金融机构。我国金融资产管理公司是由国家出资组建的专门收购、管理和处置国有独资商业银行不良资产的国有独资非银行金融机构。1999 年 3~10 月,我国先后组建了 4 家金融资产管理公司,即华融、长城、东方、信达,它们收购了从工、农、中、建 4 家国有商业银行剥离出来的不良资产,存续期 10 年。除国家分别出资 100 亿元以外,金融资产管理公司的资金来源还有:划转中国人民银行发放给国有独资商业银行的部分再贷款,总计 5 700 亿元;由金融资产管理公司对相应银行发行金融债券,合计 8 200 亿元。

金融资产管理公司可以从事下列业务活动:追偿债务;对所收购的不良贷款形成的资产进行租赁;债权转股权,并对企业阶段性持股;资产管理范围内的公司之上市推荐及债券、股票承销;发行金融债券,向金融机构借款;财务及法律咨询、资产及项目评估等。

2004 年以来,随着 4 家资产管理公司清收、处置不良资产的工作接近尾声,国家决定适应改革发展需要,对其业务范围和经营方法进行调整。例如,允许它们开展商业化收购和接受委托代理处置不良资产业务,逐步完成商业化转型。为了适应金融资产管理公司集团化、多元化发展的需要,2014 年中国银监会等五部委联合发布《金融资产管理公司监管办法》。

五、财务公司

财务公司也称金融公司,是指以经营消费信贷及工商企业信贷为主的非银行金融机构。财务公司资金的主要来源是银行贷款、发行债券、卖出公开市场票据及定期大额存款凭证等。在资金使用上,或专营抵押放款业务,或依靠吸收的大额定期存款进行贷款或投资,或专营耐用品租购及分期付款销货业务。规模较大的财务公司还兼营外汇、证券包销及投资咨询业务等。

财务公司往往附属于大型企业或公司,用自己的金融服务来帮助母公司进行内部资金管理和拓展业务。其资金运用主要是向购买母公司产品的消费者发放消费贷款,或提供相关金融服务。随着公司理财理念普及,财务公司还普遍对母公司集团的总体资金进行现金管理、内部各子公司资金的有偿划拨和转移、融资的最优安排，从而实现内部资金的合理计划和协调。这些业务有效促进了公司资本结构合理化，降低了集团资金总成本。财务公司在大型公司集团已经十分常见，我国大型工业企业一般都建立财务公司，除了提升内部现金管理水平外，还承担了外部融资功能。

六、租赁公司

现代租赁公司是指专门经营融资租赁业务的，通过融物满足客户实际融资需求的企业。租赁公司包括两种类型：银行或与银行有关的金融机构所属的租赁公司；独立经营的租赁公司。金融租赁业务迅速发展的原因在于，企业不必追加大量投资即可通过租赁获得新技术设备的使用，减少因科技迅猛发展产生的无形损耗。

美国是最先出现现代租赁的国家。第二次世界大战后，美国企业界迫切需要巨额投资，以实现军需品生产向民用品生产的转变。科技飞速发展与设备陈旧落后的矛盾日益突出，促使投资需要不断扩大。当时，企业获得中长期贷款的来源有限，传统融资方式已不能满足这种需求，于是，出现了新型信贷方式——融资租赁。1952 年 5 月，在美国旧金山创立了第一家现代专业租赁公司，现为美国国际租赁公司。这家公司的建立标志着现代租赁体制的确立和现代租赁业务的真正开始。20 世纪 60 年代，现代租赁业扩展到欧洲和日本，70 年代开始向世界各地渗透，进入 80 年代后期，已成为一种国际性设备投资的多功能新型产业。我国第一家专业租赁公司是 1982 年 2 月成立的中国东方租赁有限公司。

我国租赁机构的业务以经营方式为标准可分为自营租赁、合办租赁和代理租赁；以具体方法为标准可分为直接租赁、转租赁和售后回租。根据《金融租赁公司管理办法》，我国金融租赁公司的主要业务包括：融资租赁业务以及转让和受让融资租赁资产；固定收益类证券投资业务；接受承租人的租赁保证金；吸收非银行股东 3 个月（以上）定期存款；同业拆借和向金融机构借款；租赁物变卖及处理业务等。经营状况良好的金融租赁公司还可以开办发行债券、在境内保税地区设立项目公司开展业务、为控股子公司和项目公司对外融资提供担保以及资产证券化等业务。

七、基金组织

从金融中介的角度理解，投资基金可以被视为集合投资的一种组织形式。各类基金以发行份额这种间接融资凭证的方式大规模组织资金来源，然后在货币市场和资本市场投资，以获取尽可能稳定的高回报。各类投资基金的共性，是将分散的小额投资汇聚成巨额资金获得规模效应。从宏观层面上看，投资基金的出现为居民提供了新的投资渠道，基金以零售方式广泛吸收社会资金并投入金融市场，能加快储蓄向投资的转换。

从投资基金的组织类型来看，可以分为契约型基金和公司型基金两大类。前者是指根据信托契约组成的投资基金，无法人资格；后者是指按照公司法成立的以盈利为目的的股份有限公司，拥有独立法人资格。从投资基金的投向来看，可以分为养老基金组织和互助基金组织。养老基金组织是向参加养老基金计划的公司雇员以年金的形式提供退休收入的金融机构，其基金来源是政府部门与雇主的缴款、雇员个人自愿缴纳的款项及运用基金投资的收益。养老基金组织多投资于股票、债券及不动产等高收益资产项目。互助基金组织通过向许多小投资者发行股份来聚集资金用于投资。通过发行小面额股份并购买大量证券这一资产转换过程，互助基金组织可以在经纪人手续费上得到大量购买证券的折扣，也可以购买和持有多样化的证券。

金融市场"机构化"趋势改变了资本市场的投资者结构，以各类投资基金为主体的机构投资者成了各种金融证券的主要购买者。以美国为例，1960年个人投资者拥有全部流通股权的86%，到了20世纪末，这一比例下降到不足50%，进入21世纪后，作为机构投资者的基金投资占有的份额更是大幅提高。

八、信用合作社

信用合作社是指由个人集资联合组成的，以互助为主要宗旨的合作金融组织。基本的经营目标，是以简便的手续和较低的利率，向社员提供信贷服务，帮助经济力量薄弱的个人解决资金困难，以免遭高利盘剥。

信用合作社成员缴纳的股金和吸收的存款主要用于解决成员的资金需求。起初，信用合作社主要发放短期生产贷款和消费贷款。现在，一些资金充裕的信用合作社已开始为解决生产设备更新、改进技术等提供中长期贷款，并逐步采取了以不动产或有价证券为担保的抵押贷款方式。

信用合作社的入社和退社实行自愿原则：每个成员都应提供一定数额的股金并承担相应的责任；实行民主管理，社员具有平等权利，每位社员只有一个投票权；信用合作社的盈利主要用于业务发展和增进社员福利。这些原则保证了信用合作社不被办成由少数人控制、为少数人谋取利益的企业，并使其与股份制区别开来。

信用合作社按照地域不同可分为农村信用合作社和城市信用合作社。

(一) 农村信用合作社

农村信用合作社是由农民或农村其他个人集资联合组成，以互助为主要宗旨的合作金融组织。在创办初期，社员都是农民，规模较小，社员贷款被严格用于农业生产。信用合作社的成员由原来主要是农民，逐渐扩大到兼业农民、农村小工商业者、农场工人和职员。农村信用合作社由原来主要办理种植业的短期生产贷款，发展到综合办理农林牧副渔和农村工商业及社员消费性的短期贷款。资金充裕的农村信用合作社，还对农业生产设备、中小工商业提供中长期贷款，并逐步采取抵押贷款方式，以不动产或有价证券作为担保。

我国农村信用合作社始建于第一次国内革命战争时期，当时建立农村信用合作社的目的在于抵制地主、商人的高利贷剥削。不断发展的根据地和解放区的中国农村信用合作社，对解决农民生产、生活困难，打击高利贷，促进农业生产发展，支援革命战争都起到积极作用。中华人民共和国成立后，与农业生产的集体化配合，农村信用合作社得到进一步发展。1996年，我国对农村信用合作社改革的重点在于规范，明确农村信用合作社坚持主要为社员服务的方针，主要由农户、农村集体经济组织和农村信用合作社职工入股，实行民主管理，最高权力机构是社员代表大会。

（二）城市信用合作社

城市信用合作社是城市集资建立的合作金融组织，旨在为城市小集体经济组织和个体工商户服务，通过信贷活动帮助他们解决资金困难，促进生产发展。其性质为集体所有制企业，具有独立法人地位的经济实体，实行独立经营，由社员进行民主管理，盈利归集体所有，并按股金分红。城市信用合作社经营业务的范围有：吸收单位和个人的存款；对经营企业发放短期贷款；办理抵押贷款；办理同城及部分异地的结算业务；信息和咨询服务；代办企业保险业务等。

九、小额贷款公司

小额贷款公司是指由自然人、企业法人与其他社会组织投资设立，不吸收公众存款，经营小额贷款业务的有限责任公司或股份有限公司。小额贷款公司是企业法人，有独立的法人财产，享有法人财产权，以全部财产对其债务承担民事责任。小额贷款公司股东依法享有资产收益、参与重大决策和选择管理者等权利，以其认缴的出资额或认购的股份为限对公司承担责任。小额贷款公司应执行国家金融方针和政策，在法律、法规规定的范围内开展业务，自主经营，自负盈亏，自我约束，自担风险，其合法的经营活动受法律保护，不受任何单位和个人的干涉。

小额贷款公司的主要资金来源为股东缴纳的资本金、捐赠资金，以及来自不超过两个银行业金融机构的融入资金。在法律、法规规定的范围内，小额贷款公司从银行业金融机构获得融入资金的余额，不得超过资本净额的 50%。融入资金的利率、期限由小额贷款公司与相应银行业金融机构自主协商确定，利率以同期"上海银行间同业拆放利率"为基准加点确定。小额贷款公司应向注册地中国人民银行分支机构申领贷款卡。向小额贷款公司提供融资的银行业金融机构，应将融资信息及时报送所在地中国人民银行分支机构和中国银行保险业监督管理委员会派出机构，并应跟踪监督小额贷款公司融资的使用情况。

小额贷款公司的资金运用，应在坚持为农民、农业和农村经济发展服务的原则下自主选择贷款对象，发放贷款，应坚持"小额、分散"的原则，鼓励小额贷款公司面向农户和微型企业提供信贷服务，着力扩大客户数量和服务覆盖面。同一借款人的贷款余额不得超过小额贷款公司资本净额的 5%。在此标准内，可以参考小额贷款公司所在地的经济状况和人均 GDP 水平，制定最高贷款额度限制。

小额贷款公司经营特征如下。

（1）贷款利率高于金融机构的贷款利率，但低于民间贷款利率的平均水平。许多省市规定，小额贷款公司按照市场化原则进行经营，贷款利率上限放开，但不得超过中国人民银行公布的贷款基准利率的 4 倍；下限为贷款基准利率的 0.9 倍；具体浮动幅度按照市场原则自主确定。从试点的小额贷款公司的利率来看，其贷款利率根据不同客户的风险情况、资金状况、贷款期限、抵押品或信用等级实行差别利率，以中国人民银行基准利率为基础，参照本地区资金利率水平综合确定。

（2）在贷款方式上，《关于小额贷款公司试点的指导意见》规定：有关贷款期限和贷款偿还条款等合同内容，均由借贷双方在公平自愿的原则下依法协商确定。小额贷款公司在贷款方式上多采取信用贷款，也可采取担保贷款、抵押贷款和质押贷款。

（3）在贷款对象上，小额贷款公司发放贷款坚持"小额、分散"的原则，鼓励小额贷款公司面向农户和小企业提供信贷服务，着力扩大客户数量和服务覆盖面。

（4）在贷款期限上，小额贷款公司的贷款期限由借贷双方公平自愿协商确定。

我国的小额贷款公司自2005年在部分省份萌芽，2008年开始在全国全面试点成立，至今已经走过十几个年头。根据中国人民银行的统计，截至2019年9月末，全国共成立小贷公司7 680家，从业人员8.3万余人，实收资本8 169.77亿元，贷款余额9 288亿元，在社会融资供给中占据了一定的份额。

2016年1月15日，国务院发布了《推进普惠金融发展规划（2016～2020年）》，首次从国家层面确立普惠金融的实施战略。小额贷款公司面向广大难以得到传统银行信贷支持的中小微企业及农、工、商个体经营户，以大大低于民间高利借贷的利率，方便、灵活、快捷地提供生产经营和创业发展所需的资金与服务，具有合理的可持续盈利模式，兼具社会价值和经济价值，是履行普惠金融基本功能的重要金融机构。

延伸阅读

我国其他金融机构的系统重要性不断提升

21世纪以来，随着我国金融体系日益成熟，除银行外的其他金融机构不断发展壮大，持有金融资产比重连续上升，总资产占GDP的比重从2011年的46%上升至2018年的97%。从本章学习中我们知道，其他金融机构是指包括保险公司、证券公司和信托公司等在内的一系列金融机构总称。其他金融机构与传统银行机构在资金来源和运用上均有区别。资金来源上，银行以吸收存款为主，其他金融机构是通过发行债券和股票筹集资金。在资金运用上，银行以发放贷款等资产端业务为主，其他金融机构是从最终借款人那里买进初级证券，并为最终贷款人持有资产而发行间接债券。通过其他金融机构的中介活动，可以降低投资的单位成本，增加多样性降低投资风险，改善金融市场期限结构降低流动性危机发生的可能性。

经过连续多年的发展，其他金融机构在我国金融体系中的重要性不断上升。

第一，从社会融资规模占比来看，2002～2018年，银行主导的表内贷款占比从95%下降到78%，而代表金融市场的直接融资占比从3%上升到24%。

第二，央行工作论文在研究中国金融体系的冲击传递结构结果表明，证券行业的金融机构受到信托、保险和银行业的平均影响程度分别约为4.5%、11%和38%，保险行业的金融机构受到信托、证券和银行业的平均影响程度分别约为3%、23%和52%，银行机构受到信托、证券和保险业的平均影响程度约为2.5%、17%和11%。银行机构在金融冲击时受到其他金融机构的平均影响程度超过30%。这表明尽管银行机构仍然在金融体系占据主导性地位，但其他金融机构在中国金融体系已显示出不容忽视的影响力（杨坚等，2017）。

第三，温博慧等（2014）对非银行金融机构系统重要性的评估研究发现，其他金融机构中的保险、证券机构的重要性明显提高，中国平安、招商证券、中国人寿和中信证券等机构的系统重要性显著高于相关银行。

鉴于其他金融部门的重要性日趋加强，我们需要在监管方面进行一些调整以适应该类机构发展。第一，在实施金融监管与宏观审慎政策框架时重视对一些重要的非银行金融机构（如中国平安、招商证券、中信证券和中国人寿）的监督与管理。第二，在决定其他金融机构的监管实施力度时，除了考虑规模因素以外，还应考虑到机构业务的复杂程度。第三，明确其他金融机构的监管界限，从准入审批、日常监管、风险处置等流程上细化落实风险监管，加强各地区的监管政策，提高统一监管程度。

资料来源：温博慧，等. 中国非银行金融机构系统重要性再评估：基于风险倍率扩增综合指标 [J]. 国际金融研究，2014-10.

杨坚等. 全球视角下的中国金融机构间金融冲击传递 [Z]. 中国人民银行工作论文，2017-5-9.

⊙ 名人传记　穆罕默德·尤努斯与孟加拉国乡村银行
请扫描二维码详尽了解名人传记

■ 本章小结

1. 专业银行是指有专门经营范围和提供专门性金融服务的银行，包括储蓄银行、抵押银行、合作银行和清算银行等。
2. 政策性银行是指多由政府创立、参股或保证的，不以盈利为目的，专门为贯彻并配合政府社会经济政策或意图，在特定的业务领域内从事政策性融资活动的金融机构。大多数国家成立的政策性银行包括开发银行、农业政策性银行和进出口政策性银行。
3. 其他非银行金融机构泛指除中央银行、商业银行和其他专业银行以外的金融机构，包括但不限于保险公司、证券公司、信托公司、金融资产管理公司、财务公司、租赁公司、基金组织、信用合作社和小额贷款公司等。

■ 思考与练习

1. 试述我国金融体系的构成。
2. 试比较储蓄银行、抵押银行、合作银行和清算银行的业务和功能。
3. 简述我国三大政策性银行的资金来源、运用和特点。
4. 信托业务有哪些种类？简述我国信托业发展现状。
5. 简述证券公司的主要业务和功能。

第九章
CHAPTER9

中央银行

应该到哪里去找最应该对经济周期负责任
的人呢?
他们既不在白宫也不在国会,
而是在联邦储备银行里。

——保罗·萨缪尔森

■ 本章概要

中央银行是一国最高金融管理机构,是现代金融体系中的重要组成部分,是一国金融的核心,对整个国民经济的稳定和发展起着重要的宏观调控作用。本章概括介绍了中央银行建立的必要性及其产生和发展的历程、中央银行的基本制度类型和中央银行的性质,重点介绍了中央银行的基本职能和中央银行的主要业务及其资产负债表,对中央银行的独立性问题进行了一定的阐述。

■ 学习目标

1. 了解中央银行建立的必要性及形成途径,掌握中央银行的制度类型;
2. 掌握中央银行的基本职能及其具体的表现;
3. 熟悉中央银行的主要业务及其资产负债表;
4. 理解中央银行的相对独立性及其实践意义。

■ 基本概念

中央银行	货币发行	最后贷款人	法定存款准备金	超额存款准备金
再贷款	再贴现	外汇储备	支付清算系统	资产负债表
央行独立性				

第一节　中央银行概述

中央银行是指一国金融机构体系中居于主导地位，负责制定和执行国家的货币金融政策，实行金融管理和监督，控制货币流通与信用活动的金融中心机构。中央银行并不是从来就有的，是特定历史时期的必然产物，中央银行对宏观经济的调控作用也是慢慢才被人们所认识并进一步得到世界各国高度重视的。

一、中央银行建立的必要性

中央银行是银行业发展到一定阶段的必然产物。它的产生有其客观基础，具体表现在以下几个方面。

（一）满足政府融资的需要

从 19 世纪末之前各个国家最初建立中央银行的目的来看，几乎都是为了解决政府融资问题。随着生产力水平的不断提高和社会的进步，国家职能逐步扩大，政府需要大量的资金来强化国家机器。尤其是长期以来战争频发，国家财政入不敷出，为了弥补财政赤字，政府成了银行的常客，但众多小银行规模有限，而且利息较高，因此客观上要求建立受政府控制并能满足其融资需求和其他金融服务的大银行。在这样的背景下，政府授权那些资金量大和有威信的大银行作为政府的银行以满足政府融资的需要。历史上尤其以英格兰银行作为中央银行的确立为典型代表。

（二）银行券统一发行的需要

随着生产力水平的提高，生产和流通的规模不断扩大，金属货币的数量已经满足不了商品交换的需要，于是商业银行发行作为债权凭证的银行券。在银行业发展初期，许多商业银行都有银行券的发行权，但随着经济的发展、信用规模的扩大和银行数量的增加，这种银行券分散发行的弊端逐渐暴露出来。小银行的信用能力薄弱，如果银行经营不善或爆发经济危机，则会引起银行券不能兑现甚至银行倒闭，无法保证银行券的信誉及其流通的稳定，从而引发社会混乱。特别是小银行数量多，债权债务关系复杂，某个银行券不能兑现会造成连锁反应，危害极大；同时，许多小的商业银行信用活动的领域受到限制，它们发行的银行券只能在国内有限的地区流通，这就给生产和流通造成了很多困难；又由于不同银行各自发行的银行券同时在市场上流通，使得交易双方要花精力去辨别真伪，同时也为犯罪分子欺诈提供了有利条件。因此，客观上要求有一个实力雄厚又具权威性的银行来统一发行银行券。事实上这一进程很早就在自发进行，某些大银行通过排挤中小银行的银行券发行以壮大自己的实力，但最终是要依靠政府的力量来独享货币发行权的。历史上的英格兰银行作为最早的股份制商业银行正是如此奠定其垄断货币发行权地位的。

（三）统一票据交换和清算的需要

银行业的迅速发展，其业务规模不断扩大，表现为每天收受票据的数量也逐渐增多，各个银行之间的债权债务关系趋于复杂化，由各个银行自行轧差进行当日结清效率低下且不安全，虽然后来有了较大的集中交换场所，但局限于同城进行，异地结算矛盾很大，而且用现金来结清净额很不方便。因此，在客观上要求建立一个全国统一并且有权威的、公正的清算中心，这只能由中央银行办理。

（四）对最后贷款人的需要

随着社会化大生产的发展和流通的扩大，对贷款的要求不仅数量增多了，而且期限延长了，商业银行如果仅用自己吸收的存款来提供放款，远远不能满足社会经济发展的需要；如将吸收的存款过多地提供贷款，又会削弱银行的清偿能力，使银行发生挤兑和破产的可能。于是就有必要适当集中各家商业银行的一部分准备金，在有的银行发生支付困难时给予必要的支持。这在客观上要求有一个银行总后台，能够在各家商业银行资金发生困难时，给予必要的贷款支持，这个总后台只有中央银行才能胜任。

（五）对金融监管的需要

金融业是一个较为特殊的行业，信息不对称引致的风险暴露，再加上金融业越来越激烈的竞争，金融机构在竞争中的大量破产、倒闭很容易造成连锁反应，给经济带来极大的破坏。为尽可能避免这种事情的发生，客观上需要有一个代表政府意志的专门机构专事金融业管理、监督、协调的工作。

正是以上各种原因，19 世纪末中央银行在一些国家相继成立，但直到 20 世纪以后中央银行才被广泛重视并迅速推广。

二、中央银行的创立和发展

中央银行从最初创立发展到现在，历经坎坷，不同的国家，经历不同，所走的道路有所不同。但总的来看，中央银行经历了三次大的演进：初创时期、普遍推行时期和强化发展时期。

（一）中央银行的初创时期

从 1656 年世界上第一家国家银行——瑞典银行诞生到第一次世界大战这段时间，是中央银行的初步形成时期。

这一时期中央银行的产生有两种途径：一种是自然演进式的中央银行，即由一家在社会上信誉较好、实力较雄厚的大商业银行逐步演变而成，如瑞典银行和英格兰银行；另一种则是创建型的中央银行，是由政府出面设计或出资直接组建的，如美国联邦储备体系。

1. 瑞典银行的启蒙

瑞典银行成立于 1656 年，原是私人创办的商业银行，1661 年开始发行银行券，是当时欧洲第一家发行银行券的银行。由于过度发行钞票，1668 年政府出面将该行改组为国家银行予以控制，对国会负责，从而成为世界上最早的国家银行。1897 年瑞典政府通过法案将发行权集中于瑞典银行，瑞典银行发行的货币成为法偿货币，瑞典银行真正演变成中央银行。由于瑞典国家银行在独占货币发行权之前，只是代表政府执行中央银行的职能，独享货币发行权要晚于英格兰银行，所以被公认为中央银行的先驱。

2. 英格兰银行的演进

在中央银行初创时期，最具有典型代表意义的是英格兰银行。英格兰银行设立于1694年，比瑞典银行晚成立38年，但被人们称为近代中央银行的鼻祖，它的设立在中央银行制度的发展史上是一个重要的里程碑。英格兰银行设立时最初的宗旨纯属替政府筹集经费，其交换条件是该行有权发行纸币。1833年，英国议会通过法案，规定英格兰银行的纸币为全国唯一的法偿货币。1844年英国议会再度修订银行条例，该条例系由英国当时首相罗伯特·皮尔所拟，故称为《皮尔条例》。该条例决定将英格兰银行机构分为发行部和业务部，将发行钞票和银行业务分开，从而奠定了现代中央银行组织的模式。该条例还限制了其他商业银行发行纸币的数量，扩大了英格兰银行的货币发行权。随着英格兰银行发行权的扩大，加上该行与政府的密切关系，英格兰银行作为特殊银行的地位更加巩固，许多商业银行把自己现金准备的一部分存入英格兰银行，用于交换和清算，英格兰银行成为英国银行业的清算银行。在英国的几次周期性经济金融危机中，英格兰银行充当银行的银行，对资金周转困难的银行提供贷款，以免银行挤兑风潮扩大导致整个银行业的崩溃，发挥了"最后贷款人"的作用。英格兰银行就此逐步演变成英国的中央银行。到19世纪后期，英格兰银行已成为中央银行的典范，为各国所纷纷效仿。1946年英国议会通过《英格兰银行法案》，使得该行正式成为国有银行。

英格兰银行的出现，使中央银行制度在世界上尤其是欧洲的一些国家受到重视，这些国家的大银行纷纷开始向中央银行转变。例如，成立于1800年的法兰西银行，1848年垄断了全国的货币发行权；成立于1829年的西班牙银行，于1874年垄断了货币发行权；日本银行和德国国家银行也分别于1889年和1912年统一与独享了货币发行权。

3. 美国联邦储备体系的创立

美国联邦储备体系是美国的中央银行，创建于1914年。美国真正稳定确立其中央银行制度比欧洲主要国家英国、法国等要晚，历经坎坷，组织制度的架构有其独特性。

早在1797年和1816年，美国国会曾经两次特许设立了美国第一银行和美国第二银行，这两家银行都具有中央银行的性质，为政府筹集财政资金，相对集中货币发行权，调控州银行的货币信用规模。但是，由于自身经营目标不明确，遭到各州银行的反对，均在经营期满后被迫停业。此后，美国的金融业进入了自由银行时期。各银行都可以自由发行银行券，以致币制紊乱，货币贬值。1863年，美国政府为了结束货币紊乱的局面并为南北战争筹措经费，公布了《国民银行法》，规定凡向联邦政府注册的国民银行可以根据其持有的政府公债发行银行券。国民银行制度的主要弊端在于银行券的发行不具有弹性，它的发行以政府债券为基础，而不能随着经济的发展调节发行，同时，存款准备金极度分散，不能应付经常出现的金融动乱，这给美国经济的发展和银行制度的稳定带来了不利影响，导致每隔数年就发生一次金融恐慌。针对这一情况，美国国会于1913年通过《联邦储备法案》，于1914年成立联邦储备体系，正式建立了中央银行制度，由联邦储备体系统一发行联邦储备券。根据美国《联邦储备法案》的规定，除在首都设立联邦储备体系理事会，将全国分成 12 个联邦储备区，每个区设立一家联邦储备银行，可以独立行使中央银行的职能。换言之，目前美国有 12 家中央银行。有必要指出的是，美国联邦储备体系理事会在成立之初并没有实权，但后来权力日益增加，其主要任务在于决定美国联邦储备体系的货币政策，并且监督和协调各区联邦储备银行的业务，所以事实上该理事会已成为美国联邦储备体系的实际决策机构。

由于第一次世界大战后国际社会受金融恐慌和货币混乱的严重影响，使大多数国家意识到建立中央银行的重要性，所以在第一次世界大战前后成立的中央银行，是政府主动出面或出资直接建立的，而且从最初建立就有明确的宗旨和较全面的功能。自 19 世纪到第一次世界大战之前，世界上约有 29 家中央银行成立。

（二）中央银行的普遍推行时期和强化发展时期

在中央银行制度基本建立以后，其发展主要经历了两个阶段。

1. 中央银行制度的普遍推行时期

从第一次世界大战结束开始到第二次世界大战结束是中央银行制度的普遍推行时期。第一次世界大战爆发后，各国金融领域均受到了巨大的破坏，许多国家先后放弃了金本位制，普遍发生了恶性通货膨胀，中央银行都纷纷宣布停止或限制兑现、提高贴现率、禁止黄金输出等措施，造成外汇行市下跌，各金融中心的交易所相继停市，货币制度极度混乱。由此，各国政府当局和金融界人士深切感到必须加强中央银行的地位和对货币信用的管制。于是，1920 年在比利时首都布鲁塞尔召开国际金融会议。会上提出，凡未设中央银行的国家应尽快建立中央银行，已经建立中央银行的国家应摆脱各国政府政治上的控制，要进一步发挥中央银行的作用，实行稳定的金融政策。在布鲁塞尔会议以后，各国中央银行制度得到了积极发展和普遍推行，世界各国改组或设立的中央银行有 40 多家。因而可以说，20 世纪 20 年代是中央银行制度积极发展的一个阶段。

2. 中央银行制度的强化和完善时期

从第二次世界大战结束至今是中央银行制度的强化和完善时期。第二次世界大战后，中央银行制度得到更为迅速的发展和完善。在这一时期，无论是发达国家，还是一些新独立的发展中国家，都纷纷建立中央银行，同时国家对中央银行的控制不断加强，中央银行对国家宏观经济的调节职能得到更进一步的强化和完善。

（1）各国政府先后实行中央银行国有化政策。一些发达国家将中央银行的资本全部收归国有，中央银行都是执行国家货币政策的机构，受国家的直接控制和监督，中央银行的负责人由国家任命。一些国家即使允许私人持股者，但其对中央银行的业务既没有决策权，也没有经营管理权，只能按照规定获取股息。

（2）中央银行日益成为国家调节宏观经济的重要工具。中央银行逐渐摆脱商业银行的日常业务，其主要任务转向制定和执行一国货币政策，调节货币供应量，稳定货币和金融秩序。

（3）中央银行国际合作进一步加强。由于金本位制的崩溃，各国之间货币关系失去了统一的价值标准基础，引起了国际贸易和国际结算的混乱。为了加强国际间各国中央银行的合作，确保各国银行体系的健康运行和国际金融秩序的稳定，1945 年建立了永久性的国际金融组织——国际货币基金组织和世界银行。20 世纪 60 年代以来，金融创新和金融自由化使全球金融体系一体化加强，跨国银行迅速扩张且竞争加剧，金融风险跨境传染性增大，为了加强各国中央银行在金融监管方面的合作，1974 年在国际清算银行的支持下成立了巴塞尔银行监督管理委员会，旨在有效实施银行业务国际联合监管。

三、中央银行的制度类型

各国或地区的中央银行制度，根据其组织形式和组织结构的不同，可以分为单一中央银行制、跨国中央银行制和准中央银行制。

(一) 单一中央银行制

单一中央银行制是最主要和最典型的中央银行制度，是指国家单独设立中央银行机构，使之全面、纯粹行使各项中央银行职能的制度类型。单一中央银行制又可以分为以下两种具体形式。

（1）一元式中央银行。它是指一国只建立一家统一的中央银行，中央银行的机构由总行和若干分支机构组成，其特点是权力集中、职能齐全、分支机构众多。目前，世界上绝大多数国家，如英国、法国、日本的中央银行都采用这种形式，中国在 1984 年以后也开始采用这种形式。

（2）二元式中央银行。它是指在一国国内建立中央和地方两级相对独立的中央银行机构。中央级机构是最高权力或管理机构，地方级机构接受中央级机构的监督管理，但在各自的辖区内有较独立的权力，各自行使中央银行职能。它的特点是地方区域性中央银行并不隶属于总行的分支机构，有自己的权力机构，除执行统一的货币政策外，在业务经营管理上具有较大的独立性。实行联邦制的国家，如美国、德国等均采用这种形式。

(二) 跨国中央银行制

跨国中央银行制出现于第二次世界大战后，是指两个以上的主权国家设立共同的中央银行，主要由参加某一货币联盟的所有成员国联合组成的中央银行制度。这种跨国中央银行发行共同的货币并统一为成员国制定金融政策，成立的宗旨在于推进联盟各国经济的发展及避免通货膨胀。实行这种制度的典型代表是欧洲共同体的中央银行、西非货币联盟所设的中央银行、中非货币联盟和中非国家银行、东加勒比海货币管理局等。

欧洲中央银行（European Central Bank，ECB）是根据 1992 年《马斯特里赫特条约》的规定于 1998 年 7 月 1 日正式成立的，其前身是设在法兰克福的欧洲货币局。欧洲中央银行是世界上第一个管理超国家货币的中央银行。1999 年 1 月 1 日欧元正式启动，当时 11 个欧元国政府失去制定货币政策的权力。欧洲中央银行的职能是"维护货币的稳定"，管理主导利率、货币的储备和发行以及制定欧洲货币政策。

(三) 准中央银行制

准中央银行制是指有些国家或地区只设置类似中央银行的机构，或由政府授权某个或几个商业银行，行使部分中央银行职能的制度。中国香港、新加坡属于这种制度。新加坡设有金融管理局和货币委员会（常设机构为货币局）两个机构来行使中央银行的职能，前者负责制定货币政策和金融业发展政策，执行中央银行除货币发行以外的一切职能；后者主要负责发行货币、保管发行准备金及维护新加坡货币的完整。中国香港过去长时期内并无统一的金融管理机构，中央银行的职能由政府、同业公会和商业银行分别承担。1993 年 4 月 1 日，香港成立了金融管理局，它集中了货币政策、金融监管及支付体系管理等中央银行的基本职能。但它又不同于一般中央银行，比如发行钞票职能是由渣打银行、汇丰银行和中国银行履行的；票据结算一直由汇丰银行负责管理；政府的银行这项职能一直由商业银行执行。此外，斐济、马尔代夫、利比里亚、莱索托、伯利兹国也都实行各具特点的准中央银行制。

第二节　中央银行的性质和职能

中央银行是一国的最高金融管理机构，在金融体系中处于核心地位，它代表国家政府制定并执行国家的金融方针政策，对一国货币供应量和社会信用总量进行调控，维护货币流通的稳定，同时还承担监督管理金融业、维护金融稳定、为社会经济发展提供良好环境的任务。

一、中央银行的性质

虽然各国的社会历史状况不同，经济和政治制度不同，货币信用制度的发展水平以及金融环境存在差异，但就中央银行的发展历史和其在国民经济活动中的特殊地位来看，世界各国中央银行的一般性质都具有共性，即中央银行不同于普通的商业银行和其他金融机构，是一个"特殊的金融机构"，表现在其地位的特殊性、业务的特殊性和管理的特殊性。

（一）地位的特殊性

目前世界各国几乎都设有中央银行，就其名称而言，不尽相同。但就其所处的地位而言，中央银行都处于一个国家金融体系的中心环节，居于一般金融机构之上，处于超然地位，是统领全国货币金融的最高权力机构，也是全国信用制度的枢纽和金融管理最高当局。通过中央银行，贯彻国家政府的金融政策意图；通过中央银行宏观货币供应量调控机制的运用，实现国家政府对整个货币量的吞吐，以把握经济发展的冷热度；通过中央银行，行使国家对整个国民经济的监督和管理，以实现金融业的稳健和规范经营；通过中央银行，加强国与国之间的金融联系和合作。可见，中央银行的地位非同一般，它是国家货币政策的体现者，是国家干预经济生活的重要工具，是政府在金融领域的代理，也是在国家中央政府控制下的职能机构。中央银行的宗旨是维持一国的货币和物价稳定，促进经济增长，保障充分就业和维持国际收支平衡。

（二）业务的特殊性

中央银行的业务不同于一般商业银行，首先是其业务经营的目的不同，原则上不经营具体的货币信用业务，不以盈利为目标，而是国家政府用来干预经济生活，为实现国家经济政策目标服务的。其次是其经营业务的内容和服务对象不同，中央银行享有发行货币的特权，这是商业银行和一般的行政管理部门所不能享有的权力。中央银行的资金来源主要来自发行的货币，同时也接受商业银行和其他金融机构的存款，所以它不能与商业银行和其他金融机构处于平等的地位，因此也不能开展平等的竞争。中央银行业务活动所面向的服务对象仅限于金融机构、政府，不能面向普通的公司企业和居民个人。

（三）管理的特殊性

各国政府虽然赋予中央银行各种金融管理权，但它与一般的政府管理机构有所不同。一方面，这些管理职能，无论是对各银行和金融机构的存贷、发行业务等，还是对政府办理国库券业务以及对市场发行和买卖有价证券业务等，中央银行都是以"银行"的身份出现的，而不仅仅是一个行政管理机构。另一方面，中央银行不是单凭行政权力行使其职能，而是通过行政、经济和法律的手段，如计划、信贷、利率、汇率、存款准备金、公开市场操作和有关法律等去实现。中央银行本身不参与一般金融机构的业务开展，而是对商业银行和其他金融机构进行引导与管理，以达到对整个国民经济进行宏观调节和控制。还有中央银行在行使管理职能时，它处于特殊地位，不偏向任何一家银行，而是作为货币流通和信用管理者的身份出现，执行其控制货币发行和调节信用的职能，从而达到稳定金融秩序的目的。

二、中央银行的职能

中央银行的职能是其性质的外在体现，学术界对于中央银行的基本职能归纳与表述的方法各有不同，常见的表述为中央银行具有发行的银行、银行的银行和政府的银行三大职能，这是中央银行最基本和最传统的职能。中央银行的职能并不是一成不变的，随着历史的发展和社会的进步，其职能也不断被赋予新的内容。中央银行不仅仅是银行的银行，还是金融机构的银行，担负着维护金融秩序和金融稳定的重要职责。

（一）发行的银行

所谓发行的银行，是指中央银行垄断货币的发行权而成为全国唯一的现钞发行机构。这是中央银行首要的和基本的职能。中央银行成为发行的银行是在银行业发展过程中逐步形成的，是历史的必然选择，一部中央银行史就是一部货币发行权逐步走向集中垄断的历史，因为垄断货币发行权是一国统一货币发行与稳定币值和流通的基本保证。目前，世界上几乎所有国家的现钞都由中央银行发行，而硬辅币的铸造、发行，有的国家由中央银行经营，有的国家则是由财政部负责，发行收入归财政，由中央银行投入流通。

这一职能在实践中主要体现在以下几个方面。

（1）中央银行必须根据经济发展和商品流通扩大的需要，保证及时供应货币。现代社会中央银行所发行的货币是法定通货。由中央银行垄断发行货币有利于货币流通的集中统一，有利于节约货币成本，符合商品货币经济要求。

（2）中央银行必须根据经济运行状况，合理调节货币数量。一方面为经济发展创造良好的货币环境，促进经济和社会稳定；另一方面推动经济持续协调增长。

（3）中央银行要加强货币流通管理，保证货币流通的正常秩序。为此，中央银行要依法管理货币发行基金，严格控制货币投放，加强现金管理，做好货币印制、清点、保管、运输、收兑等方面的工作。

（二）银行的银行

所谓银行的银行，是指中央银行面向商业银行和其他金融机构办理金融业务。中央银行通过影响商业银行和其他金融机构的业务来实现金融宏观调控和维护金融业稳定。

这一职能主要表现在以下几个方面。

（1）中央银行集中保管商业银行及其他存款机构的存款准备金。最初，为了保证商业银行和存款机构的清偿能力，各国银行法规定商业银行和其他存款机构必须上缴一定比例的存款准备金由中央银行集中保管。随着中央银行职能的强化，保管存款准备金的作用还在于：便于中央银行了解和掌握各个存款机构的存款准备金状况；有助于中央银行组织全国范围内的资金清算；有利于中央银行根据宏观调控的需要调整存款准备金率，影响货币乘数，改变商业银行和其他金融机构的信用创造能力，间接调节流通中的货币量。

（2）中央银行充当商业银行的最后贷款人。当商业银行资金不足出现流动性困难而无法从其他渠道融资时，可以向中央银行融资，中央银行对商业银行或其他金融机构通过再贷款和再贴现的方式进行救助，扮演最后贷款人的角色，以防止困难银行倒闭，引发金融危机。

（3）中央银行组织和管理全国的票据清算。这是在中央银行集中保管存款准备金的基础上发展起来的，它具有安全、快捷、可靠的特点，可以简化商业银行资金清算程序，节约清算费用，加速资金周转，提高清算效率，特别是中央银行利用清算系统对商业银行的业务经营状况、资金宽松程度能够及时全面地加以了解掌握，为中央银行的决策提供分析依据。

专栏 9-1

美联储与"黑色星期一"

"黑色星期一"是指 1987 年 10 月 19 日（星期一）的股灾。当日全球股市在道琼斯工业平均指数带头暴跌下全面下泻，引发金融市场恐慌，即 20 世纪 80 年代末的经济衰退。

"黑色星期一"是美国自 1929 年之后的又一次严重的股市崩溃，美联储相当成功地扮演了危机中稳定器的角色。当时的美联储主席格林斯潘在 10 月 20 日开市之前宣布，联邦储备体系"已经准备就绪，随时准备提供流动性资金，支持经济和金融体系"。作为对这一非同寻常的声明之补充，美联储明确表示，它将向任何给证券业发放贷款的银行提供再贴现贷款。纽约的银行家从这些信息中读出了美联储是在说："我们在这儿，无论你们需要什么，我们都会给你。"结果，一场金融恐慌被成功遏止了，当日道琼斯工业指数攀升100 多点。

资料来源：弗雷德里克·米什金.货币金融学 [M].郑艳文，荆国勇，译.北京：中国人民大学出版社，2011：349.

（三）政府的银行

作为政府的银行，是指中央银行同政府有着密切的联系，是基于政府的需要而存在的，代表政府贯彻执行财政金融政策、经理国库收支以及为政府提供各种金融服务。

这一职能主要体现在以下几个方面。

（1）经理国库。具体包括收受国库的存款，为国库办理支付和结算，为国库办理代收税款等。

（2）代理国家债券的发行。为政府代办债券发行、认购和推销、还本付息等业务。

（3）向政府融资。主要是通过购买政府债券和在法律限度内提供短期贷款或透支。

（4）管理和经营国家的储备资产。主要包括外汇、黄金、在国际货币基金组织中的储备头寸和特别提款权。

（5）制定和执行有关金融管理法规。主要包括建立和制定相关金融法规、基本制度、业务活动准则，管理规范国内金融市场等。20世纪80年代以来，有些国家将金融监管职能从中央银行分离出去，但中央银行仍然肩负实施货币金融政策所需要的监管权力和最后的协调权力。

（6）政府的金融顾问和国际金融组织的代表。在国内外经济金融活动中，中央银行充当政府的顾问，提供经济金融情报和决策建议，代表政府参加国际金融组织，出席各种国际性会议，从事国际金融活动，代表政府签订国际金融协定。

三、中央银行职能的发展与强化

从中央银行诞生至今的发展历程来看，其职能在不断发展和完善，不同的时期，职能的侧重面也有所不同。

（1）20世纪30年代以前，随着中央银行在全世界普遍建立，其职能特点主要表现在服从政府需要，为政府和金融机构服务，致力于传统的"发行的银行、银行的银行和政府的银行"三大职能的实施，而中央银行对货币政策乃至对宏观经济进行调控的运用能力尚不具备。

（2）20世纪30年代至80年代，由于世界经济大危机的爆发，给政府以及中央银行的制度建设提出了新的课题，为了适应政府干预调节经济的需要，尤其是第二次世界大战后中央银行国有化的浪潮，中央银行在货币政策的制定与执行、宏观经济调控和金融监管方面的职能得以发展和强化。

（3）20世纪80年代以来，适应客观经济形势发展的变化，中央银行的职能也在不断调整并赋予新的内容，突出表现在以下两个方面。

一方面，货币政策职能与金融监管职能既相分离又相结合，突出中央银行的货币政策调控职能。20世纪80年代以来，金融领域出现了许多新的现象，表现在金融微观活动上，金融的自由化成为潮流，金融创新频频发生，金融脱媒的趋势日趋明显，金融混业经营更是成为许多国家的制度选择；从金融宏观上看，金融风险加大，金融危机频频爆发，金融的不稳定直接威胁一国的经济环境和政治局面。为了保证中央银行集中精力科学制定并有效执行货币政策，避免与金融监管之间可能产生的矛盾，以保证实现货币政策的目标，许多国家对中央银行的职能进行了调整，把金融监管职能从中央银行分离出去，成立专门的金融监管部门来实施对金融的有效监管，以确保金融体系的稳定。以日本和英国为代表，许多国家都纷纷实行中央银行职能分离。2003 年 4 月，中国成立了专门行使银行监管职能的银监会，同此前专门成立的证监会和保监会一起承担金融监管的职能，而中国人民银行则不再负责对具体专业金融机构的微观监管任务。中国人民银行主要负责与这些专门的监管机构之间进行必要的沟通、合作和协调，并共享金融监管信息。2018 年 4 月，将银监会和保监会的职责整合，组建银保监会，作为国务院直属事业单位。

另一方面，强调金融稳定职能，维护金融体系的安全。金融监管职能的分离，只是从金融微观管理上更加专业化、具体化和高效化，并不影响中央银行在维护整个金融体系稳定职能的发挥，并通过法律加以明确和重视。中央银行站在更高的角度，从宏观和长远出发，致力于包括金融机构、金融市场、金融活动、金融监管机构和金融基础设施等多方面与全方位的协调，在这其中始终处于核心地位，既要维护金融的安全稳定，又要防范道德风险，最终实现一国金融体系的安全和高效运行。

专栏 9-2

"金融稳定委员会"与中央银行的金融稳定职能

对金融体系的稳定性进行全面评估，是防范和化解金融风险，推动金融改革，维护金融稳定的一项基础性工作，是对一国金融体系健康状况进行的综合检查和全面评价。1996年，英格兰银行率先对本国金融体系的稳定性进行了全面评估，并发布了世界上第一份金融稳定报告。随后，法国、丹麦、瑞典、韩国、新加坡等国家的中央银行都定期对本国金融体系进行评估，并公开发布金融稳定报告。金融稳定的重要意义在 1997 年亚洲金融危机之后才真正引起国际社会的普遍重视。国际清算银行于 1999 年发动七国集团组织成立了"金融稳定论坛"（Financial Stability Forum，FSF），世界银行和国际货币基金组织联合开展"金融部门评估规划"（Financial Sector Assessment Program，FSAP），对一国金融稳定的状况进行判断和评估。

在 2008 年全球爆发金融危机的局面下，2009 年 4 月初伦敦 G20 峰会通过决议设立一个全球性的金融监管体系，"金融稳定委员会"（Financial Stability Board，FSB）在此背景下应运而生，专家称其为"全球央行"。2009 年 6 月 27 日，这个根据 G20 峰会决议设立的"全球央行"正式开始运作。新机构下设机构扩大，职能更为广泛，将承担全球金融监管体系改造这一重任。金融稳定委员会的成员机构包括 20 多个国家的央行、财政部和监管机构以及主要国际金融机构和专业委员会。中国财政部、中国人民银行、银监会以及中国香港金融管理局均为该委员会的成员机构。经与国际货币基金组织、世界银行协商，中国于 2009 年 8 月正式启动 FSAP 评估。

《中华人民共和国中国人民银行法》（简称《中国人民银行法》）赋予了中国人民银行防范和化解金融风险、维护金融稳定的职能，明确了为维护金融稳定可以采取的各种法律手段。为了适应职能调整的需要，中国人民银行在总行和分支行设立了专门的金融稳定职能部门。中国人民银行总行设立了金融稳定局，分行及省会城市中心支行设立了金融稳定处。2005 年，中国人民银行首次发布《中国金融稳定报告》，以后按年度编写和发布报告。《中国金融稳定报告》给出了"金融稳定"的定义，即金融体系处于能够有效发挥其关键功能的状态。在这种状态下，宏观经济健康运行，货币和财政政策稳健有效，金融生态环境不断改善，金融机构、金融市场和金融基础设施能够发挥资源配置、风险管理、支付结算等关键功能，而且在受到内外部因素冲击时，金融体系整体上仍然能够平稳运行。2017 年 12 月 7 日，国际货币基金组织和世界银行公布了中国"金融部门评估规划"（FSAP）更新评估核心成果报告。FSAP 核心成果报告充分肯定了我国近年来经济金融体系改革的发展成果，高度评价了金融业执行国际标准情况，并提出了应对风险和挑战的部分建议。

资料来源：金融稳定委员会 – 百度百科 [EB/OL]. https://baike.baidu.com/item/.

中国人民银行金融稳定局，金融风险监测评估 – 金融稳定报告（2005～2018）[R]. http://www.pbc.gov.cn/jinrongwendingju/.

第三节　中央银行的主要业务

中央银行的基本职能主要通过其各项业务活动来履行和实现。与一般银行相比，中央银行的业务有其特殊性，尤其表现在特殊的业务活动原则和特殊的业务种类上。其资产负债表的格式与项目的定义也不同于一般的银行。

一、中央银行业务活动的一般原则

中央银行的性质和职能，决定了其业务经营所遵循的原则，总体上看必须服从于履行职责的需要。即中央银行的各种业务活动必须围绕各项法定职责展开，必须以有利于履行职责为最高原则。在具体的业务经营活动中一般奉行非盈利性、流动性、主动性和公开性四个原则。

（一）非盈利性原则

非盈利性原则主要是指中央银行的一切业务活动不是以盈利为目的。商业银行和其他金融机构都是以追逐利润最大化为经营目标，而中央银行由于负有特殊使命，不能以盈利为目的。这是因为：一方面，货币发行权的独家垄断，决定了任何商业银行在利润追逐中都无法与中央银行相匹敌；另一方面，中央银行负有调节经济金融的特殊使命，而其调节机能大多要以雄厚的资金力量作为后盾。如果中央银行以盈利为目的，则可能会因过分膨胀其资产业务而削弱对金融市场的控制能力，不能有效地执行对经济金融的调节。

（二）流动性原则

流动性原则主要是指中央银行的资产业务需要保持最大的流动性。中央银行负有调节全国金融的职责，其资产必须有极强的变现力，具有最大的清偿性。因为中央银行对金融的调节，主要是通过货币政策工具来进行的。无论使用哪种货币政策工具（存款准备金率、贴现率或公开市场操作），其最终结果必然是由中央银行资产的变动引起社会货币供应量的变动，以达到所要求的政策效果。如果中央银行的资产变现能力差，资产的变动不能与操作要求相适应，就不能使政策工具及时顺利地发挥作用，或作用效果达不到预期的深度。

所以，在中央银行的资产中，不能含有长期投资，除保持适量的现金外，应保持一定可靠的有价证券，如政府公债，以便随时变卖，应付宏观金融调控的需要。

(三) 主动性原则

主动性原则主要是指中央银行的资产负债业务需要保持一定的主动性。中央银行在执行其业务时，应不受行政和其他部门干预。在货币经济条件下，货币供应量的变动及信用成本的高低，对经济活动会产生重大的影响。而中央银行又正处于货币供应和信用创造的控制地位，所以中央银行只有处于超然地位，才可能使货币政策不受政府财政收支状况的干扰，才可能避免周期性的通货膨胀，从而最大限度地促进经济稳定。

(四) 公开性原则

公开性原则主要指中央银行业务状况要定期公开化。中央银行定期向社会公布货币当局的业务和财务状况，提供有关的金融统计资料，公开发布有关的货币政策报告和金融稳定报告等。中央银行业务活动的公开性，一是有利于使其业务活动置于公众的监督之下，依法行事，公平合理地开展其活动，保持中央银行的信誉和权威；二是可以使其业务增强透明度，使各有关方面了解中央银行的政策、意图及操作力度，增强货币政策的告示效应；三是有助于社会各界及时获取必要的金融信息，通过分析研究以便形成合理预期，从而影响社会公众调整经济决策和行为。

二、中央银行的资产负债表

中央银行的资产负债表是其资产负债业务的综合会计记录。中央银行资产负债业务的种类、规模和结构，都综合地反映在一定时期的资产负债表上。现代各国中央银行的任务和职责基本相同，其业务活动大同小异，资产负债表也基本相近，表 9-1 是简化的货币当局资产负债表。就资产负债表总的架构而言，都是由资产、负债和所有者权益 (资本项目) 三大项构成。

表 9-1　简化的货币当局资产负债表

资　　产	负　　债
国外资产	储备货币
外汇储备	货币发行
黄金储备	存款公司存款
贴现和放款	对外负债
政府债券和财政借款	国库及公共机构存款
其他资产	其他负债和资本项目

了解中央银行的资产负债表中每一个项目的含义及彼此之间的关系非常重要，在资产负债表中，总资产＝总负债＋自有资金 (资本项目)，表中每一个项目的变动，都反映了对银行存款准备金的影响程度。银行存款准备金即负债栏目中的储备货币余额减去其中的货币发行余额，在中国人民银行的资产负债表中，是其他存款性公司和非金融机构的存款之

和，等于总资产减去除银行存款准备金之外的所有其他央行负债（和自有资金）。从表9-1中可以看出在资产栏目中资产项目的增加可能会带来银行存款准备金的增加，负债栏目中有些负债栏目的增加可能会减少银行存款准备金。可见中央银行可以通过控制资产负债表中的某些项目，来达到其调控目的。但也由于中央银行对有些项目的可控性较弱，增加了调控难度，而这其中的每一个项目即表现为中央银行具体业务的实施，下面我们会在中央银行的业务介绍中进一步展开分析。

中国人民银行从1994年起，根据国际货币基金组织规定的统一格式编制资产负债表并定期向社会公布（见表9-2）。

表 9-2 货币当局资产负债表（2019 年 7 月底）

项　　目	金额（亿元）	占比（%）
国外资产	218 680.56	61.09
外汇	212 448.12	59.35
货币黄金	2 813.40	0.79
其他国外资产	3 419.04	0.96
对政府债权	15 250.24	4.26
其中：中央政府	15 250.24	4.26
对其他存款性公司债权	103 111.63	28.81
对其他金融性公司债权	5 041.63	1.41
对非金融性部门债权	0.00	0.00
其他资产	15 868.80	4.43
总资产	357 952.86	100.00
储备货币	301 260.44	84.16
货币发行	78 122.38	21.82
金融性公司存款	210 260.44	58.74
其他存款性公司存款	210 260.44	58.74
其他金融性公司存款		0.00
非金融机构存款	12 877.63	3.60
不计入储备货币的金融性公司存款	4 443.16	1.24
发行债券	540.00	0.15
国外负债	966.72	0.27
政府存款	41 754.33	11.66
自有资金	219.75	0.06
其他负债	8 768.46	2.45
总负债	357 952.86	100.00[①]

①由于四舍五入原因，数据相加不一定等于10%。

注：1. 自2011年起，中国人民银行采用国际货币基金组织关于储备货币的定义，不再将其他金融性公司在货币当局的存款计入储备货币。

2. 自2011年起，境外金融机构在中国人民银行存款数据计入国外负债项目，不再计入其他存款性公司存款。

3. 自2017年起，对国际金融组织相关本币账户以净头寸反映。

4. "非金融机构存款"为支付机构交存人民银行的客户备付金存款。

资料来源：中国人民银行官网，中国人民银行—调查统计司—统计数据。

🌐 专栏 9-3
美联储缩表计划及其实施

2017 年 9 月 19 日，美联储公开市场委员会（FOMC）宣布将于 10 月正式开启缩减资产负债表进程，且称此次缩表将采取渐进、被动、可预期的方式，即逐步减少到期证券的本金再投资规模。起初每月缩减 60 亿美元国债、40 亿美元抵押贷款支持债券（MBS）；缩表规模每季度增加一次（幅度同样为 60 亿美元国债、40 亿美元 MBS），届时，缩表计划将按照每月缩减 300 亿美元国债、200 亿美元 MBS 的节奏进行，直到美联储认为资产负债表规模达到合意水平为止。

缩表被称为美联储弹药库里的"核武器"，意味着正式向世界宣告美国全面紧缩的货币政策到来。如今，美联储资产负债表规模已从 2007 年的 0.9 万亿美元大幅扩张至 2017 年 10 月的近 4.5 万亿美元，约是危机前的 5 倍。从资产端来看，美联储持有约 2.5 万亿美元的美国国债和近 1.8 万亿美元的 MBS 与机构债。从负债端来看，准备金替代通货一举成为负债端规模最大的项目。存款准备金余额从 2007 年年底的 110 亿美元大幅增至 2017 年 10 月的 2.3 万亿美元，增幅达 190 倍。随着经济复苏，庞大的资产负债表将阻碍美联储货币政策的正常化，并可能导致经济过热等风险，需要通过缩表来消除潜在风险。

资料来源：牛慕鸿，孙莎.从超额准备金看美联储缩表 [J].中国金融，2017（21）：25.

三、中央银行的资产负债业务

根据中央银行资产负债表所列项目，可一览其业务活动的主要内容。以下我们结合中国人民银行资产负债表中所列项目对中央银行的主要业务进行进一步的介绍。

（一）负债业务

中央银行的负债业务，是指社会各集团和个人持有的对中央银行的总债权。其中，储备货币是最为关键的负债项目，又称为基础货币，是一国货币供给总量的基础。储备货币主要包括货币发行和存款业务，此外还包括其他负债业务等。

1. 货币发行

货币发行有两层含义：第一，是指货币从中央银行的发行库通过各家商业银行的业务库流到社会；第二，是指货币从中央银行流出的数量大于流通中回笼的数量。

中央银行垄断货币发行权，货币发行是中央银行的主要职能之一，也是中央银行的负债业务，中央银行所发行的货币主要是中央银行券，此外还有一小部分用于辅币的金属铸币，中央银行所发行的货币是一种债务凭证。

中央银行通过货币发行，一方面满足社会商品流通扩大和商品经济发展的需要；另一方面为中央银行筹集资金，满足中央银行履行其各项职能的需要。

中国的货币发行，是通过中国人民银行、商业银行和经中国人民银行批准经营现金业务的其他金融机构的现金收付业务活动实现的（见图 9-1）。

图 9-1 货币发行

专栏 9-4

货币发行机制

货币发行不仅包括现金发行，也包括存款等广义货币的创造。在信用货币体系下，中央银行则通过资产扩张创造基础货币，并通过调节基础货币来调控商业银行创造广义货币的能力，商业银行通过发放贷款等资产扩张创造广义货币。

从国际上看，各经济体一般都是根据自身经济发展和货币政策调控需要，主动选择相应的货币发行机制。例如，美联储主要通过在公开市场上买卖国债投放基础货币，支持其发行货币的基础实际上是美国财政的信用。在国际金融危机之前，美国银行体系持有的存款准备金较少，绝大部分基础货币都是现金，因此美联储购买国债的数量与其现金投放的数量基本上是挂钩的。货币发行机制不是一成不变的，会根据实际需要调整。为应对国际金融危机冲击，2008 年以来，美、欧、日等发达经济体先后实施量化宽松等非常规货币政策，通过购买国债、高等级信用债、交易所交易基金（ETF）等，向市场大量投放基础货币。

中国的货币发行机制也主要服务于经济发展和宏观调控需要，并根据不同阶段的需要适时进行调整。进入 21 世纪以来，由于国际收支持续大额双顺差和外汇储备的积累，为适应形势需要，在启动汇率市场化改革、增强人民币汇率弹性的同时，主要通过外汇占款投放基础货币，但这并不意味着货币发行和信用扩张受制于美元等其他国家货币。实际上，外汇储备是由中国出口货物等换回来的，随时可用来从国际上购买物资，因此人民币发行的基础本质上是国家掌握的物资。中国人民银行在买入外汇、投放人民币的同时，还通过提高存款准备金率、公开市场操作、发行央行票据等方式，进行了大规模的流动性对冲，加上提高人民币汇率灵活性，有效应对了双顺差带来的挑战和问题，保持了物价水平基本稳定和经济平稳增长，并为经济结构调整创造了较为适宜的货币环境。

2014 年以来中国国际收支更趋平衡，中国人民银行主要通过公开市场操作、中期借贷便利（MLF）、抵押补充贷款（PSL）等工具，向市场投放基础货币，并为国民经济重点领域和薄弱环节提供有力支持。中央银行主动供给和调节流动性的能力进一步增强。

中国基础货币发行机制的改变，不仅适应了经济金融发展的新情况、新变化，有效满足了银行体系创造广义货币的需要，也为加快推进货币政策调控框架从数量型调控为主向价格型调控为主转变创造了条件。

资料来源：中国人民银行货币政策分析小组.中国货币政策执行报告 [R]. 2018(4): 6.

2. 存款业务

中央银行的存款业务按照来源主体划分，包括集中存款准备金形成的其他存款性公司存款（包含商业银行）和非金融机构的存款、代理或经理国库职能形成的政府存款、其他金融机构存款、外国存款以及特定机构和私人部门存款。其中主要是指集中存款性公司的存款准备金存款，这也表现在占比的绝对优势上，因为准备金存款是中央银行存款业务中最重要和最主要的内容，这是中央银行制度形成的重要原因之一。以下主要介绍存款准备金业务。

中央银行集中存款准备金的目的包括：①配合货币政策，形成存款准备金工具，调节信贷及货币供应量规模；②满足商业银行流动性及清偿能力的要求。

中央银行集中的存款准备金由两部分组成：①法定存款准备金，它等于商业银行吸收存款余额乘以中央银行规定的法定存款准备金率；②商业银行的超额存款准备金，是指商业银行为保持资金清算或同业资金往来而存入中央银行的存款。中央银行集中的两部分存款具有不同性质的区别。第一，法定存款准备金是中央银行调控信用规模和货币供给量的政策手段；超额存款准备金是商业银行资产调整和信用创造的条件。第二，法定存款准备金主要取决于中央银行法定存款准备金比率的高低；超额存款准备金主要取决于商业银行资产结构的选择以及持有超额存款准备金的机会成本。第三，商业银行无权动用法定存款准备金，其使用主动权在中央银行手中；商业银行可以自由使用超额存款准备金，其能动性不在中央银行而在商业银行手中。

法定存款准备金是中央银行资金来源的重要组成部分。在大多数国家，中央银行对这种负债是不付息的，这就为中央银行调控经济金融，在资产业务中不以盈利为目标提供了客观基础和现实保障。

根据《中华人民共和国中国人民银行法》的规定，金融机构必须按照规定的比例交存存款准备金。这是中国人民银行的重要资金来源之一，也是其调节信贷和货币供应量规模的重要前提条件，同时也是满足全国商业银行的流通性和清偿能力的基础。

在中央银行的负债业务中，除了货币发行、存款以外，还有一些其他负债业务，如发行债券和票据、对外负债和资本业务等。中央银行发行债券和票据是指各国中央银行为了实现对宏观经济的调控，可以通过发行债券和票据紧缩银根，也可以通过回收债券和票据放松银根，最终对一国货币供应量进行调控。对外负债是指一国中央银行从国外银行借款、对外国中央银行的负债、国际金融机构的贷款和在国外发行的中央银行债券等。资本业务则是指中央银行筹集、维持和补充自有资本的业务。

(二) 资产业务

中央银行的资产业务指中央银行在一定时点上所拥有的各种债权，主要包括再贴现和再贷款、证券买卖、储备资产买卖等。

1. 再贴现和再贷款业务

所谓再贴现是指商业银行和其他金融机构将通过贴现业务持有的尚未到期的商业票据向中央银行申请转让，借此获得中央银行的资金融通。再贴现主要用于解决一般金融机构由于办理贴现业务引起的暂时性资金困难。再贴现实付金额，等于再贴现承兑汇票面额扣除再贴现利息。再贴现的期限是从再贴现之日起至票据到期日止，一般为3个月，最长不超过4个月。再贴现的承兑汇票到期日，由承办再贴现的中央银行向承兑商业银行或其他金融机构主动划付。所谓再贷款业务是指中央银行对金融机构的贷款业务的简称，具体指中央银行向商业银行、其他金融机构和政府等发放贷款进行的资金融通。向商业银行融通资金，保证商业银行的支付能力，是中央银行作为银行的银行最重要和最主要的职责之一。在一般情况下，中央银行再贷款都是短期的，主要为了解决商业银行和其他金融机构在经营信贷业务中周转性与临时性资金不足，采取的形式大多以政府债券和商业票据为担保的抵押贷款。此外，中央银行还向政府发放贷款和从事其他贷款。若政府在其收支活动中发生临时性资金短缺，中央银行会主要采用购买政府债券和限制性短期贷款等方式向政府提供信贷支持。其他贷款主要是指中央银行对外国银行和国际性金融机构的贷款以及对国内工商企业少量的直接贷款等，中央银行的其他贷款占贷款业务的比重不大。

再贴现与再贷款业务是中央银行的主要资产业务之一，这是中央银行作为最后贷款人职能的具体表现，是中央银行向社会提供基础货币的重要渠道，是中央银行调控货币供应量的重要工具。

从广义上说，再贴现业务也属于再贷款业务的范畴。因为无论是再贴现还是再贷款，中央银行都是贷出资金，成为债权人。但从严格意义上看，二者是有区别的。

（1）借入本金的数额和收取利息的时间不同。再贴现是在借款人获得现金时先收取利息，而再贷款是在贷款使用一段时间之后或归还贷款时收取利息。前者借款人只获得了部分资金，后者则获得全部资金。这对借款人以获得的资金充实准备金、扩大信贷规模的意义是有区别的。

（2）偿还的方式不同。如果是再贴现，随着再贴现的票据到期，中央银行向承兑人出示票据并要求承兑人兑付，收回资金；如果是抵押再贷款，贷款期限到期，借款人向中央银行归还贷款并收回抵押品。

（3）对经济的影响不同。如果再贷款的具体形式是抵押放款，其与再贴现的区别大体如上所述。但如果是信用贷款，对于中央银行来说其意义则与再贴现不大一样。因为对合格的商业票据进行再贴现而增加的资金投放，体现了商品流通对货币的需要，属于经济发行，票据到期后，中央银行完全可能收回投放出去的货币；通过信用贷款投放出去的货币则不一定是商品交易的正常需要，用习惯的说法就可能属于没有"实物保证"的非经济发行，贷款到期时中央银行不一定能收回投放出去的货币。一旦这种结果大量发生，金融不稳定的局面就可能出现，进而导致通货膨胀。因此，当前许多国家的中央银行大量发生的是再贴现、抵押放款等有保证的再贷款行为，信用放款则严加控制，只占很小的比重。

2. 证券买卖业务

证券买卖业务也是中央银行的一项主要资产业务，随着证券市场的发展，成为货币政策常用的重要工具之一，又称公开市场操作，在金融市场发达的国家，其重要性非常突出。

所谓证券买卖业务是指中央银行作为金融市场的重要参与者，在公开市场进行证券的买卖活动。中央银行买入证券实际上是通过市场向社会投放货币，反之，卖出证券则是将流通中的货币收回。在一般情况下，中央银行应持有信用级别高且有收益的证券，其目的不是盈利，而是调控货币供应量和信贷规模，所以要有较高的流动性。中央银行主要买卖政府债券、国库券以及其他流动性较高的有价证券。

中国人民银行公开市场操作包括人民币操作和外汇操作两部分。外汇公开市场操作于 1994 年 3 月启动，人民币公开市场操作于 1998 年 5 月 26 日恢复交易，规模逐步扩大。1999 年以来，公开市场操作发展较快，目前已成为中国人民银行货币政策日常操作的主要工具之一，对于调节银行体系流动性水平、引导货币市场利率走势、促进货币供应量合理增长发挥了积极的作用。从交易品种看，中国人民银行公开市场业务债券交易主要包括回购交易、现券交易和发行中央银行票据。回购交易分为正回购和逆回购两种，正回购为中国人民银行向一级交易商卖出有价证券，并约定在未来特定日期买回有价证券的交易行为，正回购为央行从市场收回流动性的操作，正回购到期则为央行向市场投放流动性的操作；逆回购为中国人民银行向一级交易商购买有价证券，并约定在未来特定日期将有价证券卖给一级交易商的交易行为，逆回购为央行向市场上投放流动性的操作，逆回购到期则为央行从市场收回流动性的操作。现券交易分为现券买断和现券卖断两种，前者为央行直接从二级市场买入债券，一次性地投放基础货币；后者为央行直接卖出持有债券，一次性地回笼基础货币。中央银行票据是中国人民银行发行的短期债券，中央银行通过发行央行票据可以回笼基础货币，央行票据到期则体现为投放基础货币。

根据货币调控需要，近年来中国人民银行不断开展公开市场业务工具创新。2013 年 1 月，立足现有货币政策操作框架并借鉴国际经验，中国人民银行创设了"短期流动性调节工具"（short-term liquidity operations，SLO），作为公开市场常规操作的必要补充，在银行体系流动性出现临时性波动时相机使用。这一工具的及时创设，既有利于央行有效调节市场短期资金供给，熨平突发性、临时性因素导致的市场资金供求大幅波动，促进金融市场平稳运行，也有助于稳定市场预期和有效防范金融风险。

3. 储备资产买卖业务

黄金、外汇及特别提款权等是国际间进行清算的最后支付手段，各国都把它们作为储备资产，由中央银行加强经营和管理。所以管理黄金、外汇等储备资产是中央银行的一项重要资产业务。中央银行买卖储备资产的目的在于，维护国际收支的清偿能力，促进国际收支平衡，稳定汇价以及国内货币流通。

中央银行买卖储备资产时应注意以下问题。①合理的黄金外汇储备数量。国际储备过多是对资源的浪费，过少则面临丧失国际支付能力的可能。持有多少国际储备，并没有统一的固定不变的标准，需要根据本国的国际收支状况和国内经济政策确定。②合理的黄金外汇储备构成。一般国家都是从安全性、收益性、可兑现性这三个方面考虑其构成比例。在黄金与外汇储备比例一定的条件下，目前各国也从外汇资产多元化入手，争取分散风险，增加收益，获得最大的灵活性，通过一篮子货币来解决外汇资产多元化问题。③调节国际收支。当国际收支出现逆差时，为保持收支平衡，就可以动用黄金、外汇储备补充进口所需外汇的不足；当经常项目顺差，黄金外汇充足有余时，中央银行则可以用其清偿外债。

四、中央银行的资金清算业务

中央银行的资金清算业务是指中央银行为商业银行和其他金融机构办理资金划拨清算和资金转移的业务。中央银行组织清算涉及支付清算机构、支付清算系统及支付清算制度三个重要组成部分。具体是由提供支付清算的中介机构、管理货币资金转移的规则、实现支付指令传送及资金清算的专业技术手段共同组成的，用以实现债权债务清偿及资金转移的一系列组织和安排的系统运作。由于中央银行集中了商业银行的存款准备金，所以商业银行彼此之间由于交换各种支付凭证所产生的应收应付款项，就可以通过中央银行的存款账户划拨来清算，中央银行从而成为全国清算中心。

中央银行组织全国银行清算业务主要有三大类：集中办理票据交换、结清交换差额和办理异地资金转移。由中央银行参与的集中办理票据交换业务是在交换所进行的，参加票据交换所交换票据的银行均为"清算银行"或"交换银行"，按票据交换所的有关章程，清算银行均应承担一定的义务，方可享受入场交换票据的权利。结清交换差额，是指各清算银行在中央银行开立往来存款账户（独立于法定存款准备金账户），票据交换后的最后差额即由该账户上的资金增减来结清。办理异地资金转移，是指中央银行在全国范围内办理异地资金转移。各国异地资金划拨的具体清算做法差异较大，一般有两种类型：一是先由各商业银行等金融机构通过内部联行系统划转，最后由它们的总行通过中央银行办理转账清算；二是直接把异地票据统一集中送到中央银行总行办理轧差转账。中央银行通过组织全国银行系统的清算，一方面，为各家银行提供服务，提高了清算效率，加速了资金周转；另一方面，有利于中央银行对全国金融情况及商业银行等金融机构的资金情况加强了解，从而有助于中央银行监督、管理职责的履行。

20 世纪 70 年代以前，包括发达国家在内的支付清算均以手工操作为主，1973 年 5 月，由多家北美和欧洲大银行共同组建了 SWIFT（环球银行金融电讯协会，总部设在比利时布鲁塞尔），是国际银行同业间的非营利性国际合作组织，也被称为 SWIFT 组织。该组织负责设计、建立和管理 SWIFT 国际网络，以便在该组织成员间进行国际金融信息的传输和确定路由。中国银行于 1983 年加入 SWIFT，是 SWIFT 组织的第 1 034 家成员行，并于 1985 年 5 月正式开通使用，成为中国与国际金融标准接轨的重要里程碑。之后，多家商业银行及上海和深圳的证券交易所，也先后加入 SWIFT。

FEDWIRE 是美联储转移大额付款的系统，是美国金融基础设施的重要组成部分。CHIPS 是"纽约清算所银行同业支付系统"的简称，由纽约清算所协会（NYCHA）拥有并经营，是全球最大的私营支付清算系统之一，主要进行跨国美元交易的清算，是一个替代纸票据清算的电子系统。美国清算所于 1975 年开通 ACH（纽约自动清算所系统）。ACH 系统通过自动票据清分机，实现支票和其他纸凭证的自动阅读和清分，再进行传输和处理，以使支票支付的处理过程实现电子化。此外，在零售业支付领域，以银行卡为代表的各种卡类、ATM 和 POS 网络等现代支付媒介和支付系统为社会提供着快捷安全的服务。在银行间支付清算领域，信息技术的应用更为广泛，支付系统用户的计算机设备与支付系统操作者的计算机系统相连接，通过地面线路和卫星通信网在系统用户之间传递信息，从而完成支付指令的传送和资金的清算。世界著名的支付系统如表 9-3 所示。

表 9-3　世界著名支付系统概览

机构性质	名　称	规模
中央银行拥有	FEDWIRE（美联邦资金转账系统） BOJ-NET（日本银行金融网络系统） SIC（瑞士跨行清算系统） TARGET（欧洲间实时全额自动清算系统） CHAPS（大额英镑清算系统） CLS（伦敦持续联结清算系统）	大额 实时 全额
私营机构拥有	CHIPS（纽约清算协会同业支付系统）	大额 净额
	ACH（美国清算所系统）	小额

 专栏 9-5

大国重器：人民币跨境支付系统

人民币跨境支付系统（Cross-border Interbank Payment System，CIPS）是为境内外金融机构人民币跨境和离岸业务提供资金清算、结算服务的重要金融基础设施。随着人民币跨境使用需求不断增长，跨境人民币业务各项政策相继出台，跨境人民币业务规模不断扩大，迫切需要建设金融基础设施支撑业务发展。为满足人民币跨境使用需求，进一步整合现有人民币跨境支付结算渠道和资源，提高人民币跨境支付结算效率，经过充分论证和研究，中国人民银行于 2012 年启动人民币跨境支付系统（一期）建设。2015 年 10 月 8 日，CIPS（一期）成功上线运行，同步上线的有 19 家直接参与者和 176 家间接参与者，参与者范围覆盖六大洲 50 个国家和地区。CIPS 的建成运行是中国金融市场基础设施建设的又一里程碑事件，标志着人民币国内支付和国际支付统筹兼顾的现代化支付体系建设取得重要进展，对推动人民币成为全球主要的支付货币、推进人民币成为特别提款权（SDR）篮子货币发挥了重要作用。

CIPS 按计划分两期建设，一期系统上线后，CIPS 运营机构不断完善系统功能，顺利完成 CIPS（二期）投产。2017 年 7 月 3 日，"债券通"正式上线试运行，根据中国人民银行发布的《内地与香港债券市场互联互通合作管理暂行办法》（中国人民银行令〔2017〕第 1 号），"北向通"资金支付通过 CIPS 办理。CIPS 作为专用资金结算通道，高效稳定支持"债券通"业务开展。10 月 9 日，CIPS（二期）双边业务功能顺利上线，支持"债券通"北向通业务 DVP 结算，有效降低了跨境债券交易资金结算风险，提高了资金结算效率。2018 年 3 月 26 日，CIPS（二期）成功投产试运行，中国工商银行、中国农业银行、中国银行、中国建设银行、交通银行、兴业银行、汇丰银行（中国）、花旗银行（中国）、渣打银行（中国）、德意志银行（中国）共 10 家直接参与者同步上线。2018 年 5 月 2 日，CIPS（二期）全面投产，符合要求的直接参与者同步上线。CIPS 运行时间由 5×12 小时延长至 5×24 小时 + 4 小时，实现对全球各时区金融市场的全覆盖，支持全球的支付与金融市场业务，满足全球用户的人民币业务需求。

资料来源：中国人民银行支付结算司.统计数据与分析 – 支付体系运行总体情况 [EB/OL]. http://www.pbc.gov.cn/zhifujiesuansi/128525/128545/128643/index.html.

第四节　中央银行独立性

所谓中央银行独立性，在市场经济体制下，是指中央银行在履行自身职责时，法律赋予或实际拥有的权力、决策和行动的自主程度。中央银行的独立性问题，其实质是中央银行与政府的关系问题，这包括两层关系：第一，中央银行应对政府保持一定的独立性；第二，中央银行对政府的独立性是相对的。

中央银行处于一国金融体系的核心地位，是信用制度的枢纽，担负着调控宏观经济、管理其他金融经营活动的诸多职能，维护着一国金融体系的稳定，所以，中央银行要保持一定的独立性，才能有效发挥其强大的功能作用。

一、中央银行独立性的原因

中央银行需要保持一定的独立性，这有如下几方面原因。

（1）中央银行和政府在国民经济中所处的地位、关注问题的重点和解决问题的方式、追求的行为目标存在差异。政府为了追求经济增长目标，偏重于通过扩张性政策来刺激需求，拉动经济增长，增加就业，这往往会造成通货膨胀。中央银行则追求物价稳定，更关心币值的稳定，维护正常的金融状况和货币流通秩序，遏制过高的通货膨胀。

（2）避免政治性经济波动产生的干扰。一些国家执政党政府为了在大选中争取选票，在选举之前，倾向于采取过度扩张的货币政策和财政政策，通过放松银根促使利率降低、就业率提高和工资水平增加，从而对中央银行施加压力，使货币政策目标偏离原定方向，最终导致通货膨胀。如果中央银行保持其独立性，就可以避免这些政治性经济动荡对货币政策的干扰。

（3）避免财政赤字货币化。中央银行是政府的银行，有义务帮助政府平衡财政预算和弥补赤字，因此，中央银行可能被用来通过购买政府债券为政府弥补赤字提供方便。尤其是中央银行如果直接贷款或透支给财政，过度购买财政债券，无条件满足政府弥补赤字的需要，则极易导致财政赤字货币化，进而助长通货膨胀。因此，中央银行必须保持独立性，抵制来自政府的压力。

（4）中央银行业务的特殊性。中央银行的业务具有较强的专业性和技术性，其高层管理人员必须具有丰富的国内外经济知识、熟练的技术和经验，才能保证货币政策的超前性、长远性、合理性和有效性。因此，政府不应过多干预中央银行的业务操作。

（5）稳定经济和金融的需要。由于存在政治经济动荡，中央银行制定的货币政策应具有连贯性，应明确其首要任务是稳定物价，健全金融体制，以促进经济稳定增长和充分就业。这样，就要求中央银行保持其独立性，避免来自各级政府的干预，有效约束政府执行通货膨胀政策，维护整个金融体系的健康运行。

中央银行的独立性又是相对的。中央银行作为政府的银行，是国家宏观经济调控的重要工具，因而中央银行应该在国家总体经济政策的指导和政府的监督下，制定和实现货币政策。

（1）中央银行作为国家的金融管理部门，虽然处于金融体系的核心地位，但仍然是经济社会这个大系统的一部分，应当服从于经济社会大系统的运转，服从于国家的根本利益。中央银行的货币政策必须支持和配合国家的经济发展总目标，不能自行其道。

（2）货币政策是整个国家宏观经济政策的一部分，其制定和实施应考虑到与财政政策等其他宏观经济政策相配合，才能达到预期效果。

（3）中央银行的业务活动和监管都是在国家授权下进行的，有些国家的中央银行直接就是政府的组成部门，中央银行的主要负责人也大都由政府委任。因此，中央银行的职责履行需要政府其他部门的协作和配合，不能完全独立于政府之外。

二、中央银行独立性的基本内容

中央银行独立性的内容因不同国家而有所差异，但基本上表现在以下三个方面。

（一）建立独立的货币发行制度，以维持货币的稳定

一是货币发行权必须高度集中于中央银行，必须由中央银行垄断货币发行；二是应由中央银行根据国家的宏观经济政策，以及经济发展的客观需要自行决定一定时期内中央银行发行多少货币，什么时间发行，货币的地区分布、面额比例等，以保证中央银行独立发行货币，从而保护货币的稳定；三是中央银行应按经济的原则独立发行货币，不能承担财政透支，不能在发行市场上直接购买政府公债，不能给财政长期融通资金，不能代行使其

他应由财政行使的职能，以保证货币发行权掌握在中央银行手中。

（二）独立制定或执行货币金融政策

一是中央银行必须掌握货币政策的制定权和操作执行权。当然，中央银行在制定货币政策时，必须体现或考虑政府的宏观经济政策及意图，尽可能使中央银行的货币政策与国家的宏观经济政策保持一致，但在货币政策的执行过程中，必须保持高度的独立性，不受各级政府和部门的干预。只要中央银行的货币政策没有违反国家的总体经济目标和其他大政方针，政府和其他部门、党派、个人均无权干涉中央银行的政策行动。二是中央银行的货币政策在制定和执行上与政府发行分歧时，政府应充分尊重中央银行在这方面的经验和意见，尽可能采取相互信任、相互尊重、平等讨论的方式来解决，以防止因政府对中央银行进行行政干预而造成宏观决策失误。三是在中央银行货币政策的执行过程中，各级政府及有关部门应尽可能给予配合，以便中央银行的货币政策能更有效地发挥作用，而不应采用各种直接或间接的方式来抵消货币政策的作用。

（三）独立管理和控制整个金融体系和金融市场

中央银行应在国家法律的授权和法律的保障下，独立行使对金融体系和金融市场的管理权、控制权与制裁权。所谓管理权，就是指中央银行有权管理金融市场的交易，有权管理金融机构的建立和撤并，有权对金融机构的业务活动、经营状况进行定期或不定期的检查，并做出一些具体的规定。所谓控制权，就是指中央银行有权把金融体系和金融市场的业务活动置于自己的监督和控制之下，使整个金融活动根据货币政策的需要而正常进行。所谓制裁权，就是指中央银行有权对违反金融法规、抗拒管理的金融活动和金融机构给予经济或行政制裁。此外，中央银行在行使上述权力时，不应受到来自政府或其他部门的干扰。

🌐 专栏 9-6

中央银行独立性程度的实践意义

1990 年，美国哈佛大学的学者对 17 个发达工业化国家的中央银行独立性问题进行了实证研究，并形成了具有权威性的研究报告，报告证明中央银行独立性的强弱与通货膨胀的高低有着密切的相关关系，中央银行的独立性与价格稳定性之间具有几乎完全的相关关系，中央银行的独立性与经济增长率之间不存在必然的相关性。表 9-4 具体说明了中央银行的独立性指数与通货膨胀指数和经济增长率之间的关系。

表 9-4　各国中央银行独立性与通货膨胀指数和经济增长率情况对照表

独立性程度	代表性国家	通货膨胀指数（%）	经济增长率（%）
非常高	德国、瑞士	3.1	3.1
比较高	美国、日本、荷兰、加拿大	4.4	4.3
比较低	英国、法国、比利士、瑞典等	6.0	3.4
非常低	澳大利亚、新西兰、爱尔兰	7.5	3.8

注：表中通货膨胀指数为 1951～1988 年的平均值，经济增长率为 1955～1987 年的平均值。

资料来源：钱水土，等 . 货币银行学 [M]. 2 版 . 北京：机械工业出版社，2013：186.

三、世界范围的中央银行独立性

在 20 世纪 90 年代以前，德国、瑞士和美国的中央银行被公认为独立性比较高。这些国家的中央银行独立于政府之外，直接对国会负责，可以独立制定货币政策及采取相应的措施，政府不得直接对其中央银行发布命令和指示，也不得干涉货币政策的实施。其中德国的中央银行是独立性和权威性最高的。欧洲中央银行成立之前，表现在德国政府颁布的《联邦银行法》赋予德国联邦银行享有较大范围的自主权：优先保证币值稳定的基本职责；联邦银行独立于政府行使职权。联邦银行总裁，由总统任命，任期 8 年，届满之前政府不得罢免。美国联邦储备体系也享有较大的独立性，被誉为探讨中央银行独立性的典型。美国联邦储备体系经国会授权采取独立行动，直接向国会报告工作，向国会负责。有权独立制定货币政策，自行决定采取的措施和运用的政策工具。联邦储备体系理事会主席与副主席由总统从 7 名理事中指定 2 人担任，任期 4 年，可以连任。联邦储备体系理事会的 7 名理事须经参议院同意，由总统任命，任期 14 年，不得连任，每 2 年更换 1 人，并与总统任期错开，使总统在其任期内不能更换联邦储备体系理事会的绝大多数成员，从形式上制约了总统完全控制联邦储备体系理事会的可能性。

其他国家的中央银行独立性程度相对较低。比如英国的英格兰银行没有利率设定权，利率由财政大臣决定。英格兰银行主要从事公开市场操作，以产生可被财政大臣所决定的利率。日本的利率由日本银行的政策委员会决定，但政策委员会并不是独立的，包括来自财政部的官员和经济计划机构的成员，而且政府有权解雇央行行长。

中央银行独立性较小的国家有法国和意大利等。例如，意大利银行直接受财政部统辖，意大利银行接受政府的指令，货币政策的制定及采取的措施要经政府批准，政府有权停止、推迟中央银行决议的执行。

实践表明，中央银行保持独立性确实可以降低通货膨胀水平。近 30 年来，在全世界范围内，一些国家在维护、增强中央银行独立性方面取得了重大进展。1989 年新西兰政府颁布法律将其中央银行从世界上最不独立的中央银行之一，变成了最独立的中央银行之一。日本和英国也重塑中央银行的独立性。1997 年《日本银行法修正案》对日本银行的职能、最高决策机构的组织以及人事权等做出明确规定，从而确立了日本银行的独立法律地位。1997 年 5 月新上台的英国工党政府做出改革英格兰银行的重大决定，授予英格兰银行货币政策的决定权，并成立没有政府代表参与的货币政策委员会，从而使英格兰银行摆脱了政府的控制，走上了独立化的道路。1999 年，欧盟成员国就中央银行的独立性达成共识，并以前德意志联邦银行为样板，成立了高度独立性的中央银行——欧洲中央银行。欧洲中央银行按照《马斯特里赫特条约》于 1999 年设立，条约中的 11 国签署协议采用欧元作为货币，并同意放弃有关货币政策的所有权力。欧洲中央银行不依赖任何一个国家的法律，只有所有签署《马斯特里赫特条约》的国家都同意，这一条约才能够变更。

2008 年爆发的全球金融危机对中央银行独立性又提出严峻挑战。在各国政府的经济刺激计划中，由于中央银行承担了越来越多的职责，其独立性不断被弱化。美联储量化宽松政策的大规模实施，导致美联储资产负债表规模扩张，对经济发展压力增大，模糊了货币政策与财政政策的界限，模糊了中央银行与政府的关系，引起整个世界对未来通货膨胀前景的担忧。2017 年 9 月美联储又公开宣布启动缩表，以解决矛盾。

可见，各国中央银行应力求与政府（特别是财政部）保持密切合作，因为国家的经济政策（包括财政政策）和货币政策是不可分割的。过分强调独立性，容易与政府关系不协调。但丧失独立性，又会使政府过多地依赖银行，造成过度财政发行。如何保持中央银行的相对独立性，仍然是一个十分重要的问题。

综上所述，赋予中央银行独立制度和实施货币政策的法定地位，不仅是人类理性的选择，而且是历史发展的必然。强化中央银行的独立性与权威性，有助于更好地发挥中央银行的宏观调控作用。

延伸阅读

中国现代化支付系统

中国现代化支付系统（China National Advanced Payment System，CNAPS）是中国人民银行按照支付清算需要，利用现代计算机技术和通信网络开发建设的，能够高效、安全处理各银行办理的异地、同城各种支付业务及其资金清算和货币市场交易资金清算的应用系统。清算总中心负责建设、运行、维护、管理的支付清算系统包括大额实时支付系统（HVPS）、小额批量支付系统（BEPS）、全国支票影像交换系统（CIS）、境内外币支付系统（CFXPS）、电子商业汇票系统（ECDS）和网上支付跨行清算系统（IBPS），这些系统是国家重要的金融基础设施，是国家和社会资金流动的大动脉。

大额实时支付系统（HVPS）是中国现代化支付系统的重要组成部分，处理跨行同城和异地的金额在规定起点以上的大额贷记支付业务和紧急的小额贷记支付业务。大额实时支付系统采取逐笔发送支付指令，全额实时清算资金。

小额批量支付系统（BEPS）是中国现代化支付系统的一个重要应用系统，主要处理跨行同城、异地纸质凭证截留的借记支付以及金额在规定起点以下的小额贷记支付业务。该系统实行 24 小时不间断运行，采取批量发送支付指令，轧差净额清算资金。

中国现代化支付系统建有两级处理中心，即国家处理中心（NPC）和全国 32 个（包括 31 个省会城市和深圳市）城市处理中心（CCPC）。NPC 分别与各 CCPC 连接，其通信网络采用专用网络，以地面通信为主，卫星通信备份。

经过 20 多年的发展，已形成了以 CNAPS 为核心，以银行业金融机构（含财务公司）内部系统为基础，以特许清算机构和支付机构支付系统为补充的多元化支付清算体系，并在中国人民银行的统一组织下建立了包括参与者监督管理办法及系统运行管理、业务处理办法在内的较完善的制度框架。2013 年 10 月 8 日正式上线运行的第二代支付系统，在继承了第一代各业务系统功能的同时，引入了先进的支付清算管理理念和技术标准，支持商业银行一点接入支付系统，并实现"一点清算"。2015 年 10 月，作为支撑人民币国际化和"一带一路"建设的人民币跨境支付系统（CIPS）正式投产，标志着国内外统筹兼顾的现代化支付体系建设取得重要进展。截至 2019 年 6 月底，CIPS 已有 31 家直接参与者，847 家间接参与者；实际业务覆盖全球 160 多个国家和地区，其中 63 个国家和地区（含中国内地和港澳台地区）处于"一带一路"沿线。

资料来源：中国人民银行 [EB/OL]. http://www.pbc.gov.cn/zhifujiesuansi/128525/index.html.

中国现代化支付系统_百度百科 [EB/OL]. https://baike.baidu.com/item/ 中国现代化支付系统 /480-4232?fr=aladdin.

⊙ 名人传记　罗伯特·蒙代尔："最优货币区域理论之父"和"欧元之父"
请扫描二维码详尽了解名人传记

■ 本章小结

1. 中央银行的职能可以被概括为发行的银行、政府的银行及银行的银行。发行的银行是指中央银行垄断货币的发行权；政府的银行是指它充当政府的代理人，为政府提供各种金融服务，执行金融行政管理；银行的银行是指它集中商业银行的存款准备，充当最后贷款人，并组织全国资金划拨与清算。中央银行正是通过这些具体的职能和业务来实施其货币金融政策，对经济进行宏观调控。随着客观发展的需要，中央银行的职能在不断调整和变化，并被赋予新的内容。

2. 中央银行的资产负债表是其资产负债业务的综合会计记录。中央银行资产负债业务的种类、规模和结构，都综合地反映在一定时期的资产负债表上。中央银行的业务可以分为负债业务、资产业务和资金清算业务。负债业务主要包括货币发行业务、存款业务和其他负债业务等。资产业务主要包括再贷款和再贴现、证券买卖、储备资产买卖等。中央银行担负着全国各银行办理的异地、同城各种支付业务及其资金清算和货币市场交易资金清算的重要任务。

3. 中央银行的独立性问题，其实质是中央银行与政府的关系问题。中央银行的独立性有其必要性。中央银行独立性实证研究表明，中央银行的独立性与价格稳定性之间具有几乎完全的相关关系，而与经济增长率之间不存在必然的相关性。

■ 思考与练习

1. 试阐述中央银行的三大基本职能。如何理解中央银行职能的新变化？

2. 中央银行资产负债表有哪些项目？如何理解各项目之间的关系？

3. 中央银行有哪些业务？这些业务与商业银行有何不同？

4. 为什么说货币发行是中央银行的负债业务？

5. 中央银行作为银行的银行具体表现在哪些方面？

6. 中央银行集中存款准备金的目的是什么？法定存款准备金和超额存款准备金的区别何在？

7. 中央银行独立性的含义是什么？其基本内容有哪些方面？

第十章
CHAPTER10

货币需求

历史上，货币一直这样困扰着人们：

要么很多却不可靠，要么可靠却又稀缺，二者必居其一。

——詹姆斯·K.加尔布雷思

■ 本章概要

货币需求是受制于交易额、收入、财富、利率等众多经济因素的货币需要量。货币需求理论，则是对决定货币需求的各种因素进行研究的学说，它构成了现代货币政策选择的出发点。本章从货币需求的内涵等基本问题出发，先后阐述了新古典学派、凯恩斯学派和货币主义的货币需求理论，并对货币需求理论的实证研究做了一些介绍。

■ 学习目标

1. 掌握货币需求的内涵，理解货币需求的不同研究角度；
2. 理解费雪方程式与剑桥方程式的货币需求思想及它们之间的异同；
3. 掌握凯恩斯货币需求理论的主要内容，了解凯恩斯货币需求理论的发展情况；
4. 理解货币主义关于货币需求理论的主要观点；
5. 了解有关货币需求理论实证研究方面的一些进展。

■ 基本概念

货币需求	费雪方程式	剑桥方程式	投机性货币需求
货币流通速度	流动性陷阱	平方根定律	恒久收入

第一节　货币需求概述

一、货币需求的内涵

货币需求指的是受制于交易额、财富、收入、利率等众多经济因素的货币需要量。在研究货币需求问题时，我们还有以下更为具体的一些货币需求概念。第一，微观货币需求与宏观货币需求：微观货币需求，是指在既定的收入水平、利率水平和其他经济条件下，个人、家庭或企业能够实现自身效用最大化的货币持有量；宏观货币需求，是指一个国家在一定时期内，经济发展和商品流通所必需的货币量，这个货币量既能满足货币需要量，又不会引发通货膨胀。第二，主观货币需求与客观货币需求：当我们单纯从宏观角度研究货币需求问题时，制约货币需求的是经济中总体的交易数额、收入水平、货币流通速度等客观性质的变量，在这种情况下，货币需求是一个具有客观性质的需求问题；但是，当我们从微观角度考虑货币需求问题时，货币需求是一个在特定的约束条件下，持币者能够获得最大效用水平的货币持有量，如何在既定的收入、财富总量中，将货币持有与其他资产统筹考虑，从而实现个人效用最大化，应当是一个具有主观色彩的问题。第三，名义货币需求与真实货币需求：名义货币需求是指用货币单位衡量的货币需要量；真实货币需求是指用实际购买力衡量的货币需要量。

二、货币流通速度

货币是经济社会中被普遍接受的流通手段或交易媒介，其流通速度是一个研究货币需求问题时不能回避的重要概念。货币流通速度指的是单位货币在一定时期内周转的次数，它反映了货币作为交易媒介所发挥作用的频率和强度。在宏观经济研究中，往往把它从数量关系上定义为一定时期内的名义收入与货币存量之比，即 $V = PY / M$（其中，V、P、Y 和 M 分别表示货币流通速度、价格水平、实际产出和经济生活中的货币存量），它表明了每单位货币在一定时期内媒介实现的名义收入数量。

在研究货币需求问题时，一般指的是存量的货币需求，用符号 M_d 表示，为了突出其存量性质，这里特意记为 M_d^s。但是，从一段时期来看，事实上存在一个流量的货币需求，可记为 M_d^f。流量的货币需求等于某段时期内存量的货币需求与货币流通速度的乘积，即 $M_d^f = M_d^s V$。流量的货币需求与名义收入 PY 之间具有非常密切的关系，一般有 $PY = M_d^f = M_d^s V$。显然，货币流通速度不仅是实现存量货币需求向流量货币需求转化的桥梁，当考虑到货币市场的需求等于供给时，货币流通速度是名义收入与货币量关系中一个极为重要的影响因素。因此，货币流通速度是否稳定，就成为一个事关货币对收入水平是否具有作用的重要命题，具有非常显著的货币政策含义。

三、货币需求研究的思路

货币需求理论，是对决定货币需求的因素进行研究的学说，它是货币政策选择的出发点。中国在古代就有货币需求思想的萌芽，全国每人平均铸造多少钱币即可满足流通需要的思路，曾经是长期控制我国铸币发行数量的主要原则。直至中华人民共和国成立前夕，一些革命根据地在讨论钞票发行时，仍然有人均多少为宜的考虑。西方的现代货币需求理论源于货币数量论。根据货币数量论，货币需求量取决于交易的名义价值额。在19世纪末20世纪初以前，货币数量论的思想居于货币需求理论的主导地位。早在17世纪，英国哲学家和古典经济学家约翰·洛克就提出了商品价格决定于货币数量的学说，后来的大卫·休谟、大卫·李嘉图等很多古典政治经济学大家，对货币数量学说进行了阐释和发展。20世纪初，美国经济学家欧文·费雪以通货和支票存款的流通为基础，提出了著名的费雪方程式，将货币数量论推向了一个前所未有的新高度。与此同时，以阿尔弗雷德·马歇尔为代表的剑桥学派提出了剑桥方程式，开创了货币需求理论研究的全新局面，以后的货币需求理论主要沿着剑桥学派所开创的方向不断拓展前进。

归纳各种货币需求理论，其研究思路大致有两种。

一是从货币需求的宏观分析角度出发，将货币视为流通手段，研究在既定的货币流通速度条件下，一个国家（地区）实现一定的交易量需要多少货币数量的问题。费雪交易方程式及其以前的理论，采取的就是这样一种思路。这些理论的特点是，都没有反映微观主体的心理、预期等因素，不考察各种机会成本变量对货币需求的影响，而主要关心市场供给、交易量、收入这类宏观指标变化对货币需求产生的效应。

二是从货币需求的微观角度出发，强调货币的资产功能，从微观主体的持币动机和持币行为，考察货币需求变动的规律性，最终将货币需求归结为一个资产选择问题，即在人们的收入或财富当中，如何选择货币资产持有量的问题。在微观的货币需求理论中，对货币需求的决定因素，通常划分为三类：一类为规模变量，如收入和财富；一类为机会成本变量，如利率、物价变动率；余下的则称为其他变量，如制度和偏好等。从20世纪初的剑桥方程式开始，这种研究思路成了货币需求理论的主流方向，如凯恩斯、弗里德曼以及其他很多有影响的货币需求理论，都属这种类型。

还需要说明的一点是，微观货币需求理论，虽然重视的是货币的资产功能，但并没有否定货币的基本职能——交易媒介职能，这是因为，人们持有货币资产的一个基本动因是满足交易需要，也就是说，货币所具有的交易媒介职能依然是人们选择货币持有的一个基本支持因素。可见，货币作为流通手段的职能和作为贮藏手段的职能被统一在微观货币需求理论当中了。

专栏 10-1

货币需求研究发展的脉络

1. 货币口径不断拓展

货币需求理论中所考察的货币，马克思及其前人重视的是贵金属。到了费雪方程式，金币本身已被排除于视野之外，同时已开始注意到存款与通货。至于凯恩斯所指的收益为零的货币，明确地就是指现钞和支票存款。而货币主义所说的货币，其边界已是 M2 或较之更大的口径。简言之，从金到摆脱金，从纸币到一切可称为货币的金融资产，货币口径处于不断拓展中。

2. 研究角度从宏观转向微观

从宏观角度研究货币需求问题是费雪及其前人一贯的思路。在这样的思路下，个人对货币需求的动机虽然也有所分析，甚至分析得很精辟，但并不纳入可以称为货币需求的理论框架中。而开始于剑桥学派的思路则是一个大转折，那就是把微观主体行为的持币动机作为考察货币需求的出发点。换一个角度，就产生了质的变化，即扩大了对货币需求观察的范围。

3. 重视的货币职能从流通手段向价值贮藏手段转变

如果说仅从宏观角度考察这一问题，那应纳入视野的就只能是商品实现的需求和各种支付需求，从而所需求的只是作为购买手段和支付手段的货币。而当考察角度转向个人后，则显然不只有交易的需求，还有保存自己财富的需求。这样，所需求的就不只是起流通职能的货币，更重要的还有起价值贮藏手段职能的货币。

4. 货币需求函数的解释变量不断增加

货币需求函数经历了 "$f(Y) \to f(Y, r) \to f(Y, r, \cdots)$" 的变化过程。

资料来源：黄达. 宏观调控与货币供给 [M]. 北京：中国人民大学出版社，1997.

第二节　新古典学派的货币需求理论

在凯恩斯主义产生之前，在货币需求理论中具有支配地位的是新古典学派的货币数量论，费雪的现金交易学说和马歇尔等人创立的现金余额学说，则是这一理论的典型代表。这两者的货币需求思想分别体现在 "费雪方程式" 和 "剑桥方程式" 中。

一、费雪方程式

美国经济学家欧文·费雪在 1911 年出版的《货币购买力》一书中，提出了著名的现金交易方程式，也被称为费雪方程式。这一方程式在货币理论研究的发展进程中是一个重要的成果。

费雪认为，假设 M 为一定时期内流通货币量的平均数，V 为货币流通速度，P 为各类商品价格的加权平均数，T 为各类商品交易总量，则有：

$$MV = PT \tag{10-1}$$

本来，这一方程式是一个恒等式，并无特殊意义。但是，费雪认为，第一，货币流通速度 V 取决于技术条件，与流通中的货币数量不存在可以发现的关系。因为货币流通速度为无数个体手持货币的平均周转率，而个体周转率取决于个体的支付习惯、商业习惯、人口密度以及交通便捷程度等技术条件。第二，商品交易总量与货币流通速度一样，也与货币数量无关。比如，通货扩张不会导致农场和工厂的产品增加，也不会提高铁路和轮船的运输速度。商品的多少，取决于自然资源和技术条件——显然，这是费雪在古典经济学充分就业假说之下得出的必然结论。

根据上述分析，货币流通速度 V 和商品交易总量 T，可以理解为短期内不变或稳定，也可以理解为它们与货币量 M 之间不存在任何必然的数量联系。有了这样的结论后，在式（10-1）中，货币供应量 M 的任何变动，就会导致 P 的变动：

$$P = \frac{\bar{V}}{\bar{T}} M \qquad (10\text{-}2)$$

式中，$\bar{V}$ 和 $\bar{T}$ 表示在短期内不变或稳定的货币流通速度、商品交易总量。

虽然费雪关注的是货币供应量对价格水平的影响，但在费雪所处的时代，人们信奉萨伊定律，认为货币供给等于货币需求是常态，因此，费雪的货币数量论也反映出了他的货币需求思想：货币需求 M_d 取决于名义的交易价值总额。具体而言，作为交易媒介的货币需求量，与社会交易价值总额保持一定的比例关系，这个比例是 $1/\bar{V}$。

$$M_d = \frac{1}{\bar{V}} TP \qquad (10\text{-}3)$$

专栏 10-2

从传统货币数量到现代货币数量学说

若去掉费雪方程式中有关经济总是处于充分就业的假定，用收入替代交易额，那么传统货币数量学说的思想就得到了现代的表达

$$MV = PY$$

式中，Y 代表收入水平，其他变量同费雪方程式。没有了充分就业的假定，当货币供给量增加时，在货币流通速度稳定的条件下，变动的就不仅仅是物价水平，而且还很有可能是收入。因此，这一现代货币数量可以较为方便地说明货币量 M 与名义收入 PY 之间的关系。当货币流通速度由于经济货币化进程和资产市场吸纳而出现下降时，即使有超额货币供给（超过经济增长的需要），也不会产生物价水平的同等上涨。改革开放以来，我国货币供给量的增长水平长期远远超过经济增长率，但总体物价水平上涨平缓，有学者将此现象称为"中国之谜"。货币流通速度下降是学术界解释"中国之谜"现象的一个重要立足点。

资料来源：盛松成，施兵超. 现代货币经济学 [M]. 2 版. 北京：中国金融出版社，2001.

二、剑桥方程式

在费雪方程式提出后不久，与费雪同时代的英国剑桥学派经济学家马歇尔和庇古等人提出了现金余额方程式，也被称为剑桥方程式。剑桥学派认为，当从微观个体的角度考虑问题时，处于经济体系中的个人对货币的需求，实质上是选择以怎样的方式保持自己资产的问题。决定人们持有多少货币的因素，包括个人的财富水平（往往用收入来代理）、利率变动以及持有货币拥有的便利等诸多方面。在其他条件不变的情况下，对个人来说，名义货币需求与名义收入水平之间总是保持较为稳定的比例关系（即马歇尔系数）。人们直接关心的并不是货币需求，而是货币需求与收入之间的这个比例关系。当然，剑桥学派的经济学家也考虑了经济整体的货币需求，但在他们看来，这个整体的货币需求是个人货币需求的总和。剑桥学派的货币需求思想可以用下式来表达：

$$M_d = kPY \qquad (10\text{-}4)$$

这也被称为剑桥方程式，式中，Y 为总收入，P 为价格水平，k 为以货币形态保有的财富占名义收入的比例，M_d 为名义货币需求。

根据古典学派充分就业的假设，Y 在短期内不变。如果 k 也不变，P 将随货币供给量 M_s 的变动而同向同比例变动。[⊖] 这一结论与费雪方程式是一样的。不过，剑桥方程式本身又预示着一种矛盾，由于是从资产选择角度分析货币需求的，所以就无法否定其他各种资产的收益率——利率，以及人们的预期因素对 k 的影响。因此，无论在短期还是长期内，k 值均不会是常数，只能是个"较为稳定的比例关系"。只是他们在这一方面并没有做出深入研究，把任务留给了后人。

剑桥学派的货币需求思想，对后来的货币需求理论产生了巨大影响，可以说，后来的理论无一不是对这一学说的继承和发展。具体而言，它开创了从持币者的效用及机会成本、资产选择角度研究货币需求的基本方法，迄今为止，这些方法仍是货币需求分析的基本方法。

三、评述与比较

费雪方程式与剑桥方程式同属新古典经济学，是货币数量论的代表性学说，都在经济能够自动实现充分就业的古典理论假说基础上，认为短期内收入 Y（或交易额 T）不变。若将费雪方程式中的 $1/\bar{V}$ 用剑桥方程式中的 k 进行替代，则两者从形式上并无多大区别，所得结论也一样。但是，两者事实上也存有显著不同。

（1）费雪方程式强调的是货币的流通手段职能，而剑桥方程式则重视的是货币的资产职能。

（2）费雪方程式把货币需求与支出流量联系起来，重视货币支出的数量和速度，而剑桥方程式则是从用货币形式保有资产存量的角度考虑货币需求，重视以货币形式保持资产存量占收入的比重。所以，费雪方程式也有现金交易说之称，而剑桥方程式则被称为现金余额说。

（3）费雪方程式从宏观角度用货币数量的变动来解释价格，反过来，在交易商品量和价格水平给定时，也能在既定的货币流通速度下得出一定的货币需求的结论。而剑桥方程式则是从微观角度分析：人们保有货币最为便利，但同时要付出代价，比如不能带来收益，也正是在这样的比较中决定了货币需求。显然，在剑桥方程式中，货币需求的决定因素多于费雪方程式，特别是利率的作用并不能排除。

第三节　凯恩斯货币需求理论

一、凯恩斯货币需求理论概述

20 世纪二三十年代，凯恩斯的货币需求理论经历了根本性的变化过程。凯恩斯曾经作为剑桥学派的重要代表人物，是现金余额数量说的信奉者。在他 1923 年出版的《货币改革论》一书中，提出了反映前述"剑桥方程式"思想的现金余额模型，为古典货币数量学说进行坚定的辩护。1930 年，凯恩斯出版《货币论》，阐述了他的货币价值基本方程式

⊖　此结论的得出，是因为在经济生活中，总有货币供给等于货币需求，即 $M_s = M_d$。

原理，也被称为物价水平基本方程式。这时的凯恩斯，虽然已经不再坚持货币数量与物价水平具有固定联系的观点，但在货币需求理论方面并没有新的突破。1936年出版的《就业、利息和货币通论》是凯恩斯划时代的著作，在这本书中，他旗帜鲜明地反对和抨击自己原来所信奉的古典经济学，并建立了一种全新的货币经济学理论体系。在货币需求理论方面，凯恩斯在批判继承的基础上，开创了对后人影响深远的货币需求理论。我们所讲的凯恩斯货币需求理论，一般指的是源自他《就业、利息和货币通论》一书的货币需求思想。凯恩斯认为，人们之所以需要持有货币，是因为存在流动性偏好这种普遍的心理倾向，因此他的货币需求理论通常被称为流动性偏好理论。

凯恩斯货币需求理论的开创性贡献主要在于：他对人们货币需求的动机进行了准确、细致的分析——这种分析方法一直沿用至今，并在投机性货币需求的基础上，将利率变量摆在了货币需求决定因素的重要位置上，同时也提出了描述投机性货币需求的一种极端情况，即著名的"流动性陷阱"概念。

从20世纪50年代开始，后继者对凯恩斯的货币需求理论进行了修正、补充和发展，并在两个方面取得了进展：一是进一步强化了利率在凯恩斯货币需求理论中的分量；二是运用更为符合实际的多样化的资产选择理论，对凯恩斯的投机性货币需求问题进行了更为贴近现实的阐释。

二、凯恩斯货币需求的观点

(一) 货币需求的动机及其分类

凯恩斯认为，货币需求是人们在一定时期能够而且愿意持有的货币量。人们持有货币的原因是人们在心理上普遍存在流动性偏好的倾向，而货币是具有完全流动性的资产，恰好满足了这种倾向。也正因为这样，凯恩斯的货币需求理论也被称为"流动性偏好理论"。凯恩斯仔细分析了人们对货币需求的各种动机，认为存在三种可以区分的动机：交易动机、预防动机和投机动机。相应地，货币需求也就自然被划分为这三种类型。

1. 交易动机及其货币需求

交易动机是指人们为进行正常的商品交易而持有货币的愿望。由于收入和支出的不一致性，企业和个人为了应付日常的交易，就必须在一定的时间内保持一定数量的货币，该货币需求的大小，主要取决于收入的多少以及从收入到支出的时间间隔长度。在一定的时期内，收入到支出的时间间隔很少发生变化，比如，人们工资收入的领取时间间隔一般是固定的，而对工资收入的消费，则比较均匀地分布在相邻两次工资领取的时间段内。因此，决定货币需求的因素主要是收入水平的高低。出于交易动机的货币需求函数是收入的增函数，即收入越高货币需求越多，反之亦反。可见，交易性货币需求是建立在货币流通手段职能基础之上的，这一点与以前的货币需求理论一脉相承。

2. 预防动机及其货币需求

预防动机又称谨慎动机，是指个人或企业为了应付日后可能遇到的意外支出而持有货币的动机。它产生的主要原因，是因为未来收入和支出的不确定性。为了防止未来收入减少或支出增加这种意外变化，保留一部分货币以备不测是一种明智之举。当收入提高时，人们着眼于未来的预防性货币持有意愿和能力随之提高，反之亦反。因此，预防性货币需求也是收入的增函数。

分析表明，货币需求的预防性动机和交易性动机都与收入有关，只不过，货币需求的交易动机产生，源于收入和支出之间的时差，而货币需求的预防动机产生，则主要是因为收入和支出的不确定性。正因为这样，预防动机和交易动机可以被归入"同类项"，两者引起的货币需求均是收入的增函数，而利率水平对其没有什么明显影响。

3. 投机动机及其货币需求

投机动机是凯恩斯理论中最有特色的部分，是指以货币作为贮藏财富手段的动机。凯恩斯假设经济中存在两种财富的贮藏手段——货币与债券，货币是一种最具流动性但没有利息收益的资产；债券虽然能给持有者带来利息收入，但也会因债券价格变动而导致资本利得或资本损失，这也是人们选择持有货币这种无息资产的原因。

在凯恩斯理论中，利率变化与债券价格变化是同义语，不过，两者的变化方向却是相反的，即市场利率上升等价于债券价格下跌，利率下降则意味着债券价格上升。在有组织的债券交易市场上，总有人"相信自己比一般人对将来的行情具有较精确的估计并企图从中获利"，这就为人们的投机性流动性偏好提供了存在的理由。

债券投机成功的法则是需要低价买进、高价抛出，那么如何判断目前的债券价格是高还是低？这主要取决于投机者对现行利率水平与其心目中所谓的安全利率水平的比较，以及比较之后对未来利率走向的预期。如果现行利率水平低于安全利率，那么投机者会产生未来利率上升的预期，这意味着未来债券价格会下降，因此，这时的债券价格就显得高了，投机者自然不会选择"高价"买进，而是持币观望。如果现行利率水平高于安全利率水平，投机者则会预期未来利率会下降，这意味着未来债券价格将上涨，因此，这时的债券价格就显得低了，投机者必然选择"低价"买进，持券待涨。

可见，在凯恩斯投机性货币需求理论中，决定人们对货币投机性需求的利率不是当前利率的绝对水平，而是当前利率与所谓安全利率水平之间的差距。但考虑到安全利率水平的数值"在很大程度上取决于流行的观点认为它应该是多少"，因此当一般人对未来安全利率水平的认识还没有变化的时候，市场利率的变化将反向影响人们的投机性货币需求。例如，当人们对未来安全利率水平的看法没有改变的时候，尽管当前市场利率水平仍然高于安全利率水平，但现行市场利率的下降会使其进一步下降的预期减弱（因为市场利率对安全利率向上的偏差变小），同时，持券待涨空间缩小而不确定性却比以前增加，因此，这时人们将更乐意持有货币而不是债券。当然，如果在市场利率本来就低于安全利率水平的情况下出现降低现象，那么人们将更乐意持有货币而不是债券的结论就更好理解了。另外，如果把利息视为对持券者由于承担债券价格风险的一种补偿金的话，利率下降无疑使此种补偿金减少，这也会使人们不愿意持有债券而会选择货币。

最后，还要指明的是，在凯恩斯理论中，利息是人们放弃货币流动性偏好的报酬，反过来，利率自然也就成了人们持有货币的机会成本，而利率的变化代表了持币机会成本的变化，因此，利率反向影响投机性货币需求的结论成立。这样理解利率与投机性货币需求之间的反向关系，明显要简明得多。

（二）货币需求函数及其图示

总括前面的分析，若以 L 表示剔除价格因素的实际货币总需求，L_1 表示交易性与预防性的实际货币需求，L_2 表示投机性的实际货币需求，Y 和 i 分别表示实际收入和利率水平，则有：

$$L = L_1(Y) + L_2(i) = L(Y, i) \tag{10-5}$$

根据前述的凯恩斯货币需求思想，显然，式中，$\dfrac{\partial L_1}{\partial Y} > 0$，$\dfrac{\partial L_2}{\partial i} < 0$。

凯恩斯货币需求理论的一个重要特色是，他通过投机性货币需求的分析，将利率作为重要的影响因素纳入货币需求函数。为了突出利率的作用，我们在以利率 i 为纵轴、货币需求 L 为横轴的平面坐标系里，将凯恩斯的货币需求函数用曲线表示（见图 10-1）。

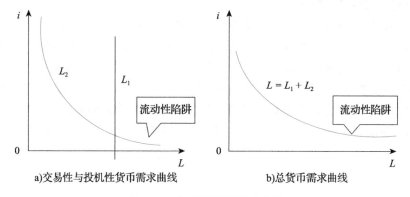

图 10-1 凯恩斯货币需求曲线

图 10-1a 中，交易性货币需求曲线 L_1 与利率无关，所以是一条与横轴（表示货币需求）垂直，或与纵轴（表示利率水平）平行的直线。但 L_2 则是一条向右下倾斜的曲线，即利率越高，货币需求越少，反之亦反。如果将 L_1 与 L_2 相加，则货币总需求曲线 L 如图 10-1b 所示，货币需求曲线 $L = L_1 + L_2$ 的位置，因不同的收入水平 Y 而不同，形状是由货币需求与利率之间的反向数量变动关系所决定的，而曲线的斜率则代表了货币需求的利率弹性。

图 10-1 也标出了凯恩斯所谓的"流动性陷阱"区域。也就是说，当利率很低时，由于人们预期到未来利率会上涨，债券价格会下降，因而没有人愿持有债券，这时的投机性货币需求无穷大。在图 10-1 中，流动性陷阱区域是货币需求曲线趋于非常平坦的那部分，这时货币需求的利率弹性非常大，几近于无穷。它的政策含义是，若中央银行在流动性陷阱区域，试图通过扩张货币供应量的货币政策扩张经济，是没有效果的，因为所有增加的货币供给量几乎全部被投机性货币需求所吞噬，货币供应量的扩张对产出增加不会产生刺激作用。在我国 1998～2002 年通货紧缩时期，以及日本经济自 20 世纪 90 年代以来长期的疲弱不振阶段，许多宏观经济研究文献用"流动性陷阱"理论分析了当时两国货币政策难有作为的原因。但有趣的是，凯恩斯本人声称从未看到过流动性陷阱，西方一些基于 20 世纪 30 年代大萧条时期的实证分析，也未发现当时存在流动性陷阱现象的证据。

（三）货币流通速度

凯恩斯货币需求理论重视利率的决定作用，这一点与新古典经济学不重视或不考虑利率因素基础之上得出的相关结论是截然不同的。

根据凯恩斯的流动性偏好理论，货币流通速度 V 可以写成：

$$V = \frac{Y}{L} = \frac{Y}{L_1(Y) + L_2(i)} \qquad (10\text{-}6)$$

式中，$L_1(Y)$ 代表的交易性和谨慎性货币需求，至少在短期内可以认为具有稳定性，这与古典货币需求理论的观点没什么两样。$L_2(i)$ 取决于现行利率水平和未来安全利率水平的差值。如果人们对未来安全利率水平的预期发生了变化，那么投机性货币需求将必然发生变化。例如，在未来安全利率水平预期提高的情况下，持券的价格风险加大，而持币却显得更具吸引力，其结果是投机性货币需求随之增加。因此，正是人们对未来安全利率水平预期的不确定性，才导致了投机性货币需求 $L_2(i)$ 的非稳定性。而当投机性货币需求不稳定时，货币流通速度也难以稳定。

货币流通速度不稳定，有重要的货币政策含义。古典的货币数量论之所以认为货币供给与物价水平同比例变动，是因为货币流通速度的稳定性使然，如根据费雪方程式分析货币供应量与物价水平之间的关系问题时，所依赖的前提就是货币流通速度的稳定性。在现代货币数量论的 $MV = PY$ 分析中，若流通速度 V 不稳定，则 M 的变动完全有可能被货币当局意愿之外的货币流通速度反向变动所抵消，这样，货币政策既不能影响物价 P，也不影响 Y，即不影响名义收入 PY。因此，这时以货币供应量为操作目标的货币政策也就失去了意义。

🌐 专栏 10-3

利率对货币需求的替代效应和收入效应

按照凯恩斯的货币需求理论，利率升高或降低使投机性货币需求发生反向变化，这被称为利率对货币需求产生的"替代效应"。但是，利率变动还会产生另外一种效应，即"收入效应"。具体而言，利率提高意味着资产保有者收入会增加，这将使其货币需求提高；反之，利率下降收入也下降，这会使其货币需求减少。虽然，利率变动导致的替代效应和收入效应方向是相反的，但一般认为，利率变动对货币需求的替代效应大于收入效应，因此，总体上利率和货币需求之间是一种负相关关系。

资料来源：黄达. 金融学 [M]. 3 版. 北京：中国人民大学出版社，2012.

三、凯恩斯货币需求理论的发展

(一) 平方根定律

对于凯恩斯关于交易性货币需求取决于收入而与利率基本无关的观点，凯恩斯以后的许多经济学家提出了异议。其中，第一次深入分析交易性货币需求与利率关系的是美国经济学家鲍莫尔。1952 年，鲍莫尔发表的《现金的交易需求：一种存货理论分析》一文，将最适存货理论控制应用到货币需求研究，认为交易动机的货币需求不仅与收入有关，而且与利率关系也非常密切，这一观点具体体现在所谓"平方根定律"的货币需求模型之中。

鲍莫尔在研究时假定：①人们有规律地每隔一段时间获得一定量的收入 Y，并且之后的支出是连续均匀的；②人们采用购买短期债券的方式进行短期投资，并且每次进行债券变现的时间间隔和债券交易量与前一次相等；③未来所预期的支出量为 T，每次变现的现金数量为 K，每次买卖债券的手续费为 b，市场利率为 i，持有货币的总成本为 C。

人们持有一定量货币 K 的成本可以这样理解。首先，如果 K 值越大（小），即持有的货币越多（少）、变现次数越少（多），那么为变现债券而付出的成本 $b\dfrac{T}{K}$ 就越少（多），显然，存在将交易性的货币备用金暂时投资到债券市场的条件下，人们持币的数量与变现债券的成本呈反向关系。其次，由于人们持有货币 K 而没有进行短期债券投资，则损失了本来可以得到的债券投资收益 $\dfrac{K}{2}i$，从而产生机会成本。可见，人们持币的数量与损失的机会成本之间是正向关系。根据上述分析，持有一定量货币 K 的总成本 C 表示如下：

$$C = b\frac{T}{K} + \frac{K}{2}i \tag{10-7}$$

求 C 关于 K 的偏导数，则能得到总成本 C 值最小的一阶条件：

$$\frac{\partial C}{\partial K} = -\frac{bT}{K^2} + \frac{i}{2} = 0 \tag{10-8}$$

由式（10-8）整理出能使持币成本最小的最优持币量 K^*：

$$K^* = \sqrt{\frac{2bT}{i}} \tag{10-9}$$

因为在整个考察期间持有的平均货币余额为 $\dfrac{K^*}{2}$，所以，最优货币需求量为：

$$M_d = \frac{1}{2}\sqrt{\frac{2bT}{i}} = \frac{\sqrt{2b}}{2}\sqrt{\frac{T}{i}} \tag{10-10}$$

若令 $k = \dfrac{\sqrt{2b}}{2}$，用收入 Y 代替支出消费额 T，则有：

$$M_d = kY^{\frac{1}{2}}i^{-\frac{1}{2}} \tag{10-11}$$

显然，最佳交易性货币持有量不仅是收入正函数，还是利率的减函数，但当收入和利率变动时，交易性货币需求的变动幅度要比这两者变动的幅度小，货币需求的利率弹性和收入弹性分别是 –0.5 和 0.5，[⊖] 这表明，当其他条件不变时，利率变动 1 个百分点，会引起交易性货币需求反向变动 0.5 个百分点；收入变动 1 个百分点，交易性货币需求同向变动 0.5 个百分点。

鲍莫尔的理论在西方货币经济学理论界引起了很大的反响，但它自身存在的一些不足也是明显的。

（1）模型假设未来收入和支出具有确定性并不符合实际情况。意料之外的收入超过支出或支出超过收入是生活中的常事，前者往往使货币余额迅速增加，后者则很可能使货币余额急剧减少，所以，平均货币余额并不是很稳定，交易性货币需求对收入的弹性也并非总是 0.5。

⊖ 可根据弹性的计算公式直接得到。

（2）模型没能区分交易性货币需求对于不同收入的家庭和不同规模的企业所具有的不同利率弹性。很难想象，一个年薪5万美元的公司小职员在考虑如何处置近期内就要花费掉的小额现金时，同年薪50万美元的公司高管在斟酌以何种形式持有收入会给自己带来最大利益时，会同样重视利率的因素，会对利率的变动有同样的敏感性，又怎么能够说交易性货币需求的利率弹性总是 −0.5 呢？

另外，沿着类似的分析思路，凯恩斯后的一些经济家也得出了预防性货币需求与利率之间关系的模型，如由美国经济学家惠伦创立的"立方根定律"就是其中的典型代表。

（二）资产组合选择理论

在凯恩斯的投机性货币需求理论中，人们对未来利率变化的预期是确定的，可在此基础上决定自己持有债券还是货币，这是投机者在债券与货币之间进行的二选一抉择，也就是说一个人不能同时持有债券和货币。显然，这并不符合实际情况，因为人们并不能完全确定自己对未来利率的预期，一般人通常既持有债券，也会持有货币。显然，凯恩斯的理论不能解释这种现象。许多学者，尤其是凯恩斯的追随者对此发表了新的见解，其中最具代表性的是托宾模型，也就是常说的资产组合选择理论。

1. 关于人们为何选择组合投资的解释

与凯恩斯的理论一样，托宾把人们持有的资产抽象为两类：一类是没有收益但非常安全的货币，另一类是有收益但风险较高的债券。但托宾认为，由于风险因素的引入，投资决策的原则也将发生变化，不是以收益最大化，而是以效用最大化为原则。收益对投资者具有正效用，但边际效用递减，而风险在一般情况下，对投资者具有负效用，且边际负效用递增。如果投资者的资产构成中只有货币而没有债券时，只要投资者把一部分货币转换成债券，就能够增加其总效用（因为这时债券收益带来的正效用大于债券风险带来的负效用），但随着债券投资比例的增加，由于收益的边际正效用递减和风险的边际负效用递增，当新增债券带来的边际正效用等于新增债券带来风险的边际负效用时，总效用达到最大，他就会停止将货币兑换成债券。同理，如果投资者的全部资产都是证券时，他就会抛出债券而增加货币持有，直到抛出的最后一元钱债券损失的边际正效用等于减少的边际负效用，从而实现总效用最大化。这样就解释了一个投资者为什么既持有货币，又持有债券的现象。

2. 货币与债券最优资产组合的确定

当投资者的投资组合由一定量的货币 M 和债券 B 构成时，最优的资产组合具体如何决定呢？下面我们结合图 10-2 来说明最优资产组合的选择问题。

在图 10-2 中，横轴 σ 表示投资者投资组合所面临的风险，用投资组合预期收益的标准差来测算，σ_0 表示风险的最大值。纵轴 Y 表示投资者与时间相关的资产组合价值。设初始的组合价值为 Y_0，若这时资产全部为货币，则下一期的资产

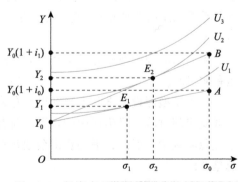

图 10-2　投资者最优投资组合选择示意图

价值不会有任何增值，仍为 Y_0；若资产全部为债券，则投资者所承担的风险最大，并记为 σ_0，在债券利率为 i_0 的情况下，则下一期时投资者资产组合的增值最大，这时资产组合的具体价值为 $Y_0(1 + i_0)$。$Y_0 \sim Y_0(1 + i_0)$ 代表了投资者各种可选投资组合的价值，相对应地，$0 \sim \sigma_0$ 代表了各种投资组合的风险。显然，存在这样两种极端情况：

（1）若 $B = 0$，$M = Y_0$，则 $\sigma = 0$，$Y = Y_0$；

（2）若 $M = 0$，$B = Y_0$，则 $\sigma = \sigma_0$，$Y = Y_0(1 + i_0)$。

假设在投资组合价值和风险之间存在的是一种简单的线性关系，⊖ 即设 $Y = a + b\sigma$，其中，a、b 为待定参数，且 a、$b > 0$。则根据上述两种极端情况，必然有：

$$Y_0 = a + b \cdot 0$$
$$Y_0(1 + i_0) = a + b\,\sigma_0$$

由此解得：

$$a = Y_0, \ b = \frac{i_0 Y_0}{\sigma_0}$$

进一步有：

$$Y = Y_0 + \frac{i_0 Y_0}{\sigma_0}\sigma \tag{10-12}$$

式（10-12）就是图 10-2 中直线 $Y_0 A$ 的代数表达式。直线 $Y_0 A$ 反映了在债券市场利率为 i_0 的条件下，投资者的债券投资数量从 0 到 Y_0（即持币数量从 Y_0 到 0）变动时，其资产组合价值与相应的风险之间的同向线性关系。直线 $Y_0 A$ 也代表了整个债券市场作为一种外部力量对个别证券投机者的制约，迫使个别债券投机者在期望更高的证券收益时不得不面临更大的风险，因此，直线 $Y_0 A$ 被称为约束选择线，它反映了投资者通过选择债券的投资数量进而选择一个资产组合收益时，就同时面临与之对应的投资风险。至于市场对投机者的制约呈直线形状，完全是理论上简化的处理。投资者不会选择直线 $Y_0 A$ 以下的收益风险组合，因为这些组合表示承担同样的风险却只能得到较少的收益。证券投机者当然希望选择直线 $Y_0 A$ 以上的收益风险组合，因为这些组合表示承担同样多的风险却能够得到更多的收益。但是，在给定的市场条件下，证券投机者不可能得到这些更好的收益风险组合。因此，证券投机者将沿着约束选择直线 $Y_0 A$ 进行资产组合选择。

进行资产组合选择还要受到投机者偏好的影响。图 10-2 中无差异曲线 U_1、U_2、U_3 就是对证券投机者偏好的刻画。不过，这里的无差异曲线是向右上方倾斜的，即其切线的斜率为正。这种特性的无差异曲线表示：如果证券投机者面对的风险提高了，那么只有所获的收益也提高才能弥补风险提高带来的损失而维持效用不变。显然，这种无差异曲线描绘的是风险厌恶类型的偏好特征。随着风险的增加，无差异曲线越来越陡峭。这表示随着风险的增加，每增加单位风险，需要增加更大的收益才能维持效用的不变。这也反映了人们对风险的厌恶程度边际递增的事实。从这三条无差异曲线的关系看，对应于同一个风险，曲线 U_3 的资产增值最大，U_2 次之，U_1 最小。当然，从效用水平上看，$U_3 \succ U_2 \succ U_1$。

从证券投机者的主观愿望看，其资产组合的选择能达到越高位置的无差异曲线就越好。

⊖ 假定线性关系，纯粹是为了方便说明问题，若 Y、σ 之间存在非线性关系的话，并不影响我们的结论。

但是，作为外部力量的市场条件制约其选择，使其选择只能局限于约束选择直线 $Y_0 A$。这样，无差异曲线 U_1 与约束选择直线 $Y_0 A$ 的切点 E_1 指示了最大利益的资产风险组合，即以承担 σ_1 的风险获取下一期的资产价值 Y_1。从图 10-2 中，虽然不能直接看到货币和债券的组合比例，但可以肯定的是，当市场利率为 i_0 时，证券投机者持有的债券价值大于 0 而小于初始资产组合值 Y_0，持有的货币也是大于 0 而小于 Y_0。设此时 $M = M_1$，$B = B_1$。

假设市场利息率从 i_0 提高到 i_1，而风险不变（对证券价格变动趋势的预测误差），这样就有了 B 点及新的约束选择线 $Y_0 B$。这表明，证券投机者所处的市场条件变好了，因为负担同样多的风险可以获得更高的收益。在变化了的情况下，无差异曲线 U_2 和约束选择直线 $Y_0 B$ 的切点 E_2 指示了最大利益的资产风险组合，即以 σ_2 的风险获取金融资产组合价值 Y_2。E_2 与原来的 E_1 点相比，效用程度提高了，愿意承担的风险提高了，可望获得的资产收益也提高了。这种变化之所以会出现，是因为利率的提高诱使证券投机者改变金融资产组合，即减少货币持有量，增加有价证券持有量。设此时 $M = M_2$，$B = B_2$，则肯定有 $M_2 < M_1$，$B_2 > B_1$。

显然，当债券市场利率提高时，人们最优的资产组合选择行为致使其持币量下降，反之亦反。因此，资产组合选择理论揭示的一般规律仍然是，投机性货币需求与市场利率呈相反方向的变动。结论虽然与凯恩斯的观点一致，但引入风险后的资产组合选择分析，更加地贴近实际，也解释了投资者个体为何在持有货币的同时也会持有债券的现象。

第四节   货币主义的货币需求理论

货币主义是与凯恩斯主义对立的经济学流派。在其理论体系中，货币需求内容占据重要地位，而弗里德曼的货币需求理论最具代表性，其主要思想体现在他的货币需求函数中。

一、弗里德曼的货币需求函数

(一) 弗里德曼的货币需求函数原型

弗里德曼在研究货币需求时不是从人们持有货币的动机开始的，而是承认人们持有货币的事实，并对影响货币需求的诸多决定因素进行全面分析后，建立其货币需求函数。弗里德曼继承了剑桥学派的研究方法，重视的是货币的资产职能。在他看来，决定货币需求量的不外乎有三大类因素：财富或其代理变量收入、可替代性资产的收益率和主观偏好。三大类因素也可分别被称为规模变量、机会成本变量和其他因素。

$$\frac{M_d}{P} = f\left(Y_p, W; r_m, r_b, r_e, \frac{1}{p} \cdot \frac{\mathrm{d}P}{\mathrm{d}t}; U \right) \qquad （10-13）$$

式中，$\frac{M_d}{P}$ 表示货币的实际需求，即扣除物价水平变动因素之后的货币需求。

Y_p 指的是收入，但不是一般所说的现期收入，而是恒久收入，这是弗里德曼在分析货币需求问题时创造性地提出的概念，它指的是中长期的稳定收入，一般定义为能够保持 3

年以上的收入，当期的恒久收入可以通过对过去若干期可观察收入加权平均计算而得。恒久收入作为规模变量，与货币需求呈正相关关系。

W 是非人力财富占整体财富的比重，也可以说是财产收入占总收入的比率。财富是收入的源泉。弗里德曼把财富分为人力财富和非人力财富两大类。人力财富是指个人获得收入的能力，包括一切先天和后天的才能与技术，其大小与接受教育的程度密切相关。非人力财富是指物质财富，如房屋、机器、设备、耐用消费品等各种财产。相比较而言，人力财富在获得收入时具有较大的不确定性，如失业时，人力财富就无法转化为收入。另外，人力财富在总财富中所占的比例越大，说明人们用过去和现在的收入对人力财富的投资越多，同时也意味着未来会产生一个更大的人力财富收入流。因此，无论是出于谨慎还是交易（人力财富投资）的需要，当人力财富比重较大，即 W 较低时，人们的货币需求较多，反之亦反。W 与货币需求之间存在负相关关系。

r_m、r_b、r_e 和 $\frac{1}{p}\frac{\mathrm{d}p}{\mathrm{d}t}$ 分别表示货币收益率、债券收益率、股权收益率和物价变动率（物价变动率可以被视为人们持有实物资产的收益率）。作为持有货币的机会成本变量，r_b、r_e 和 $\frac{1}{p}\frac{\mathrm{d}p}{\mathrm{d}t}$ 自然与货币需求负相关，但因为弗里德曼将货币的外延拓展到了 M_2，把能够生息的商业银行定期存款和储蓄存款也包括进来了，而且在弗里德曼的时代，活期存款的预期收益也不是凯恩斯所认为的 0，所以它可以得到银行所提供的相应服务和变相利息，即存在一个可能是显性的货币收益率 r_m。考虑到货币有收益的情况后，其实真正影响货币需求的是这些机会成本变量与货币收益率的差值，即 r_b-r_m、r_e-r_m、$\frac{1}{p}\frac{\mathrm{d}p}{\mathrm{d}t}$。货币收益 r_m 在金融市场的竞争机制和资产选择的机制下，会随其他可替代性资产的收益率变动而同向变动，因此，当其他可替代性资产的收益率（持币的机会成本）变动时，它们关于货币的相对收益率 r_b-r_m、r_e-r_m、$\frac{1}{p}\frac{\mathrm{d}p}{\mathrm{d}t}-r_m$ 这些差值变量并不会有多大的变化，因此也就不会对货币需求产生显著性的影响。

实际上，r_m、r_b、r_e 和 $\frac{1}{p}\frac{\mathrm{d}p}{\mathrm{d}t}$ 等收益率指标可以视为经济生活中更为广义的一组利率指标。如果它们对货币需求不产生显著性影响，那就意味着在弗里德曼的货币需求理论中，利率对货币需求并不具有显著的影响作用。

U 反映影响货币需求的主观偏好、风尚、客观技术与制度等不可观测因素。

需要指出的一点是，上述函数仅是个人货币需求函数，但弗里德曼认为，如果略去 Y 和 W 在个人间分配的影响，把 M 和 Y 分别视为按人口平均的货币持有和实际收入，把 W 视为社会中非人力财富占总财富的比率，上面的函数就可以用来进行全社会的货币需求分析。

（二）弗里德曼的货币需求函数简化

弗里德曼的货币需求函数比较复杂，但是经过合理地简化后，其实主导货币需求的因素只有恒久收入 Y_p。

（1）假定 U 是相对稳定的，可视为常量加以省略，因为在短期内影响人们持币效用的因素不会发生改变。

（2）财富的构成比例 W 也可视为常量而省略。因为财富构成的比例在一定时期内相对稳定，它对收入进而对货币需求不会发生大起大落的影响。

（3）货币收益率 r_m 和其他机会成本变量 r_b、r_e 和 $\frac{1}{p}\frac{dp}{dt}$ 均可不予考虑。因为真正影响货币需求的，正如前面分析的是其他资产关于货币的相对收益率，即 $r_b - r_m$、$r_e - r_m$、$\frac{1}{p}\frac{dp}{dt} - r_m$，而这些相对收益率的变化其实很小，并不会对货币需求产生显著性的影响。

经上述分析后，弗里德曼的货币需求函数可以简化为：

$$\frac{M_d}{P} = f(y_p^+) \tag{10-14}$$

式（10-14）说明，实际的货币需求取决于恒久收入 Y_p，两者之间正相关。恒久收入具有稳定性特点，并不随经济的繁荣或者衰退出现较大波动。因此，弗里德曼不用现期收入概念，而是将恒久收入作为货币需求的一个决定性因素的意义在于，货币需求在很大程度上并不随经济周期的波动而波动，具有稳定性。另外，弗里德曼的货币需求理论排除了利率对货币需求的重要影响，这也使得他的货币需求稳定性的结论得到了强化。

二、货币流通速度

根据弗里德曼的货币需求理论，货币流通速度可表达为 $V = \frac{PY}{M_d} = \frac{PY}{Pf(Y_p)}$。显然，由此式可知，弗里德曼货币需求函数的稳定性，是支持货币流通速度稳定的一个重要因素。弗里德曼认为，传统货币数量学说夸大了货币流通速度的稳定性，并且不适宜地用简单形式表示为一个常数，而实际上货币流通速度本身并不是一个常数，但凯恩斯把货币流通速度视为极不稳定的，也不符合事实。弗里德曼认为，货币流通速度是一个稳定的函数，有规律可循。弗里德曼通过对美国货币史的研究，实证表明货币流通速度在长期内十分稳定。

货币流通速度的稳定性结论，对以货币供应量为中介目标的货币政策提供了理论支持：一方面，根据 $MV = PY$，在货币流通速度 V 稳定的条件下，货币供给 M 的变动是决定名义支出 PY 变动的因素，显示了货币在经济中的重要性；另一方面，货币需求和货币流通速度稳定性的特点，说明中央银行的货币供给也应采取稳定性政策，按某一固定的货币增长率进行规则性的货币政策操作，应是货币当局的选择。

◎ 专栏 10-4
凯恩斯流动性偏好理论与弗里德曼货币需求理论的不同

尽管两者均采用了资产选择分析方法研究货币需求问题，但差异是明显的。首先是货币替代资产的品种不同。在凯恩斯理论中，人们资产篮子的品种单调，只有货币和债券，而弗里德曼的资产篮子要丰富得多，甚至实物资产也被包括进来。其实，凯恩斯理论中的债券只是个抽象概念，因为在他看来，货币以外的其他金融资产之间可以完全替代，债券不过是这些金融资产的代称而已。但在弗里德曼的理论中，这些金融资产不可完全替代，它们均对货币选择产生独自的影响。其次是利率的作用不同。两者均认为，利率是影响货币需求的机会成本变量，但在凯恩斯理论中，由于货币无收益或收益被视为常量，所以债券利率的变动明显影响货币持有量，而弗里德曼则认为货币的收益随其他资产收益率的变动而同向变动，因此，这些资产收益率的变动并不会明显影响到货币与这些资产的相对收益率，利率的变动也就不会影响人们的持币选择了。最后是货币需求函数的稳定性不同。

资料来源：黄达．金融学 [M]．3 版．北京：中国人民大学出版社，2012.

第五节 货币需求的实证研究

有关货币需求的各种理论假设，需要实证研究来验证和支持。货币需求的实证研究，指的是以一定的货币需求理论为基础，对以往较长时期内的有关资料进行统计分析，以确定货币需求与各有关变量的关系以及各变量的作用，从而检验各种货币需求理论的正确与否。有关货币需求理论的实证分析，通常集中在这两类重要问题：货币需求的收入和利率弹性如何？货币需求及流通速度是否稳定？

一、西方的货币需求实证研究

（一）关于货币需求的利率弹性研究

1. 拉托纳的研究

在凯恩斯学派的货币需求实证研究中，影响最大的是美国经济学家亨利·拉托纳所做的研究。拉托纳通过分析货币与收入之比（M/Y）同长期利率的关系来检验货币需求的利率弹性，进而考察货币政策的作用。他试图证明，具有利率弹性的是全部的货币余额，而不仅仅是闲置余额部分（投机性货币需求）。拉托纳先后于 1954 年和 1960 年对同一问题做了两次研究。1954 年的研究表明，在过去 30 年中，利率的倒数每变化 1%，就引起以通货和活期存款持有的国民生产总值变化 0.8%。在 1960 年的研究中，拉托纳发现货币需求的利率弹性稳定在 0.85 左右，其相关系数为 0.88。

2. 弗里德曼的研究

弗里德曼极力主张实证研究，他对货币需求的实证研究反映在 1959 年发表的名作《货币需求的一些理论与实证答案》，以及 1963 年他与施瓦茨合著的《1867～1960 年的美国货币史》中。在前一部著作中，对于货币需求与利率之间的变动关系，弗里德曼并没有进行直接测验，只是间接分析了利率与货币流通速度之间的关系，结论是两者间的相关系数在统计学上极不显著。在后一部著作中，他直接实证估计了货币需求的利率弹性。

他构建指数函数型的货币需求模型如下：

$$\frac{M_d}{P} = aY^b\, i^c\, u \tag{10-15}$$

式中，Y 是收入，i 是市场利率，a、b、c 是待估参数，u 是随机误差项。将式两边取对数，则有：

$$\ln \frac{M_d}{p} = \ln a + b \ln Y + c \ln i + \ln u \qquad (10\text{-}16)$$

弗里德曼根据 1892～1960 年的数据资料（货币数量资料用 M2，收入为经计算而得的恒久收入 Y_p，利率 i 为 4～6 个月的商业票据利率），运用最小二乘法估计出 $\hat{a} = 3.003$，$\hat{b} = 1.394$，$\hat{c} = -0.155$，回归方程具有显著性，$R^2 = 0.99$。c 作为货币需求的利率弹性，显然很低。

但是，货币主义学派的另外两个代表人物布伦纳和梅尔泽，其研究发现与弗里德曼并不一致，他们根据不同的货币口径对货币需求问题进行实证分析时，发现货币需求的利率弹性比较高，以至于断言说，货币需求的零利率弹性对任何货币主义观点而言，既不是必要条件，也不是充分条件，货币主义对货币需求利率弹性的绝对值不加任何限制。

(二) 关于货币需求稳定性及其流通速度的实证研究

货币需求函数的稳定性是指货币需求与其相关解释变量之间的对应关系是否会随着环境的改变而发生较大的波动。根据前述的货币需求理论，货币流通速度和货币需求实际上是一个问题的两个方面。如果货币需求是稳定的、可以预测的，那么货币流通速度也是稳定的、可以预测的，反之亦反。早期的货币数量论简单假设货币流通速度短期是固定不变的。凯恩斯在《就业、利息和货币通论》中对这个假设提出了质疑，认为货币流通速度并不是固定不变的，但凯恩斯并没有对此进行深入研究。最早对货币流通速度进行深入研究的是弗里德曼和施瓦茨，他们通过实证研究得出的结论是：货币流通速度是稳定的。这个结论也构成货币学派政策建议的主要前提之一。但是，这个结论在 20 世纪 70 年代末受到了挑战。随着金融创新和制度的变迁，货币流通速度的变化越来越大，它对货币政策的影响也引起了学者的关注。以美国为例，有关实证研究表明，在 70 年代以前，货币需求函数是相当稳定的；而在此之后，货币需求函数却变得很不稳定。这就对货币需求函数在实际操作中的有效性提出了质疑，同时也对货币主义理论提出了挑战。

20 世纪 70 年代的大量研究表明，货币流通速度的一般特征是不稳定的，而且还是随机的。关于货币流通速度具有随机游走特性的研究始于古尔德和尼尔森（Gould and Nelson），他们在两篇开拓性的文章中，对弗里德曼和施瓦茨在《美国货币史》中的研究结论提出质疑。根据古尔德和尼尔森的研究，关于流通速度的长期动态的争论，都是以这样的假设为前提的，即未来的货币流通速度的行为可以从过去的行为中推断出来。他们分析了 1876～1960 年货币流通速度的随机结构特征，得出结论：货币流通速度是随机游走的，过去的流通速度并不能够作为预测未来流通速度的依据。

20 世纪 80 年代以来，伯杜和乔纳格对这个问题进行了长期、深入的研究并得出了结论。首先他们检查货币流通速度是不是随机的，接下来检查货币流通速度的变化能否用过去的变化来预测。他们的研究结果显示，大多数国家的货币流通速度的确表现出不稳定和随机游走的特性，过去流通速度的变化不能用来预测未来流通速度的变化，但是没有任何理由和证据表明，那些系统地影响流通速度的其他变量的先前信息不能为预测流通速度的未来变化提供帮助。

20 世纪 90 年代后，以美国为首的许多西方国家纷纷放弃以货币供应量为中介操作目标的货币政策框架。这种转变的主要原因之一，被认为是货币需求函数——流通速度的不稳定致使货币供给量的可控性日趋下降。在这一期间，很多学者，如埃斯特雷亚和米什金（Estrella and Mishkin，1996）、麦克拉姆（McCllum，1997）、斯蒂芬（Stephen，1995）、布朗和亨利（Browne and Henry，1997）、斯麦特（Smant，2002）等人，对美国货币流通速度的不稳定性进行了实证，并为货币供给量不适合作为美联储货币政策中介目标的原因提供了支持。

在国际范围内，新世纪以来的大量研究，继续验证了货币需求的不稳定特征（Dreger and Walters，2006；Carstensen，2004；Gerlach and Svensson，2003）。

二、中国货币需求的实证研究

（一）货币需求的利率弹性

货币需求的利率弹性源自资产选择，如果不存在资产选择或者货币的替代性资产较少，且货币与其他资产的交易成本比较高，则货币需求的利率弹性就必然较低。众所周知，在过去长期的中国经济转型期间，经济主体可供选择的资产种类比较少，利率一直存在管制，因此利率对货币需求的影响不显著，近 10 多年来，一些具有代表性的实证研究均证明了这点。在易纲（1996）、秦朵（1997）的研究中，利率变量未进入货币需求实证模型。其解释是，我国利率调控机制仍然显著落后于市场化的改革措施，因此，由利率指标反映的持币成本所引致的投机需求，事实上被通货膨胀率的影响所覆盖了。在伍戈（2009）的实证模型中，考虑到开放条件下的货币替代现象，除人民币存款利率外还引入了美元存款利率，结果发现两者对货币需求的影响都十分微弱，说明我国货币需求的利率弹性很小。康继军、傅蕴英和张宗益（2012）的研究表明：在短期内，利率变量对实际货币需求没有影响；在长期内，利率变量对货币需求则具有微弱性影响。

（二）货币需求的稳定性

在对中国经验的研究中，汉弗和库坦（1994）检验了中国 1952～1988 年的货币需求函数，证明货币需求与实际国民收入、1 年期定期存款利率以及预期通货膨胀率存在协整关系。汪红驹（2002）对中国 1978～2000 年的年度数据进行了估计，结果说明 M1 实际余额与实际 GDP、预期通货膨胀率和 1 年期存款利率存在协整关系，M2 实际余额与实际 GDP 和 1 年期存款利率存在协整关系。王少平和李子奈（2004）运用协整、弱外生和短期因果关系检验对我国货币需求的长期稳定性进行了研究，认为我国货币需求的长期稳定性依赖于时间趋势。伍戈（2009）的研究表明，尽管近期中国的金融体系发生了较大的变化，但只要采用恰当的数理建模策略并适当考虑资产替代，我们依然可以得到一个稳定的广义货币需求函数。康继军、傅蕴英和张宗益（2012）采用"从一般到特殊"的动态建模方法对中国经济转型过程中的货币需求函数进行了估计，通过引入市场化进程相对指数作为衡量经济转型的制度变量考察货币需求、经济增长、通货膨胀、利率和经济转型之间的相互关系。结果发现，尽管 1978～2007 年改革开放使得中国的经济体制和金融体系发生了较大的转型，但通过引入适当的制度变量，仍然可以得到稳定的货币需求函数。

　　尽管如此，中国经济金融体系正在经历的重大变化将不断改变货币需求函数的结构，使货币需求函数的稳定性难以保持。特别是在利率市场化、金融对外开放和资本市场发展不断推进的背景下，日趋活跃的国内外货币替代现象更是成为影响货币需求稳定性的负面因素（刘斌、伍戈，2015）。

✎ 延伸阅读

中国货币需求的影响因素

　　从中国货币需求的实证研究文献来看，影响货币需求的变量已远远超出了凯恩斯或弗里德曼经典理论中的考量，股市、开放和制度等一系列因素均进入了研究者的视野，大致可以归纳为七个方面。

　　（1）宏观经济变量，包括收入、消费、财富变量和价格变量。其中，收入用实际 GDP 测度；消费用社会消费品零售额测度；财富指标有的用前期货币存量和股市市值之和反映，也有的直接用居民储蓄存款和股市市值之和测度；物价变量一般用 CPI 测度；股价用上证综合指数测度。

　　（2）利率变量，包括银行间市场利率、央行基准利率、贷款利率和债券市场回购利率。

　　（3）汇率变量，一般用人民币汇率、人民币有效汇率指数测度。

　　（4）制度性变量，包括城镇化进程和货币化进程，其中城镇化进程用城市人口的比率测度，货币化进程用 M1 / GDP 测度。

　　（5）金融创新变量，包括金融工具创新、金融制度创新和金融服务创新。金融创新一般用 M0 / M1 测度。金融创新使得公众所持有的资产组合品种不断丰富，并且各种类型资产之间的转换也更为便利，公众对其他流动性较高的资产需求增加，对现金需求相应减少。另外，随着新的交易工具或融资方式的出现，公众支付习惯会发生变化，使用现金支付的交易减少。

　　（6）公众预期因素，包括通货膨胀预期和汇率升值预期。通货膨胀预期一般用滞后一期的通货膨胀率测度；汇率升值预期一般用人民币非交割预期汇率（NDF）和货币替代率（用外币存款占 M2 的比重）测度。

　　（7）政策突发因素，一般通过构建哑变量来测度。

　　资料来源：王新华.中国货币需求函数与货币缺口统计研究 [J] 统计研究，2011（12）：51-56。

⊙ 名人传记　欧文·费雪：现金交易方程式的创立者
请扫描二维码详尽了解名人传记

■ 本章小结

1. 货币需求指的是受制于交易额、财富、收入、利率等众多经济因素的货币需要量。根据研究的角度不同，货币需求可以分为宏观货币需求和微观货币需求，现代货币需求理论重视货币的资产职能，注重从微观角度研究货币需求问题。

2. 新古典学派的货币需求理论，尽管研究方法和思路差别较大，但均在充分就业假说的基础上，得出了比较一致的观点，那就是货币数量与物价水平呈同向变动的关系。费雪方程式立足于货币流通手段职能，认为由于短期内货币流通速度不变，货币数量与物价水平之间必然存在着同向的互动关系。剑桥方程式在货币价值贮藏手段职能的基础上，并没有真正重视利率对人们货币资产选择行为的影响，认为人们以一个短期内并不变的比例保持着货币持有额与名义收入之间的关系，因此，同样也得出了货币量与物价水平之间的关系。

3. 凯恩斯在承认收入作用的基础之上，通过投机性货币需求的分析，将利率纳入货币需求理论框架，认为货币需求是利率的减函数，后来者通过对凯恩斯货币需求理论的修正，一方面不断地加大利率在货币需求理论中的分量，另一方面在不确定性条件下，运用资产组合选择理论更加坚实地论证了货币需求与利率之间的反向关系。

4. 弗里德曼通过对凯恩斯货币需求理论中收入概念的改造，将货币需求归结为是更为稳定的恒久收入的函数，而认为利率并不重要。由于恒久收入的稳定性特征，使弗里德曼的货币需求函数也是稳定的——进而货币流通速度也是稳定或可以预测的。弗里德曼的货币需求理论是对新古典学派的一种回归。

■ 思考与练习

1. 如何理解货币需求的内涵？
2. 费雪方程式与剑桥方程式所体现的货币需求思想有何异同？
3. 凯恩斯货币需求理论的主要观点是什么？
4. 弗里德曼的货币需求函数为什么能够被简化成只是恒久收入这一单变量的函数？
5. 试比较凯恩斯的货币需求理论与弗里得曼的货币需求理论的不同之处。

第十一章
CHAPTER11

货币供给

人们可以假想货币是从直升机上掉下来的。
——米尔顿·弗里德曼

■ 本章概要

由中央银行提供的基础货币经商业银行体系的运作后，数倍放大形成现实流通中的货币供给量。在货币供给形成的过程中，商业银行存款创造机制是核心环节。中央银行视货币政策操作的需要，可以通过对基础货币和商业银行贷款行为的调节，进而实现对流通中货币供应量的调控。本章主要讲述商业银行存款创造的前提条件、存款创造机制、现代银行制度下的货币供给模型以及货币供给的调控问题。

■ 学习目标

1. 掌握商业银行经营的两个重要含义和存款创造的前提条件；
2. 掌握简化的存款创造模型；
3. 理解复杂的存款创造模型；
4. 掌握现代银行制度下的货币供给模型；
5. 理解中央银行、商业银行和居民（企业）行为对货币供给的影响机制；
6. 理解中央银行资产行为与货币供应量形成之间的关系；
7. 理解存款创造、现金投放与商业银行贷款的关系；
8. 理解中央银行实施货币调控的工具和机制。

■ 基本概念

货币供给量	法定存款准备金	超额存款准备金	存款创造
基础货币	货币乘数		

第一节　货币供给概述

一、货币供给与货币供给量

货币供给量（或货币供应量）是指在某一时点上特定的经济体中，银行体系之外的所有公众所持有的货币总量。

在中央银行体系下，社会公众所持有的货币大部分来源于银行系统的存款创造。这些货币大都是社会公众对银行体系的债权，是银行体系负债的重要组成部分。在中央银行体系下，中央银行会采取多种措施来调节银行体系的存款创造过程，使经济活动中的货币供应量与社会公众的货币需求规模相适应。

货币供给（或货币供应）则是指在一定时期内特定经济体中银行体系向经济中投入、创造、扩张（或收缩）货币的行为，它是形成货币供应量的过程。货币供应量是货币供给的结果，货币供给则是货币供应量的形成原因。

货币供给受许多因素影响，货币供给理论主要是研究影响货币供给的各种因素，以及货币供应量的决定问题，它们是货币理论的重要组成部分。由于普遍认为货币供应量是属于中央银行可以完全控制的外生变量，所以在很长一段时间，经济学家着重研究货币需求理论，而对货币供给问题的研究比较少。直到 20 世纪 60 年代，随着货币供应对经济的作用增强，货币政策受到重视，经济学家开始研究货币供应量究竟是外生变量还是内生变量，货币供给理论才日益丰富起来。

二、货币供给主体

在现代信用货币制度下，货币供给涉及中央银行和商业银行（或者更广意义上的存款机构）两个主体。

（一）中央银行

中央银行作为一国的货币当局在业务上并不直接和社会公众打交道，而主要和商业银行等金融机构有业务往来，俗称"银行的银行"；中央银行的主要职责是负责制定并实施货币政策，其中的核心任务是确定货币供应量并进行调节。

正如第二章中对货币供应层次的介绍，狭义货币供应量 M1 主要包括通货和活期存款。其中的通货即是由隶属于中央银行的各家造币工厂制造出来并在严密保护下运送到全国各地进行流通的钞票。尽管通货出自中央银行，但后者并不能决定流通中需要的通货量，因为最终决定持有多少现钞的是社会公众。对于活期存款的多少，中央银行似乎更不能决定，因为相较于通货，它们甚至不是由中央银行创造出来的。

然而，中央银行并不需要关心货币供应量中有多少通货、有多少活期存款，中央银行对货币供应量的控制是通过基础货币进行的。基础货币又称为高能货币，它等于通货加上银行体系的准备金总额。中央银行通过在公开市场上买卖政府证券（即公开市场操作）与向商业银行发放贴现贷款来对基础货币进行控制。

(二)商业银行

一般来讲,狭义货币供应量 M1 的绝大部分是以活期存款的形式出现的,而活期存款是商业银行的负债,因此商业银行(以下有时简称银行)处于货币供应的最前线。

商业银行活期存款的多少当然受制于社会公众的收入及其持有财富的习惯或者观念,但在更大程度上受制于商业银行的贷款(包括购买证券)规模。具体而言,当银行发放贷款时,典型的做法是为借款者开立一个存款账户以供其使用该笔贷款,从银行的角度来说,它增加了一笔资产,同时创造了一笔负债即活期存款;相反,当贷款归还时,活期存款账户将会随之消失。我们通常将这一过程称为商业银行的存款创造机制。活期存款是货币供应的主要形式,商业银行的存款创造机制在货币供应过程中就居基础性地位。

上述两类参与者中,中央银行居于中心地位,它可以通过相应的货币政策工具调节商业银行的贷款规模和社会公众的投资方向,从而达到改变货币供给的目的。

第二节　商业银行存款创造机制

一、存款创造的前提条件

我们可以将商业银行的存款创造更简要地描述为:银行发放贷款会创造活期存款,银行贷款归还将减少活期存款。然而,这种创造存款的过程不是随心所欲的,而是像任何事物一样有开始的时刻,也有终结的时刻。我们重点讨论开始的时刻:为什么银行的存款创造从这一刻或者那一刻开始?答案是银行在此时此刻具备了存款创造的前提条件:超额存款准备金。为了更加详细地解释这一前提条件,我们需要了解商业银行的基本业务。在此之前,有必要先认识一下超额存款准备金。

(一)法定存款准备金和超额存款准备金

所有的商业银行都要将一部分资金以存款的形式存放在中央银行的账户中,准备金就是这些存款与银行实际持有的通货之和。准备金有法定存款准备金和超额存款准备金之分。其中,法定存款准备金是指中央银行在法律赋予的权限内,规定商业银行必须将所吸收的每一元存款的一定比例(如 10%)作为准备金存在中央银行的账户中,它是商业银行对其存款必须保持的最低储备水平,该比例被称为法定存款准备金比率。但实际上,银行缴存的准备金常常超过法定存款准备金,我们将超过法定存款准备金的这部分准备金称为超额存款准备金。很明显,法定存款准备金的主动权在中央银行,而超额存款准备金的主动权在商业银行。

🌐 **专栏 11-1**

法定存款准备金的缴纳

法定存款准备金率在实际操作中常常视银行的资本充足状况、资产质量和存款规模而变化,并不是所有银行一刀切地采用同一个比率。现以中国和美国的商业银行法定存款准备金率为例进行介绍。

中国人民银行从 2004 年 4 月 25 日起实行差别存款准备金率制度，差别存款准备金率制度的主要内容是：金融机构适用的存款准备金率与其资本充足率、资产质量状况等指标挂钩。例如，实行这项制度当天中央银行的规定是自 2004 年 4 月 25 日起，中国人民银行对资本充足率低于一定水平的金融机构执行 7.5% 的存款准备金率，其他金融机构仍执行 7% 的存款准备金率。又例如，在 2015 年 6 月 27 日的一次存款准备金率调整中，规定从 2015 年 6 月 28 日起，有针对性地对金融机构实施定向降准：①对"三农"贷款占比达到定向降准标准的城市商业银行、非县域农村商业银行降低存款准备金率 0.5 个百分点；②对"三农"或小微企业贷款达到定向降准标准的国有大型商业银行、股份制商业银行、外资银行降低存款准备金率 0.5 个百分点；③降低财务公司存款准备金率 3 个百分点，进一步鼓励其发挥好提高企业资金运用效率的作用。在同年 10 月 23 日的一次存款准备金率调整中，规定从 2015 年 10 月 24 日起，下调金融机构人民币存款准备金率 0.5 个百分点，同时，为加大金融支持"三农"和小微企业的正向激励，对符合标准的金融机构额外降低存款准备金率 0.5 个百分点。可见，我国的差别准备金率制度在体现原则性的同时兼顾了灵活性。

美国银行业也没有一刀切地采用一个存款准备金率，不过其差别存款准备金率的依据是存款规模。例如，美联储规定，从 2018 年 1 月 18 日开始，法定存款准备金按如下办法缴纳。

（1）对于活期存款、自动转账账户（ATS）、NOW 账户等交易账户，实行梯形存款准备金率。具体而言：①当交易账户余额在 16 兆美元以下时，免缴法定存款准备金；②当交易账户余额在 16 兆美元和 122.3 兆美元之间时，超出 16 兆美元部分的法定存款准备金率为 3%；③当交易账户余额超过 122.3 兆美元时，超出部分的法定存款准备金率为 10%。

（2）对于非交易的定期存款账户而言，法定存款准备金率为 0。

资料来源：中国人民银行网站；美联储网站。

（二）商业银行的基本业务及其含义

作为经营货币的企业，商业银行的基本业务是接受存款、发放贷款。为了显示这些基本业务及其含义，我们使用一系列反映资产负债变化的简易账户进行说明。

假设 A 银行在国内的服务口碑很好，张三决定用 100 万元现钞开立支票账户。他现在拥有了该银行 100 万元的支票存款，这在 A 银行的资产负债表上表现为 100 万元的负债。根据存款准备金的定义，银行实际持有的通货属于存款准备金之列，因此，A 银行的存款准备金也相应增加 100 万元。其简易账户如下：

A 银行资产负债表

资产		负债	
存款准备金	＋100 万元	支票存款	＋100 万元

当然，张三也可以不用现钞而是用其他银行签发的支票开立账户。例如，他原本在 B 银行有 100 万元的支票存款，但不满意这家银行的服务，他可以将 B 银行签发的这张支票存到 A 银行。此时，对于 A 银行来讲，负债方支票存款增加了 100 万元。与此对应的是，根据中央银行的支票清算程序，A 银行将会把 B 银行签发的支票转存到 A 银行在中央银行

的存款准备金账户中（实际上最终是由中央银行向 B 银行要求将支票兑现），这意味着 A 银行的存款准备金增加了 100 万元。因此，张三的这一行动（即用 B 银行签发的支票到 A 银行存款）对 A 银行资产负债表的影响与存现钞一样。

相反，对于 B 银行来说，由于最终中央银行将向其兑现这张 100 万元的支票，因此，在支票存款减少的同时存款准备金也等量减少。反映 B 银行资产负债表变化的账户如下：

B 银行资产负债表

资产		负债	
存款准备金	− 100 万元	支票存款	− 100 万元

上述两家银行资产负债表的变化在银行经营中有重要的含义：当一家银行收到一笔存款时，它的存款准备金将等量增加；相反，流失存款的银行将等量减少其存款准备金。

现在来看看 A 银行的贷款业务。假设中央银行对法定存款准备金比率的要求是 10%，则 A 银行现在 100 万元存款准备金的结构为 10 万元的法定存款准备金和 90 万元的超额存款准备金。中央银行对存款准备金几乎不支付利息，90 万元的超额存款准备金如果维持现状，A 银行将面临巨大的机会成本。为此，A 银行考虑发放贷款。那么，A 银行最多可以发放多少贷款呢？既然发放贷款会创造等量的活期存款，而活期存款需要缴纳法定存款准备金，这是否意味着 A 银行可以发放的最高贷款额为 900 万元呢（此时 90 万元的超额存款准备金全部转化为法定存款准备金，超额准备金为 0，机会成本最小）？为此，我们不妨先看看这种情况下 A 银行资产负债表的变化。发放 900 万元贷款后，A 银行的账户变为：

A 银行资产负债表

资产		负债	
存款准备金	+ 100 万元	支票存款	+ 1 000 万元
贷款	+ 900 万元		

然而，工商企业或者消费者向银行贷款的最终目的是要投资或者消费，这意味着 A 银行的这笔贷款将要被用掉。假设借款者将把这 900 万元的贷款全部用来投资或者消费，根据前述存款业务的重要含义，A 银行在支票存款减少 900 万元的同时，存款准备金也将减少 900 万元。如此一来，A 银行的账户进一步变为：

A 银行资产负债表

资产		负债	
存款准备金	− 800 万元	支票存款	+ 100 万元
贷款	+ 900 万元		

现在 A 银行的准备金是负数。显然，这样的结果是不能接受的，A 银行不能发放这么多的贷款。实际上，只要银行贷款的金额超过超额存款准备金数量 90 万元，在借款者全部将所贷资金取出来消费或者投资后，其法定存款准备金将出现短缺。因此，我们可以得到第二个重要含义：银行安全贷款的上限是其持有的超额存款准备金数量，如果没有超额存款准备金，银行将不能发放贷款，从而不能创造存款。

当然，银行的超额存款准备金来源可以是多方面的，并不仅仅局限于接受现金或者支票存款。例如，向中央银行申请的再贴现或者再贷款、同业拆借资金等都是存款准备金的重要来源。

二、简化的存款创造模型

我们分两个层次具体阐述商业银行的存款创造模型。首先在若干理想假设条件下，推导出简化的存款创造模型。然后放松假设，将其拓展到更为现实的背景下，得到较为复杂的存款创造模型。

在简化的存款创造模型中，我们假设：①银行体系由中央银行及编号为 A、B、C、D⋯⋯的多家商业银行组成；②社会公众（均为银行客户，编号为甲、乙、丙、丁⋯⋯）不持有现金，所有的交易都通过商业银行的支票账户进行转账结算；③商业银行的存款全部为活期存款，没有定期存款，活期存款的法定存款准备金比率为 10%；④商业银行都只保留法定存款准备金而不持有超额存款准备金，超额部分全部用于发放贷款或用于证券投资。

假设中央银行向商业 A 银行发放了 100 万元的贴现贷款，则 A 银行在中央银行的存款准备金增加了 100 万元。其简易账户如下：

A 银行资产负债表

资产		负债	
存款准备金	+ 100 万元	再贴现贷款	+ 100 万元

由于 A 银行的支票存款没有增加，其法定存款准备金仍然不变，因而该行增加的 100 万元准备金全部是超额存款准备金。在银行不持有超额存款准备金的假设条件下，它将会把这部分超额存款准备金全部用于发放贷款，假设贷款给客户甲。客户甲在 A 银行开立支票账户，把贷款资金存入这个账户。于是，A 银行在贷款增加的同时，负债相应增加，其账户变为：

A 银行资产负债表

资产		负债	
存款准备金	+ 100 万元	再贴现贷款	+ 100 万元
贷款	+ 100 万元	支票存款	+ 100 万元

客户甲随后会使用这笔贷款，假设支出这 100 万元的支票存款后，这笔钱存入另外一家银行 B。根据银行基本业务的重要含义，A 银行在支票存款减少 100 万元的同时，存款准备金也相应减少 100 万元，而 B 银行的支票存款和存款准备金则均增加 100 万元。两家银行的账户分别为：

A 银行资产负债表

资产		负债	
贷款	+ 100 万元	再贴现贷款	+ 100 万元

B 银行资产负债表

资产		负债	
存款准备金	＋100 万元	支票存款	＋100 万元

在 10% 的法定存款准备金率条件下，对于 B 银行而言，100 万元的支票存款需要缴纳 10 万元的法定存款准备金，其余 90 万元为超额存款准备金。如之前假设，B 银行也会同 A 银行一样，将超额存款准备金全部用于发放贷款。于是，它的贷款和支票存款都增加 90 万元，相应的账户变为：

B 银行资产负债表

资产		负债	
存款准备金	＋100 万元	支票存款	＋190 万元
贷款	＋90 万元		

假设 B 银行的 90 万元贷款对象为客户乙，乙取出这 90 万元后，B 银行的支票存款和准备金均减少 90 万元，其账户进一步变为：

B 银行资产负债表

资产		负债	
存款准备金	＋10 万元	支票存款	＋100 万元
贷款	＋90 万元		

至此，当初进入 A 银行的 100 万元存款准备金经过 A、B 两家银行的贷款行为后，分别创造了 100 万元和 90 万元的存款。然后，这个过程并未结束，因为客户乙取出的 90 万元在非现金结算条件下会存入另外一家银行 C，而 C 银行和 A、B 两家银行一样，也会将超额存款准备金贷出从而创造存款。同理，继 C 银行后，还会有 D、E、F……参与存款创造，唯一的区别在于贷款的金额从而创造的存款金额不等。直到当初始的 100 万元存款准备金全部转化为各银行的法定存款准备金后，存款创造过程才告结束。不难算出，最终整个银行系统中支票存款的增加量为 1 000 万元（100 / 10% = 1 000）。具体的存款创造过程如表 11-1 所示。

表 11-1   简化的存款创造过程

银行	存款增加	贷款增加	法定存款准备金增加	银行	存款增加	贷款增加	法定存款准备金增加
A	0.00	100.00	0.00	E	72.90	65.61	7.29
B	100.00	90.00	10.00	F	65.61	59.05	5.91
C	90.00	81.00	9.00	⋮	⋮	⋮	⋮
D	81.00	72.90	8.10	所有银行合计	1 000.00	1 000.00	100.00

注：法定存款准备金比率为 10%，初始的超额存款准备金为 100 万元；表中所有金额的单位均为万元。

我们可以推导出一个更加一般化的公式来计算存款创造过程中一共创造了多少存款。

假设法定存款准备金比率为 r，起初某银行获得一笔超额存款准备金 ΔR，这笔超额存款准备金经过不断贷款后，依次增加的存款数量分别是：ΔR，$\Delta R(1-r)$，$\Delta R(1-r)^2$，…，假设 ΔR 的超额存款准备金创造的存款总量为 ΔD，则：

$$\Delta D = \Delta R + \Delta R(1-r) + \Delta R(1-r)^2 + \cdots = \frac{\Delta R}{1-(1-r)} = \frac{\Delta R}{r}$$

这个一般化的公式揭示了银行体系存款准备金增加所能创造的总存款量，显然后者是前者的 $\frac{1}{r}$ 倍，它被称为简单存款创造乘数，用来度量商业银行存款创造能力的大小。不难看出，简单存款创造乘数是法定存款准备金的倒数，中央银行正是据此调节银行体系的存款规模的。

进一步我们也可以计算存款创造过程中法定存款准备金总量。由于银行每一笔存款均需缴纳法定存款准备金，而银行体系的存款数量依次为 ΔR，$\Delta R(1-r)$，$\Delta R(1-r)^2$，…，则法定存款准备金总量为 $\Delta Rr + \Delta R(1-r)r + \Delta R(1-r)^2 r + \cdots = \frac{\Delta R}{r}r = \Delta R$，即所有银行的法定存款准备金总量将等于银行体系在初始时刻增加的存款准备金。这也印证了我们的判断：直到当初始超额存款准备金全部转化为各银行的法定存款准备金后，存款创造过程才告结束。

三、复杂的存款创造模型

简化存款创造模型的大部分假设并不符合实际情况，更为现实的情况是：①社会公众总会或多或少地持有一些现金（这在金融基础设施不发达的地方表现得尤其明显），所以完全的非现金结算并不存在；②社会公众可能既持有活期存款，又持有定期存款；③商业银行除了缴纳法定存款准备金外，还会持有超额存款准备金，因为"超额存款准备金是对存款外流所引起的成本的保险，存款外流所引起的成本越高，银行愿意持有的超额存款准备金就越多"。[⊖]

考虑到这些现实情况后，如果商业银行体系得到了一笔超额存款准备金，它又能创造出多少活期存款量呢？总体方向性的思考是，商业银行的存款创造能力将会变弱。这是因为，现金的漏出和超额存款准备金的缴纳将会减少银行的贷款，而银行贷款的减少意味着创造的存款将会减少；此外，定期存款一般来讲也要缴纳存款准备金，这也削弱了银行贷款进而创造存款的能力。下面，我们用代数的方法分析现实情况下商业银行的存款创造，并称之为复杂的存款创造模型。

为了分析问题的方便，在上述更为现实的条件之外，我们进一步假设现金漏出量、定期存款量和超额存款准备金的缴纳均与活期存款存在固定比例，同时定期存款只缴纳法定存款准备金。存款创造过程仍然采用简化的存款创造模型中所用的例子，只不过现在不用具体的数字而用代数表达。为此，我们首先定义一些变量（这些变量在本章其他地方仍将适用），具体如表 11-2 所示。

⊖ 弗雷德里克·米什金. 货币金融学 [M]. 郑艳文，荆国勇，译. 北京：中国人民大学出版社，2011：221.

表 11-2　变量及其含义列表

变　量	含　义	变　量	含　义
ΔR	初始时刻注入银行体系的超额存款准备金	r_d	活期存款法定存款准备金率
ΔD	活期存款总增加额	r_t	定期存款法定存款准备金率
ΔC	流通中的现金总增加额	c	现金漏出量与活期存款的比例
ΔT	定期存款总增加额	t	定期存款与活期存款的比例
ΔE	超额存款准备金总增加额	e	超额存款准备金率

在上述假设和定义下，与在简化的存款创造模型中一样，我们也可以通过简易账户具体分析初始时刻 ΔR 的超额存款准备金在银行体系流动的全过程。该过程中每个环节中活期存款、活期存款法定存款准备金和超额存款准备金、定期存款法定存款准备金以及现金漏出的数量如表 11-3 所示。

表 11-3　复杂的存款创造过程

银　行	A	B	C	…
存款增加	0	ΔR	$\Delta R(1 - r_d - e - c - t\, r_t)$	…
活期存款法定存款准备金	0	$\Delta R\, r_d$	$\Delta R(1 - r_d - e - c - t\, r_t)r_d$	…
活期存款超额存款准备金	0	$\Delta R\, e$	$\Delta R(1 - r_d - e - c - t\, r_t)e$	…
现金漏出	0	$\Delta R\, c$	$\Delta R(1 - r_d - e - c - t\, r_t)c$	…
定期存款法定准备金	0	$\Delta R\, t\, r_t$	$\Delta R(1 - r_d - e - c - t\, r_t)t\, r_t$	…
贷款增加	ΔR	$\Delta R(1 - r_d - e - c - t\, r_t)$	$\Delta R(1 - r_d - e - c - t\, r_t)^2$	…

根据表 11-3，我们可以计算出存款创造全过程创造的活期存款总量为：

$$\Delta D = \Delta R + \Delta R(1 - r_d - e - c - t\, r_t) + \Delta R(1 - r_d - e - c - t\, r_t)^2 + \cdots = \frac{\Delta R}{r_d + e + c + t\, r_t}$$

显然，此时的存款创造乘数是 $\dfrac{1}{r_d + e + c + t\, r_t}$，它小于简单存款创造乘数 $\dfrac{1}{r_d}$，这印证了我们之前的判断：当考虑现金漏出、定期存款和超额存款准备金时，商业银行的存款创造能力将减弱。

同样，我们也可以分析存款创造全过程中初始时刻 ΔR 的超额存款准备金最终流向了何方。将所有银行的活期存款法定存款准备金、超额存款准备金、现金漏出和定期存款法定存款准备金相加不难发现，其和刚好等于 ΔR。这说明在复杂的存款创造过程中，初始时刻向银行体系注入的一笔超额存款准备金将最终转化为各银行的法定存款准备金（包括定期存款和活期存款）、超额存款准备金和流通中的通货。

例如，假设商业银行体系的现金漏损率 $c = 25\%$，定期存款与活期存款的比率 $t = 300\%$，定期存款法定存款准备金率 $r_t = 2\%$，活期存款法定存款准备金率 $r_d = 5\%$，超额存款准备金率为 $e = 4\%$，当有一笔 1 000 万元的现金由客户存入某一家商业银行后，商业银行体系由此而展开存款创造过程，整个商业银行体系最终新创造的活期存款是多少？

$$\Delta D = \Delta R \times \frac{1}{c + t\, r_t + r_d + e} = 1\,000 \times \frac{1}{0.25 + 3 \times 0.02 + 0.05 + 0.04} = 2\,500\,（万元）$$

🌐 **专栏 11-2**

从总体与个体视角看存款货币创造的差异

商业银行体系在一笔增量的可用资金基础上，经其存、贷款运作后，可以创造出数倍之多的新增存款货币。不过，这是从商业银行整体运行视角来看问题的，而就其间的每一笔存款和每一笔贷款来观察，都是有实实在在货币金额（或如我们习惯所说的有实实在在的"资金"）内容的经济行为，没有任何"创造"的意味。

任何顾客向银行存款，如用现金，则存款的增加有等额的现金收入与之对应；如用支票，则通过清算系统用支票收取的款项使银行在中央银行的存款准备金等额增加。简言之，是真正有"钱"存进来，而且是有多少钱存多少钱，不能虚报。任何人都知道，顾客无钱是无法存款的，想用少的钱存多的款也是幻想。同样，银行向顾客贷款，如果是贷款承诺，当然是口头上的；一旦发生贷款行为，那也必须用"钱"来进行。如果贷款人要求现款，那么银行必须把现实的钞票交给借款人；如果借款人用支票付款，那么银行必须从中央银行的存款账户上划出相应的金额。总之，从银行与顾客的关系上看，任一存款与任一贷款并未"造"出货币。

然而，总体上看，新的货币的的确确创造出来了。问题的关键就在于银行并不需要为其所吸收的存款保持百分之百的存款准备金。但对各银行来说，它们也并不认为自己通过这种行为创造了货币。的确，它们一分货币也未创造：它们的行为只不过是把顾客暂时不用的钱贷出去赚利息，而同时承担只要顾客按存款契约所允许的条件用钱必须及时予以保证的义务。当把各个银行不认为可以创造出一分钱的行为连成一个系统之后，却发生了质的变化：形成了存款货币创造机制。这正是现代银行体系的奥妙之处。

资料来源：黄达. 宏观调控与货币供给 [M]. 北京：中国人民大学出版社，1997：65-66.

第三节 现代银行制度下的货币供给模型

存款创造模型表明，注入银行体系的初始超额存款准备金将通过银行的贷款行为创造出数倍于自身的活期存款。然而，根据货币供给的定义，活期存款还只是货币供应量的一部分，因此发现货币供应的规律还需要将存款创造模型向前推进。本节将介绍现代银行制度下的货币供给模型，并进一步分析货币供给的影响因素，特别是中央银行对货币供给的调控及其原理。

一、货币供给模型

沿用复杂存款创造过程所做的各项假设，下面我们分别讨论狭义货币供应量和广义货币供应量的决定。

当货币供应限定为狭义货币供应时，根据狭义货币供应量的一般界定，它主要包括活期存款和流通中的现金，那么初始时刻注入银行体系的 ΔR 的超额存款准备金将导致狭义货币供应量的变化为：

$$\Delta M_1 = \Delta D + \Delta C = \Delta D + \Delta D\, c = \Delta D(1+c) = \frac{1+c}{r_d + c + e + t\, r_t}\Delta R$$

当货币供应限定为广义货币供应时，根据广义货币供应量的一般界定，它主要包括活期存款、定期存款和流通中的现金，我们同样也可以计算出 ΔR 的超额存款准备金所导致的广义货币供应量的变化：

$$\Delta M_2 = \Delta D + \Delta C + \Delta T = \Delta D(1+c+t) = \frac{1+c+t}{r_d+c+e+t\,r_t}\Delta R$$

我们一般将初始时刻注入银行体系的超额存款准备金 ΔR 称为基础货币 B（或者更为准确地说是基础货币的增加，即 ΔB）。根据商业银行的存款创造机制，当整个存款创造过程结束时，初始时刻的存款准备金将转化为现金漏出和所有参与存款创造的银行的活期存款法定存款准备金、超额存款准备金以及定期存款法定存款准备金，而这些存款准备金之和在中央银行的资产负债表上记录为存款准备金 R，因此基础货币从数量上又等于存款准备金加上流通中的现金，即 $B = C + R$。

另外，正如存款创造乘数 $\dfrac{1}{r_d+e+c+t\,r_t}$ 反映了一定的初始存款准备金能够创造出多少活期存款那样，上述公式中的系数 $\dfrac{1+c}{r_d+c+e+t\,r_t}$ 和 $\dfrac{1+c+t}{r_d+c+e+t\,r_t}$ 反映了一定的基础货币能够形成的货币供应规模，我们将其称为货币乘数 m（更为具体地说，二者分别被称为狭义货币乘数 m_1 和广义货币乘数 m_2）。

如此一来，上述两个公式可以简化为以下两个公式：

$$\Delta M_1 = m_1\,\Delta B$$
$$\Delta M_2 = m_2\,\Delta B$$

上述两个公式反映的是基础货币与货币供应量的流量关系。实际上，货币供给模型更多的时候是以存量的表达形式出现的：

$$M = m\,B$$

此处货币供应量 M 根据需要可以用 M1 或 M2 表示，相应的货币乘数分别为 m_1 和 m_2。

例如，某国商业银行的法定存款准备金率为 12%，超额存款准备金率为 10%，该国的流通中现金为 3 000 亿元，现金漏出率为 8%。那么，该国的货币供应量是多少？货币乘数是多少？由于这里未给出关于定期存款的信息，我们默认货币供应量以 M1 度量，且没有定期存款，则：

$$M1 = C + D = C + \frac{C}{c} = 3\,000 + \frac{3\,000}{8\%} = 40\,500 \text{（亿元）}$$

$$m_1 = \frac{1+c}{r_d+c+e+t\,r_t} = \frac{1+8\%}{12\%+8\%+10\%} = 3.6$$

🌐 专栏 11-3

基础货币、货币乘数与货币供应量

根据货币供给模型，基础货币与货币供应量的关系描述为：货币供应量＝基础货币 × 货币乘数。其中，基础货币是流通中现金和银行的存款准备金之和。货币乘数是货币供应量与基础货币间的倍数关系。货币乘数主要受流通中现金对存款的比率和存款准备金对存款的比率（存款准备金率）的影响。流通中现金对存款的比率受公众行为影响，存款准备金率是法定存款准备金率与超额存款准备金率之和，法定存款准备金率由央行确定，超额存款准备金率由金融机构行为决定。

2018 年 6 月底，我国基础货币余额为 30.73 万亿元，广义货币供应量余额为 177.02 万亿元，货币乘数为 5.76。我国基础货币的投放主要有公开市场业务证券买卖、对金融机构贷款、外汇占款、有价证券及投资等渠道。20 世纪 90 年代中期以前，中国人民银行投放基础货币的主渠道是对金融机构贷款，近年来主要是外汇占款。

一般而言，在货币乘数相对稳定的条件下，货币供应量与基础货币应保持同向运动。但在具体实践中，两者的运动有时并不完全一致。一是货币政策操作最终影响到货币供应量的变化有一段时间（时滞），如当中央银行观察到货币供应量增长偏快时，采取发行央行票据等公开市场操作收回基础货币，基础货币增长速度放慢，但由于政策发挥作用还需要一段时间，所以货币供应量可能还会保持一段时间的较高增长速度。二是货币乘数出现变化。当中央银行调整法定存款准备金率或金融机构超额存款准备金率变动时，货币乘数会随之变化，同样数量的基础货币会派生出不同的货币供应量。

2018 年上半年，中国人民银行根据国内外宏观经济形势，特别是国内物价水平和流动性供给格局的变化，综合运用存款准备金、逆回购操作、中期借贷便利（MLF）、常备借贷便利（SLF）等货币政策工具，满足银行体系合理的流动性需求。其中，2018 年 4 月下调大型商业银行、股份制商业银行、城市商业银行、非县域农村商业银行、外资银行人民币存款准备金率 1 个百分点以置换上述银行所借央行的中期借贷便利。这一政策组合拳同时改变了基础货币和货币乘数，获得增量资金近 4 000 亿元，增加了银行体系资金的稳定性。

资料来源：中国人民银行货币政策执行小组. 中国货币政策执行报告 [R]. 2018-8-10.

二、货币供给的影响因素

从货币供给模型可知，货币供给量由基础货币 B 和货币乘数 m 决定，而 m 进一步由现金漏损出 c、定期存款与活期存款比率 t、定期存款法定存款准备金率 r_t、活期存款法定存款准备金率 r_d 和超额存款准备金率 e 共同决定。一般来讲，中央银行、商业银行和社会公众对基础货币与货币乘数都有不同程度的影响。

（一）中央银行行为与货币供给

基础货币由存款准备金和流通中的现金构成，中央银行的许多行为如公开市场操作和向商业银行的再贴现、再贷款等将影响存款准备金规模，从而会改变基础货币。以公开市场操作为例，当中央银行在公开市场上向商业银行购买政府证券时，根据前述银行业务的含义，该银行的存款准备金将增加；相反，当中央银行出售政府证券时，存款准备金将减少。又例如，当商业银行获得中央银行的贴现贷款时，存款准备金增加；当贴现贷款归还时，存款准备金将减少。

中央银行影响货币乘数主要是通过活期存款和定期存款法定存款准备金率 r_t、r_d 的改变。从货币乘数的表达式中不难看出，当中央银行调高法定存款准备金率 r_t、r_d 时，货币乘数将减少，从而基础货币所能形成的货币供应规模将减少；反之货币供应规模将扩大。

中央银行正是根据其对货币供给的这些影响来调控货币供给量的，我们将在本节第三部分中详细说明中央银行对货币供给的调控。

(二) 商业银行行为与货币供给

商业银行是经营货币的企业，因此，同普通企业一样，商业银行行为也是以赚取利润为目的的，它们不会像中央银行那样主动调控货币供给量。然而，商业银行的经营行为会对货币供给量产生很大的影响，这也可以从货币乘数和基础货币两个方面进行说明。

商业银行主要通过改变超额存款准备金比率影响货币乘数。从货币乘数的公式来看，当商业银行打算提取更多的超额存款准备金时，货币乘数将下降，同样数量的基础货币能够扩张形成的货币供给相应减少；反之，当超额存款准备金率下降时，货币乘数和货币供应将上升。其背后的影响机制可以描述为：当超额存款准备金率提高时，银行可用于贷款的资金将减少，贷款的减少意味着其创造的存款也将减少，而存款是货币供给的主体，因此超额存款准备金率的提高将导致货币供给的减少。

商业银行为什么要改变超额存款准备金率呢？以提高超额存款准备金率为例，我们可以从商业银行的资产和负债两个角度回答这个问题。从资产角度看，出于对资产安全性的担心或者对贷款盈利性缺乏信心，银行可能会主动减少贷款规模而将更多的资金以准备金的形式持有，尽管此时也不能获得多少利息。这种情况一般出现在宏观经济形式不好甚至是危机的情况下。一个典型的例子是，1998~2002 年，我国商业银行普遍出现了"惜贷"现象，这是因为当时的宏观环境和风险管理体制，促使银行过分强调风险因素而最终实施信贷配给[⊖]的结果。从负债角度看，当面临较为严重的存款外流或者说流动性不足时，银行将会提高超额存款准备金的提取额度。正如对银行业务及其含义的介绍那样，存款的外流意味着存款准备金的减少。为了保证存款准备金不至于减少到法定存款准备金以下，银行需要通过提取超额存款准备金进行弥补。[⊖]导致存款外流的原因很多，诸如金融脱媒[⊜]、银行危机等。

商业银行经营行为也可以在一定程度上改变基础货币。例如，当商业银行向中央银行申请再贴现、再贷款时，存款准备金增加，基础货币相应增加；反之，基础货币减少。虽然中央银行可以通过调节再贴现率和再贷款利率引导商业银行再贴现和再贷款的意愿，但最终的决定权还是在商业银行。

(三) 社会公众行为与货币供给

一般来说，社会公众对基础货币的影响有限，但他们可以通过货币乘数对货币供给施加影响。具体而言，货币乘数公式中的 c 和 t 由社会公众决定。至于社会公众增加（或者减少）现金持有或者定期存款的比例将会导致货币供给如何变化，则可以通过对货币乘数求

⊖ 所谓信贷配给，指的是即使借款人愿意支付规定利率，甚至更高利率，贷款人也不愿意发放贷款或者发放贷款金额小于贷款申请额度。

⊖ 当然，银行也可以通过其他方法补充存款准备金，如向中央银行借款等，但这些方法会产生很大的成本。详细分析请参见：弗雷德里克·米什金. 货币金融学 [M]. 郑艳文，荆国勇，译. 北京：中国人民大学出版社，2011：221。

⊜ 所谓金融脱媒，指的是由于各种因素使得存款的收益率很低，存款人存款意愿下降，转而将资金投入到收益率更高的直接融资市场上，这样流入银行体系的资金减少，间接融资额度减少。

关于 c 或者 t 的偏导数进行判断。例如：

$$\frac{\partial m_1}{\partial c} = \frac{(c + e + r_d + t\,r_d) - (1 + c)}{(c + e + r_d + t\,r_d)^2}$$

由于现代商业银行实行部分存款准备金制度，而且存款准备金率很低，经过存款创造形成的货币供给量总会数倍于基础货币，所以一般有 $m > 1$，即 $(c + e + r_d + t\,r_d) - (1 + c) < 0$，这说明当公众提高持有现金比例时，货币乘数将减少，进一步货币供给也将减少。这种变化关系背后的经济原因不难理解：由于现金不参与存款创造，当社会公众将更多的存款转化为现金时，用于创造存款的贷款就减少了，而贷款的减少意味着后续的存款创造能力将减弱，因此货币供应量将减少。

同理，我们也可以推导出定期存款比例 t 的变化将导致货币乘数如何变化。一般来说，当定期存款比例提高时，狭义货币乘数将减少，但广义货币乘数如何变化则难以判断。

那么，社会公众为什么要改变其现金持有和定期存款的比例呢？这是因为作为资产持有的两种形式，人们可能对它们的需求发生了改变。以现金持有为例，人们现金资产的需求主要取决于四个方面的因素：①个人拥有的财富水平；②替代性资产的预期收益率；③相对于替代性资产而言，持有现金的风险水平；④相对于替代性资产而言，持有现金的流动性。人们将在综合考虑这四种因素的基础上决定其持有现金的比例。

1. 财富水平的变动与现金持有比例

现金作为一种流动性强但收益性差的资产，被低收入者和几乎没有财富的人广泛使用。人们对现金资产的需求增长比率往往低于其财富总量的增长比率。随着财富的增加，人们对活期存款、定期存款甚至股票、债券等有一定收益率的资产的持有会有较多增加。这意味着现金持有相对于活期存款来说是下降的。

2. 活期存款利率变动与现金持有比例

公众手持现金是没有收益的，可视为零收益。当商业银行活期存款利率发生变动时，持有现金的机会成本就发生了变化，这会影响到人们对现金和银行存款的选择。例如，当存款利率上升时，现金相对于存款的收益进一步降低，人们选择存款的倾向提高，c 会下降。因此，现金持有比例与活期存款利率负相关。

3. 银行恐慌与现金持有比例

银行恐慌，是指多家银行同时倒闭的现象。当银行无法及时足额地偿付存款人的存款时，就会出现多家银行连锁倒闭的现象。在银行恐慌期间，存款人遭受重大损失的可能性增加，银行存款的预期回报可能为负值，存款人会加速从银行提取现金，落袋为安。因此，在银行恐慌期间，现金持有比例将大幅度上升。

4. "地下经济"活动与现金持有比例

未经申报且未获得法律允许的经济活动称为地下经济。非法地下经济为了逃避法律监管和纳税义务，不留下日后可察的蛛丝马迹，倾向于用现金交易，因为使用支票存款结算时，在银行中会有交易记录，法律允许检查部门调阅银行档案，查找犯罪事实。对地下经济交易者来说，现金相对于银行存款的收益性与安全性是非常高的，所以，非法地下经济活动参与者偏好持有现金，这也是影响现金持有比例的一个重要因素。

三、中央银行对货币供给的调控

同商业银行和社会公众不一样，中央银行会根据其对货币供给的影响主动通过相应的政策调节全社会的货币供给量。

(一) 中央银行对基础货币的调控

中央银行对基础货币调控的依据和方法可以通过其自身的资产负债表进行比较全面的说明。我们将中央银行资产负债表的基本构成写成表 11-4 的形式。

表 11-4　中央银行资产负债表

资　　产	负　　债
A1：政府证券	L1：流通中的现金
A2：贴现贷款	L2：存款准备金
A3：外汇资产	L3：政府存款
A4：其他资产	L4：其他负债
合计 A	合计 L

因为 L = A，所以有：

$$L1 + L2 + L3 + L4 = A1 + A2 + A3 + A4$$

而基础货币 B = L1 + L2，所以有：

$$B = (A1 + A2 + A3 + A4) - (L3 + L4)$$

该等式表明，中央银行资产负债表中除货币发行和存款准备金外的其他任何一个科目发生变化，都会引起基础货币的变化。具体而言，中央银行任何一项资产的增加都可能会导致基础货币等量增加；中央银行任何一项负债（除现金和准备金外）的增加都可能会导致基础货币的等量减少。

因此，理论上讲，为了调控货币供给量，中央银行可以调整任何一项资产或者除现金和存款准备金外的任何一项负债。然而，除去其他资产和其他负债外，在政府证券、贴现贷款、外汇资产和政府存款中，中央银行能够主动调整的程度却存在很大差异。例如，中央银行几乎无法主动调整政府存款，因为这取决于税收的多少；贴现贷款的主动权在商业银行，中央银行只能通过调整再贴现率或者再贷款利率进行有限的调整；外汇资产能否主动调整则取决于汇率制度，在固定汇率制度下，当存在大量的外汇流入时，为了维护固定汇率制度，中央银行会被动地向市场投放大量的本币，此时中央银行主动调整外汇资产的机会不多，而在浮动汇率制度下，没有维护汇率水平的责任，中央银行可以主动在外汇市场上买卖外汇；中央银行最具调整主动权的资产是政府证券，当中央银行需要改变其持有的政府证券时，它可以在公开市场上自由买入或者卖出政府证券。

现以中央银行较为主动的两种调控手段即公开市场操作和再贴现为例说明中央银行调控改变基础货币的机制。

1. 公开市场购买政府证券

如果中央银行花 1 万元从某商业银行那里购买了一张国库券，当中央银行是用支票转账支付时，中央银行的存款准备金会增加 1 万元，此时中央银行的资产负债表变化可用简易账户表示如下：

中央银行资产负债表

资产		负债	
国库券	+ 1 万元	存款准备金	+ 1 万元

当中央银行用现金支付时，商业银行将得到这笔现金。这笔 1 万元的现金可能会被取走，也可能被商业银行用于增加库存现金。如果是前者，流通中的现金将增加 1 万元；如果是后者，存款准备金将增加 1 万元，由于基础货币等于流通中的现金和存款准备金之和，所以这两种情况下基础货币都将增加 1 万元。

总之，当中央银行从商业银行处购买国库券时，无论用支票支付还是用现金支付，基础货币都将增加。

同理，如果中央银行从非银行部门（如个人或者政府机构）购买了这 1 万元的国库券，当中央银行用现金支付时，流通中的现金增加 1 万元；当中央银行签发支票购买时，持有支票的个人或者政府机构最终会将支票存入其开户银行，根据银行经营的重要含义，该开户银行的存款准备金将增加 1 万元，这两种情况下基础货币都增加 1 万元。

因此，中央银行从商业银行和从非银行部门购买国库券的结果相同，都会使基础货币增加。

相反，当中央银行在公开市场上出售国库券时，无论买家是商业银行还是非银行部门，基础货币都会相应减少。

2. 贴现贷款

假设中央银行向商业银行发放了 1 万元的贴现贷款，当这笔贴现贷款以现金的形式支付时，中央银行在贷款资产增加的同时，通货负债也相应增加，基础货币等量增加。此时中央银行的资产负债表变化可用简易账户表示如下：

中央银行资产负债表

资产		负债	
贴现贷款	+ 1 万元	流通中的现金	+ 1 万元

当中央银行向商业银行发放的这笔贴现贷款以支票的形式支付时，中央银行在贷款资产增加的同时，存款准备金负债也相应增加，基础货币等量增加。此时中央银行的资产负债表变化表示如下：

中央银行资产负债表

资产		负债	
贴现贷款	+ 1 万元	存款准备金	+ 1 万元

相反，当商业银行向中央银行归还贴现贷款时，基础货币将相应减少。

（二）中央银行对货币乘数的调控

中央银行对货币乘数的调控主要通过改变存款准备金率来进行。其调控的机制如下：当中央银行提高存款准备金率时，对于一笔存款，商业银行向中央银行缴纳的存款准备金提高，相反，用于发放贷款的资金就减少，而贷款的收缩意味着货币供给量的减少，因此，中央银行提高存款准备金会减少货币供给量。

🐾 延伸阅读

货币供给的内（外）生性问题

中央银行能否对货币供应量完全控制的问题，在货币金融学里往往用货币供给的内生性或外生性命题来讨论。货币供给的内生性，指的是货币供给由经济运行本身来决定，具体而言，是由收入、储蓄、投资和消费等经济因素决定。从货币供求的角度看，指的是货币供给由货币需求引起并决定，货币供给显然处于被动的地位。而货币供给的外生性，其含义是货币供给量完全由中央银行的货币政策决定。关于货币供给内生性或外生性的讨论，具有很强的政策含义。如果认定货币供给是内生变量，那就等于说，货币供给总是要被动地决定于客观经济过程，而货币当局并不能有效地控制其变动，自然，以货币供给量为操作指标的货币政策调节作用，有很大的局限性。如果肯定地认为货币供给是外生变量，则无异于说，中央银行能够有效地通过对货币供给的调节影响经济进程。

货币供给是内生变量还是外生变量？这是一个颇具争议性的问题。凯恩斯本人持外生货币论的观点，他认为货币是靠国家的法律和强制力才流通的，中央银行能够代表政府完全控制货币供给量。弗里德曼的观点与凯恩斯难得地产生了一致，但前者是依据货币供给模型进行推论的。弗里德曼特别强调基础货币在货币供给模型中的决定性作用，而基础货币又是一个完全可由中央银行控制的变量，至于货币乘数，要么被处理成稳定的常数，要么可以由基础货币的变动决定，因此，基础货币的变动对货币供应量起决定性的作用。显然，弗里德曼持货币供给外生性的观点。以詹姆斯·托宾为代表的新古典综合派，则认为货币供给是内生的。托宾从货币供给模型出发，认为决定货币供给的三个重要变量（即基础货币、现金漏出率和存款准备金率）是相互交叉影响的，而且后两个比率并不能由中央银行控制，因而货币供给是内生的，并在此基础上，托宾给出了关于货币供给的资产选择模型这一典型的内生货币供给模型。20世纪七八十年代后，后凯恩斯主义的代表人物西德尼·温特布劳、尼古拉斯·卡尔多和莫尔，均提出了颇具影响的内生货币供给理论模型。在货币政策实践中，20世纪90年代后，以美国为代表的西方发达国家纷纷放弃对货币供给的控制，转向利率目标，似乎也是对货币供给内生性理论的支持。

其实，根据货币供给模型，即使中央银行完全能够控制基础货币，但它能否控制货币供应量，的确还是一个不确定性的问题。这主要是因为，在"基础货币→货币供给"的形成过程中，商业银行的贷款投放是最关键的环节，但是，在这一过程中，既有商业银行的贷款供给意愿问题，也有来自公众、企业的贷款需求因素，而这些，中央银行确实往往并不能有效控制。典型的例子是，在经济萧条的背景下，中央银行旨在扩大货币供给量的扩张性货币政策效果一般较差，商业银行、社会公众和企业对中央银行的政策反应迟钝，货币信贷量并不能有效扩张。

关于货币供给内生性理论，这里仅仅介绍莫尔的思想。莫尔认为现代的货币已经不是商品货币和政府货币，而是信用货币，它的供给，在本质上没有生产和资源的约束，而只为需求所决定，故而属于内生货币。这种内生性表现在货币供给的各个环节上。

（1）基础货币供给的内生性。莫尔认为基础货币不是中央银行能够完全控制的外生货币，因为商业银行一般用其出售证券和收回贷款的资金购买政府债券，而这种证券的出售和贷款的收回并不容易。这是由于政府顾忌财政的负担过重，而不会轻易将新发行的债券价格提高到足够的高度，以吸引商业银行放弃现有证券的持有；工商企业一般不愿提前还贷，商业银行难以将贷款转换成政府债券；中央银行担心危及银行系统的流动性，也难以提高贷款利率，阻碍商业银行向贴现窗口寻求基础货币的补充。中央银行因此不能逆经济风向，自主决定基础货币供给。

（2）银行角色转换传导的内生性。莫尔将金融市场分成商业银行筹资的批发市场和商业银行贷款的零售市场。在批发市场上，如欧洲美元市场和联邦基金市场上，激烈的竞争决定了商业银行的资金需求将按当时的市场利率得到满足；中央银行为了保持商业银行的流动性，也以既定的贴现率向商业银行提供资金。商业银行因此是批发市场贷款规模的决定者和贷款条件的接受者。在零售市场上，当非金融机构把自己的资产存入银行时，必须考虑各种金融资产的利率和风险系数；同时，因为银行的力量往往要大于小额借款人，这就使得商业银行成为零售市场贷款条件的决定者和贷款数量的接受者。商业银行在这两个市场上的角色转换，将公众的货币需求直接传导给中央银行，使其增加货币供给。货币供给因此而为货币需求所决定。

（3）负债管理创造货币供给。莫尔认为，商业银行并非在中央银行注入基础货币后才创造出社会所需信用工具，而是可以通过金融创新，直接在金融市场上筹集资金。这是因为，从20世纪六七十年代开始，商业银行的主要资金来源已经由原来吸收存款，转变成直接在金融市场上发行融资工具；随着各种经济单位也发行大量融资工具，以及各类可上市金融工具期限的延长，商业银行持有资产的流动性进一步趋于下降，这又进一步促使商业银行在市场上寻求基础货币的补充。这就是说，负债管理使商业银行能够直接创造出任意数量的信用工具。

资料来源：胡海鸥. 莫尔水平主义理论的主要内容与货币政策启示 [J]. 外国经济与管理. 1998（9）.

⊙ 名人传记　詹姆斯·托宾：资产组合理论的开创者

请扫描二维码详尽了解名人传记

▓ 本章小结

1. 货币供应量是指在某一时点上特定的经济体中，银行体系之外的所有公众所持有的货币总量。在现代信用货币制度下，货币供给涉及中央银行和商业银行（或者更广意义上的存款机构）两个主体。

2. 商业银行经营中存款业务和贷款业务分别有一个重要含义：对于存款业务，当一家银行收到一笔存款时，它的存款准备金将等量增加，相反，流失存款的银行将等量减少其存款准备金；对于贷款业务，银行安全贷款的上限是其持有的超额存款准备金数量，如果没有超额存款准备金，银行将不能发放贷款，从而不能创造存款。

3. 当商业银行体系得到一笔新增的超额存款准备金后，经过贷款、存款和转账支付业务的运作，可以形成数倍于该笔新增存款准备金的贷款和存款。这是商业银行的存款创造功能。在一个只存在法定存款准备要求的简化条件下，商业银行的存款创造能力，即存款创造乘数是法定存款准备金率的倒数。而在接近现实的复杂条件下，商业银行的存款创造乘数则大为减小。

4. 商业银行的存款创造机制是现代货币供给形成过程中的核心环节。现代货币供给等于基础货币与货币乘数之积，这表明，货币供给量是在基础货币的基础上经数倍放大而形成的。在这个过程中，商业银行的存款创造机制是基础货币具有乘数效应而被放大形成货币供给量的关键。一般来讲，中央银行、商业银行和社会公众对基础货币与货币乘数都有不同程度的影响。其中，中央银行的许多行为（如公开市场操作和向商业银行的再贴现、再贷款等）会影响存款准备金规模，从而改变基础货币；中央银行影响货币乘数主要是通过活期存款和定期存款法定存款准备金率的改变；商业银行主要通过改变超额存款准备金率影响货币乘数，从而间接影响货币供给量；同商业银行类似，社会公众对基础货币的影响有限，但他们可以通过货币乘数对货币供给施加影响。

5. 根据现代货币供给原理，中央银行可以通过调控基础货币、法定存款准备金的途径，对货币供应量实施有效调控。同时，中央银行通过利率政策也可以间接影响货币供给。但是，货币供给内生性的理论认为，货币供给并不是一个由中央银行可以控制的变量，它内在决定于经济运行的本身过程，或者说货币供给不过是被动适应货币需求而形成的。内生性假说理论的提出，对传统上以货币供应量为操作目标的货币政策提出了重大挑战。

■ 思考与练习

1. 中国和美国的中央银行均实行差别化存款准备金率，请比较二者的差异。

2. 为什么说如果商业银行没有超额存款准备金，它将不能发放贷款？

3. 在复杂的存款货币创造模型中，商业银行的存款创造能力为什么会比简化的模型中要小？

4. 请根据现代货币供给模型，说明中央银行、企业（居民）与商业银行行为对货币供给的影响。

5. 中央银行是如何通过公开市场操作控制货币供给量的？

6. 商业银行体系的活期存款为10亿元，定期存款为40亿元，流通于银行体系之外的现金为1亿元，商业银行向中央银行分别按10%和5%的比例缴存活期存款和定期存款法定存款准备金，目前的超额存款准备金率是4%，请计算此时的基础货币、货币乘数以及货币供给量分别是多少。

通货膨胀与通货紧缩

> 据说列宁曾断言，捣毁资本主义制度最有效的办法是破坏它的货币。不断地借助通货膨胀，政府可以秘而不宣地没收其公民的大部分财富。
>
> ——约翰·梅纳德·凯恩斯

■ 本章概要

通货膨胀是纸币制度条件下的常见现象，它指的是物价持续性上涨的过程。通货膨胀的成因主要用社会总供给与总需求变动的态势来解释，但总供给与总需求之间出现的结构性失衡也是形成通货膨胀的重要原因。明显的通货膨胀对经济运行和国民福利的改善没有益处，因此，需要针对通货膨胀的不同成因，运用各种宏观政策进行调控。与通货膨胀相对的是通货紧缩，它指的是一般物价水平持续性下跌的现象，一般伴随着产出水平和货币供给的下降。通货紧缩对经济的负面影响十分明显，调控当局在运用宏观政策反通货膨胀的同时，也需要防止通货紧缩，这样才能保持经济的平稳运行。本章从通货膨胀的含义、分类和度量等基本问题出发，主要讲述通货膨胀形成的原因、所导致的社会经济效应、各种治理的政策措施，最后阐述通货紧缩的初步知识。

■ 学习目标

1. 理解通货膨胀的含义、分类和度量指标；
2. 掌握通货膨胀形成的各种原因，重点掌握需求拉升型通货膨胀的机理；
3. 理解通货膨胀的社会经济效应；
4. 理解通货膨胀的各种治理措施；
5. 理解通货紧缩的含义、成因及其治理思路。

■ 基本概念

通货膨胀	消费物价指数	需求拉升型通货膨胀	通货膨胀效应
宏观紧缩政策	指数化政策	通货紧缩	

第一节　通货膨胀概述

一、通货膨胀的定义

简单而言，通货膨胀指的就是一种物价上涨现象。但是对这种物价上涨现象，在经济学理论层次上有其进一步的严格限定。将经济学家对通货膨胀所下的各种定义综合起来，可概括为：一般物价水平的普遍而持续的上涨现象。

理解这一定义时，有以下两个要点：第一，通货膨胀特指的是一般物价水平的普遍上涨，局部性的或个别的商品和劳务价格上涨不能视为通货膨胀；第二，通货膨胀是物价持续性上涨的现象，或较长时期物价不断上涨的这种态势，相反，季节性、暂时性或偶然性的物价上涨则不能视为通货膨胀。

从上面的定义中我们可以看出，通货膨胀毫无疑问被定义成了一般物价水平的持续、普遍上涨现象，但反之，是不是所有这种类型的物价上涨现象都可以被称为通货膨胀呢？对此问题的回答实际上涉及对导致这类物价上涨的不同原因的区分：一种见解强调了通货膨胀与物价上涨之间的区别，认为从原因上看，只有流通中的货币过多并由此引起的物价上涨才应被视为通货膨胀，而由于价格结构本身的调整和变化、商品成本构成或劳动生产率变动等因素引起的物价总水平上涨都不应被视为通货膨胀。按黄达教授的说法，这种理解也是符合人们通常从汉语字面意思上对通货膨胀所能做出的领悟，即"通货膨胀"所导致的物价上涨才是通货膨胀。而另一种见解是，认为把上述两种情况区分开往往是非常困难的，事实上，由其他原因引起的物价上升必须有增加的货币供给予以支撑，而过多的货币供给又往往是其他因素起作用的结果，因而赞成不管是什么原因导致的一般物价水平持续性上涨现象，都应视为通货膨胀。从这个意义上说，此观点赞同物价上涨与通货膨胀的等同性。

二、通货膨胀的类型

在经济分析过程中，可以按不同的标准对通货膨胀加以分类，这样的分类便于我们在理论或实践中对通货膨胀从不同的角度进行考察和理解。

（一）按表现方式，通货膨胀可分为公开型通货膨胀和抑制型通货膨胀

公开型通货膨胀指的是通过物价上涨的方式加以释放和表现的通货膨胀，我们一般指的通货膨胀就属于这种类型。而抑制型通货膨胀则以非价格上涨的方式表现出来，如国家牌价与自由市场或黑市之间存在巨大差价，一些产品在价格不变的情况下质量下降、商品有价无市、普遍的排队等候还有商品的票证配给制度等这些商品流通领域的现象，均是抑制型通货膨胀的特有表现方式。

以上这两种通货膨胀各有其形成的经济体制背景。在市场经济体制下，商品的价格主要由供求力量对比决定，因而价格随行就市，反过来，价格又成了指示商品供求态势和稀缺程度的显示器，所以，任何来自需求或供给以及供求结构方面的一般物价水平上涨压力，最终必然会通过现实商品流通市场上的物价水平上涨加以释放；在计划经济体制下，商品

价格要受到严格的管制，因此其价格并不直接取决于商品供求，同时也不反映市场供求态势，所以，致使一般物价水平上涨的压力无从通过价格上涨的方式释放，而只能表现为没有价格上涨的抑制型通货膨胀。

显然，抑制型通货膨胀并不直接表现为一般物价水平的上涨，这与通常人们对通货膨胀的普遍认识不一致，所以，这种类型的通货膨胀又被称为隐蔽型通货膨胀。

（二）按价格的上涨速度，通货膨胀可分为爬行通货膨胀、温和通货膨胀和恶性通货膨胀

这种分类旨在说明通货膨胀的严重程度。在具体界定是哪一种通货膨胀时，当然需要一个数量标准，但事实上又很难找出一个客观、科学的数量标准。比如在 20 世纪 60 年代，发达工业国家的公众大都认为年率为 6% 以上的通货膨胀就是难以忍受的，可视为严重的通货膨胀；70 年代由于石油输出国组织垄断提价等因素所造成的世界范围内较高的通货膨胀，使人们对恶性通货膨胀的度量标准又发生了改变。在发展中国家，由于经济稳定性差、宏观调控能力弱，通货膨胀率经常随经济运行周期大幅波动，因此发展中国家普遍面临着要比发达工业化国家高得多的物价上涨率，如拉丁美洲、苏联[一]、东欧等国在 20 世纪八九十年代曾出现过年率超过 3 位数甚至 4 位数的高通货膨胀。

尽管通货膨胀的此类分法事实上没有一个客观、科学、统一的数量标准，但各个国家可根据自身在不同时期的经验大致确定一个标准，并以相应的分类来描述通货膨胀的严重性，这是完全可行的。

（三）按是否被预期，通货膨胀可分为预期型通货膨胀和非预期型通货膨胀

预期型通货膨胀指的是在事先已经被人们合理预期到了的通货膨胀，而非预期型则相反。这种分类是为了在引入理性预期因素的基础上考察通货膨胀效应的需要而做出的。一般认为，被公众预期到了的通货膨胀对实体经济的产出等运行方面没有影响，只有未被事先预期的通货膨胀才对实体经济产生各种效应。

（四）按形成原因，通货膨胀可分为需求拉升型通货膨胀、供给型通货膨胀、供求混合推进型通货膨胀和结构型通货膨胀等

价格总水平的持续上涨需要有一种推动力量，根据这种推力是源于需求还是供给，或者两者兼而有之，或者是结构方面，或者说根据通货膨胀具体产生的原因机理，对通货膨胀可以做出这样的分类。

三、通货膨胀的度量

度量通货膨胀需要用反映物价水平相对变动程度的物价指数指标，但是物价指数又有很多种，只有其中的一些指标才能较好地反映通货膨胀的程度、态势和影响。经济学中经常使用的物价指数一般有以下三个。

[一] 苏联于 1991 年 12 月 25 日解体。

（一）消费物价指数

消费物价指数（consumer price index，CPI）是根据居民家庭日常消费具有代表性的"一篮子"商品和劳务的价格变动状况来编制的一种物价指数。消费物价指数度量通货膨胀的优点在于，它的变动能比较准确地反映出通货膨胀给居民家庭生活所带来的影响，在这点上，它有着其他指数难以比拟的优势。当然，这是由于其在选取计算样本时就是本着"选取与居民日常生活有密切关系的商品"的标准所决定的。但是，同时也应注意，由于消费物价指数只是选取了与居民家庭生活关系比较密切的一组商品，所以它在度量全社会一般物价总水平上涨程度时必然有其不足之处，因为与居民家庭日常生活密切相关的商品和劳务与全社会所有商品和劳务相比，只是一个"小样本"而已，而且这个样本的代表性也是比较片面的，还不足以据其对整个社会的物价水平做出准确推断。另外，与消费物价指数相类似的还有生活费用价格指数等，它包括的范围较消费物价指数要广泛一些，因此，作为度量尺度也许更好些。

（二）工业生产者出厂价格指数

工业生产者出厂价格指数（producer price index for industrial products，PPI），反映工业企业产品第一次出售时的出厂价格的变化趋势和变动幅度。工业生产者出厂价格统计调查涵盖 1 638 个基本分类的 20 000 多种工业产品的价格。理论上，作为生产链的上游，PPI 的波动会对 CPI 产生传导作用，即 PPI 的上涨会带动 CPI 的上涨，而 PPI 的下跌也会给 CPI 带来较大的下行压力，因此可将 PPI 作为 CPI 的先行指标。然而，从我国经济的实际运行来看，这种传导作用往往并不明显。一方面，CPI 和 PPI 的构成存在明显差异；另一方面，我国工业生产率的不断提高和部分行业较长期出现的产能过剩现象，都阻碍了 PPI 向 CPI 的传导。

（三）GDP 平减指数

GDP 平减指数（gross domestic product deflator）是一个能够综合反映社会一般物价水平变动的指标，具体指的是按现行价格计算的某一年国内生产总值与按基期固定价格计算的同年国内生产总值的比率。如 A 国 2011 年的 GDP 按当年现行价格计算的值为 11 300 亿美元，而按 1980 年固定价格计算则为 6 890 亿美元，那么该国 2011 年的 GDP 平减指数为 11 300 / 6 890 = 164%，也就是说，2011 年与 1980 年相比，该国的物价总水平上涨了64%。该指数的优点在于覆盖范围全面，其计算样本包括了消费品、劳务、资本品以及进出口商品等，因而能够度量一国所有最终商品与劳务的价格变动情况。也正是因为它包括的计算样本最为全面，所以它在反映某一领域特别是与公众消费密切相关商品价格变动时必然显得滞后。

🌐 专栏 12-1

通货膨胀度量中的误差

价格指数是不完善的，部分由于市场篮子的变动，部分由于质量变动等难以量化。由此产生的误差，一年约为 1% 左右。这引起了创造和研究物价指数的经济学家的莫大兴趣。近来，"改正"价格指数成了热门话题。现期价格指数有可能高估了通货膨胀，可以想象到，研究价格指数的经济学家希望发现科学的校正根据。马修·夏皮罗与大卫·威尔科克斯的一项有关 CPI 偏差的细致研究，对官方 CPI 高估通货膨胀的程度究竟有多大给出了一个估计范围。该估计范围多集中于每年高估 1%，但可能低到一年 0.6%，也可能高到一年 1.5%。

如果计量误差不是年复一年地累积起来，那么价格水平 1% 的计量误差不是太大。每年价格水平 1% 的累积性计量误差则会造成非常大的差异。伦纳德·纳佳姆拉提出有关真实工资的可靠例证：根据官方统计，1970～1995 年，经济中（以 1982 年美元计算）平均真实工资从每小时 8 美元下降到稍低于每小时 7.5 美元，但在校正了年 1% 的偏差后，改变了这种情况，从下降转变为增加，真实工资由每小时 8 美元增加到每小时 9.5 美元。

资料来源：多恩布什，费希尔，斯塔兹. 宏观经济学 [M]. 范家骧，等译. 北京：中国人民大学出版社，2000.

专栏 12-2

我国 CPI 是如何调查和生成的

CPI 在我国通常被称为"居民消费价格指数"。CPI 的定义决定了其所包含的统计内容，那就是居民日常消费的全部商品和服务项目。在日常生活中，我国城乡居民消费的商品和服务项目种类繁多，小到针头线脑，大到彩电汽车，有数百万种之多，由于人力和财力的限制，不可能也没有必要采用普查方式调查全部商品和服务项目的价格，世界各国都采用抽样调查的方法进行调查。具体做法就是抽选一组一定时期内居民经常消费的、对居民生活影响相对较大的、有代表性的商品和服务项目，通过调查其价格来计算价格指数，这样既节约了人力，也节省了经费，价格指数也能够基本反映居民消费价格的总体变化情况，一举多得。

目前，我国用于计算 CPI 的商品和服务项目，由国家统计局和地方统计部门分级确定。国家统计局根据全国 12 万户城乡居民家庭消费支出的抽样调查资料统一确定商品和服务项目的类别，设置食品、烟酒及用品、衣着、家庭设备用品及服务、医疗保健及个人用品、交通和通信、娱乐教育文化用品及服务、居住等八大类 262 个基本分类，涵盖了城乡居民的全部消费内容。

计算我国 CPI 的价格资料来源于 31 个省（区、市）共 500 个调查市县的 5 万个商业业态、农贸市场以及医院、电影院等提供服务消费的单位，我们统称为价格调查点。这些调查点主要是依据经济普查获得的企业名录库以及有关部门的行政记录资料，以零售额或经营规模为标志，从高到低排队随机等距抽选出来的，同时按照各种商业业态兼顾、大小兼顾以及区域分布合理的原则进行适当调整。由于在人口和市场建设等方面的差距，500 个市县各自抽选的调查点数量差别也比较大。大中城市要明显多一些，小城市和县就相对要少一些。例如，北京抽选了 1 454 个价格调查点，其中各种商业业态 621 个，农贸市场 41 个，服务类单位 792 个；贵阳抽选了 136 个价格调查点，其中各种商业业态 68 个，农贸市场 9 个，服务类单位 59 个。

选定代表商品和确定价格调查点以后，接下来的工作就是选择以什么方式来收集价格。目前，世界各国根据本国实际通常采用派人直接调查、电话调查、企业报表、网上收集等方式相结合收集计算 CPI 所需的原始价格资料。1984 年，经国务院批准，国家统计局在各地成立了直属调查队，自此以来一直采用派人直接调查的方式收集原始价格资料，目前分布在 31 个省（区、市）500 个调查市县的价格调查员有 4 000 人左右。

为保证源头数据的真实性和可比性，调查员必须按照统一规范的"三定原则"（即"定人、定点、定时"）开展价格调查工作。"定人"是指同一个调查员在一定时期内固定调查相同的商品项目，目的是让调查员更加专业、更加全面地熟悉和了解这些商品的特征及其属性，避免因不熟悉商品而误将两种不同的商品视为同一种商品的情况发生；"定点"是指固定调查员采集价格的地方（调查点），目的是让调查员熟悉和了解价格调查点的基本情况，便于向销售人员或其他有关人员咨询有效的价格交易信息，准确采集不同采价日同一种商品同一地点的可比价格；"定时"是指固定调查员调查价格的具体时间，保证价格同"时"可比，比如调查农贸市场的蔬菜价格，上一次的调查时间是上午 9 时，下一次的调查时间也必须是上午 9 时，若改为 12 时或下午其他时间，这两次的价格就不可比，调查采集的价格就不能用于计算价格指数。目前，对于 CPI 中的粮食、猪牛羊肉、蔬菜等与居民生活密切相关、价格变动相对比较频繁的食品，每 5 天调查一次价格；对于服装鞋帽、耐用消费品、交通通信工具等大部分工业产品，每月调查 2～3 次价格；对于水、电等政府定价项目，每月调查核实一次价格。

收集齐价格资料以后，就可以计算单个商品或服务项目以及 262 个基本分类的价格指数，但还不能计算类别价格指数，还需要各类别相应的权数。CPI 中的权数，是指每一类别商品或服务项目的消费支出在居民全部商品和服务项目总消费支出中所占的比重。我国 CPI 中的权数，主要是根据全国 12 万户城乡居民家庭各类商品和服务项目的消费支出详细比重确定的。这些资料可以在国家统计局公开编辑出版的有关年鉴中查到。现行制度规定，CPI 中的权数每 5 年调整一次。但同时也考虑到，随着我国国民经济的持续快速发展，在城乡居民生活水平不断提高的同时，消费结构也在发生变化，加之我们每年都有城乡居民消费支出抽样调查资料，因此每年还要根据全国 12 万户城乡居民家庭消费支出的变动及相关资料对权数进行一次相应的调整。

资料来源：中国国家统计局官网。

第二节　通货膨胀的形成机理

一、需求拉升型通货膨胀

需求拉升型通货膨胀指的是源于总需求膨胀而形成的持续物价上涨现象。从理论上推断，任何一种类型的通货膨胀，究其原因都无不与货币供给超额持续增长有密切的联系，也正是从这个意义上说，通货膨胀总是一种货币现象。但是，具体分析起来，不同类型的通货膨胀，其形成的第一推动力或原始动因和运行过程是不同的。虽然其他类型的通货膨胀最终都需要货币的持续超额增长得以支持和延续，但其原始动因并不直接是货币供给过多的因素，而需求拉升型通货膨胀的第一推动力则直接来源于货币因素，来源于货币的不断超量增长。

需求拉升型通货膨胀的形成机理可用图 12-1 来说明。

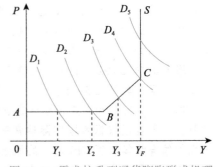

图 12-1　需求拉升型通货膨胀形成机理

在图 12-1 中，横轴代表总产出或国民收入（Y），纵轴代表物价水平（P）。社会总供给曲线 AS 可按社会的就业状况而分成 AB、BC 与 CS 三个区间段；社会总需求曲线随着总需求的扩大而会出现不断向右上方移动。

第一，在 AB 区间段，总供给曲线呈水平状态，这意味着供给弹性无穷大，社会上存在着大量的闲置资源，如严重的失业现象、现有设备开工不足以及金融资本过剩等情况。这时，总供给增加的潜在能力非常大，所以，当总需求扩大时只有产出的增加，而不会导致物价的上涨。当总需求曲线从 D_1 移到 D_2 时，国民收入便从 Y_1 增加到 Y_2，但物价并没有上涨，仍然保持在原来的水平上。

第二，在 BC 区间段，总供给曲线逐渐向社会充分就业时的最大产出点靠近，在图中表现为向右上方倾斜。这意味着社会闲散资源已经不多，总供给潜在的增加能力也较小，此时，总需求扩大，必然在产出增加的同时会出现物价上升。当总需求曲线从 D_3 移至 D_4 时，产出水平虽有增加，但增加的幅度比以前减缓，同时物价也开始上涨。

第三，在 CS 区间段，总供给曲线已处在社会资源充分利用（以充分就业为判断标准）的位置上，呈现出垂直形状。这意味着社会上已经不存在任何可利用的闲置资源，相应的产出水平也达到了短期之内的最大水平。此时，如果扩大总需求，那就只有物价水平的上涨，而不会有任何产出的增加。总需求曲线从 D_4 移到 D_5，只会导致物价上涨，而产出水平保持在充分就业时的最大产出点 Y_F 点上。

在改革开放至 20 世纪 90 年代中期的这段时间里，我国曾发生过数次比较严重的通货膨胀，分析起来，这大都与社会总需求膨胀密不可分。当时，我国刚刚经历了近 30 年的短缺经济，在这近 30 年里，供给长期严重不足，而消费需求水平被强行压抑，投资需求具有无限扩张的冲动。改革开放后，在放权让利政策的落实过程中，压抑多年的消费需求开始释放，企业在预算"软约束"条件下的投资冲动更是加剧，所以总供给的增长在改革开放后的这段时间里总是赶不上总需求的增加，过剩需求的缺口一直存在。如比照图 12-1 的话，这段时间我国的总供给曲线应该是处在向右上方倾斜的 BC 区间段，而总需求曲线有一种不断向右上方移动的趋势。所以在这种情况下，主要由需求拉升为主动因的通货膨胀就是不可避免的。从实践来看，历次通货膨胀都伴随着投资、消费需求的"双膨胀"，其治理也都是以控制总需求为总体思路的。

二、供给型通货膨胀

之所以叫供给型通货膨胀，这是因为与前述需求拉升型通货膨胀分析相反，它是从供给的角度来探讨通货膨胀问题的。供给型通货膨胀一般包括两种具体类型：工资成本推动型和利润推动型。由于工资成本在商品价格组成中占比很高，所以工资水平的高低对商品价格的高低具有决定性作用，因而工资成本推动型也就成为供给型通货膨胀的最主要类型。

（一）工资成本推动型通货膨胀

工资成本推动型通货膨胀的基本要点是，如果一种通货膨胀是由于工资率的过度上升而引起的，那么这种通货膨胀就属于工资成本推动型通货膨胀。

应当注意的是，虽然通货膨胀的形成可能会由于工资率的上升所致，但并不是说任何工资率的上升都会导致通货膨胀。这就意味着货币工资率的上升引起通货膨胀是有条件的：只有货币工资率的增长超过边际劳动生产率的增长时，通货膨胀才会产生；在现实经济生活中必须有一个不断使货币工资率上升的组织或机制，如西方国家强大的工会组织就是这样一个组织，而不同人群之间的收入"攀比"行为就是这样一种机制。

(二) 利润推动型通货膨胀

它是供给因素引起的通货膨胀的另一类型。其基本要点是，由于竞争机制的不充分，实际经济生活中存在着高额垄断利润，高额垄断利润的普遍存在推动着通货膨胀的形成。

利润推动型通货膨胀的形成是以存在行业垄断为前提的。没有行业垄断，不存在可以操纵市场价格的大型垄断企业，就不可能产生利润推动型通货膨胀。利润推动型通货膨胀，是少数垄断企业为追逐更大利润而大幅度提高价格的结果。如果发生了利润推动型通货膨胀，就意味着经济中存在着一个卖主可以操纵价格的市场。在一个普遍存在垄断操纵的经济中，就有可能通过操纵使价格以快于成本增长的速度上涨，以便赚取较多的利润。如果这一现象大面积扩散，就会产生利润推动型通货膨胀。

从经济学的角度看，工资、利润都属于生产成本的组成部分，所以，不管是工资成本推动还是利润推动所造成的通货膨胀，都可统一视为成本推动型通货膨胀，因此也有教科书把供给型通货膨胀称为成本推动型通货膨胀。图 12-2 可以对此类型的通货膨胀做出比较直观而形象的说明。

在图 12-2 中，横轴代表总产出或国民收入 Y，纵轴代表物价水平 P，Y_F 为充分就业条件下的国民收入。AS、D 曲线分别代表社会总供给与总需求

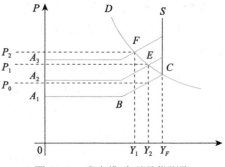

图 12-2   成本推动型通货膨胀

曲线，一般来讲，生产成本增加，总供给曲线向左上方移动。在总需求不变时（即 D 曲线固定的条件下），由于工资或利润等生产成本上升，使总供给曲线由 $A_1 S$ 移到 $A_2 S$ 甚至 $A_3 S$，这样导致的结果使产出水平 Y 由 Y_F 下降到 Y_2 和 Y_1，同时物价水平却由 P_0 上升到 P_1 和 P_2。

成本推动或供给型通货膨胀可以较好地解释在产出还没有达到充分就业水平的条件下为什么会发生通货膨胀，也在相当程度上解释了 20 世纪六七十年代出现于发达资本主义国家的"滞胀"现象（即经济增长停滞，而物价水平上升较快的现象）。

结合我国的情况，工资成本推动在改革开放 40 余年来对我国通货膨胀的形成起了不容忽视的作用。在过去计划经济体制下形成的低工资，是一种不完全的工资，其中至少没有包括像医疗、养老、住房及教育等项目，改革的过程，是一个经济货币化的过程，实际上也是一个由不完全工资向完全工资过渡的过程。另外，随着多年来大量农村劳动力完成了向城市的转移，新增劳动力的供给弹性越来越小了，人口红利趋于终结，劳动力工资普遍加速上涨不可避免，这种现象近几年已表现得很明显。总之，随着改革开放的推进，我国工资成本必然有一个持续上涨的趋势，这会给社会物价总水平带来显著的助推作用。

三、结构型通货膨胀

结构型通货膨胀论从一个国家的经济结构及其变化方面寻求通货膨胀问题的根源。这一学说认为，通货膨胀是在总需求与总供给大体处于平衡状态时，由于经济结构方面的因素引起的物价持续上涨现象。具体而言，结构型通货膨胀是指由于供需结构的变迁及其相互之间的不适应所导致的一种通货膨胀类型。西方早在 20 世纪 60 年代就提出了结构型通货膨胀理论，到了 70 年代，结构型通货膨胀理论又有了进一步的发展。一般来说，结构型通货膨胀有这样的基本假设：①国民经济各部门之间的生产增长率不同，但货币工资增长趋于一致；②各部门之间的产品有着不同的价格弹性和收入弹性，即对生产力水平较低部门的产品需求有较小的价格弹性和较高的收入弹性；③工资和物价具有向下的刚性。

(一) 需求结构转移型通货膨胀

在总需求不变的情况下，某个部门的一部分需求转移至其他部门，而劳动力及其他生产要素却不能及时转移，这时，需求增加部门的工资和产品价格上涨，而需求减少部门的产品价格和工资却由于价格刚性和攀比效应未必出现相应下降，结果导致物价总水平的上升。

(二) 部门差异型通货膨胀

英国肯特大学的萨尔沃斯教授用部门间的差异来解释结构型通货膨胀。一般来说，产业部门生产率的增长快于服务部门，而两大部门的货币工资率增长速度却是相同的，且这种增长速度是由产业部门生产率的增长速度所决定的，结果，服务部门货币工资增长率便自然超过其生产率增长速度。因此，这种部门间生产率增长速度的差异和货币工资的一致增长，就造成了服务业成本持续上升的压力，从而形成一般物价水平上涨的原因。

(三) 斯堪的纳维亚小国型通货膨胀

挪威经济学家奥德·奥克鲁斯特将结构型通货膨胀同开放经济结合起来分析，创立了著名的"斯堪的纳维亚开放型小国模型"。所谓"小国"不是根据国土和人口因素而言的，而是指该国在世界市场上只是价格接受者，并不能决定商品的国际价格。"斯堪的纳维亚开放型小国模型"所要研究的是处于开放经济条件下的这样一个"小型国家"如何因受世界通货膨胀的影响而导致国内通货膨胀的。

这个模型将一国经济分成两大部类，一是"开放经济部门"，即产品与世界市场直接联系的部门；二是"非开放经济部门"，即产品与世界市场没有直接联系的部门。由于小国在世界市场上只是价格的被动接受者，所以当世界市场价格上涨时，开放部门的产品价格也随之上涨，结果使开放经济部门的工资也相应上升。在开放部门的工资上涨后，非开放部门的工资也必然会向其看齐而上涨，最后导致的结果是：非开放部门的生产成本也上升，其产品价格也必然随之提高。如上所述，"小国开放型通货膨胀"就这样形成了。

斯堪的纳维亚小国型通货膨胀可用图 12-3 加以说明。在图 12-3 中，π_W、π_E、λ_E、W_E、W_S、π_S、λ_S、π 分别表示世界通货膨胀率、国内开放部门通货膨胀率、开放部门劳动生产增长率、开放部门工资增长率、非开放部门工资增长率、国内非开放部门通货膨胀率、国内非开放部门生产增长率和国内总的通货膨胀率。

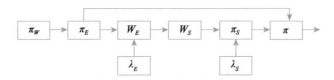

图 12-3   斯堪的纳维亚小国型通货膨胀的形成

从以上几种结构型通货膨胀的形成机制可以看出，存在于现实经济中的"攀比效应"和"工资刚性"对此类通货膨胀的形成起了关键性的作用。

(四) 落后经济的结构型通货膨胀

这种类型的通货膨胀主要发生在发展中国家。这种观点是拉丁美洲的结构主义经济学家提出来的。他们认为，发展中国家由于落后和不合理的经济结构不适应经济发展的需要，尤其是农业、外贸和政府部门具有的制度性刚性，使物价水平随着经济发展一起上涨。

在农业部门，由于存在着过时的土地所有制，限制了农业投资的增长和农业生产技术的改进，使农业生产结构僵化，导致农业生产率及供给弹性低下，结果农业部门所生产的农产品不能满足工业化及经济发展和人口增长的需要，进一步推动农产品价格上涨，从而它又会带动整个物价水平的上涨。

从理论上来说，对农产品的过度需求可以通过进出口贸易来加以解决，即通过出口工业品来换取农产品。然而，发展中国家的外贸尤其是出口部门生产率低下，进出口结构不合理，出口以初级产品为主。但初级产品在国际市场上需求的价格弹性很低，贸易条件十分不利，再加上出口部门的供给弹性不足，致使出口增长十分缓慢。此外，进口又以资本品和中间产品为主，这些进口品是维持国内生产及经济增长所必不可少的。此外，为促进经济增长就必须大量增加进口。这样，出口收入的增长便赶不上进口支出的增加，结果势必导致国际收支的逆差。在这种情况下，本币的贬值就不可避免。而本币贬值以后，进口品的国内价格就会立即上升。在进口需求呈现刚性的情况下，进口品的价格上涨就会推动国内生产成本和物价水平的上涨。

在政府部门，发展中国家的人均收入水平低，故税收体制以间接税为主，所得税占的比重很低。间接税的收入弹性很低，其税收的增长速度赶不上国民收入的增长速度。同时，由于面临着发展经济的任务导致财政赤字越来越大，而这种结构性财政赤字最终又必须以增发货币的形式来加以弥补，从而引发通货膨胀。

专栏 12-3
一种结构型通货膨胀的理论：巴拉萨 - 萨缪尔森效应

根据巴拉萨 - 萨缪尔森效应，一国的经济由可贸易产品部门和非贸易产品部门组成，前者以制造业等产业为代表，而后者则指服务业等产业。处于"赶超"进程中的相对落后国家，其国内可贸易产品部门的生产力快速提高，而非贸易部门的生产力却明显滞后。可贸易部门生产力水平的显著提高，使其部门工资水平随之较快增长的同时，部门产品价格可能并不上涨甚至有所下降。在国内劳动力能够跨部门流动的情况之下，为了维持非贸易部门劳动力市场的供求均衡，其部门工资也必然要随可贸易部门的增长而大幅增长，这样就造成了非贸易部门产品的价格上涨。由于以服务业为代表的非贸易部门在计算消费物价指数中所占的权重很高，所以，其价格上涨就成为推动整个物价水平上涨的主要因素。

资料来源：孙国峰. 巴拉萨－萨缪尔森效应、刘易斯拐点和结构性通货膨胀 [J]. 金融发展评论，2011（4）：15-18

四、混合型通货膨胀

在现实经济生活中，纯粹意义上的需求拉升型、成本推动型、利润推动型或是结构型通货膨胀，都是不存在的，这是因为根据前面的定义，通货膨胀是一种物价总水平持续上涨的现象，单靠哪一种推动力量（无论是需求还是供给，或是结构甚至预期方面的）都不可能推动这种物价总水平的持续上涨。

以成本推动型通货膨胀为例可对此问题加以说明。在经济运行中要使成本推动型通货膨胀形成，就需要货币工资有一个持续不断的上调过程。但是随着工资的某一两次上升，如果在总需求不变的情况下，由于劳动力成本的上升，必然会出现现实经济生活中削减雇员的情况，随之社会总产出也跟着下降，货币持续上涨的环境并不存在。因此，显见，在总需求不变的条件下，通过工资的不断上涨来推动一般物价总水平上涨的机制其实并不存在。但是，如果政府容忍不了由于工资上涨使社会失业率开始提高、总产出出现下降的现实，它可能迟早会采取一种扩张性的货币或财政政策，有了扩张总需求政策的配合，才有可能出现货币工资的持续上涨过程从而导致通货膨胀。但这时的通货膨胀显然是工资成本推动和需求拉升两方面交替作用的结果，所以，这种最初源于货币工资成本推动的通货膨胀已经演变成了混合型通货膨胀。总之，只有"成本推动"和"需求拉升"的交互作用才能形成现实经济中的物价持续上涨，即通货膨胀现象。这种混合型通货膨胀可用图 12-4 来说明。

在图 12-4 中，横、纵轴及各曲线的含义同图 12-2。但在这里，由于需求拉升与成本推动交互作用，所以需求曲线 D 与供给曲线 AS 均有移动。需求拉升使总需求曲线从 D_1 上升到 D_2 甚至 D_3，成本推动使总供给从 A_1S 移到 A_2S 甚至 A_3S，来自需求与供给两方面的力量共同作用，推动物价水平沿着 $CEFGI$ 螺旋式上升。

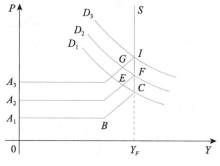

图 12-4　供求混合型通货膨胀的形成

🌐 专栏 12-4

"刘易斯拐点"与通货膨胀

"刘易斯拐点"是指劳动力过剩向短缺的转折点，由诺贝尔经济学奖得主刘易斯在人口流动模型中提出。在二元经济体工业化的过程中，早期劳动力供给过剩，导致其工资水平长期保持在维持生计状态，直至进入劳动力短缺阶段，工资水平开始不断提高，形成城乡一体化的劳动力市场，其间的转折点便是"刘易斯拐点"。近年来中国的通货膨胀被很多人认为是步入"刘易斯拐点"后的必然现象，是一种典型的成本（尤其是低端劳动力成本）推动型通货膨胀。这几年我国普遍出现的"用工荒"和一般劳动力工资明显上涨的现象，是不争的事实。国家统计局调查数据显示，2005～2009 年城镇职工（不包括私营企业）平均货币工资年均增长 15.2%，2009 年达到 32 736 元。2010 年年初以来，15 个省市上调最低工资标准，上调幅度平均达 20.6%。与此同时，2004～2008 年我国制造业劳动生产率的年均增速为 10.69%，达到历史最好水平。这种劳动力工资推动的通货膨胀虽不容易演化成恶性通货膨胀，但比需求拉升型通货膨胀难治理，容易形成"滞胀"局面。

资料来源：蔡昉 . 我国进入刘易斯拐点时期，经济增长要靠改革 [EB/OL]. https://news.hexun.com/2019-10-19/198923923.html, 2019-10-19.

第三节　通货膨胀的社会经济效应

一、通货膨胀的产出效应

从实证分析或是理论逻辑推断的角度看，通货膨胀与社会总产出到底有何种关系的问题，就是所谓通货膨胀的产出效应问题。关于通货膨胀的产出效应，可以说目前还尚无定论。总的说来，有三种观点，即促进论、促退论和中性论。

（一）促进论

促进论者认为，通货膨胀对产出具有促进其增长的作用，显然，这是一种正效应。持这种观点的理由如下。

（1）在通货膨胀情况下，由于商品价格的提高一般快于工资的提高，结果导致实际工资降低，厂商利润增加，这样会刺激厂商扩大投资，进而促进经济增长。

（2）在货币经济中，通货膨胀是一种有利于高收入阶层（以利润为其主要收入的阶层）而不利于低收入阶层（以工资为主要收入的阶层）的收入再分配。这种收入再分配最后造成的结果会使整个社会的储蓄率水平提高，因为一般认为高收入者的边际储蓄倾向高于低收入者的边际储蓄倾向，而通货膨胀恰恰会使收入向社会高收入阶层进一步集中。社会储蓄率的提高有利于增加积累、扩大投资，从而对经济增长起到推动作用。

（3）通货膨胀从某种意义上说，实际上就是货币发行者（即政府部门）从货币持有者（即私人部门）手中获得收入的过程。因为在人们货币需求一定的情况下，政府通过发行货币，获得对一部分商品和劳务的支配权，这实质上是政府向货币持有者征税（可以称之为货币税或通货膨胀税），从而使政府收入增加。如果政府将获得的这种收入用于投资，则有可能提高整个社会的投资率，从而对经济的增长做出贡献。

正是基于以上理由，促进论者认为，轻微通货膨胀对经济增长是有刺激作用的。

（二）促退论

促退论者认为，通货膨胀会损害产出增长，对经济增长起负面作用，其理由如下。

（1）在通货膨胀环境下，有关未来的投资、生产成本和利润核算的不确定性增大，即从事实物生产的货币购买力风险增加，因而，企业家进行长期投资的意愿减弱，致使相当数量的资金可能会退出生产领域而去从事非生产性的投机业务。

（2）在通货膨胀环境下，会出现市场价格失真或价格被管制的现象，从而整个以价格为核心的市场机制的作用会大打折扣，最终通过损害经济效率而有碍于经济增长。例如通货膨胀条件下的价格信号由于失真会对消费者和生产者产生误导，造成经济资源的不合理配置和严重浪费，使经济效率大大下降，不利于社会产出水平的持续快速增长。

（3）如果本国通货膨胀率长期高于外国，则使本国产品相对于国外产品的价格上升，从而不利于本国的出口。本国通货膨胀率长期高于国外，还会促使人们将国内储蓄转移到国外，这样就势必导致本国国际收支的逆差，并使黄金和外汇外流，从而给本国经济增长带来压力。

（三）中性论

中性论者认为，通货膨胀对产出增加既无负面的损害作用，也无正面的推动作用，是中性的。

中性论者认为，社会经济主体的合理预期使得通货膨胀条件下工资的增长与物价的增长几乎是同步的，因此促进论者的观点就站不住脚了，如前面谈到的通货膨胀对收入的再分配效应以及以此来达到提高整个社会储蓄率和投资率的论证也就落空了；通货膨胀也不可能有降低实际工资的作用，更谈不上通过降低工资来刺激厂商增加产出了。促退论者的观点同样也被否定了：合理预期使未来的通货膨胀不再是不确定的，所以它对厂商的投资、价格信号的干扰事实上是不存在的，从而也就无所谓通过影响它们来对经济增长起阻碍作用。

中性论者的理论色彩更为浓厚一些，因为在现实经济社会中，由于普遍的信息不对称，人们对事物未来的预期能力是有限的，往往是不准确的，这就从根本上动摇了中性论者的根据。但是，在考察通货膨胀的产出效应时，对人们的理性预期因素确实又需要加以重视，这也是必须注意的问题。

二、强制储蓄效应

强制储蓄效应指的是政府通过向中央银行借款（透支或发行国债）的方式来筹集其生产性的财政投资资金，从而提高社会储蓄率水平的效应。之所以说是强制储蓄，这是因为对于企业或个人而言，这种储蓄率的提高并非它们主动自觉决策的结果，而是政府建设支出赤字货币化的必然结果。

强制储蓄效应在经济已经达到充分就业的水平上，可能会带来物价的上涨，但在产出还未达到充分就业的水准时，生产要素大量闲置，这种通过扩张性的财政、货币政策来实施的强制储蓄过程，并不会引起社会物价水平的上涨。

三、收入分配效应

收入分配效应指通货膨胀对不同主体流量的实际收入水平会进行自动调整的效应。

在通货膨胀环境下，人们的收入往往有名义收入和实际收入之分，扣除了货币贬值因素之后的收入是实际收入，而对人们真正有意义的是实际收入而非名义收入。

由于社会各个阶层的收入渠道、收入性质不同，通货膨胀对不同阶层实际收入的影响方向及程度也就不一样。

由于在现实经济生活中，具有固定性质的收入形式，诸如工资、利息、租金、年金收入等这类收入的增长往往滞后于物价水平的上涨，所以，以这类固定收入为主要收入的一般工薪阶层、退休老人，在通货膨胀条件下，他们的实际收入会出现下降。

而我们知道，像工资、利息、租金等项目是构成经营成本的主要部分，如果它们的增长滞后于物价上涨的话，则意味着厂商和企业的实际经营成本下降，利润增加。所以与一般普通工薪阶层相反，拥有企业利润分配权的阶层——往往是高收入者，他们的实际收入会提高。另外，通货膨胀意味着物价上涨，货币贬值，所以在通货膨胀条件下，一些实物资产会有较高的增值潜力。这样，拥有大量地产等实物资产的高收入阶层，其收入会出现较大增长。

总之，通货膨胀对现有收入分配格局的调整，必然会朝着有利于少数富人阶层而有损广大普通老百姓利益的方向发展。而广大老百姓收入的降低，自然会对整个社会的稳定构成威胁，因此，在西方国家曾经或现在都较普遍地推行了"指数化"政策来尽可能地消除通货膨胀给固定收入者带来的不利影响。

● 专栏 12-5

谁害怕通货膨胀

许多经济学家都难以从通货膨胀中看到很大的弊端——至少在它还不是很高的时候如此。与此截然相反，公众对通货膨胀深恶痛绝。罗伯特·席勒所做的民意调查表明了这点。他随机调查了巴西、德国和美国的 677 人。在这三个国家中，超过 80% 的人认为，抑制通货膨胀是经济政策最重要的任务之一，较老的一代人比年轻人更强烈地持有这种观点。相反，不同国家之间的调查结果的差别却不太明显。

根据调查结果，人们最大的担心是通货膨胀会导致生活水平下降。在美国经济学家中所做的一项调查表明，经济学家的判断严重偏离公众的观点——可能是他们受过经济学模型的良好训练，而模型表明货币的作用只是个幌子（假象），货币幻觉不起作用。罗伯特·席勒认为，产生这个令人惊讶的差别的原因在于，科学知识要经过很长的时滞才会被公众学习到。但至少一个同样有说服力的解释是，经济学家使用的模型不足以理解通货膨胀的成本。著名经济学家曼昆如此评论这个调查："当然，一般大众比职业经济学家更厌恶通货膨胀。可能是我们比他们知道得更多，但也可能是相反。"

资料来源：格哈德·伊宁. 货币政策理论：博弈论方法导论 [M]. 杨伟国，译. 北京：社会科学文献出版社，2002.

四、资产结构调整效应

资产结构调整效应也称财富分配效应，指的是通货膨胀对不同阶层、不同主体所持存量净资产价值变动的影响作用。

一个经济主体拥有的财富或资产由实物资产与金融资产两部分组成，在拥有资产的同时，一般情况下，经济主体还有一定量的负债，资产与负债两者相抵，就是一个经济主体的净资产。

（1）通货膨胀对实物资产价值的影响。从某种意义上说通货膨胀率就是实物资产的收益率，尤其是在宏观经济较热所造成的通货膨胀环境下，以房地产为代表的实物资产应该是一种倾向于较快增值的资产形式，因而，其持有人也将大受裨益。

（2）通货膨胀对金融资产价值的影响。由于金融资产本身品种繁多，性质各异，所以通货膨胀对其影响效应比较复杂。对股权资产，由于经济较热而造成的温和通货膨胀有利于企业利润的提高，所以股权价值可能会增加。对债权资产，特别是具有固定利率的债权资产，通货膨胀往往会减少其价值（同时也减轻类似债务的负担）。

在现实经济生活中，一个社会主体会同时拥有实物资产、金融资产以及一定量的负债，也就是说拥有一个由各种资产和负债相抵而成的净资产组合。但是，每个社会主体占有的财富量差别很大，所以每个社会主体所拥有资产组合的品种丰富程度和主要品种构成就会有很大的差异。

一般而言，作为富有阶层来讲，它的资产组合较为丰富，而且其中如地产、股权类等在通货膨胀环境下有利于增值的资产品种比较多；同时，富有阶层信誉高，其负债能力强，因而其负债也较多，通货膨胀对其减轻债务负担是有利的，故通货膨胀使富有阶层的净资产组合价值增值的可能性是非常大的。相比较，作为一般的普通阶层，它的资产组合一般较为单调，而且构成主要以银行存款等具有固定收益的金融资产为主，由于其负债能力的限制，所以负债很少或没有，综合来看，在通货膨胀环境下，其资产组合净值往往趋于贬值。就一般的企业而言，在它的资产组合里，表现为厂房、机器、设备等形式的实物资产比重都很大，且其诸如银行贷款之类的债务较多，因此，通货膨胀一方面对其资产增值有利，另一方面也有可能使其减轻债务负担，从而使其净资产组合的价值增值的可能性增大。

总之，通过以上分析，无论是从作为流量的收入还是作为存量的资产的角度看，通货膨胀都是一种有利于富人而不利于普通老百姓的再分配机制。

五、恶性通货膨胀与社会危机

以上对通货膨胀效应的分析，都是以它的严重程度保持在一定限度之内为假定前提。当物价总水平的持续上涨超过一定界限从而形成恶性通货膨胀时，就可能引发社会经济危机。

恶性通货膨胀会使正常的生产经营难以进行：在物价飞涨时，产品销售收入往往不足以补进必要的原材料；在物价迅速上涨的过程中，地区之间上涨幅度不均衡是必然现象，这就会造成原有商路被破坏，流通秩序紊乱；迅速上涨的物价，使债务的实际价值下降，如果利息率的调整难以弥补由物价上涨所造成的货币权益损失，正常信用关系也会极度萎缩，恶性通货膨胀只是投机盛行的温床，而投机是经济机体的严重腐蚀剂。

恶性通货膨胀会引起突发性的商品抢购和银行挤兑的风潮。它所造成的收入再分配和人民生活水准急剧下降则会导致阶级冲突加剧。这一切的后果往往是政治动荡。

最严重的通货膨胀会危及货币流通自身：纸币流通制度不能维持；金银贵金属会重新

成为流通、支付手段；经济不发达地区则会迅速向经济的实物化倒退。

所以，各国政府在未遇到特殊政治麻烦的情况下，总是把控制通货膨胀作为施政目标。

🌐 **专栏 12-6**

委内瑞拉超级通货膨胀

委内瑞拉经济形势近年来急剧恶化，并成了 21 世纪第二个 10 年中世界上唯一发生超级通货膨胀的经济体。国际货币基金组织 2016 年 10 月发布的《世界经济展望数据库》估计，委内瑞拉 CPI 年平均上涨率在当年会达到 475.8%，年底水平上涨率会达到 720%，两个指标分别接近或超过超级通货膨胀年率 500% 的定义。持续关注世界各国超级通货膨胀或异常货币状况的学者史蒂夫·汉克曾与其合作者在 2013 年发布了一份"世界超级通货膨胀表"，展示了 1789 年法兰西大革命以来世界各个经济体（政治体）所发生的 56 个超级通货膨胀事例。依据委内瑞拉外汇市场上的汇率变动情况以及购买力平价原理，汉克与他的合作者在 2016 年 12 月"正式地"将委内瑞拉的近期通货膨胀情况定义为"世界超级通货膨胀表"的第 57 个事例。他们的判断是，委内瑞拉的月度环比通货膨胀率在 2016 年 11 月已达到 221%，高于经济学界公认的 50% 月度门槛标准。在他们所更新的"世界超级通货膨胀表"中，委内瑞拉在总共 57 个事例中排名第 23 位。超级通货膨胀在 20 世纪的几个时段中曾广泛流行于许多国家和地区。但进入 21 世纪之后，世界上仅有寥寥无几的个别经济体发生过超级通货膨胀，例如 2008 年年底的津巴布韦和 2009 年年底的朝鲜。即使在一些饱受战火和内乱困扰的中东和北非国家，近年来也未出现符合年度或月度定义的超级通货膨胀。委内瑞拉的超级通货膨胀实属罕见。

资料来源：贺力平，马伟.委内瑞拉超级通货膨胀和经济衰退探源 [J]. 国际经济评论，2017（7）：124-143.

第四节　通货膨胀的治理

一、宏观紧缩政策

在所有治理通货膨胀的政策当中，处于最重要且正统地位的是宏观紧缩性政策。宏观紧缩性政策包括紧缩性货币、财政和收入政策三个方面。

（一）紧缩性货币政策

紧缩性货币政策在我国一般也叫抽紧银根的政策。为了治理通货膨胀，中央银行通过运用"三大货币政策工具"及其他可供选择操作的政策手段，减少货币供应量，提高利率，进而达到控制社会总需求，抑制物价上涨的目的。显见，紧缩性货币政策主要是用来控制总需求的，所以它对抑制需求拉升型通货膨胀是较为有效的。

紧缩性货币政策在具体操作时，可采取如下措施。

（1）提高再贴现率，进而提高整个市场利率水平。提高再贴现率可抑制商业银行向中央银行的再贷款需求。提高再贴现率也具有引导居民增加储蓄、减少现期消费的告示效应。我国近几年虽然贴现（贷款）业务发展非常快，但商业银行及企业对再贴现利率变动所导致的利益调整还不是特别敏感，所以，央行在提高再贴现利率的同时，往往还要辅之以其他非价格控制措施。

（2）在公开市场上卖出证券，减少货币赖以创造的基础——基础货币的数量，来达到减少货币供应量的目的。当然，中央银行在公开市场上卖出证券的操作，也会直接导致证券价格下跌，货币市场利率上涨，但货币市场利率的变动还不能有效传导至银行信贷利率层面，因此，公开市场操作试图通过利率渠道紧缩的目的还无法有效实现。自 2003 年开始，为了对冲外汇占款所投放的巨额基础货币，控制通货膨胀，中国人民银行持续大量发行央行票据，其实质就是卖出证券的公开市场紧缩性操作。

（3）提高法定存款准备金率，减少商业银行的可贷资金，降低货币乘数，进而可以起到强有力的紧缩作用。近年来，提高法定存款准备金率一直是我国央行最常用、最重要的紧缩性政策手段之一。

另外，货币调控当局在实施以上政策的同时，还可选择其他一些旨在减少货币量、提高利率的政策工具进行操作。

（二）紧缩性财政政策

治理通货膨胀的紧缩性财政政策主要是指财政的增收节支、平衡预算政策。具体包括：
（1）增加税收，使企业和个人的利润、收入减少，从而使其投资和消费支出减少。
（2）削减财政支出，以平衡预算、消除财政赤字，从而消除通货膨胀的隐患。
（3）降低政府转移支付水平，减少福利开支，从而起到抑制个人收入增加的作用。

（三）紧缩性收入政策

人们收入水平持续的增长，一方面可能会导致消费需求的膨胀，另一方面也成为推动社会商品成本上升的主要因素。所以，紧缩性收入政策可以从需求和供给两个方面来对物价水平的上升起到抑制作用。此政策一般包括以下几个方面。
（1）确定工资 – 物价指导线。所谓"指导线"，就是政府当局在一定年份内允许货币总收入增长的目标数值线，并据此相应地采取控制每个部门工资增长率的措施。
（2）管制或冻结工资。这是一种强行将职工工资总额或增长率固定在一定水平上的措施。
（3）运用税收手段。即通过对过多增加工资的企业按工资超额增长比率征收特别税等办法来抑制收入增长速度。

二、指数化政策

（一）含义

所谓"指数化"，其通常含义是指收入指数化。收入指数化是按物价变动情况自动调整收入的一种分配方案。指数化的范围包括工资、政府债券和其他货币性的固定收入。实施的办法是使各种收入按物价指数滑动或根据物价指数对各种收入进行调整。

（二）功效

据认为，这种指数化措施的功效主要有三个：①能借此剥夺政府从通货膨胀中所获得的收益，杜绝其制造通货膨胀的动机；②可以借此抵消或缓解物价波动对个人收入水平的影响，克服由通货膨胀造成的分配不公；③还可以借此稳定通货膨胀环境下的微观主体行为，避免出现抢购商品、贮物保值等使通货膨胀加剧的行为。

特别是瑞典学派的经济学家还认为，收入指数化方案对面临世界性通货膨胀的小国更有积极意义。因为在开放条件下，小国很难阻止世界性通货膨胀的输入，常常会发生结构性通货膨胀。在世界性通货膨胀没有得到抑制之前，正确的选择只能是寻求与通货膨胀相适应或共处的手段。收入指数化就是可用的办法之一。

（三）不同意见

收入指数化政策在理论上是可行的，在实践方面于第二次世界大战后也得到了广泛应用。尽管如此，对此方案也有尖锐的不同意见。这类意见指出：①全面实行指数化政策会提出很高的技术性要求，因此任何政府事实上都难以采取一个包罗万象的指数化政策；②收入指数化政策会造成工资－物价的螺旋上升，进一步加剧通货膨胀。

（四）指数化政策与其他政策的比较

治理通货膨胀的宏观紧缩性政策、增加供给政策或币制改革等政策措施，都属于在已经发生了通货膨胀的情况下使物价水平得到有效控制的政策，所以从这个意义上说它们都属于积极的反通货膨胀政策。但是指数化政策与前述各政策不同，它是一种消极被动的反通货膨胀政策，它是在已经发生通货膨胀的条件下，试图尽可能地减少通货膨胀给现有社会的收入分配格局带来负面影响而采取的政策，而并非一种想着去抑制物价水平上升的政策。因为根据通货膨胀的效应理论，无论是从作为流量的收入再分配还是从作为存量的财富再分配来看，通货膨胀对最广大的老百姓都是不利的，因此，通货膨胀很有可能使普通百姓阶层的收入下降，两极分化加剧，社会不满情绪增加，从而影响社会的稳定。为了尽可能地消除通货膨胀的这种收入再分配效应所带来的负面影响，在国外反通货膨胀的实践中，指数化政策便应运而生，并且在一定程度上被推广采用。

三、其他治理通货膨胀的政策

除宏观紧缩性政策和指数化政策外，还有其他许多反通货膨胀的政策措施。

（一）供给政策

供给政策是一种长期的反通货膨胀政策措施。在西方，主要是以拉弗为代表的供给学派主张此政策。供给学派认为，过去的反通货膨胀政策过分注重需求管理而忽略了供给层面，即忽略了运用刺激生产的方式来同时解决通货膨胀和失业并存的"滞胀"问题。在供给方面用来抑制通货膨胀的政策如下。

（1）减税。通过减税可使企业和个人税后收入增加，以刺激企业和个人投资的积极性，从而促使生产力的提高和供给的增加，这样就可抑制甚至消除因供给不足造成的通货膨胀。

（2）削减社会福利开支。一方面可削减政府财政赤字，以消除通货膨胀的压力；另一方面又可杜绝人们对社会的依赖心理，促使人们更加主动积极地寻找工作，从而使失业减少。

（二）反托拉斯和反垄断政策

这种政策主张认为，当通货膨胀是由那些垄断性工业部门操纵价格上涨而引起的时，一种可能的纠正办法就是把某些较大的企业肢解为几个较小的企业，以便增加竞争。如美国反垄断机构 1984 年对美国电话电报公司（AT&T）的拆分，开启了美国电信业竞争的一个新时代。近十几年来，包括微软、谷歌、Facebook 等公司在内的一些美国知名科技巨头涉嫌触犯反垄断法，对其要不要强行拆分的话题一直以来广受各界关注。

（三）币制改革

如果一国的通货膨胀已经达到难以扼制的状况，而上述任何一种措施都不能使情况好转，政府还在被迫不断发行货币，整个货币制度已经接近或处于崩溃的边缘，那么唯一可以采取的措施就是币制改革。币制改革的一般做法是废除旧货币，发行新货币，并对新货币制定一些保证币值稳定的措施。币值改革还必须辅之以其他措施。如中华人民共和国成立之后，为了抑制多年战争遗留下来的恶性通货膨胀，曾进行币制改革。20 世纪 90 年代发生剧变后的苏联及东欧诸多转型国家也大都在发生了连年的恶性通货膨胀后，采取过类似的币制改革措施。近年，朝鲜也进行过废除旧币的激烈币制改革，其目的还是在于控制通货膨胀。

专栏 12-7
2018 年第三季度价格形势分析

近来食品价格涨幅较大带动 CPI 有所上行，第三季度各月 CPI 同比涨幅分别为 2.1%、2.3% 和 2.5%。其中，鲜菜价格 8 月、9 月环比增速超 9%；鲜果价格 9 月环比、同比分别增长 6.4%、10.2%；猪肉价格第三季度平均环比增速在 4% 以上。部分城市房租涨幅较大，有数据显示，9 月有 10 个左右城市住宅租金同比增速超过 20%。未来物价预期指数连续两个季度上升，2018 年第三季度为 63.7，比第一季度上升 4.1 个百分点。

近期价格上涨主要受短期临时性因素影响，这些因素推动 CPI 持续上升的可能性较小。鲜菜不易储存，其价格很容易受到洪涝、节前等季节性或短期性因素影响，从历史上看，鲜菜价格波动较大。鲜菜生产周期一般为 2～3 个月，菜价上升会鼓励菜农扩大生产，随着供给逐渐改善，鲜菜价格会趋于平稳。猪肉价格上涨主要受猪瘟疫情短期扰动影响，当前生猪产能相对充足，出栏头数总体稳定，且价格仍处于周期低位，若疫情发展得到控制，未来价格有望走稳。部分城市房租涨幅较大，但对 CPI 整体作用有限。一是房租大幅上涨主要集中在部分一二线城市，二是房租在 CPI 中权重较低，部分城市房租大幅上涨在

CPI 中表现并不明显。全国总体房租涨幅与 CPI 基本持平，9 月租赁房房租当月同比和累计同比增速分别为 2.6% 和 2.5%。

从影响价格的中长期因素看，物价持续上涨的压力不大。一是物价走势总体受经济基本面影响。当前受国内外不稳定不确定因素影响，总需求存在向下的压力，供给面经过前几年结构调整相对平稳，不存在价格大幅上涨的基础。二是货币供应量和社会融资规模增长总体适度，不存在推动价格持续上涨的货币基础。三是贸易摩擦对物价的滞后影响需全面分析。一方面，部分进口品供给减少以及加征关税可能推动价格上升；另一方面，贸易摩擦可能阻碍出口，增加国内供给，对价格形成向下压力。在国际贸易格局深刻调整的背景下，随着市场自我修复和平衡，强外部冲击对国内整体价格的影响会得到一定程度的缓冲，但也要关注部分商品价格短期内的较大波动。

从全球看，美国、欧洲等主要经济体物价走势稳中有升。美国个人消费支出（PCE）价格指数连续 6 个月超过 2%，核心 PCE 近 6 年来首次突破 2%；欧元区调和消费者物价指数（HICP）同比增速连续 5 个月保持在 2% 以上。受国际地缘政治冲突、经贸摩擦等因素影响，油价波动较大。当前国际环境复杂多变，多种因素方向不一、叠加影响，价格运行中的不确定性因素增多。下一阶段，要加强对价格形势的监测分析，改善供给、优化结构，增强经济内生增长动力，促进经济平稳健康发展。

资料来源：中国人民银行货币政策分析小组.中国货币政策执行报告 [R]. 2018-10-08.

第五节　通货紧缩

一、通货紧缩的概念

关于通货紧缩，不同的学者有不同的标准和定义。归纳起来，主要有以下三种定义。

(一) 三要素定义

持三要素定义的学者认为，通货紧缩应包括价格水平的持续下跌、货币供应量的持续下降与经济增长率的持续下降。但是，对货币供应量与经济增长率的下降有两种不同的标准：①必须是绝对量的下降，即货币供应量的负增长和经济的负增长（经济连续两个季度以上出现负增长，即严格意义上的经济衰退）；②不必是绝对量的下降，可以是相对量的下降，即货币供应增长率的下降和经济增长率的下降。

(二) 两要素定义

通货紧缩包括价格水平的持续下降和货币供应量的持续下降。

(三) 单要素定义

通货紧缩指的就是价格水平的普遍、持续下降。但是，持单要素定义的学者又有不同的具体标准：①价格水平持续下降半年以上即为通货紧缩；②价格水平持续下降 2 年以上为通货紧缩；③通货膨胀率低于 1%，即为通货紧缩。

在以上三个概念中，单要素概念在国内外似乎是最为流行而不失科学性的一个。把通货紧缩定义为"价格水平的普遍、持续下降"，则抓住了它所反映的经济现象最基本、最显著的特征。至于其他两个要素，即货币供应量和经济增长率，涉及的是价格下降的成因或后果。有鉴于此，我们后面所指的通货紧缩均是单要素概念。

(四) 通货紧缩与货币紧缩的区别

在理解通货紧缩概念时，我们需要区分通货紧缩与货币紧缩，因为从中文字面上，两个概念容易造成混淆。通货紧缩在英文中是"deflation"，而货币紧缩是"monetary tightening"。前者指的是一般物价水平的普遍、持续下降，而后者指的是货币当局所采取的货币紧缩政策。由此，从成因来分类，通货紧缩可分为四种类型：①由货币紧缩政策所导致的通货紧缩；②在金本位条件下，由黄金产量不足所导致的通货紧缩；③由技术进步、实体经济增长、成本下降所导致的通货紧缩；④由实体经济的增长下降（诸如供给相对过剩或需求相对不足等造成）所导致的通货紧缩。

所以，从因果关系上讲，并非一切通货紧缩都是由货币紧缩政策造成的，货币可能只是众多造成通货紧缩的因素中的一个而已。

二、通货紧缩的分类

现实经济生活中的通货紧缩现象比较复杂，如果不加以分类，很容易引起混乱。通货紧缩的分类可从不同的角度进行。

(一) 按持续的时间，分为长期性通货紧缩和短期性通货紧缩

之所以要如此分类，是因为从世界各国的历史来看，有些通货紧缩持续时间较短，而有些则时间很长，如英国和美国在1814～1849年都曾经有过持续35年之久的通货紧缩（即物价水平持续下降的现象）。显然，这样分类有助于我们对通货紧缩可能持续的时间周期进行正确认识，对可能会产生的长期性通货紧缩有心理和应对措施上的准备。在我们的理论界确实有一种急功近利的思想，如把通货膨胀率由正变负认为是轻度通货紧缩，由正变负超过1年为中度通货紧缩，由正变负达到2年则为严重通货紧缩。以此标准来论通货紧缩的有无或严重程度，应该说是不准确的。如果我们不区分长期性与短期性通货紧缩，而单纯用以上标准衡量通货紧缩的严重程度，那么二三十年的通货紧缩，即超过2年10倍以上的通货紧缩该称为何种通货紧缩呢？

(二) 按与经济增长的关系，分为经济增长条件下的通货紧缩和经济衰退条件下的通货紧缩

有好多人认为，通货紧缩都伴随着经济的衰退或萧条，其实这是误解（如果在讨论中将通货紧缩的概念界定为三要素或二要素含义，那么则例外）。如英国1814～1849年的通货紧缩是伴随经济增长率上升的，而1873～1896年的通货紧缩是伴随经济增长率减缓的。发生在20世纪30年代的世界性通货紧缩，各资本主义国家都出现了经济较长时间的负增

长。如此看来，从某种程度上说，我国在 1998～2002 年出现的通货紧缩仍属于经济增长条件下的通货紧缩，因为 7% 以上的经济增长速度不能不认为是高增长。

三、通货紧缩的经济效应

(一) 通货紧缩减少消费

通货紧缩看似对消费具有刺激作用，因为消费者只需支付较低的价格便可获得一定数量和质量的商品，但是在通货紧缩的条件下，一方面，未来价格还会下跌的预期将使人们推迟消费，更多地进行储蓄；另一方面，与通货紧缩相联系的经济衰退和资产价格下跌，将使人们的收入和财富"双缩水"，因此消费会减少。

(二) 通货紧缩抑制投资

物价的持续下跌会提高实际利率水平，即使名义利率下降，资金实际成本仍然有所上升，致使企业投资成本昂贵，投资项目变得越来越缺乏吸引力，企业因而减少投资支出。

(三) 通货紧缩会导致银行不良贷款增加

通货紧缩一旦形成，便可能会形成"债务－通货紧缩陷阱"。此时，货币的内在价值有所上升，实际债务负担则因此而相应上升。虽然名义利率未变甚至下调，但实际利率居高不下，债务的实际负担会有所加重。借款人债务负担的增加，将使其还款能力出现问题，这最终会导致银行不良贷款上升。

显然，通货紧缩通过对消费、投资和信用的不利影响，从而成了经济衰退的加速器。

(四) 通货紧缩的治理

通货紧缩的形成原因是极其复杂的，可能既有货币方面的因素，又有实体经济本身方面的因素。此外就通货紧缩对社会经济的影响来看，通货紧缩并非都是不好的，如前面我们已经提到过的，现实经济运行中确实有经济增长条件下的通货紧缩。试想，如果是在技术进步的推动下，企业运行效率不断提高、成本持续下降，这时出现的一般物价水平的持续下降——通货紧缩，又有什么不好呢？因此，我们通过宏观调控进行治理的通货紧缩应该指的是经济衰退条件下的通货紧缩。

如果通货紧缩单纯是由货币紧缩或者说货币供给不足造成的，那么治理对策就非常简单了，所要做的只是扩大货币供应量。但通货紧缩的问题往往出在实体经济本身，这就不是单纯采取扩张性货币政策所能解决的了。特别是经济本身的供需结构出现了问题，一方面可能是产品过剩所导致的物价持续下跌，另一方面可能是巨额储蓄存款所代表的潜在购买力得不到实现，而这就是我国在 1998～2002 年通货紧缩时期面临的情况。理论和实践证明，对经济结构领域的调节主要依靠财政手段，而货币政策的作用是有限的。1998～2002 年通货紧缩期间，我国实行了以扩大基础设施投资为切入点的积极财政政策，其道理也就在这里。

当对实体经济方面的问题做进一步分析时，我们会发现，经济主体的预期因素对实体经济中的消费、投资和储蓄行为有重要影响。凯恩斯在其 1936 年的《就业、利息和货币通论》一书的分析中，极其重视所谓的心理因素对经济的影响作用，并且总结出了导致资本主义有效需求不足的所谓"三大心理规律"（即边际消费倾向递减、边际资本效率递减和流动性陷阱）。我国在 1998～2002 年所出现的有效需求不足、经济增长乏力的通货紧缩局面，就与微观经济领域企业、居民的审慎预期有密切关系。当时，随着医疗、教育、住房、养老等福利体制改革向纵深发展，也随着大量下岗失业现象产生，居民的未来支出预期空前上升，有现钱不敢花成了一种普遍心态。另外，经过 20 年所有制格局的演变调整，当时非国有经济所占比重已经达到 3/4 左右，而且非国有经济的自我约束能力较强，所以在当时国际上发生了东南亚金融危机，而在国内经济不振的大背景下，企业自然对未来的预期比较悲观，缺乏投资冲动，从当时几年的情况看，我国的民间投资处于非常低的水平上，即使是 1998 年所开始的创历史纪录的政府投资也并未能带动民间投资及时跟进。

由以上分析可见，我们在通货紧缩的治理中，要对稳定和转变微观主体的预期给予高度重视，具体可采取以下措施：建立健全社会保障制度，尽可能地弱化居民的预防储蓄动机；实行扩大内需、结构调整的一系列宏观政策，积极、稳步地推进各项改革开放的步伐；消除对非国有企业投资的各种限制措施，为企业创造一个良好的投资环境。

以上这些措施的实行，均有利于微观企业主体对未来形成稳定而良好的预期，这种预期有助于稳定并引导企业和居民扩大投资、增加消费的意愿。从历史上看，正是通过较长时间从上述方面对微观主体预期的稳定和引导，我国经济从 2002 年起逐步地走出了当时在东南亚金融危机背景下持续 4 年的通货紧缩。

延伸阅读

日本的长期通货紧缩与治理

泡沫经济崩溃以来，通货紧缩一直影响着日本经济。如何摆脱通货紧缩，如何重振日本经济，成为历届日本政府不得不反复考虑的重要政策目标。安倍经济学执行 3 年多来，日本经济虽然展现出一丝复苏迹象，如股价上升、日元贬值、大企业盈利增加等，但是，长期困扰日本经济的通货紧缩问题依然没有得到根本解决。通货紧缩是一种货币现象，其直接表现是货币购买力上升和商品物价下降。从消费物价指数看，1998 年 9 月以后，日本开始陷入通货紧缩之中。一方面，日本国内市场需求不足，企业缺乏投资动力，商业银行和企业资金充裕，资本市场陷入零利率的流动性陷阱；另一方面，日元升值，股票市场疲软，普通消费品物价下降，工资水平下降。日本经济企划厅曾将通货紧缩定义为"伴随着物价下降而出现的景气低迷"。2001 年 3 月，日本政府正式承认日本经济陷入"缓慢的通货紧缩状态"。通货紧缩的政策根源在于日本政府过度举债后公共投资压缩而引起的供需失衡，它是在日本企业资产负债表危机背景下由压缩公共投资而诱发的资金流动扭曲，其形成机理在于金融机构大量购买公共债务导致实体经济中货币流通量减少，进而造成货币升值和物价下降。长期的通货紧缩可能诱发物价下降的预期，进而抑制现实消费并影响经济增长。1998 年以来日本的长期通货紧缩，直接表现为物价下降、就业环境恶化、失业率增加。对于企业来说，物价下降导致销售增长缓慢、利润下降，最终只能依靠压缩各种投资和成本来化解眼前的危机。因此，许多日本企业开始大量雇用钟点工、临时工，采取鼓励提前退休等手段来提高企业经营效益。

以岩田规久男、滨田宏一为代表的"通货再膨胀"派认为，通货紧缩是一种货币现象，要摆脱通货紧缩局面，必须采取非常规的金融政策。超级量化宽松政策可以在一定程度上缓解长期通货紧缩背景下形成的经济萎缩，进而刺激股票市场和消费市场，增加就业人数。基于此，安倍政府采取了超量化宽松货币政策，试图通过大规模向市场投放货币资本，人为制造通货膨胀预期，以刺激物价上涨，进而消除通货紧缩。为此，日本银行设定了 2 年内实现 2% 的通货膨胀的目标，并大举购买日本国债。

从短期目标看，超量化宽松货币政策可以制造通货膨胀预期，在一定程度上增加就业和促进生产，推动经济增长。从长期目标看，一定程度的通货膨胀可以有效缓解日本政府的国债压力和财政赤字压力，为日本从根本上改革现行财政制度和经济结构赢得时间。但是，必须看到，超量化宽松政策不能从根本上解决日本经济结构和分配结构中存在的现实问题，而且过度公共债务负担已经严重抑制了日本政府推行积极财政的现实能力。因此，安倍经济学的超量化宽松政策难以真正解决日本创新不足和经济低迷问题。从逻辑上看，通货紧缩是经济低迷和长期萧条的结果，而不是原因。长期的通货紧缩虽然具有一定的副作用，但是，绝不能将消除通货紧缩作为政策目标，否则只能是舍本逐末，事倍功半。

从根本上说，通货紧缩是在日本经济长期低迷和国内创新能力不足的背景下日本政府不得不咽下的苦果。消除通货紧缩，重振日本经济，只能依靠改革社会经济结构、增强日本经济活力、调整收入分配结构等来逐步消除。对于日本企业家来说，只要日本国内市场还没有形成新的创新空间，还没有出现良好的投资渠道，就不可能吸引大量资本转向国内实体经济，也就无法化解日本国内经济增长后劲不足的问题。野口悠纪雄认为，简单的货币宽松政策只是一剂暂时搁置问题的麻药，金融政策具有一定的局限性，量化宽松政策只是通过日本银行对财政赤字的融资；从长期角度看，在无税制改革和市场制约的条件下，日本银行无限制地购买国债，最终可能导致财政规则被破坏以及难以控制的通货膨胀。

资料来源：刘轩 . 日本长期通货紧缩的形成机理与政策警示 [J]. 现代日本经济，2016（6）：1-13.

⊙ 名人传记　弗雷德里克·S. 米什金：理论与实践兼备的货币经济学家

请扫描二维码详尽了解名人传记

■ 本章小结

1. 通货膨胀是一种持续的物价总水平的上涨现象，一般用消费物价指数、工业生产者出厂价格指数和 GDP 平减指数来度量，其中最常用的是消费物价指数，它能够较好地反映出通货膨胀对居民生活的影响程度。

2. 通货膨胀是总供给与总需求总量失衡的必然结果，但结构性的原因也非常重要。现实的通货膨胀往往是总需求因素、总供给因素与结构性因素混合作用而成的。源自需求因素主导的需求拉升型通货膨胀，究其货币方面的原因，离不开货币供给的持续性扩张推动。

3. 明显的通货膨胀会产生广泛的社会经济效应，其中的收入分配效应和资产调整效应，对依靠固定收入生活的最广大阶层具有不利的影响，而恶性通货膨胀则对整个社会经济生活有百害而无一利。

4. 对于通货膨胀，要根据其形成的主要原因，运用综合性的宏观政策进行调控。由于需求拉升是形成现实通货膨胀的主导性因素，所以，宏观紧缩性货币政策、财政政策在反通货膨胀的实践中处于非常重要的地位。

5. 通货紧缩指的是物价总水平的持续性下跌趋势，往往伴有产出水平下降、货币供给萎缩的现象，这也是另外一种宏观经济运行失衡的表现，可能既有实体经济本身方面的原因，也有货币供给方面的原因。治理通货紧缩，需要特别重视财政政策对经济运行的结构性调控作用和对微观主体信心与乐观预期的引导工作。

■ 思考与练习

1. 通货膨胀与物价上涨是一回事吗？
2. 使用消费物价指数、工业生产者出厂价格指数和 GDP 平减指数度量通货膨胀，各有什么优缺点？
3. 需求拉升型通货膨胀的形成机理如何解释？
4. 结构型通货膨胀理论的基本假设是什么？
5. 通货膨胀的社会经济效应有哪些？
6. 如何运用宏观紧缩性政策治理通货膨胀？
7. 如何理解通货紧缩的含义及其形成原因？

第十三章
CHAPTER13

货币政策

稳定经济的任务，要求我们能够控制住经济，使之不至于偏离持续高就业之路太远。就业率过高将导致通货膨胀，而过低又意味着衰退。灵活审慎的财政政策和货币政策，能够帮助我们在这两条路中间穿过一条"狭窄的通道"。

——约翰·F.肯尼迪

■ 本章概要

货币政策是国家宏观经济政策的重要组成部分，其制定实施直接关系到整个国民经济的运行和发展。本章我们将学习货币政策的目标体系和工具体系，并掌握货币政策作用于目标体系的传导过程，以便对货币政策的传导效果做出合理的评价。

■ 学习目标

1. 了解货币政策的最终目标，理解多个最终目标之间的矛盾统一关系；
2. 掌握货币政策操作目标、中间目标的选择标准和特点；
3. 了解货币政策的工具体系，掌握主要货币政策工具的作用机理及特点；
4. 掌握货币政策的多种传导机制。

■ 基本概念

货币政策	最终目标	操作目标	中间目标
货币政策工具	法定存款准备金	再贴现	公开市场操作
传导机制	货币政策效应	货币政策时滞	

货币政策是指中央银行为熨平经济的周期波动，运用各种货币政策工具，影响货币供需，调节市场利率，从而引导投资和消费的政策行为。那么央行在制定和实施货币政策的过程中要达到什么目标呢？为了达到这些目标，会动用哪些工具呢？并且会收到怎么样的效果呢？这些是本章要学习和回答的问题。

第一节　货币政策的最终目标

货币政策是中央银行所采取的各种货币政策手段和工具的集合，是国家宏观调控的重要组成部分。在货币政策的制定和实施过程中，首先需要确定的是货币政策最终需要实现的金融调控目标，我们把这样的调控目标称为货币政策的最终目标。金融调控目标与宏观经济目标是一致的，因此在不同时期可能倾向于不同的调控目标。例如20世纪30年代大萧条后，失业问题是当时资本主义世界的头号问题，充分就业就成为当时的货币政策调控目标；第二次世界大战后由于奉行了凯恩斯的赤字财政和廉价货币政策，西方国家出现了严重的通货膨胀，于是稳定物价成了这些国家央行的货币政策调控目标。在讨论货币政策问题时，常见的基本目标有充分就业、物价稳定、经济增长和国际收支平衡，随着金融市场对实体经济影响愈加重大，金融市场稳定也成为货币政策新的关注目标之一。下面我们将分别阐述充分就业、物价稳定、经济增长、国际收支平衡和金融市场稳定的内涵以及货币政策实施中可能会遇到的目标冲突问题。

一、货币政策的最终目标

（一）物价稳定

物价稳定是中央银行货币政策追求的最重要目标之一。物价不稳定表现为物价水平持续上升引发通货膨胀或者持续下降引发通货紧缩。无论是通货膨胀还是通货紧缩，都会对经济造成很多不利影响，因此世界各国的中央银行都越来越关注其社会成本和经济成本，将稳定物价视为货币政策的首要目标。《中国人民银行法》第三条规定，我国货币政策目标是保持货币的币值稳定，并以此促进经济增长。央行通过稳定币值来稳定物价，避免因物价水平波动给经济造成不确定性。2010年下半年，受到全球金融危机后国家4万亿投资计划和巨量信贷释放的刺激，我国物价指数连续攀升，至2011年7月CPI当月同比为6.45%。为稳定物价，防止物价更快上升，2010~2011年，中国人民银行5次上调基准利率，13次上调法定存款准备金率。

将稳定物价作为货币政策的最终目标，便会出现一个非常直接的问题，究竟物价上涨多少才算是物价稳定，可以被央行所容许呢？对于这一问题，各国出现了不同的看法。有认为物价每年上涨3%是可取的，有认为上涨5%是可以接受的，也有认为上涨2%以上就算是通货膨胀的。总体来说，央行所能容忍的物价稳定的通货膨胀范围要依据各国的具体情况和本国人民的承受能力。但可以肯定的是，各国央行能接受一定幅度的物价增长率，但都不愿意看到物价的大幅度上涨，货币政策调控即是在这种天秤下寻求平衡。

（二）充分就业

充分就业是一个十分有价值的政策目标，原因有二：①如果出现高失业，会导致很多人生活悲惨，失去生活保障，成为社会动荡的源头；②如果失业率很高，经济社会不仅有赋闲的工人，而且有闲置的资源（产能过剩的工厂和闲置的设备），导致产出损失。因此充分就业成为货币政策关注的一个最终目标。

失业包括自愿失业和非自愿失业，自愿失业是有劳动能力而不愿意参加工作导致的失业，非自愿失业是愿意在现行工资水平下找不到新的工作造成的失业。非自愿失业又分为摩擦性失业、季节性失业和周期性失业。摩擦性失业是指因调整工作需要引起的暂时性失业。季节性失业和周期性失业是指因为季节变动或周期波动产生的失业。货币政策的调节对象不是自愿失业，而是非自愿失业，从而达到充分就业的目标。需要注意的是，充分就业不等于失业率为零，一定的失业率反而有利于正常的经济结构调整。比如摩擦性失业的存在为新企业招聘合适的工人提供了方便。因此，货币政策的充分就业目标允许一定范围的失业率水平，在此水平下，劳动力市场供需大致相当，劳动力市场处于均衡状态，此时的失业率称为自然失业率，一般通常可以接受的自然失业率是4%~6%。

（三）经济增长

经济增长是货币政策的最终目标之一，是各国央行通过自身行为不断加以验证的结论。2001年美国经济增长率下降至2.1%，为刺激经济增长，美联储在一年中11次下调联邦基金利率；无独有偶，为刺激自20世纪90年代以来陷入衰退的日本经济，日本央行于1996年、2001年两次采取零利率政策。历史总是在不断重演，由2007年美国次贷危机引发的金融危机造成全球经济衰退后，世界各国无一例外地通过放松银根、下调利率、扩大货币供应量等货币政策手段刺激经济增长。

促进经济增长之所以是货币政策的重要目标，是因为经济增长率下滑会使得居民收入下降，进而影响居民的消费和福利，同时经济增长往往与就业率密切相关，保持一定的经济增长率，有利于扩大投资，提供更多的就业机会，经济低增长会影响就业率，甚至导致高失业率，这会给社会带来不稳定因素，因而是货币政策制定当局不愿意看到的。

（四）国际收支平衡

所谓国际收支平衡，是指一国对其他国家全部货币收入大致等于货币支出，收支相抵基本平衡。国际收支平衡与否与国内货币供应量有着密切的关系。国际收支顺差，意味着国内货币增加；国际收支逆差，意味着国内货币供应减少。因此，国际收支顺差可能会加速国内物价上涨，而逆差可能会进一步作用于国内物价下降，两者均不利于物价稳定目标的实现。因此央行将国际收支平衡作为调控最终目标，通过货币政策工具调节，影响利率和汇率变动，使国际收支保持大致平衡。

（五）金融市场稳定

随着金融深化和全球化推进，金融市场对实体经济影响越来越大，因此金融稳定也成为货币政策所关注的目标了。当银行体系面临流动性困境时，央行就有必要发挥其最后贷款人职能，以防止银行体系流动性困境进一步恶化引发金融恐慌。此外，当汇率市场出现央行不愿意看到的剧烈波动时，央行也有采取各种货币政策措施加以干预的必要。最后，股票市场等资本市场的不稳定也会对投资、消费、宏观经济带来冲击，央行在制定和实施货币政策时，也会充分考虑资本市场情况。美联储就明确将"保持金融体系稳定，抑制金融市场系统性风险"作为其任务和目标。中国央行也在经济转型期，将金融稳定作为其他目标实现的前提。

二、货币政策最终目标之间的冲突

尽管理论上完美的货币政策应该达到上述五个目标，但在现实中要同时实现，是非常困难的。这是因为货币政策的各个最终目标之间存在着冲突，经常会出现为了追求这个目标无暇顾及其他目标的情况。

(一)物价稳定与充分就业之间的冲突

传统的凯恩斯经济学认为，通货膨胀是在经济达到充分就业以后，由于需求的继续增长而产生的，因此在经济达到充分就业前失业与通货膨胀不会同时存在。但菲利普斯在1958年发表了一篇题为"1861～1957年英国失业率与货币工资变动率之间的关系"的论文，提出了著名的菲利普斯曲线（见图13-1），得出了失业率与物价上涨率之间存在此消彼长关系的结论。由此人们认识到，一国要减少失业或者实现充分就业，需要增加货币供给，降低税率和增加政府支出，以刺激社会总需求增长，这在一定程度上会引发物价上涨；相反，如果要降低物价上涨率，必然缩减货币供给，提高税率和削减政府支出，以压缩社会总需求，这必然导致失业率上升。因此，中央银行要同时实现物价稳定和充分就业这两个目标就很难办到，往往是根据具体的情况做出相机抉择。

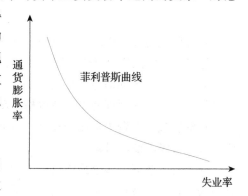

图 13-1　失业与通货膨胀的关系

(二)物价稳定与经济增长之间的冲突

既然稳定物价与充分就业有矛盾，而在通常情况下，充分就业与经济增长是一致的，因此稳定物价与经济增长之间会有冲突。比如在经济衰退时期货币当局采取扩张性货币政策，以鼓励投资和扩张需求来刺激经济增长，这会造成货币供应量增大，导致物价上涨。相反，在经济扩张时期，为抑制通货膨胀，保持物价稳定，货币当局采取紧缩性货币政策，会控制货币供应量和总需求扩张，这必然会阻碍经济增长。由此可见，物价稳定与经济增长之间也存在一定的冲突。但也有观点认为，这种冲突是一种短期经济现象，长期来看，物价稳定和经济增长是互为条件、相互促进的。

(三) 物价稳定与国际收支平衡之间的冲突

在全球化经济背景下,一个开放型国家的经济状况往往与其他国家的经济状况有着密切的联系,并在一定程度上受他国经济状况的影响。当国内物价上涨,国内货币对内贬值,且汇率没有实现相应调整时,进口商品价格就会相对便宜,使得进口增加,国际收支恶化。反之,如果国外发生通货膨胀,会使本国出口商品价格相对低于国外商品,使得出口增加,国际收支改善。由此推断,只有当全球维持大致相同的物价变动水平,且各国贸易状况大致稳定时,物价稳定和国际收支平衡的目标才能两全,否则这两个目标之间也会发生冲突。

(四) 经济增长与国际收支平衡之间的冲突

经济增长与国际收支平衡之间也存在一定冲突。经济发展加快,人均收入水平随之大幅度提高,必然增加对进口品的需求,如进口国外机器设备、先进技术和原材料等,而扩大出口在短期内是不可能达到的。因此,经济增长可能会对国际收支状况产生不利影响。反之,刻意保持国际收支平衡会使得净出口得不到增长,如为保持国际收支平衡采取高利率的货币政策来稳定汇率,还会带来国内投资的抑制,而净出口和投资正是国内经济增长的三驾马车之二,因此刻意保持国际收支平衡不利于经济增长。

(五) 物价稳定与金融市场稳定之间的冲突

物价稳定与金融市场稳定之间的冲突主要是源于资产市场的价格传导。当经济出现通货膨胀时,为抑制物价过快上涨,央行实行紧缩性货币政策,提高利率,缩减货币供应量,市场利率上升会带动债券价格的下跌。与此同时,利率上升使得企业融资成本上升,企业盈利能力下降,从而促使来股票价格下降。此外,由于名义利率上升提高了存款的相对收益,投资者减少在资本市场的投资,从而降低了金融市场资金供给,促使风险资产价格下降,金融市场不稳定因素增强。

既然货币政策的多个最终目标之间或多或少地都存在着一定的冲突和矛盾,那么中央银行为实现某一货币政策目标所采取的措施,可能会和实现其他目标的措施相矛盾,因此在现实宏观调控中,往往会出现顾此失彼的现象。在认清这一现实后,许多国家会根据本国的经济和社会状况,选择较为重要的目标,且这样的目标是依据不同的时期而有所侧重和改变的。一般来讲,经济衰退期以经济增长为主要目标,通货膨胀较为严重时期就以稳定物价为主要目标,而在遭遇经济危机的特殊时期,以稳定金融市场为主要目标。不同的国家由于社会环境、经济结构和所处阶段不同,选择的货币政策最终目标也有所区别。

🌐 **专栏 13-1**

货币政策最终目标的演变

既然货币政策各最终目标之间或多或少存在冲突,那么究竟应该选择多重目标还是单一目标成为各国央行需要考虑的问题。我国《中国人民银行法》指出,中国人民银行的货币政策目标是保持货币的币值稳定,并以此促进经济增长。从这一规定来看,我国货币政策选择了单一目标制,其首要关注的目标是通货膨胀。

从其他西方国家的政策实践来看，20世纪80年代后也开始以价格稳定作为中央银行的单一目标。其理论基础是70年代后西方经济滞胀困境使得新古典理论复兴，认为失业率和通货膨胀率之间没有长期的替换关系，货币政策改变失业率的能力有限。这改变了70年代以前新古典凯恩斯主义综合学派提出的短期内货币总量能影响实际产出和就业，并可以基于菲利普斯曲线在通货膨胀与失业之间寻找某种平衡，取得这两个变量的最佳组合的观点。上述理论的修正，说服了西方国家的中央银行放弃多重目标，将主要精力集中在对通货膨胀的控制上。虽然对中央银行传统授权的正式法律没有改变，但在实践中，大大减少了通过货币政策改变失业率和产出的做法。新西兰于1990年通过立法确立了通货膨胀目标，并确定1990～1992年通货膨胀目标区间为3%～5%。1991年，加拿大银行明确宣布，将价格稳定作为其唯一的授权目标，并将通货膨胀目标区间设为1%～3%。1992年，英国财政大臣宣布为了实现长期稳定而采用唯一的通货膨胀率目标（1%～4%）。美联储在20世纪80年代和90年代，虽然没有明确把价格稳定作为它的目标，但从美联储的货币政策声明中可以明确看出它追求的是与价格稳定一致的低通货膨胀率。美联储前主席伯南克是坚定的通货膨胀目标制支持者，他强调了公布通货膨胀率的目标值，与美联储实现物价稳定和就业最大化的双重使命是完全一致的，被称为使命一致性通货膨胀目标。欧洲中央银行的货币政策战略具有通货膨胀目标的某些特征，并正在缓慢过渡到通货膨胀目标制。1999年全面运行前夕，欧洲央行理事会将物价稳定定义为通货膨胀率低于2%，而2003年又将中期通货膨胀目标确定为"低于但接近2%"，其表述接近于通货膨胀目标制。但需要注意的是对于央行来说，价格稳定本身不是最终目的，它背后的信念是较低的通货膨胀率有利于产生较高的长期产出增长率和最低的长期失业率，从而实现价格稳定并刺激经济增长，这和我国央行的货币政策目标表述基本一致。

资料来源：弗雷德里克·米什金. 货币金融学 [M]. 郑艳文，荆国勇，译. 北京：中国人民大学出版社，2016.

第二节　货币政策工具

为了实现货币政策目标，中央银行需要有相应的政策手段和措施，这种手段和措施被称为货币政策工具。根据各种货币政策工具的性质和实践中的运用情况，货币政策工具可以分为一般性货币政策工具和选择性货币政策工具两类。在此基础上，各国央行还会根据不同时期自身的调控需求，使用一些特定的货币政策工具，如次贷危机后美联储的非常规货币政策工具和传统货币投放方式转变背景下我国相关的货币政策工具创新。

一、一般性货币政策工具

一般性货币政策工具是经常被使用的，能对整个社会的信用总量和经济运行产生影响的工具，如法定存款准备金、再贴现、公开市场业务等。

（一）法定存款准备金政策

存款准备金是指金融机构为保证客户提取存款和资金清算需要而准备的资金，法定存款准备金是金融机构按规定向中央银行缴纳的存款准备金，其占存款总额的比例就是法定存款准备金率。存款准备金制度是在中央银行体制下建立起来的，世界上美国最早以法律形式规定商业银行向中央银行缴存存款准备金。存款准备金制度的初始作用是保证存款的支付和清算，之后才逐渐演变成为货币政策工具，中央银行通过调整存款准备金率，影响金融机构的信贷资金供应能力，从而间接调控货币供应量。

1. 法定存款准备金政策的基本内容

存款准备金制度的基本内容主要包括以下四个方面。

（1）对法定存款准备金率的规定。即央行规定和调整商业银行缴存在中央银行的最低存款准备金率。该比率有单一比率和差别比率两种，单一比率即对所有存款按统一比率计提存款准备金，差别比率即对不同金融机构、不同地区、不同期限的存款提取差别化的存款准备金。1953年后建立法定存款准备金制度的国家大多对所有存款按统一比率计提存款准备金。但从2004年后中国人民银行开始实行差别存款准备金率，2008年采取了先下调中小银行的存款准备金率，再逐步调整大型银行存款准备金率的方式继续存款准备金率差异化的政策实践。法定存款准备金率是法定存款准备金政策的最主要调节手段。

（2）法定存款准备金利率。即央行为金融机构存款准备金支付利息的利率水平。由于西方国家自20世纪90年代以来已经逐渐放弃了法定存款准备金这一工具，所以对金融机构的存款准备金一般不付息，但在金融市场动荡的特殊时期，为向商业银行提供流动性，也可能临时选择对存款准备金付息，如美联储在2008年10月后重新开始对存款准备金付息。中国人民银行有为金融机构存款准备金支付利息的惯例，2011年中国人民银行对法定存款准备金付息利率为1.62%，超额存款准备金付息利率为0.72%，对外汇存款准备金不付息，整体付息利率不断下行。

（3）对作为法定存款准备金的资产种类的限制。一般限定为银行在中央银行的存款。在有些国家，一些高度流动性的资产，如库存现金和政府债券等也可以作为法定存款准备金。

（4）法定存款准备金的计提方式，包括存款余额的确定及缴存基期的确定等。如中国人民银行在2015年9月15日起改革存款准备金考核制度，将考核方式从时点法改为平均法。规定以金融机构按法人存入的存款准备金日终余额算术平均值与存款准备金考核基数之比不得低于法定存款准备金率。事实上严格了法定存款准备金的计提方式。

2. 调节法定存款准备金的效果

存款准备金制度建立的初衷，是为了保持银行资产流动性，使其能随时应付顾客提取存款，加强银行清偿水平，防止银行大量倒闭。20世纪30年代的西方经济大萧条后，各国货币当局发现，法定存款准备金的变动可以影响商业银行的信用规模，于是频频选择调整法定存款准备金作为信用总量的调节工具。其调节机理和效果如下：提高法定存款准备金率时，商业银行要增加已有存款的法定存款准备金，并对新存款缴存更多的法定存款准备金，为弥补短期资金缺口，会选择动用超额存款准备金，因此超额存款准备金减少，用于信用扩张（放贷）的基数减少。同时，法定存款准备金率上升使得货币乘数下降，从而降低了整个商业银行体系的信用创造能力，使得银根收紧，利率上升，货币供应量减少。相反，降低法定存款准备金率，会导致银根放松，利率下降，货币供应量增加。

3. 法定存款准备金工具的特点

第一，调整法定存款准备金率的作用非常猛烈，即使只是很小的变动，也会引起货币供应量的巨大变动。以中国人民银行为例，调节法定存款准备金率的一般单位为 0.5%，以 2017 年年底金融机构人民币存款余额 164 万亿元为基数，每调整 0.5% 法定存款准备金率，便增加或减少大致 8 000 亿元人民币的超额存款准备金，再考虑货币乘数的放大作用[○]，对广义货币供应量影响在 4 万亿元左右。因此调整法定存款准备金率会对银行紧缩或释放银根起到重要作用，但由于其效果过于猛烈，各国在运用这一工具时均采取谨慎态度。

第二，由于银行的超额存款准备金并不是等分到各家银行和各个地区的，所以统一调整法定存款准备金率对各家银行和各区域银行影响不一，其影响是由地区经济发展程度、银行规模大小等因素决定的。规模越大、存款越多的大银行往往更能承受上调存款准备金的不利影响，而小银行则处于相对不利的局面，正是由于如此，我国央行才探索差异化存款准备金调整策略，但在实际操作中如何确定差异化时机和程度较难把握，这也成为这一货币政策工具的局限性之一。

 专栏 13-2

中国的存款准备金制度

中国的存款准备金制度是在 1984 年中国人民银行专门行使中央银行职能后建立起来的，与西方发达国家较少动用法定存款准备金率工具不同的是，中国人民银行一直将法定存款准备金工具作为中央银行宏观调控的一个重要工具而频繁使用。

从 1984 年存款准备金制度建立，到 1998 年存款准备金制度改革，存款准备金制度已经从央行集中资金的手段成为间接调控下的重要政策工具。在具体操作上，从 2004 年 4 月 25 日起中国人民银行实行差别存款准备金制度，对部分不能达到资本充足率的银行降低存款准备金率要求。对金融机构实行差别存款准备金率制度，有利于抑制资本充足率较低且资产质量较差的金融机构盲目扩张贷款，防止金融宏观调控中出现"一刀切"，有利于促进我国金融平稳运行和健康发展，也为完善货币政策传导机制，提高货币政策的有效性奠定了基础。经过多年的运行，我国实现了中小型和大型存款类金融机构较为明显的差异化存款准备金率水平，其差值在 2% 左右水平（见图 13-2）。

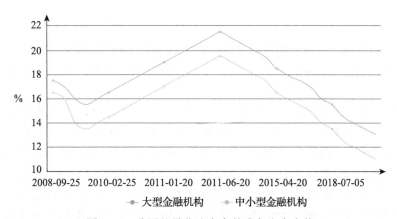

图 13-2　我国差异化法定存款准备金率走势

差别存款准备金制度的实施是根据当前经济金融运行特征灵活调整的。2014 年 4 月 16

○ 以 2017 年年底货币乘数计算，2017 年 12 月广义货币 M2 为 167.68 万亿元，基础货币为 33.2 万亿元，得出广义货币乘数为 5.05。

日，为推动普惠金融满足小微企业融资需求，针对金融体系流动性不均衡的特点，国务院常务会议首次提出"定向降准"，随后 2014 年 5 月 30 日的国务院常务会议再次提出要"加大定向降准措施力度"。因此，中国人民银行开始针对"三农"和小微企业的主要贷款银行城市商业银行、农村商业银行、农村信用社等中小型银行实施定向降准工具，引入定向降准考核机制，对满足审慎经营要求且"三农"或小微企业贷款达到标准的商业银行实施优惠存款准备金率。自 2014 年 1 月至 2018 年 7 月，央行共进行 11 次降准，其中 6 次为定向降准（2014 年 4 月、2014 年 6 月、2015 年 6 月、2018 年 1 月、2018 年 4 月和 2018 年 7 月），为缓解金融体系流动性结构失衡，降低"三农"、小微企业融资成本，促进"三农"、小微融资规模发挥了一定的作用。

2019 年 5 月 6 日，中国人民银行宣布将服务县域的农村商业银行存款准备金率与农村信用社并档，简化存款准备金率档次，分三次于 7 月 15 日实施到位后，我国存款准备金制度"三档两优"的新框架将确立。

"三档"是指根据金融机构系统重要性程度、机构性质、服务定位等，将存款准备金率设为三个基准档：第一档是大型银行存款准备金率，目前为 13.5%，体现防范系统性风险和维护金融稳定的要求。大型银行包括中国工商银行、中国农业银行、中国银行、中国建设银行、中国交通银行和中国邮政储蓄银行 6 家商业银行；第二档是中型银行存款准备金率，较第一档略低，目前为 11.5%，中型银行主要包括股份制商业银行和城市商业银行；第三档是小型银行存款准备金率，目前为 8%。小型银行包括农村信用社、农村合作银行、村镇银行和服务县域的农村商业银行。"两优"是指在三个基准档的基础上还有两项优惠：一是第一档和第二档银行达到普惠金融定向降准政策考核标准的，可享受 0.5 或 1.5 个百分点的存款准备金率优惠；二是服务县域的银行达到新增存款一定比例用于当地贷款考核标准的，可享受 1 个百分点存款准备金率优惠。考虑到服务县域的银行作为普惠金融机构已经享受了低档的存款准备金率，因此不再享受普惠金融定向降准考核的优惠。享受"两优"后，金融机构实际的存款准备金率水平要比基准档更低一些。

资料来源：中国人民银行货币政策执行小组. 中国货币政策执行报告 [R]. 2019-03.

（二）再贴现政策

再贴现政策是指中央银行通过调整再贴现率和规定再贴现票据的资格等方法，影响商业银行等存款机构的再贴现成本和能力，进而达到调节信用规模、市场利率和货币供给量的政策措施。

再贴现政策是中央银行最早使用的货币政策工具。早在 1873 年，英国就用这一工具调节货币信用。美国的再贴现制度始于 20 世纪 30 年代，1946 年美国《就业法》确定了统一的"官方贴现率"。德国的再贴现源于帝国银行的前身普鲁士银行时期，目前再贴现贷款约占德意志联邦银行总贷款的 1/3。在 20 世纪 70 年代，日本银行较为频繁地调整再贴现率，以调节社会信贷总量，对第二次世界大战后的经济重建中的日本经济的恢复和发展起到了重要作用。我国运用再贴现始于 1994 年，经历了作为结算手段推广票据使用以解决企业资金拖欠问题、作为调整信贷结构手段实现信贷倾斜政策和作为重要的货币政策工具三个阶段。

1. 再贴现政策的内容

再贴现政策一般包括两个方面的内容。

（1）再贴现率的调整。主要着眼于短期，即中央银行根据市场资金供求状况，随时调低或调高再贴率，以影响商业银行借入资金的成本，刺激或抑制商业银行和社会公众的资金需求，从而调节货币供应量。

（2）采用贴现率以外的多种方法来调节贷放规模和流向，这些方法包括道义上的劝告、数量限制甚至拒绝放款等。这主要着眼于长期，例如规定向中央银行申请再贴现的资格，从而影响商业银行的资金投向。对要再贴现的票据种类和申请机构加以区别对待，可起到抑制或扶持的作用，改变资金流向，从而使货币供给结构与中央银行的政策意图相符合。

2. 调整再贴现政策的效果

（1）再贴现率变化会影响商业银行等存款机构持有存款准备金或借入资金的成本，从而影响它们的贷款量和货币供给量。提高再贴现率并使之高于市场利率时，商业银行向央行贴现或借款因资金成本增加而减少，一边减少新的贴现或借款，一边收缩信贷归还原有借款或用以超额存款准备金形式存在待选更高定价的放款机会，因此会带来商业银行信用规模的缩小，从而达到收紧银根的效果；反之，降低再贴现率至市场利率以下也会带来放松银根的效果。

（2）具有一定的告示效应。再贴现率变动在某种程度上影响着人们的市场预期。当中央银行提高再贴现率时，公众可能会将此理解为一种信号，认为中央银行正在采取行动，抑制过分通货膨胀；相反，当中央银行降低再贴现率时，便可能被视为中央银行采取措施刺激经济扩张的信号。因此，由于存在着预期和告示作用，再贴现率提高可使某些商业银行预期未来利率看涨而限制其放款，促进人们减少未来对资金的需求，从而达到央行的紧缩目的。

（3）可以起到稳定金融市场的功能。再贴现不仅可以用于影响存款准备金、基础货币和货币供给，而且对于防止金融恐慌、稳定金融市场至关重要。作为央行最先拥有的货币政策工具，再贴现政策是发挥央行最后贷款人功能的重要载体，主要是通过向某些流动性不足甚至发生支付危机的金融机构提供流动性支持，从而帮助问题金融机构渡过难关，免于金融机构因流动性不足倒闭进而引起整个金融市场恐慌和危机，有效地稳定金融市场。

3. 再贴现政策的特点

再贴现率本身具有如下特点：①由于央行提供的贷款以短期为主，所以再贴现率是一种短期利率。一般在3个月到1年之间；②再贴现率是由央行所规定的，因此是一种官定利率，区别于市场利率，反映的是货币当局的利率调控意向。尽管可以起到预知央行政策导向等作用，再贴现率作为一项货币政策工具还是有相当的局限性，主要表现在：①再贴现政策是否有效，在很大程度上取决于商业银行，央行在调控中处于被动地位，如果央行在降低再贴现率时，商业银行仍不愿意向央行进行贴现或借款，那么央行松动银根的调控意图就难以实现；②调节再贴现率只能影响直接与央行发生借贷关系的商业银行，对于不与央行发生直接借贷关系的商业银行只能起到间接的告示效应，效果相对较弱；③由于市场利率是随时波动的，再贴现率作为官定利率要保持对市场利率的基本追随，需要不断进行调整，而过于频繁的调整又会造成金融机构再贷款成本的过度波动，不利于金融秩序稳定，因此再贴现政策需要大致稳定和不断稳定中寻求平衡，操作难度较高。

🌐 **专栏 13-3**

美联储再贴现窗口的运作

美联储向银行发放再贴现贷款的设施是贴现窗口，其向银行发放的再贴现贷款有三种类型：一级信贷、二级信贷和季节性信贷。一级信贷是在货币政策中作用最为重要的再贴现贷款。财务健全的银行可以通过一级信贷便利，借入它们所需要的期限非常短的借款（通常是隔夜），因此被称为常备借贷便利。这些贷款的利率即上面提到的贴现率，通常高于联邦基金利率 100 个基点，这是因为美联储希望银行能够在联邦基金市场上进行同业拆借，这样银行间可以互相监督对方的信贷风险。因此，在大多数情况下，一级信贷便利下的再贴现贷款规模都不大，那么美联储为何设置这一便利呢？这是因为，一级信贷可以作为财务健全银行的后备流动性来源，确保联邦基金利率不会过度高于联邦公开市场委员会制定的联邦基金目标利率，即一级信贷便利为联邦基金利率设置了上限。

二级信贷发放的对象是那些陷入财务困境或者面临严重的流动性问题的银行。二级信贷的利率高于再贴现率 50 个基点。季节性信贷是为了满足位于度假区或农业区、存款具有季节性特征的为数不多的银行需要，其利率与联邦基金利率和定期存款利率的平均值挂钩。

资料来源：美联储. 美联储货币政策工具窗口 [EB/OL]. https://www.federalreserve.gov/monetarypolicy.htm，2019-06.

（三）公开市场操作

公开市场操作即公开市场政策，又称公开市场业务，是央行最为成熟和重要的货币政策工具之一。它是指中央银行在金融市场公开买卖有价证券，以影响银行体系存款准备金，进而影响市场利率或者货币供应量的行为。一般而言，央行公开市场操作最理想的工具是短期政府债券。这首先是由于政府债券风险小、信用好，其次是由于政府债券市场容量大，债券价格不会因公开市场操作而发生大的波动从而对其他债券持有者造成太大的影响。之所以选择短期政府债券，是因为长期政府债券相对市场容量小，流动性较差，不利于央行公开市场操作的开展，且货币政策操作所能直接影响的是与短期债券相对应的短期市场利率。因此，在公开市场操作运用较为成熟的国家，具有政府大量发行短期债券和央行持有相当规模的短期政府债券的条件，以便于央行以此为标的开展货币调控。

1. 公开市场操作的分类

公开市场操作按其目的可分为两种类型：主动型和防御型。主动型公开市场操作是指中央银行以改变银行体系存款准备金和基础货币为目的公开买卖有价证券。主动型公开市场操作在实施货币政策方面具有重要意义。当货币当局决定实施方向性的货币政策时，就在公开市场上连续、同向操作，买入或卖出有价证券，以达到紧缩或扩张货币政策的效果。防御型公开市场操作是指中央银行为保证货币供应量在合适范围，抵消市场因素对银行体系存款准备金和基础货币的影响，依相反方向在公开市场上买卖有价证券以冲销因市场因素带来的货币供给变化。如外汇储备不断上升时带来货币供给的过快增加，为冲销这部分货币供给增加，央行被迫在公开市场卖出短期国债，以回笼银行体系存款准备金，从而冲销基础货币和货币供应量的上升，这种为保证货币政策目标实现而被动采取的操作就是防御型公开市场操作。

公开市场操作按具体操作类型分为两类：一类是现券交易，一类是订有回购协议的购买及配售。在实际操作中，央行主要用后一类方式开展交易，主要有正回购和逆回购两种方式。正回购是指中央银行以约定价格向金融机构卖出有价证券的同时，约定在规定期间内以约定的价格再买回证券。以国债为交易标的，在正回购交易中，中央银行先将其持有的国债让渡给商业银行，表现为央行资产负债表中资产方政府债券的减少和负债方金融机构存款准备金减少，因此基础货币减少，故而是一种回收基础货币的操作。自然，当正回购协议到期时，央行重新买回国债，表现为基础货币的重新投放。相应地，逆回购是指中央银行以约定价格向金融机构买进证券，并约定在一定期限后如数卖还给原来的金融机构。逆回购交易表现为央行资产负债表中资产方政府债券的增加和负债方存款准备金增加，因此是一种投放基础货币的操作。同样地，当逆回购协议到期时，表现为基础货币回笼。

2. 公开市场操作的效果

公开市场操作会有如下效果。

（1）调控银行体系的存款准备金和货币供给量。中央银行通过在金融市场上买入或卖出有价证券，可以有效影响商业银行体系存款准备金数量，从而达到调节基础货币、信贷规模和货币供应量的作用。

（2）影响利率水平和利率结构。中央银行通过公开市场操作影响利率水平有两个渠道，以买入有价证券为例，当中央银行买入有价证券时，一方面证券需求上升，证券价格上升，收益率下降；另一方面，商业银行超额存款准备金增加，基础货币和货币供应量加，引起利率水平下降。此外，中央银行可以根据需要同时买入或卖出不同期限的有价证券，改变各期限的有价证券的供求状况，进而达到调节利率结构的目的。

3. 公开市场操作的特点

同前两种货币政策工具相比，公开市场操作有明显的优势。

（1）主动性。调节信贷规模的主动权掌握在中央银行手中，通过公开市场操作，中央银行可以主动出击，不像再贴现政策那样，处于被动地位。

（2）灵活性。公开市场操作使中央银行能够随时根据金融市场的变化，进行经常性、连续性及试探性的操作，也可以进行逆向操作，以灵活调节货币供给量。

（3）微调性。公开市场操作的规模和方向可以灵活安排，中央银行可以运用它对货币供应量进行微调，而不会像存款准备金的变动那样，产生较大的影响。

（4）快捷性。公开市场操作的运用速度快，不会有行政上的延误。当中央银行决定要改变银行储备和基础货币时，它只需向证券交易商发出购买或出售指令，交易就可立即得到执行。

正是由于有着上述优点，公开市场操作被认为是最行之有效的货币政策工具，成为许多国家最重要的货币政策工具。然而，公开市场操作要有效地发挥其作用，也需要具备一定条件：央行具有金融主导地位，并有着雄厚的资金实力；央行在买卖证券的数量、种类方面有着弹性操作的实力；存在较为发达的金融市场，尤其是要有规模庞大、结构完整的国债市场。

专栏 13-4

有中国特色的公开市场操作工具——央行票据

央行票据是中央银行为调节金融机构超额存款准备金而向以商业银行为主的金融机构发行的短期债务凭证，其实质是中央银行债券，期限为 3 个月、6 个月、1 年期和 3 年期，以 1 年期以内的短期品种为主。

央行票据在我国并不是新事物，早在 1993 年中国人民银行发布了《中国人民银行融资券管理暂行办法实施细则》后便发行了两期规模为 200 亿元的融资券。当时发行央行票据的主要目的是调节地区和金融机构间的资金不平衡。1995 年，央行开始试办债券市场公开市场操作，为弥补手持国债数额过少的不足，也曾将央行票据作为一种补充性工具。而央行票据作为公开市场操作的标的资产，始于 2002 年，并成为接下来若干年中我国公开市场操作最重要的标的资产。

我们前面讲过，常规公开市场操作最理想的标的资产是短期政府债券，在 2002 年以前，短期国债和金融债也是中国人民银行的主要操作对象，但之后为何会被央行票据所取代呢？这主要是由于加入世界贸易组织后，我国净出口快速增长和人民币升值预期强化，导致外汇储备快速增加和相应的基础货币被动增加。为控制货币供给增速，抑制通货膨胀，央行需要在公开市场不断卖出国债来冲销外汇储备增加带来的基础货币增加额。连续的、大量的、单向的公开市场操作不断消耗着央行所持有的国债，以至于到最后央行"无券可卖"。为解决这一现实问题，我国央行创造性地选择了央行票据替代短期政府债券作为公开市场操作的标的资产。通过发行央行票据，可以发挥降低商业银行存款超额准备金，回笼基础货币的调控功能，且发行规模又不受到数量限制，不会出现类似国债那样无券可卖的尴尬境地，因此迅速成为中国人民银行公开市场操作的重要工具。据统计，各金融机构所持有的未到期央行票据规模从 2003 年年底的近 4 000 亿元扩张至 2008 年最高峰时的 4.8 万亿元左右，央行票据发行规模之大，频率之高，回笼基础货币数量之巨，是任何一个国家所没有过的。

不得不承认，在央行持有国债数量规模有限的背景下，央行票据的横空出世对于合理调控基础货币和货币供应量，稳定国内物价发挥了重大作用。我们可以做一个简单的估算，2004～2008 年，我国外汇储备期末值从 0.4 万亿美元上升到 1.94 万亿美元，增加了 1.54 万亿美元，以期间人民币兑美元汇率的平均值 7.3 计算，央行为维持汇率大致稳定被动投放的基础货币为 11 万亿元，而期间人民币基础货币只增加了 7 万亿元，其中的差额冲销工具主要就是不断滚动发行的央行票据。

虽然在实际操作中，央行票据在冲销被动投放的基础货币方面发挥了非常重要的作用，但其作为公开市场操作标的资产还是有一定局限性的。第一，央行票据的货币冲销功能是暂时的。我们知道央行票据的发行是冲销基础货币的过程，但央行票据的短期票据性质决定了其在一定时期后将到期赎回，央行票据到期是将已经冲销的基础货币重新回吐的过程。因此，从整个票据周期来看，基础货币并没有变化。从这个意义上看，央行票据只是把流动性暂时冻结的工具。之所以可以发挥货币冲销的作用，是由于中国人民银行不断发行新的央行票据冲销较早央行票据到期带来的流动性回吐，其结果是央行资产负债表中央行票据负债规模不断放大。由于央行要对央行票据持有方付息，因而带来很大的利息成本。第二，央行票据冲销基础货币功能的发挥是建立在出口快速增长、外汇储备快速增加和人民币升值预期强化等宏观因素带动基础货币不断被动投放的背景之下，随着 GDP 三驾马车中净出口增速下降和人民币汇率改革进一步推进，这种因追求汇率稳定而被迫投放大量基础货币的情形将逐渐改善，从而减弱了中国人民银行对央行票据这一冲销工具的迫切需求。基于以上原因，中国人民银行在 2008 年后开始减少使用央行票据的频率，加上前期央行票据的不断到期，央行资产负债表中央行票据的负债规模已从 2008 年 4.8 万亿元的高峰下降并稳定在当前 500 亿元左右的水平。

虽然当前央行票据的货币冲销功能弱化，但同时衍生出另外一些辅助功能。如 2019 年1 月，为提高银行永续债流动性，支持银行发行永续债补充资本，中国人民银行决定创设央行票据互换工具（Central Bank Bills Swap，CBS），公开市场操作一级交易商可以使用持有的合格银行发行的永续债从中国人民银行换入央行票据，从而提高银行永续债的市场流动性，增强市场认购银行永续债的意愿，进而支持银行发行永续债补充资本。

资料来源：中国人民银行 . 公开市场业务综述 [EB/OL]. http://www.pbc.gov.cn/zhengcehuobisi/125207/125213/125431/index.html，2019-06.

二、选择性货币政策工具

传统的三大货币政策工具，都属于对货币总量的调节，是对整个国民经济和金融市场起作用的。自第二次世界大战以来，出现了一些新的调控手段。这些新的调控手段针对个别部门行业而不是整个金融市场进行调节，它们因此被称作选择性政策工具。中央银行常用的选择性政策工具主要有间接信用控制、直接信用控制和间接信用指导。

（一）间接信用控制

这类调控工具的特点是，它的作用过程是间接的，需通过市场供求变动或资产组合的调整来实现。这类工具主要有消费者信用控制、证券市场信用控制、不动产信用控制、优惠利率和预缴进口保证金等。

（1）消费者信用控制，是指中央银行对不动产以外的各种耐用消费品的销售融资予以控制。其主要内容包括：规定用分期付款购买耐用消费品时第一次付款的最低金额；规定用消费信贷购买商品的最长期限；规定可用消费信贷购买的耐用消费品种类，对不同消费品规定不同的信贷条件，等等。在消费信用膨胀和通货膨胀时期，中央银行采取消费信用控制，能起抑制消费需求和物价上涨的作用。

（2）证券市场信用控制，是指中央银行对有关证券交易的各种贷款进行限制，目的在于抑制过度的投机。比如规定一定比例的证券保证金率，并随时根据证券市场的状况加以调整。

（3）不动产信用控制，是指中央银行对金融机构在房地产方面放款的限制措施，以抑制房地产投机。比如对金融机构的房地产贷款规定最高限额、最长期限以及首次付款和分摊还款的最低金额等。

（4）优惠利率，是指中央银行对国家重点发展的经济部门或产业（如出口工业、农业等）所采取的鼓励措施。优惠利率不仅在发展中国家多有采用，在发达国家也普遍采用。

（5）预缴进口保证金，类似证券保证金的做法，即中央银行要求进口商预缴相当于进口商品总值一定比例的存款，以抑制进口的过快增长。预缴进口保证金多为国际收支经常出现赤字的国家所采用。

(二) 直接信用控制

直接信用控制是指从质和量两个方面,以行政命令或其他方式,直接对金融机构尤其是商业银行的信用活动所进行的控制。其手段包括最高利率限制、信用配额、流动性比率和直接干预等。

(1) 规定存贷款最高利率限制,是最常使用的直接信用控制工具。如在1980年以前,美国有Q条例,条例规定,活期存款不准付息,对定期存款及储蓄存款则规定利率最高限。其目的是防止银行用抬高利率的办法竞相吸收存款和为谋取高利而进行高风险存贷。

(2) 信用配额是指中央银行根据金融市场状况及客观经济需要,分别对各个商业银行的信用规模加以分配,限制其最高数量。在多数发展中国家,由于资金供给相对于需求来说极为不足,所以这种办法相当广泛地被采用。

(3) 规定商业银行的流动性比率,也是限制信用扩张的直接管制措施之一。流动性比率是指流动资产对存款的比重。一般说来,流动性比率与收益率成反比。为保持中央银行规定的流动性比率,商业银行必须采取缩减长期放款、扩大短期放款和增加易于变现的资产等措施。

(4) 直接干预是指中央银行直接对商业银行的信贷业务、放款范围等加以干预。比如对业务经营不当的商业银行拒绝再贴现或采取高于一般利率的惩罚性利率;直接干涉商业银行对存款的吸收等。

(三) 间接信用指导

间接信用指导是指中央银行通过道义劝告、窗口指导等办法间接影响商业银行的信用创造。

(1) 道义劝告,指的是中央银行利用其声望和地位,对商业银行和其他金融机构经常发出书面通告、指示或口头通知,甚至面谈等形式来通报行情,劝告它们自觉遵守金融政策法规,并劝导其采取各种措施以配合中央银行政策的实施。例如,在国际收支出现赤字时劝告各金融机构减少海外贷款;在房地产与证券市场投机盛行时,中央银行要求商业银行减缩对这两个市场的信贷等。目前,世界上许多国家的中央银行都采取道义劝告手段来加强金融管理。除美国外,英国的英格兰银行也有运用道义劝告手段的传统,它定期或随时与商业银行举行例会,共同商议有关金融事宜。

(2) 窗口指导的内容是,中央银行根据产业行情、物价趋势和金融市场动向,规定商业银行每季度贷款的增减额,并要求其执行。如果商业银行不按规定的增减额对产业部门贷款,则中央银行可削减向该银行贷款的额度,甚至采取停止提供信用等制裁措施。虽然窗口指导没有法律约束力,但其作用有时也很大。第二次世界大战结束后,窗口指导曾一度是日本货币政策的主要工具。日本银行对每季度各金融机构增加的贷款额度加以规定,并通过窗口指导来劝说各金融机构自觉遵守。

间接信用指导的优点是较为灵活,但要起作用,必须是中央银行在金融体系中有较强的地位、较高的威望和拥有控制信用的足够的法律权力与手段,因而间接信用指导只能是其他政策工具的一种有益的补充。

三、非常规货币政策工具

在正常情况下,扩张货币供给和降低利率的常规工具就足以稳定经济。然而,如果爆发了大规模的金融危机,常规货币政策工具则可能无法正常发挥作用,这是因为:①金融体系停摆,无法将资本正常配置到实体经济之中,造成投资支出骤减,经济崩溃;②经济体遭遇负冲击,导致调控利率触及零下限,此时利率已经达到了零利率的下限,央行无法进一步调低利率。2008 年次贷危机后的货币政策调控就面临了这样的情形。零利率下限问题之所以发生,是因为在通常情况下,持有债券的收益总是会高于持有现金的收益,所以名义利率不能为负。基于以上理由,央行在非常时期需要非常规货币政策工具,即利率之外的工具来刺激经济。

(一) 提供流动性

(1) 扩张贴现窗口。2007 年次贷危机后,美联储通过调低再贴现率实现再贴现规模扩张。尽管如此,由于通过再贴现窗口获得资金会留下借款银行无处寻求资金、陷入流动性困难的"污点",危机期间再贴现窗口的作用仍然有限。

(2) 短期资金标售工具(Term Auction Facility,TAF),是指为鼓励银行借款,美联储于 2007 年 12 月设立的通过竞争性拍卖方式确定贷款利率的短期资金标售工具。TAF 的应用比再贴现窗口广泛,这是因为通过竞争方式确定的利率要低于再贴现率,银行更愿意借款。

(3) 新的贷款项目,是指美联储在向银行提供贷款的常规手段之外,增加了向金融体系提供的流动性,其方式包括向投资银行贷款,向商业票据、抵押支持证券和其他资产支持证券的购买提供贷款。在 2007~2009 年金融危机期间,美联储贷款项目大大扩张,资产负债表规模增加超过 1 万亿美元。危机期间引入的贷款便利项目包括 TAF、TSLF、PDCF、AMLF、MMIFF、CPFF 和 TALF,表 13-1 给出了这些创新贷款便利的推出时间和主要功能。

表 13-1 美联储提供流动性的非常规货币政策工具

贷款便利	推出时间	功　能
短期资金标售工具(Term Auction Facility,TAF)	2007.12.12	向银行发放固定金额的贷款,贷款利率通过竞争性拍卖的方式决定,而非像通常的贴现贷款那样由美联储制定利率
定期证券借贷工具(Term Securities Lending Facility,TSLF)	2008.3.11	将国债贷放给一级交易商,期限长于隔夜,抵押品范围较为广泛,从而为信贷市场提供足够的用作抵押品的国债
互换协定(Swap Lines)	2008.3.11	为获取外币而向外国中央银行贷放美元,这些中央银行就可以向本国银行发放美元贷款
向 J.P. 摩根收购贝尔斯登的贷款	2008.3.14	通过向 J.P. 摩根发放无追索权的贷款,买入贝尔斯登 300 亿美元资产,为 J.P. 摩根收购贝尔斯登提供便利
一级交易商信用工具(Primary Dealer Credit Facility,PDCF)	2008.3.16	向一级交易商(包括投资银行)发放贷款,使得这些机构享受与银行贴现窗口借款类似的贷款条件

（续）

贷款便利	推出时间	功　能
资产支持商业票据货币市场共同基金融资工具（Asset-Backed Commercial Paper Money Market Fund Liquidity Facility，AMLF）	2008.9.19	向一级交易商提供贷款，帮助其购买货币市场共同基金持有的资产支持商业票据，货币市场共同基金通过卖出商业票据满足投资者的偿付请求
商业票据融资工具（Commercial Paper Funding Facility，CPFF）	2008.10.7	直接从发行人手中买入商业票据
货币市场投资者融资工具（Money Market Investor Funding Facility，MMIFF）	2008.10.21	向特殊目的机构贷款以帮助其购买类别非常广泛的货币市场共同基金的资产
定期资产支持证券贷款工具（Term Asset-Backed Securities Loan Facility，TALF）	2008.11.25	以资产支持证券为抵押品，向其发行人提供贷款，目的是促进这些市场的正常运转

（二）大规模资产购买计划

大规模资产购买计划（Large Scale Assets Purchase Program，LSAP）是指在危机期间美联储发起的全新的、大规模的基于国债和 MBS 的资产购买计划。在通常情况下，公开市场操作只是买入政府国债，特别是短期国债。在危机期间，美联储发起了以长期国债和 MBS 资产为主要购买标的的大规模资产购买计划，目的是降低特定类型信贷工具的利率。

（1）2008 年 12 月，美联储设立了政府发起机构购买项目（Government Sponsored Entities Purchase Program）。依托这个项目，美联储购买了由房利美和房地美担保的总计 1.25 万亿美元的抵押支持证券。美联储希望通过购买行动，刺激抵押支持证券市场，降低住房抵押贷款的利率，推动房地产市场发展。

（2）2010 年 12 月，美联储宣布将购买 6 000 亿美元的长期国债，每月的利率约为 750 亿美元。这一大规模购买项目被称为 QE2，目的是降低长期利率。在全球金融危机期间，虽然短期利率达到了零利率的下限，但长期利率并没有达到下限。由于投资项目的生命周期比较长，所以相较于短期利率，长期利率与投资决策的相关性更高。美联储购买长期国债可以通过降低长期利率，增加投资支出，刺激经济。

（3）2012 年 9 月，美联储公布了第三个大规模资产购买项目，即结合了 QE1 和 QE2 的 QE3。通过 QE3，美联储购买了 400 亿美元的抵押支持证券和 450 亿美元的长期国债。QE3 和之前的量化宽松项目有显著差异，它不是购买既定金额的资产，而是开放性的，"只要劳动力市场没有显著改善"，购买计划就将持续下去。

（三）前瞻性指引和对未来货币政策行动的承诺

前瞻性指引又称为预期管理，是指虽然金融危机后短期利率无法下降到低于零的水平，但货币当局可以选择通过承诺在较长时间保持短期利率零水平，进而降低长期利率，达到刺激经济的目的。基于利率期限结构的预期理论我们知道，长期利率等于长期债券有效期内市场预期短期利率的平均值，通过承诺未来一定期间内的货币政策将保持短期利率的零水平，货币当局可以降低市场对未来短期利率的预期值，从而拉动长期利率下降。

美联储最早采用这种前瞻性指引策略是在 2008 年 12 月 16 日联邦公开市场委员会

（FOMC）会议后，公开宣布不仅要将联邦基金利率目标调低至 0～0.25%，而且"联邦公开市场委员会预计经济疲软状况可能会使联邦基金利率在一定时期内保持超低的水平"。之后几年，美联储在 FOMC 报告中继续使用该类语言，甚至在 2011 年 8 月的 FOMC 会议后，承诺直至 2013 年中期的某个时间之前，联邦基金利率都将保持接近零的水平（并在 2014 年将承诺时间进一步延长至 2015 年中期）。

对未来货币政策行动的承诺有两种类型：附加条件的和不附加条件的。2008 年承诺在未来一定期间内保持联邦基金利率的零水平，这是附加条件的承诺。因为它是基于对未来经济疲软的预测。如果经济环境发生变化，联邦公开市场委员会就会放弃这一承诺。如果美联储要做出不附加条件的承诺，就会直接声明保持联邦基金利率的零水平，而不会说明该政策会根据经济状况的变化而调整。不附加条件的承诺意味着不会违反承诺，因此效力要强于附加条件的承诺，会对长期利率产生更大的影响。它的缺陷是即使环境发生变化，放弃该承诺会产生更好的效果，美联储也无法食言，仍要坚持履行。

美联储在 2003～2006 年的经历说明了不附加条件承诺的缺点。2003 年，美联储担心通货膨胀率过低，认为可能存在通货紧缩的风险，因此在 2003 年 8 月 12 日 FOMC 会议公报中宣称，"在上述环境下，相信应在合理期间内保持宽松政策的稳定"。之后，当美联储在 2004 年 6 月 30 日开始紧缩政策时，将其表述调整为"宽松的货币政策将予稳定调整"。自此至 2006 年 6 月的 10 次 FOMC 会议上，美联储在每次会议上都将联邦基金利率上调了 0.25%，但是，市场将 FOMC 公报理解为不附加条件的承诺，尽管在每次 FOMC 会议上都严格提高联邦基金目标利率，导致货币政策产生较长时间较为宽松的预期，通货膨胀率大大超过意愿水平，助长了房地产市场的泡沫，进而引发了泡沫崩溃后的经济金融危机。

四、我国货币政策工具创新

随着我国国际收支趋于平稳，多年来依靠外汇占款创造基础货币的传统货币投放模式面临变化，2013 年以来，央行不断创新工具以适应新的货币投放需求，新增了"短期流动性调节工具""常备借贷便利""中期借贷便利""抵押补充贷款"和"临时流动性便利"，货币政策调节手段日趋丰富，灵活性增强。

（一）短期流动性调节工具

2013 年 1 月 18 日，央行创设了短期流动性调节工具（Short-term Liquidity Operations，SLO），作为公开市场常规操作的必要补充，在银行体系流动性出现临时性波动时相机使用，调节市场短期资金供给，熨平突发性、临时性因素导致的市场资金供求大幅波动。

短期流动性调节工具的主要特点有：①期限更短，以 7 天内短期回购为主；②操作时点为公开市场操作的间歇期，时点选择上更具灵活性；③操作对象仅为公开市场业务以及交易商中符合特定条件的部分金融机构[⊖]；④区别于公开市场操作的及时披露，SLO 的量价

操作均滞后 1 个月对外披露，因此其稳定市场预期和表示政策利率的作用都较公开市场常规操作削弱，更多地是为了平抑市场的临时性波动。

作为央行公开市场操作品种之一，短期流动性调节工具有其特定的操作方式和操作性质，它和其他公开市场操作交易品种的差异如表 13-2 所示。

表 13-2　央行公开市场操作交易品种比较

品　　种	方向	操作方式	期　　限	操作目标
回购交易	正回购	央行向一级交易商卖出有价证券，并约定在未来特定日期买回有价证券	7/14/21/28/ 91/182/364（天）	正回购回收流动性，正回购到期投放流动性
	逆回购	央行向一级交易商购买有价证券，并约定在未来特定日期将有价证券卖还	7/14/21/28/ 60/91/182（天）	逆回购投放流动性，逆回购到期回收流动性
现券交易	现券买断	央行直接从二级市场买入债券，一次性投放基础货币		投放流动性
	现券卖断	央行直接卖出持有债券，一次性回笼基础货币		回收流动性
发行央行票据	—	央行发行短期债券	3/6（月）1/3（年）	发行央行票据回收流动性，央行票据到期投放流动性
SLO	—	以 7 天期以内短期回购为主	7 天（含）以内，遇节假日可适当延长	投放流动性 / 回收流动性
国库现金定存	—	包括商业银行定期存款招标、买回国债、国债回购和逆回购等	3/6/9（月）	投放流动性 / 回收流动性

（二）常备借贷便利

常备借贷便利（Standing Lending Facility，SLF）是央行在 2013 年创造的定向宽松流动性调节工具，与美联储的再贴现窗口作用类似。其由金融机构主动发起，主要功能是针对性地满足金融机构期限较长的大额流动性需求，对象主要为政策性银行和全国性商业银行。期限为 1～3 个月，利率水平根据货币政策调控、引导市场利率的需要等综合确定。常备借贷便利以抵押方式发放，合格抵押品包括高信用评级的债券类资产及优质信贷资产等。常备借贷便利利率发挥了货币市场利率上限的作用，有利于稳定市场预期，保持货币市场利率平稳运行。

常备借贷便利的主要目的是提高货币调控效果，有效防范银行体系流动性风险，增强对货币市场利率的调控效力，客观上需要进一步创新和完善流动性供给及调节机制，不断提高应对短期流动性波动的能力，为维持金融体系正常运转提供必要的流动性保障。与公开市场操作相比，SLF 能够更及时准确地对市场流动性变化做出反应。因此，在控制短期利率波动上更有优势，更有利于金融市场主体形成稳定的预期。

常备借贷便利的主要特点有：①由金融机构主动发起，金融机构可根据自身流动性需求申请常备借贷便利；②常备借贷便利是中央银行与金融机构"一对一"交易，针对性强；③常备借贷便利的交易对手覆盖面广，通常覆盖存款金融机构。

SLF 与 SLO、公开市场操作的区别如表 13-3 所示。

表 13-3 SLF 与 SLO、公开市场操作的区别

	SLF	SLO	公开市场操作
操作方式	金融机构主动发起	央行相机操作	常规操作，原则上每天都有操作
资金投放时间	以 1~3 个月期限为主	以 7 天为主	7/14/28/91（天）等
资金投放和回购方式	以抵押方式发放贷款，贷款到期回收资金	以正逆回购形式投放和回收资金	以正逆回购形式投放和回收资金
利率水平	一对一交易，多种因素综合确定	市场化招标	市场化招标

（三）中期借贷便利

2014 年 9 月，中国人民银行创设了中期借贷便利（Medium-term Lending Facility，MLF）。中期借贷便利是中央银行提供中期基础货币的货币政策工具，对象为符合宏观审慎管理要求的商业银行、政策性银行。金融机构通过提供国债、央行票据、政策性金融债、高等级信用债等优质债券作为合格质押品招标获得资金。中期借贷便利利率发挥中期政策利率的作用，通过调节向金融机构中期融资的成本来对金融机构的资产负债表和市场预期产生影响，引导其向符合国家政策导向的实体经济部门提供低成本资金，促进降低社会融资成本。

在中期借贷便利的基础上，2019 年第一季度，央行还开展了定向中期借贷便利（TMLF）操作。为符合条件并提出申请的大型商业银行、股份制商业银行和大型城市商业银行，根据其上一年度小微企业和民营企业贷款增量确定流动性需求的规模。首次操作期限为 1 年，到期可续两次，实际使用期限可达到 3 年，操作利率比中期借贷便利利率优惠。

当前，在外汇占款渠道投放基础货币出现阶段性放缓的情况下，中期借贷便利起到了补充流动性缺口的作用，有利于保持中性适度的流动性水平。MLF 与 SLF 相比期限较长，更能稳定公众对流动性的中期预期。

（四）抵押补充贷款

为贯彻落实国务院第 43 次常务会议精神，支持国家开发银行加大对"棚户区改造"重点项目的信贷支持力度，2014 年 4 月，中国人民银行创设抵押补充贷款（Pledged Supplemental Lending，PSL）为开发性金融支持棚改提供长期稳定、成本适当的资金来源，其主要功能是支持国民经济重点领域、薄弱环节和社会事业发展而对金融机构提供的期限较长的大额融资。PSL 采取质押方式发放，合格抵押品包括高等级债券资产和优质信贷资产。

抵押补充贷款工具的推出是央行希望借 PSL 利率水平，引导和打造中期政策利率，以实现央行对中长期利率水平的引导和掌控。PSL 作为一种新的储备政策工具，有两层作用：①在量的层面，是基础货币投放的新渠道；②在价的层面，通过以商业银行抵押资产从央行获得融资的利率，实现对中期利率的引导。

PSL 工具和再贷款非常类似，区别是再贷款是无抵押的信用贷款，市场往往将其理解为某种金融稳定含义，即一家机构出了问题才会被投放再贷款，而 PSL 是基于抵押的贷款。

尽管再贷款目前仍在央行的政策工具中，但近年来使用较少，随着 PSL 工具的升级，未来 PSL 有可能在很大程度上替代再贷款工具。

（五）临时流动性便利

2017 年 1 月，为保障春节前现金投放的集中性需求，促进银行体系流动性和货币市场平稳运行，中国人民银行创设临时流动性便利（Temporary liquidity facilities，TLF）。首次操作是为在现金投放中占比高的几家大型商业银行提供临时流动性支持，操作期限 28 天，资金成本与同期限公开市场操作利率大致相同。这一操作可通过市场机制更有效地实现流动性的传导。

TLF 从功能和利率上来看，与 28 天公开市场操作逆回购类似，央行之所以将之引入作为新工具，是为在经济防失速、通胀防风险、金融去杠杆、资产去泡沫和资金保平稳等多重目标下，强调央行中性偏紧的政策基调，避免传统大额净投放释放强烈宽松信号。

专栏 13-5

我国货币发行机制变化和货币政策工具创新

货币发行不仅包括现金发行，也包括存款等广义货币的创造。在信用货币体系下，商业银行通过发放贷款等资产扩张创造广义货币，中央银行则通过资产扩张创造基础货币，并通过调节基础货币来调控商业银行创造广义货币的能力。

国际上，各经济体一般都是根据自身经济发展和货币政策调控需要，主动选择相应的货币发行机制。例如，美联储主要通过在公开市场上买卖国债投放基础货币，支持其发行货币的基础实际上是美国财政的信用。货币发行机制不是一成不变的，会根据实际需要调整。比如 2008 年以来，为应对国际金融危机冲击，美、欧、日等发达经济体先后实施量化宽松等非常规货币政策，通过购买国债、高等级信用债、交易所交易基金等，向市场大量投放基础货币。

我国的货币发行机制也会根据不同阶段的需要适时进行调整。进入 20 世纪以来 10 多年的时间里，我国经济运行中的一个显著特征，是国际收支持续大额双顺差和外汇储备的积累。外汇储备迅速增长，外汇占款渠道被动投放的基础货币大量增加，中央银行通过提高法定存款准备金率、公开市场操作和发行央行票据等多种方式实现流动性对冲，以防止银行体系流动性过剩，实现了国内物价水平的稳定，为经济结构调整创造了较为适宜的货币环境。

近年来，随着人民币汇率形成机制改革与结构性改革组成的一揽子政策的实施，中国国际收支渐趋平衡。中央银行通过外汇占款渠道投放的基础货币减少甚至为负。2014 年，中央银行外汇占款增加 6 400 亿元，同比少增 2.1 万亿元。2015 年和 2016 年，中央银行外汇占款分别减少约 3 000 亿元和约 2.9 万亿元。为保持中性适度的货币金融环境，中央银行需要对外汇占款渠道少增的流动性予以填补，即中央银行需要从原有的被动流动性投放渠道转为主动流动性投放渠道。因此在 2013 年后创新了上述一系列货币政策工具。

经过几年的操作，上述创新货币政策工具取得了以下一些效果：①基础货币供给渠道发生了明显变化，外汇占款在新增基础货币中来源的占比下降，中期借贷便利和抵押补充贷款等创新的货币政策工具在新增基础货币来源中的占比上升，保持了银行体系流动性适度，反映央行对基础货币的调控能力显著增强；②央行的短期和中期操作利率对债券市场利率和贷款利率的传导效应总体趋于上升，说明中央银行政策利率体系发挥了引导市场利率的重要作用；③信贷结构持续改善，经济结构的转型升级特征明显，创新货币政策工具的结构性功能效果逐渐体现；④货币信贷平稳增长，主要经济指标企稳向好，创新货币政策工具的逆周期调节作用有效发挥。

通过上述创新工具和原有货币政策工具的协调使用，央行主动供给和调节流动性的能力进一步增强，为国民经济重点领域和薄弱环节提供了有力支持。中央银行货币发行机制的改变，不仅适应了经济金融发展的新情况、新变化，有效地满足了银行体系创造广义货币的需要，也为加快推进货币政策调控框架从数量型调控为主向价格型调控为主转变创造了条件。

资料来源：孙国峰.创新工具提高了货币政策调控灵活性和有效性[J].中国金融，2017-02.

第三节　货币政策的操作目标和中间目标

一、货币政策的操作目标和中间目标介绍

(一) 什么是操作目标和中间目标

货币政策的最终目标是长期的、非数量化的，央行进行货币政策工具操作后，不能直接达到最终目标，只是改变了商业银行存款准备金、短期利率或流通中现金等变量，我们把货币政策工具可以直接作用的变量称为货币政策的操作目标。在央行改变了操作目标后，与最终目标实现之间还有一定距离，因此需要在操作目标和最终目标之间再设置一个货币政策的中间目标，或称为中介目标。货币政策的传导过程，也就是货币政策工具影响最终目标发生变化的过程须通过操作目标和中间目标的传导才能完成，因此对央行最终实现货币政策目标有着重要的意义。在西方货币理论中，中间目标的存在发挥了两大作用：①人们长久以来认识到货币政策作用机理具有滞后性和动态性，因而有必要借助于一些能够较为迅速地反映经济状况变化的金融或非金融指标，作为观察货币政策实施效果的信号；②为避免货币政策制定者的机会主义行为，因此需为货币当局设定一个名义锚，以便社会公众观察和判断货币当局的言行是否一致。在具体介绍几个目标的相关内容前，我们先来大致了解下货币政策工具、操作目标、中间目标与最终目标的关系（见图13-3）。

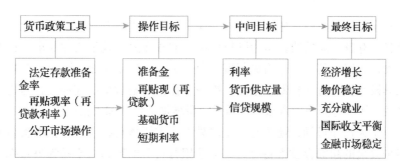

图 13-3　货币政策工具、操作目标、中间目标与最终目标的关系

（二）操作目标和中间目标的选择标准

货币政策的操作目标和中间目标并不是可以随意确定的，必须是能够较为迅速地反映经济状况变化的金融或非金融指标。一项指标是否能成为操作目标和中间目标，一般认为要看是否满足三个标准，即可测性、可控性和相关性。

1. 可测性

可测性有两个层次的含义：①该指标是可以量化的；②除量化外，央行还要及时得到这些准确的量化数据以便分析、公布和预测。缺少这两个标准中的任何一个，都不能认为是可测性的。比如心理因素会影响人们的购买行为和工作态度，进而对经济增长和充分就业产生作用，但心理这个变量很难量化，不满足第一个条件，因而不具备可测性；个人消费支出这个指标是可量化的，但是央行取得这些数据有一定时滞，不能及时获得，不满足第二个条件，因而也不具备可测性。

2. 可控性

可控性是指相关指标是可以被中央银行所大致影响和控制的，即中央银行运用货币政策工具能够对该指标进行有效的控制与调节，否则，这项指标对货币政策没有太大的作用。像上面提到的人们的心理因素就不是央行可以控制得了的，因而不具可控性，央行再怎么调节也是无效的。

3. 相关性

相关性指的是货币政策中间目标必须与最终目标之间有高度相关性，中间目标的变化会引起最终目标较高程度的变化，正因如此，中间目标的设置才能发挥作用，完成货币政策调节从货币政策工具到操作目标、中间目标进而到最终目标的传导。另外，只有当中间目标和最终目标具有高度相关性时，央行才能通过观察这些中间目标指标的变化来判断货币政策实施情况和最终目标的变化情况，确保最终目标的实现。

二、操作目标和中间目标的常用指标变量

（一）操作目标指标变量

作为操作目标的指标一般有准备金、再贴现、基础货币和短期利率等。

1. 准备金

银行体系准备金是由商业银行的库存现金和在央行的准备金存款（包括法定准备金存款和超额准备金存款）构成的。作为操作目标，准备金大致满足三性要求。首先，准备金数据容易被央行获得；其次，作为央行资产负债表的负债项目之一，准备金规模可以通过货币政策工具操作被央行所控制；最后，准备金作为基础货币组成部分，与货币供应量有直接相关关系。如准备金增加意味着货币供应量增加，信贷和银根放松，有利于经济增长。但是，准备金作为操作目标，还是有不足之处的，主要体现在超额存款准备金上。商业银行要持有多少数量的超额存款准备金，是商业银行自身的行为，不易为央行控制，但在法定存款准备金不变的情况下，超额存款准备金才是决定基础货币和货币供应量的基本因素，

因而不易被完全控制。

2. 再贴现（再贷款）

再贴现的实质是央行对商业银行提供的贷款，是央行投放基础货币的渠道之一，并且直接反映在央行资产负债表的资产方。因此，央行可以直接即时地从资产负债表中获得再贴现的准确数据，并通过调整再贴现规模影响商业银行的超额存款准备金，进而作用于商业银行信贷规模和基础货币。如经济复苏时期，央行调低再贴现率，商业银行再贴现融资需求增加，从而再贴现规模放大，带动超额存款准备金、基础货币的同步放大以及信贷规模和货币供应量的倍数扩张，从而有利于经济复苏和就业增长。

3. 基础货币

基础货币是由准备金和流通中现金组成的，两者都是央行的负债，因此可测性和可控性很好。同时，由于基础货币的扩张会引起货币供应量的多倍扩张，故基础货币增减对货币供应量的增减有直接作用，从而对经济活动产生影响，保持了与最终目标之间的高度相关性。但是，由于基础货币构成部分的超额存款准备金和流通中现金均不易为央行控制，所以基础货币的可控性略显不足。

4. 短期利率

央行可以很容易地得到短期利率有关数据，因此，这一指标据具备很好的可测性。从可控性来说，央行可以自主调整再贴现率、央票利率、央行主动进行的回购利率等。但是由于不同的金融工具对应了许多不同的短期利率，如银行间市场同业拆放利率、债券回购利率等，整体货币市场短期利率受到央行的影响，但并不是其可以完全控制的。从相关性来说，对投资、消费和国民收入起到重要作用的是长期利率，而货币市场形成的短期市场利率在更大程度上影响的是金融机构流动性，只是长期利率的一个影响因素，因而相关性显得有些不足。

（二）中间目标指标变量

中间目标的选择标准和划分种类虽然不尽相同，但大致可划分为数量型和质量型两类。数量型如货币供应量、信贷规模等，质量型如利率、汇率等。纵观各国货币政策具体实践，货币政策中间目标的选择是一个不断变化发展的过程，各国在不同的历史时期、不同的经济背景下分别采用了不同的货币政策中间目标，总结下来，利率、货币供应量、信贷规模和汇率是各国中央银行采用最多的中间目标。

1. 利率

将利率作为货币政策中间目标是凯恩斯主义的一贯主张，下面我们对之加以分析。

（1）从可测性来看，利率是可以量化的，并且央行能及时得到利率数据。但是，利率准确地是指所有利率品种的加权平均值，而央行容易得到的仅仅是货币市场利率和银行信贷利率，不包含借款者从金融机构或金融市场中借款的实际利率或者公司内源融资的隐性利率，因此，利率作为中间目标的可测性并不是完美的。

（2）从可控性来看，以我们国家的实际情况分析，由于利率仍被管制，所以存贷款利率受到中国人民银行的控制不成问题。但随着利率市场化，存贷款利率上下限逐渐放松，存贷款利率的可控性也会逐渐减弱。譬如完全利率市场化的欧美国家，存贷款利率并不由央行控制，而是通过市场决定，央行可以控制的仅是基准利率和再贴现率。除存贷款利率外，国债利率、同业拆放利率和资本市场债券利率这些利率也不是央行可以轻易控制的，因此，虽然当前中国人民银行对利率控制性较强，但历史经验表明，这种控制力可能只是暂时的。

（3）从相关性来看，利率和投资消费都有较高相关性。从理论上来说，利率上升，投资和消费会相应抑制；利率下行，投资和消费会受到刺激。但实际经济生活中，利率和经济增长各变量的相关关系可能就没有这么显著了。这是因为，首先，经济活动受到各种因素的影响，利率只是其中一项。例如在某一经济周期阶段中，利率传导至经济的机制有可能遭到破坏。经济恶化时期，放贷方为降低杠杆，缩小风险敞口，根本不愿贷款，相似地，如果借款方对经济前景预期比较消极，利率下降也无法增加投资消费需求，此时利率下降对于刺激投资和消费的作用就大大减弱了。其次，当名义利率和实际利率发生背离时，利率和经济增长之间的有效性被削弱。我们知道，央行可以控制的利率为名义利率，而实际影响经济运行的却是预期实际利率。在一般情况下，名义利率和实际利率走势相当，但是当出现严重通货膨胀时，名义利率和实际利率严重背离，这时中央银行所能控制的名义利率与货币政策最终目标之间的相关性就会大大降低。最后，影响投资、消费等经济增长最终目标构成的主要因素是长期利率，而不是央行容易控制的短期利率。另外，即便利率受到调整，但作用于经济时又会受到反作用从而削弱调控效果。比如央行降低利率，促进了投资、消费进而影响到国民收入增加，但这些指标增加又反过来产生了利率上行的压力。总体来说，利率的相关性有着各种不足。

正是由于利率作为中间目标有各种各样的不足，加上20世纪70年代西方国家出现严重的"滞胀"现象，名义利率与实际利率出现严重背离，各国央行发现，以利率作为中间目标使得货币政策有效性受到明显制约，所以开始陆续放弃利率指标转而采用货币供应量作为新的中间目标。

2. 货币供应量

货币供应量是20世纪七八十年代央行最常采用的中间目标。首先，央行可以轻易获得各个层次货币供应的具体数据，因此可测性很好。然后，就相关性分析，货币供应量变化对投资、消费或者净出口都有一定影响，从而作用于经济增长。但是，货币供应量的多个层次决定了各个层次货币供应量与货币政策不同最终目标之间的相关性是不同的。如流动性较强的M0、M1与通货膨胀相关性较强，而M2与投资、消费和国民收入的相关性较强。就可控性而言，由于M0是完全体现在央行资产负债表负债方的，所以可控性很好。但M1、M2的可控性要低很多。这主要是由于虽然央行可以大致控制基础货币，但是基础货币究竟能扩张为多少M1和M2取决于货币乘数，这一指标由市场决定，并非央行可以控制的。

20世纪90年代后，许多西方国家又先后放弃了实行了近20年的以货币供应量为货币政策中间目标的做法，其主要原因在于：①大量的金融市场创新工具，一方面使得货币供应量的概念定义和计量越来越困难，另一方面又降低了货币需求的利率弹性，使得货币需求函数的稳定性大大降低，货币流通速度变得更是难以控制；②金融自由化为企业提供了更多的融资渠道，这使得中央银行希望通过控制基础货币以影响信贷规模和货币供应量的调控行为有效性降低；③经济全球化导致大量资本在国际上不断流动，使得一国货币供应量与该国经济增长之间的相关性变得越来越弱。上述现象一方面导致中央银行对货币供应量的控制能力不断被削弱，从而限制了以货币供应量为中间目标的货币政策的有效性；另一方面又导致货币供应量与经济增长之间的相关性被逐步弱化，从而削弱了中间目标到最终目标的相关性。

🌐 **专栏 13-6**

中间目标利率与货币供应量的进一步比较

对货币中间目标的选择上，是利率还是货币供应量更为合适，这没有绝对的结论，而是要看经济冲击是来自实体部门还是金融部门。如果经济冲击来自实体部门，那么应选择利率作为中间目标；如果来自金融部门，那么应选择货币供应量作为中间目标。这其中的原因可以用我们之前学到过的 IS-LM 曲线来说明。

假定最初经济处于均衡，IS-LM 曲线分别位于 LM_1 和 IS_1，然后经济遭遇一定冲击，这种冲击有两种情况：第一种，冲击来自实体部门；第二种，冲击来自金融部门。在第一种情况下，以图 13-4 表示就是 LM 曲线仍位于 LM_1，但实体经济冲击使得 IS 曲线移动至 IS_2，如果以货币供应量为中间目标，也就是 LM 曲线仍位于 LM_1，此时 LM 曲线与 IS 曲线的交点从 E_1 移到 E_2，对应的国民收入也从 Y_1 变化到 Y_2。如果以利率为中间目标，那么情况就不一样了。主要是 LM 曲线的斜率发生了变化，成为一条水平的直线 LM_2。这是由于以利率为中间目标，会使得货币投机性需求的利率弹性变大而交易性需求的利率弹性变小。遭遇到冲击后，LM 曲线与 IS 曲线的交点就从 E_1' 变动到 E_2'，国民收入也从 Y_1' 变动到 Y_2'。显然，以利率作为中间目标时国民收入的变化幅度要大于以货币供应量作为中间目标时的情况。因此，我们得出一个结论：如果经济冲击来自实体部门，那么相对于以利率作为中间目标，以货币供应量作为中间目标的货币调控对国民收入影响幅度较小，稳定性较好。

第二种情况，如果经济冲击来自金融部门，则图 13-5 的 IS 曲线没有发生位移，但货币冲击使得 LM 曲线发生变动，从初始状态的 LM_1 变动到 LM_2。如果央行以货币供应量为中间目标，则 LM 发生进一步变动，那么国民收入水平处于 Y_1 和 Y_2 之间某个不确定的位置上。而以利率为中间目标，LM 曲线变动为水平的 LM_3，与 IS 曲线的交点也从 Y_1' 变动到 Y_1'。显然在冲击来自金融部门的情况下，相较于以货币供应量作为中间目标，以利率作为中间目标的货币调控效果更为稳定。

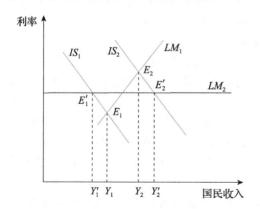

图 13-4　第一种情况：实体部门冲击时的不同
　　　　中间目标调控结果

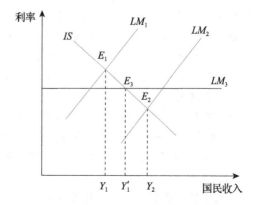

图 13-5　第二种情况：金融部门冲击时的不同
　　　　中间目标调控结果

资料来源：钱水土，等 . 货币银行学 [M]. 2 版 . 北京：机械工业出版社，2013.

3. 信贷规模

20世纪80年代，在各国央行纷纷放弃利率这一中间目标转投货币供应量时，有学者提出了不同的意见，如本杰明·弗里德曼提出以未清偿贷款或债务作为中间目标，即信贷规模。我们知道，信贷是企业资本投资和流动资金的主要融资渠道，信贷规模增加，会带动投资和消费的增加，从而促进经济增长；反之会带动经济下行。但随着直接金融市场发展和金融结构调整，信贷规模和经济增长之间的相关度逐渐减弱。同时，由于信用扩张效应，信贷规模和经济增长之间不断相互作用，可能会发生虚假繁荣，造成经济杠杆率过高，产生泡沫经济，一旦泡沫破灭，就会加剧经济周期波动。在可控性方面，在信贷规模控制下，央行可以通过行政方式干预商业银行体系创造的信贷规模，具备很好的控制力。但由于倒逼机制的存在，经济生活中的商业银行有突破信贷规模的天然动力，且规模管理也与金融市场化的趋势相违背。在计划经济背景下，我国曾采用信贷规模作为中间目标，但是自1998年起，便全面取消了信贷规模这一中间目标，改为以货币供应量作为主要中间目标。

专栏 13-7

我国货币政策中间目标转型：社会融资规模

随着我国金融体系深化，多元融资结构形成，新的货币政策中间目标"社会融资规模"出现并应用。在2010年12月中央经济工作会议和2011年政府工作报告提出"保持合理的社会融资规模"后，社会融资规模成为宏观监测的重要指标之一。

社会融资规模是指一定时期内（每月、每季或每年）实体经济（即企业和个人）从金融体系获得的全部资金总额。这里的金融体系是整体金融的概念。从机构看，包括银行、证券、保险等金融机构；从市场看，包括信贷市场、债券市场、股票市场、保险市场以及中间业务市场等。它主要由三个部分构成：①金融机构通过资金运用对实体经济提供的全部资金支持，主要包括人民币各项贷款、外币各项贷款、信托贷款、委托贷款、金融机构持有的企业债券及非金融企业股票、保险公司的赔偿和投资性房地产等；②实体经济利用规范的金融工具，在正规金融市场，通过金融机构信用或服务所获得的直接融资，主要包括银行承兑汇票、非金融企业境内股票筹资及企业债的净发行等；③其他融资，主要包括保险公司赔偿、小额贷款公司贷款、贷款公司贷款等。

具体到统计指标上，首次公布的社会融资规模包括人民币贷款、外币贷款、委托贷款、信托贷款、银行承兑汇票、企业债券、非金融企业境内股票融资和其他金融工具融资八项指标。需要指出的是，随着金融市场发展和金融创新深化，实体经济融资渠道增加，社会融资指标是动态调整的。一些新的融资方式在未来条件成熟时可能计入社会融资规模。如2018年7月和9月，央行两次调整社会融资规模统计口径，将"存款类金融机构资产支持证券"和"贷款核销"纳入"其他融资"项，将"地方政府专项债券"纳入"直接融资"项。

统计数据显示，近年来我国社会融资规模快速扩张，金融对经济的支持力度明显加大。从2002年到2018年，我国社会融资规模由2万亿元扩大到19万亿元，年均增长15%，比同期人民币各项贷款年均增速高3.4个百分点。2018年社会融资规模与GDP之比为21%，比2002年提高4个百分点。与此同时，金融结构呈现多元发展，金融对资源配置的积极作用不断提高，具体表现为以下两方面。①直接融资快速发展，非银行金融机构对实体经济支持力度明显加大。2018 年企业债融资和非金融企业境内股票融资分别占同期社会融资规模的 12.85% 和 1.87%，其中企业债融资比 2002 年上升 11.05 个百分点。②金融机构表外业务融资功能显著增强。2013 年高峰时银行承兑汇票、委托贷款和信托贷款分别占同期社会融资规模的 4.48%、14.71% 和 10.63%，共计 29.82%，比 2002 年高 32.12%，2016 年后由于金融体系去杠杆表外业务增速和占比有所下降，但相对 2002 年也有明显增长。

　　传统的金融与经济关系，一般是指银行体系与实体经济的关系。较长时期以来，我国宏观调控重点监测和分析的指标是 M2 和新增人民币贷款。在某些年份，新增人民币贷款甚至比 M2 受到更多关注。近年来，随着我国金融市场快速发展，金融与经济关系发生较大变化。金融市场和产品不断创新，金融结构多元发展，证券、保险类机构对实体经济资金支持加大，对实体经济运行产生重大影响的金融变量不仅包括传统意义上的货币与信贷，也包括信托、债券、股票等其他金融资产。2010 年全年新增人民币贷款 7.95 万亿元，同比少增 1.65 万亿元，但是实体经济通过银行承兑汇票和委托贷款从金融体系新增融资达 3.47 万亿元，占社会融资规模的 24.2%，同比多增 2.33 万亿元。宏观监测迫切需要一个更为合适的能够全面反映金融与经济关系的中间指标，即社会融资规模。只有将除贷款外的其他融资（即金融机构表外融资业务如银行承兑汇票、委托贷款、信托贷款等）以及直接融资都纳入统计范畴，才能完整全面地监测和分析整体社会融资状况，也才能从根本上避免因过度关注贷款规模而形成的"按下葫芦浮起瓢"的现象。

　　资料来源：中国人民银行货币政策分析小组.中国货币政策执行报告[R]. 2019-06.

---

4. 汇率

　　以汇率作为货币政策中间目标最主要的优点是限制了过多的货币发行，有利于控制通货膨胀。无论是将本国货币盯住黄金还是其他国家的货币，都对货币发行提出了黄金或外汇储备的要求，自动限制了过多的货币发行。

　　汇率目标虽然有利于控制通货膨胀，但在资本项目开放条件下将导致货币政策独立性的丧失，对目标国的冲击将被直接传输给盯住国。汇率目标使得汇率不会轻易变动，外汇市场上的信号难以反映货币政策的意图。在以汇率作为货币政策中间目标的情况下，央行通常会实施过度膨胀的政策，并且由于汇率稳定，在平时很难察觉，直到有投机攻击时才会显露。由于不能有效防止游资对本币的投机冲击，所以国内经济可能为此付出高昂的代价。

　　许多新兴市场国家由于央行尚未发展成熟，很难有效地运用"相机抉择"政策，保持货币政策的独立权或许得不偿失。因此，它们宁愿通过汇率目标去跟随另一国的货币政策而不愿追求自己的独立政策。但是汇率目标也便利了企业和居民大举外债，本币贬值造成的负债增加和资产缩水将严重恶化国内的投资与经济增长。汇率目标下大量的外资流入会造成虚假繁荣，而外资的大举撤出将不可避免地造成泡沫的崩溃和经济复苏的艰难。

第四节　货币政策的传导机制与效果分析

一、货币政策的传导机制

　　货币政策的传导机制，是指中央银行通过货币政策工具的实施，影响操作目标、中间目标，最终传导至最终目标的过程。根据影响经济体的大致部门来划分，货币政策的实质是总需求管理政策，影响了国民收入构成中的投资、消费和净出口，因此货币政策传导也可以从以上三个方面加以分析。

（一）投资渠道

1. 利率传导机制

凯恩斯主义的观点认为，货币供应量增加会使得利率下降，降低投资的成本，带动投资需求和投资规模双增，从而提振国民收入增加；反之，货币供应量减少，利率上升，人们的投资意愿和数量下降，国民收入进一步减少。具体传导过程描述如下：

$$M\uparrow \to i\downarrow \to I\uparrow \to Y\uparrow$$

2. 托宾 q 传导

经济学家托宾提出了一种有关股票价格与投资支出相互关联的理论，称作托宾 q 理论。在该理论下，q = 企业市场价值 / 资本重置成本。若 q > 1，则说明企业市场价值高于企业重置成本，在这种情况下，建立新厂房和购买新设备的资本成本要低于收购同等规模的企业价值，因此企业会偏向选择新建厂房和购买机器，而不会直接收购另一家企业，这意味着企业的投资支出将会增加。若 q < 1，则表明企业市场价值低于企业的资本成本，因此企业会选择收购已有的企业来替代建造新厂房和购买新设备，从而对新投资品购买的投资支出会处于相对比较低的水平，投资支出也相对减少。货币政策和托宾 q 之间有一定的相关关系，当货币供应量增加时，债券利率下降，股票价格上升，托宾 q 上升，带动投资和国民收入。具体传导过程描述如下：

$$M\uparrow \to I\downarrow \to P_s\uparrow \to q\uparrow \to I\uparrow \to Y\uparrow$$

3. 信贷传导

信贷传导包括银行借贷渠道和资产负债表渠道这两种形式。银行借贷渠道是指货币供应量的增加会直接导致银行信贷可供量的增加，企业资金需求得到满足，因而导致投资和产出的增加。资产负债表渠道是指货币供应量增加导致利率下降，利率下降一方面使企业股价上升，公司净值提高；另一方面会使企业利息支出减少，直接增加现金流。这两个方面促进企业的资产状况得到改善，使银行贷款的逆向选择和道德风险减少，从而银行放贷意愿增强，企业得到贷款数量增加带动投资和产出增加。具体传导过程描述如下：

$$M\uparrow \to L\uparrow \to I\uparrow \to Y\uparrow$$

$$M\uparrow \to \begin{cases} i\downarrow \to P_s\uparrow \\ NCF\uparrow \to 资产状况改善 \end{cases} \to L\uparrow \to I\uparrow \to Y\uparrow$$

（二）消费支出渠道

1. 利率和收入传导

货币供应量增加，使得利率下降，消费者储蓄收益下降使得储蓄意愿下降，从而消费支出会增加。同时，货币供应量增加会提高消费者的临时性收入，根据恒久收入理论，临时性收入增加也会促使消费支出增加，从而影响国民收入。反之，货币供应量减少会使得利率上升，储蓄意愿增强，减少支出从而使得国民收入下降。具体传导过程描述如下：

$$M\uparrow \rightarrow \begin{Bmatrix} i\downarrow \\ Y_t\uparrow \end{Bmatrix} \rightarrow C\uparrow \rightarrow Y\uparrow$$

2. 财富效应

储蓄生命周期理论表明，决定消费支出的是消费者毕生的资产，而不仅仅是今天的收入，消费者是按照时间均匀安排其一生的消费支出的。消费者毕生资产的一个重要组成部分是金融资产，如股票、债券等。当股票和债券价格上升时，消费者财富增加，就会增加消费，这被称为消费支出的财富效应渠道。具体传导过程描述如下：

$$M\uparrow \rightarrow i\downarrow \rightarrow P_s\uparrow \rightarrow 毕生财富\uparrow \rightarrow C\uparrow \rightarrow Y\uparrow$$

3. 流动性效应

流动性效应是指消费者遇到的财务困难可能性与所持有的金融资产流动性相关。一般来说，消费者遇到的财务困难的可能性与持有金融资产的流动性成反比，持有金融资产流动性越好，遇到财务困难的可能性越小，消费支出就越稳定。而金融资产流动性与金融资产价格走势有一定相关性，资产价格又受到货币政策影响。如货币供应量增加，利率下降，股票、债券等金融资产价格上升，消费者就能更顺利地在不受损的条件下卖掉所持有的资产，陷入流动性困难和财务困难的可能性也就越小。反之，如果金融资产价格下行，消费者持有的金融资产陷入流动性困难的可能性就比较大。

$$M\uparrow \rightarrow P_s\uparrow \rightarrow 金融资产价值\uparrow \rightarrow 财务困难可能性\downarrow \rightarrow C\uparrow \rightarrow Y\uparrow$$

4. 消费信贷渠道

货币政策还可以通过影响消费信贷规模来调整消费需求，作用于国民收入。如当央行放松银根，或者上调消费信用比率时，消费者从金融机构获得消费性贷款就变得比较容易，因而会增加相应的消费支出。比如央行放松银根，下调住房抵押贷款首付率，那么购买者可以用相对较少的自由资金完成购买行为，因此会有效增强住房消费。反之，对住房的需求就会下降。

$$M\uparrow 或消费信用比率\downarrow \rightarrow 可得消费信贷\uparrow \rightarrow C\uparrow \rightarrow Y\uparrow$$

（三）外汇渠道

在开放经济条件下，净出口受汇率波动影响很大。当本国货币升值，外国货币贬值时，本国商品的国际市场价格会相对上升，外国商品价格相对下降，因此出口下降，进口增加，净出口下降，而对净出口有重要影响的汇率又受到货币政策的作用。如上面所介绍的，货币供应量增加会引起本国利率下降，此时如果国外利率不变，国内外利差就会放大。根据利率平价理论，此时资本会流向利率较高的国外，因此本国货币汇率下降，外国货币汇率上升。具体传导过程描述如下：

$$M\uparrow \rightarrow i\downarrow \rightarrow e\downarrow \rightarrow 净出口\uparrow \rightarrow Y\uparrow$$

以上是西方学者关于货币政策传导机制的论述。至于货币政策究竟通过何种渠道作用于经济，各方仍有争议。但是可以肯定，单一的传导机制不足以对政策的效果做出完全的评价，而不同的国家不同传导机制的重要性也不一致。在一个以银行为主体的国家，货币信贷渠道可能是最重要的，而在一个金融市场高度发达的国家，资本市场在货币政策的传导中将起十分重要的作用，对于一个高度开放的经济体，汇率传导途径则可能是最重要的。

专栏 13-8
中央银行的利率调控与传导

"十三五"规划提出，要构建目标利率和利率走廊机制，推动货币政策由数量型调控为主向价格型调控为主转变。党的十九大提出，深化利率和汇率市场化改革。近年来，利率市场化改革稳步推进，存贷款利率已基本放开，基准利率体系正在完善，价格型调控机制建设不断推进。

利率市场化取得显著进展。一是探索建立利率走廊机制，发挥常备借贷便利利率作为利率走廊上限的作用。二是加快市场基准利率体系建设，继续培育上海银行间同业拆放利率（Shibor）、国债收益率等为代表的金融市场基准利率体系，为金融产品定价提供重要参考。三是在货币政策调控中更加注重价格型信号及其传导，探索实施价格型调控和预期管理。建立公开市场每日操作常态化机制，丰富公开市场操作品种，进一步提高流动性管理的前瞻性和有效性，稳定释放政策信号，合理引导市场预期。四是金融机构利率定价能力不断增强。以前，商业银行贷款内部资金转移定价（FTP）主要基于央行规定的贷款基准利率，金融市场业务 FTP 主要基于货币和债券市场利率。随着利率市场化推进和银行负债更趋多元化、市场化，商业银行正在逐步构建行内统一的 FTP 曲线，逐步提高存贷款利率对市场利率变动的敏感度。

利率传导效率有所提升。从 2016 年下半年以来的情况看，货币市场短期利率向债券利率、贷款利率的传导效率要好于预期，市场主体对利率的变化更为敏感。2016 年 8 月以来，与宏观经济走势和市场供求向变化相匹配，货币市场利率上升约 50～60 个基点，贷款和债券利率相应变化，债券市场收益率上升约 100～150 个基点，贷款加权平均利率也上升约 50～60 个基点。这也为下一步继续推进利率市场化奠定了更好的基础。

我们也要看到，利率市场化改革还有一些"硬骨头"。目前存贷款基准利率和市场利率"两轨"并存，存在存款"搬家"现象，在一定程度上推动银行负债短期化、同业化，资金稳定性下降，成本上升。此外，市场基准利率体系培育、利率调控体系建设、金融机构定价能力培育等也有待进一步推进。

继续稳步推进利率市场化改革。推动利率"两轨"逐步合"一轨"，趋向市场化的方向。健全银行内部转移定价机制。结合国际基准利率改革的经验和教训，进一步完善 Shibor 等基准利率体系，进一步健全中央银行市场化的利率调控和传导机制。同时，加强对理财产品及其他影子银行的监管，按照"实质重于形式"的原则，统一监管标准，强化资本、流动性和其他审慎约束，消除定价扭曲。

资料来源：中国人民银行货币政策分析小组.中国货币政策执行报告 [R]. 2019-06.

二、货币政策效应分析

（一）货币政策效应及其衡量

货币政策效应即有效性问题，是货币政策的政策目标与实际运行效果之间的偏差。这种偏差有时较小，使得货币政策有效性较高；有时又明显偏大，使得货币政策的有效性较低。这就现实地提出了货币政策有效性的问题。

货币政策效应的判断取决于具体的政策目标。若物价稳定是货币政策的唯一目标，则只需考虑货币政策与通货膨胀之间的变化情况即可对货币政策的效应做出判断。理论的探讨一般主要分析货币政策能否引起总需求和总产出的变化，即能否影响和改善实体经济的运行。

如果货币政策的目标较多，则必须综合起来进行判断。以物价稳定和经济增长为目标评估紧缩性货币政策为例，如果紧缩性货币政策平抑了价格水平的上涨，或者促使价格水平回落，同时又不影响产出或供给的增长率，那么可以说这项紧缩性货币政策的有效性最大。如果紧缩性货币政策在平抑价格水平上涨或促使价格水平回落的同时，也抑制了产出数量的增长，那么货币紧缩性货币政策有效性的大小，则要视价格水平变动率与产出变动率的对比而定。若产出数量虽有减少，但减少规模还不算大，而抑制价格水平的目标接近实现，则可视为紧缩性货币政策的有效性较大；若产出量的减少非常明显，而价格水平目标的实现并不理想，则紧缩性货币政策的有效性就较小。如果紧缩性货币政策无力平抑价格上涨或促使价格回落，却抑制了产出的增长甚至使产出的增长为负，则可以说紧缩性货币政策是无效的。衡量其他类型的货币政策效应，也可采用类似的思路，结合货币政策作用的自身机理来进行分析。

（二）影响货币政策效应的因素

货币政策的效应主要受到货币政策时滞、货币流通速度、微观主体预期以及其他经济或政治因素的影响。

1. 货币政策时滞

从实施政策工具到实现政策目标不可能一瞬间完成，这中间存在一个或短或长的时间差，这就是时滞。货币政策时滞是决定货币政策效应中作用时间长短问题的决定性因素，它由内部时滞和外部时滞两部分组成。

内部时滞是指从政策制定到货币当局采取行动这段时期。它可再分为两个阶段：①从形势变化需要货币当局采取行动到它认识到这种需要的时间距离，称为认识时滞；②从货币当局认识到需要行动到实际采取行动这段时间，称为行动时滞。内部时滞的长短取决于货币当局对经济形势发展的预见能力、货币当局的独立性、制定对策的效率和行动的决心等因素。

外部时滞又称效应时滞，是指从中央银行采取行动开始直到对政策目标产生影响为止这段时间。它也分为两个阶段：①中央银行变更货币政策后，经济主体决定调整其资产总量与结构所耗费的时间，称为执行时滞；②从经济主体决定调整其资产总量与结构到整个社会的生产、就业等变量发生变化所耗费的时间，称为生产时滞。外部时滞主要由客观的经济和金融条件决定。

2. 货币流通速度

对货币政策有效性的另一个主要限制因素是货币流通速度。对于货币流通速度一个相当小的变动，如果政策制定者未能预料到或在估算这个变动幅度时出现小的差错，都可能使货币政策效果受到严重影响，甚至有可能使本来正确的政策走向反面。假设在预测年度，GNP 将增长 20%，根据以前年份有关数据的实证规律，再假设只要包括货币流通速度在内的其他条件不变，货币供给等比增加即可满足 GNP 增长对货币的追加需求。如果货币流通速度在预测的期间加快了 10%，不考虑其他条件的变化，货币供给则只需增加 9.1% 即可。要是货币当局没有预见到货币流通速度的变化，而是按流通速度没有多大变化的考虑决定增加货币供给 20%，那么新增的货币供给量则将成为助长经济过热的因素。

3. 微观主体预期

当一项货币政策提出时，各种微观经济主体立即会根据可能获得的各种信息预测政策很快地做出对策，而且极少有时滞。面对微观主体广泛采取的对消货币政策作用的对策，货币当局推出的政策很可能归于无效。例如，政府拟采取长期的扩张政策，人们通过各种信息预期社会总需求会增加，物价会上涨，在这种情况下，工人会通过工会与雇主谈判，要求提高工资，企业预期工资成本增大而不愿扩展经营。最后的结果是只有物价的上涨而没有产出的增长。鉴于微观主体预期，似乎只有在货币政策的取向和力度没有或没有完全为公众知晓的情况下才能生效或达到预期效果，但是这种可能性不大。货币当局不可能长期不让社会知道它所要采取的政策；即使采取非常规货币政策，不久之后也会落在人们的预期之内。假如货币当局长期采取非常规货币政策，则将导致微观经济主体做出错误判断，并会使经济陷入混乱之中。但实际的情况是，公众的预测即使是非常准确的，实施对策即使很快，其效应的发挥也要有个过程。这就是说，货币政策仍可奏效，但公众的预期行为会使其效应打很大的折扣。

4. 其他经济或政治因素的影响

货币政策的效果也会受到其他外来或体制的因素所影响。

（1）客观经济条件。一项既定的货币政策出台后总要持续一段时间，在这段时间内，如果生产和流通领域出现某些始料不及的情况，而货币政策又难以做出相应的调整时，就可能出现货币政策效果下降甚至失效的情况。比如，在实施扩张性货币政策中，生产领域出现了生产要素的结构性短缺。这时纵然货币、资金的供给很充裕，由于瓶颈部门的制约，实际的生产也难以增长，扩张的目标即无从实现。再如，实施紧缩性货币政策以期改善市场供求对比状况，但在过程中出现了开工率过低、经济效益指标下滑过快等情况。这就是说，紧缩需求的同时，供给也减少了，改善供求对比的目标也未能实现。

（2）政治因素。政治因素对货币政策效果的影响也是巨大的。由于任何一项货币政策方案的贯彻，都可能给不同阶层、集团、部门或地方的利益带来一定的影响，所以这些主体如果在自己利益受损时做出较强烈的反应，就会形成一定的政治压力。当这些压力足够有力时，就会迫使货币政策进行调整。

🐾 延伸阅读

通货膨胀目标法

通货膨胀目标法的基本含义是货币当局预测通货膨胀的未来走势，将此预测与已经确定并明确公布的通货膨胀目标区（或通货膨胀目标）相比较，根据这两者之间的差距综合运用多种货币政策工具进行调整和操作，使通货膨胀率稳定在预先设定的水平上。如果预测的通货膨胀高于目标或目标区上限，则采取抑制性货币供给调整；如果预测的通货膨胀低于目标或目标区下限，则采取宽松性货币供给调整；如果预测的通货膨胀处于目标区内，则货币政策可以基本保持不变。自1990年新西兰率先采用该做法以来，加拿大、英国、瑞典、芬兰、澳大利亚、西班牙、泰国、韩国等国家相继采用。目前已有20多个国家采用了通货膨胀目标法，还有其他一些国家正准备采用。涉及的国家既有加拿大、英国等发达国家，也有智利、泰国、韩国等发展中国家，从而表现出了一定的适应性。

尽管各国通货膨胀目标法的内容并不完全相同，但都呈现出了很大的共性。从各国的具体做法来看，首先是确定一个合理的通货膨胀指标和区间。各国根据本国的情况设定明确的通货膨胀指标，该指标既可以是原来的物价指数指标，也可以是剔除了某一部分易变因素后的修正指标。在确定完通货膨胀指标后，根据本国实际选择某一合适区间。初期实施通货膨胀目标法的几个国家由于面临较为严重的通货膨胀，制定的区间较高。此后，随着通货膨胀率的下降，各国的通货膨胀目标都较为相似，基本上都在0~3%。在通货膨胀目标法的实施过程中，中央银行根据预测的通货膨胀率与目标通货膨胀区间的差异，综合运用多种货币政策工具进行调整和操作，使通货膨胀率稳定在预先设定的水平。在此过程中，中央银行通过货币政策报告、通货膨胀预测报告等多种形式及时向公众传递货币政策的意图，使公众形成较为稳定的通货膨胀预期，最终确保货币政策目标的实现。在通货膨胀目标法的实施过程中，只有在极为特殊的情况下才允许通货膨胀率偏离目标区间外，否则中央银行将受到严厉的惩罚，这也极大地增强了中央银行的信誉度，有利于政策目标的实现。

从货币政策操作的角度来看，通货膨胀目标法在增强货币政策透明度和信誉度，提高中央银行独立性，降低和引导通货膨胀预期方面的作用得到了各国的经验支持，对各国通货膨胀目标法实践情况的初步分析表明，通货膨胀目标法是一个较为成功的货币政策框架。

资料来源：钱水土，等. 货币银行学[M]. 2版. 北京：机械工业出版社，2013.

⊙ 名人传记 "开着飞机撒钱"的美联储前主席本·伯南克

请扫描二维码详尽了解名人传记

■ 本章小结

1. 货币政策是指中央银行为熨平经济的周期波动，运用各种货币政策工具，影响货币供需，调节市场利率，从而引导投资和消费的政策行为。货币政策由三大要素构成：货币政策目标体系、货币政策工具、货币政策传导机制。

2. 货币政策最终目标，又称基本目标，是指国家通过中央银行制定和实施货币政策，对国民经济进行金融调控最终要达到的目标。一般包括充分就业、物价稳定、经济增长、国际收支平衡和金融市场稳定。货币政策各个目标之间是既统一又矛盾的关系，从长期看，这些目标之间是统一的、相辅相成的。但从短期看，这些目标之间存在着矛盾和冲突。

3. 为了实现货币政策目标，中央银行需要有相应的政策手段和措施，这种手段和措施被称为货币政策工具。央行可以使用货币政策工具分为两大类：一般性货币政策工具和选择性货币政策工具。前者主要是法定存款准备金、再贴现率、公开市场操作等传统调控手段，后者主要有直接信用控制、间接信用控制和间接信用指导。在实际操作中，全球金融危机以后，美联储推出了若干非常规货币政策工具，我国央行也创新了 SLO、SLF、MLF、PSL 等货币政策工具。

4. 货币政策工具和最终目标之间的手段变量就是操作目标和中间目标，需要符合可测性、可控性和相关性三个要求。常用的操作目标指标有准备金、再贴现、基础货币和短期利率等。常用的中间目标有货币供应量、信贷规模、利率、汇率等。货币政策中间目标选择是一个不断变化发展的过程。

5. 货币政策的传导机制是中央银行通过货币政策工具的实施，影响操作目标、中间目标，最终传导至最终目标的过程。具体机制有利率传导、托宾 q 传导、信贷传导、利率和收入传导、财富效应、流动性效应、消费信贷渠道、外汇渠道等。

6. 货币政策的实施受多种因素的影响。时滞是影响货币政策效应的重要因素，另外，货币流通速度、微观主体预期、客观经济条件和政治因素等对货币政策效果也有重要的影响。

■ 思考与练习

1. 为什么说货币政策各最终目标之间是相互制约、相互矛盾的？
2. 试述一般性货币政策工具的内涵和特点。
3. 试比较一般性货币政策工具的优缺点。
4. 描述货币政策工具是如何实现对宏观经济的调控功能的。
5. 货币政策操作目标和中间目标的选择标准是什么？比较各操作目标和中间目标的特点。
6. 试述货币政策的传导机制。
7. 影响货币政策效应的因素有哪些？

第十四章
CHAPTER14

金融创新、金融风险与金融监管

风险与知识呈反向变化。

——欧文·费雪

■ 本章概要

金融创新的一个重要意义就在于规避金融风险，而金融创新往往又会生成新的金融风险。金融创新与金融风险两者之间是一种相互促进、相互发展的关系。本章主要介绍金融创新的概念、动因和内容以及金融风险的类型与性质，讨论金融风险与金融创新的辩证关系，同时系统介绍金融监管的理论及其历史演变、金融监管体制的内容、我国金融监管体制的变迁以及《巴塞尔协议》等内容。

■ 学习目标

1. 掌握金融创新的动因和内容；了解金融风险的类型与特征；
2. 了解金融监管的一般理论和金融监管理论的历史演变；
3. 掌握金融监管体制的基本内容，包括金融监管的主体、客体、目标等；
4. 了解我国金融监管体制的发展历程和《巴塞尔协议》的历史。

■ 基本概念

金融创新	金融风险	金融监管	市场风险	操作风险
信用风险	"双峰"监管	"伞式"监管	目标性监管	合规性监管
《巴塞尔协议》	资本充足率			

第一节　金融创新

从中外金融发展的历程来看，金融创新是金融发展永恒的主题，金融创新不仅可以增加金融市场的交易品种和交易数量，降低交易成本，满足投资者和金融机构的需求，还能降低单个投资者的风险，促进金融市场的一体化，增强金融机构的渗透力，对加快经济发展，促进资本流动起到重要作用。

一、金融创新的概念及其理论

(一) 金融创新的概念

关于金融创新，理论界还没有一种能为大家普遍接受的定义。有关金融创新的定义，大多是由著名经济学家熊彼特的观点衍生而来的。熊彼特在《经济发展理论》一书中提出，创新就是要建立一种新的生产函数，实现对生产要素或生产条件的新组合，具体包括以下五种情况：①新产品的生产；②新生产方法的采用；③新市场的开辟；④新原料或新供给来源的获得；⑤新经营方式的实现。

由此衍生出来的金融创新定义主要分为广义和狭义两个层面：广义的金融创新是指发生在金融领域中任何形式的创新活动，包括产品创新、技术创新、制度创新和市场创新；狭义的金融创新仅指金融产品的创新，金融产品创新是金融创新的核心内容，也是金融机构规避利率、汇率风险，追求利润最大化的重要途径。金融产品创新不仅包括最简单的股票、债券等基础工具的创新，还包括比较复杂的期权、期货等金融产品的创新。

(二) 金融创新的动因理论

金融创新起源于20世纪60年代，并在20世纪80年代得到迅速发展，为金融体制以致世界经济带来了深远影响，也引起了学者广泛的研究兴趣，尤其对金融创新原因的探讨更是众说纷纭，其中代表性的理论主要有以下几种。

1. 约束诱导理论

约束诱导理论以西尔柏为代表，该理论认为，金融创新的根本原因是金融机构为了摆脱或减轻内部和外部的压制。金融机构的内部制约来自增长率、资本率、流动资产比率等管理指标；外部制约来自金融当局的各种管制、制度以及金融市场上的一些约束。这两个方面的金融制约，特别是外部条件发生变化而产生金融制约时，金融机构将创造各种新的金融产品、交易方式、服务类型等来摆脱面临的各种内部和外部压制。

约束诱导理论是从微观经济学的角度对企业行为进行分析，主要侧重于解释金融企业的"逆境创新"，而对于金融市场与金融有关的其他企业，以及由于宏观经济环境变化而引发的金融创新皆不适用。

2. 规避管制理论

规避管制理论认为，诱发金融机构进行创新的主要动因是政府的管制，它是由美国经济学家卡恩于 1984 年提出的。卡恩认为规避是指对各种规章制度的限制性措施实行回避，规避管制就是指回避各种金融管制的行为。卡恩的规避管制理论确实能够适当解释与描述大多数金融产品创新，但它还不足以解释所有金融产品的出现，如票据发行便利的出现。

3. 制度改革理论

制度改革理论的代表人物有诺斯、戴维斯、韦恩特等，该理论认为，创新是一种与经济制度相互影响、互为因果的制度改革。据此观点，金融领域内发生的任何因制度改革而引起的适应性改变都可以视为金融创新。这种互为因果的金融创新或是为创新金融产品创造有利条件，或是当一些金融创新产品对货币政策构成威胁时，政府采取的一系列有针对性的制度创新。因此，它也是金融产品创新动因理论的一部分。

4. 交易成本理论

交易成本理论由希克斯与尼汉斯提出，该理论认为，金融创新的支配因素是降低交易成本。他们把金融创新的发展归结于科技进步引起的交易成本的下降，认为交易成本的高低决定了金融业务和金融产品的创新是否具有实际意义。他们认为，科技进步引起交易成本降低，从而促使货币向更为高级的形式演变和发展，产生新的交换媒介、新的金融工具；不断降低交易成本就会刺激金融创新，完善金融业务。交易成本理论把金融创新的动机完全归因于科技进步引起的交易成本下降，忽略了宏观经济环境和竞争等其他因素引起的交易成本变化，有很大的片面性。

除此之外，有关金融创新成因的研究还包括货币促成理论、财富增长理论、技术推进理论等。货币促成理论认为，金融创新主要是与货币有关的因素导致的，比如 20 世纪 70 年代的金融创新，主要推动力来自汇率、利率和通货膨胀率波动不定；财富增长理论认为财富的增加导致人们对金融资产和金融交易的需求增大，人们要求避免风险的愿望增加促使金融业发展，进而引发了金融创新以满足日益增长的金融需求。这两种理论主要是对 70 年代以前的金融创新进行介绍，不具有普遍性。技术推进理论认为新技术的出现及其在金融业的应用，是促成金融创新的主要原因。

二、金融创新的内容

由金融创新的概念我们知道，其内容包括金融机构创新、金融市场创新、金融业务创新和金融制度创新。

(一) 金融机构创新

金融机构创新是指商业银行业务全能化发展和随金融工具创新而产生大量新的金融机构。我们主要介绍银行金融机构创新和非银行金融机构创新。

随着金融一体化的加深，银行金融机构创新主要体现在跨国银行创新上。生产和资本的国际化，推动了跨国公司的发展，使其业务量大大增加，对资本国际化在质和量上，以及金融业务多样化和国际银行网络提出了更高的要求，这些都推动了跨国银行创新。跨国银行在金融业务上能够满足企业更多的需求：跨国银行电子化，使经营活动更加安全、信息传递更加快速、现金转移速度更快；跨国银行综合化，提供针对一般家庭和个人零售性质的货币存贷业务、针对企业和政府等的大规模资金借贷和对外贸易资金融通以及各种收费业务；跨国银行专业化，使跨国银行不仅会集中优势进入个别市场，还会加强对风险的集中管理和控制，以及加大对地区经济建设和项目开发的力度，这些导致其在特定地区或特定经营领域内集中开展各种业务。

从非银行金融机构的组成结构来看，大致分为保险公司、信托投资公司、证券公司等。保险公司包括人寿保险和一般保险两大类，它们通过各种业务创新促进自身的发展；信托投资公司是一种以受托人的身份代人理财的金融机构，它与银行信贷、保险并称为现代金融业的三大支柱；证券公司是活动于证券市场，为筹资者和投资者提供相关证券配套服务的中介机构。

(二) 金融市场创新

金融市场是指资金融通市场，它是各种金融产品进行交易的场所，其基本功能是在资金的需求者和资金的供给者之间充当交易中介。金融市场创新是指金融机构在市场上的扩展和开放、市场结构的深化和改革，以及提高市场效率和稳定性等方面的创新。激烈的市场竞争推动了金融市场和金融市场创新活动的发展。按照金融管制宽严程度的不同，金融市场可以划分为国内金融市场和国际金融市场。国内金融市场反映的是国内居民之间的借贷关系，国际金融市场反映的是居民和非居民之间的借贷关系，这两种市场被称为在岸金融市场。具体的金融市场创新主要指的是相对于在岸金融市场而言的离岸金融市场，以及金融衍生产品市场。

离岸金融市场是真正意义上的金融市场，又称为境外市场，是一种经营非居民之间国际金融业务且不受市场所在国金融法规和税制管制的新型国际金融市场。具有业务经营方式灵活、资金规模庞大、资金调度灵活、手续简便、存款利率较高、贷款利率较低等特点。离岸金融市场大致分为三种类型：①混合型离岸金融市场，即离岸业务与在岸业务并不分离的市场，以伦敦金融市场和香港金融市场为代表；②分离型离岸金融市场，即内外业务相分离的市场，以纽约金融市场为代表；③避税港型离岸金融市场，即凭借地理优势和税收优惠吸引投资者的离岸金融市场，以加勒比海的巴哈马、开罗为代表。

金融衍生产品市场是以传统的金融产品或服务为基础，衍生出新的金融产品或服务，同时融入新的金融交易技术，形成新的市场。从金融衍生产品市场的产生性质而言，又被称为派生市场，主要开展期货、期权、远期和互换等业务。期货是指交易双方按照约定的时间、约定的价格买卖某种标准化的金融资产的合约；期权是指在约定时期内以一定的协议价格购买或出售标准数量的金融资产的选择权；远期，即远期合约，是一种比较简单的衍生产品，以一种固定的价格在未来某个确定的时间买卖一定数量的金融资产的协议；互换，指交易双方依据事先约定的规则，在未来的某一段时间内相互交换一系列的现金流量的金融交易。

(三) 金融业务创新

金融业务创新主要是银行业务创新以及与金融业务相关的创新，即金融工具创新、金融服务创新、金融技术创新等。金融工具创新主要指金融机构为规避管制和风险而推出的各类新型的金融工具；金融服务创新主要指金融机构为增强市场竞争力，满足客户需要而推出的各类新的服务方式和服务手段；金融技术创新是指各类新型技术在金融领域中的实际应用。银行传统业务有资产、负债、中间业务三大类，此外，在电子技术应用金融领域之后，支付和清算系统发生了质的变化。所以具体来说，业务创新主要有负债业务创新、资产业务创新、中间业务创新和清算系统创新。

　　银行的负债业务主要包括储蓄存款、活期存款、定期存款。银行负债业务的创新主要是在政府严格的金融管制条件下，通过创新新型的负债类金融工具，增强其吸收资金来源的竞争力。具有代表性的银行负债业务创新有大额可转让定期存单、可转让支付命令账户、自动转账服务、货币市场存款账户、协定账户、清扫账户、股金汇票账户等。银行资产业务创新虽然没有银行负债业务创新活跃，但是也在不断地完善过程中，并形成了以消费信用、住宅放款、银团贷款为代表的业务创新。消费信用，以偿还期为标志，分为一次偿还的消费信用、分期偿还的消费信用、消费信用卡；住宅放款业务创新的内容很多，具有代表性的有三类，即固定利率抵押放款、浮动利率抵押放款、可调整的抵押放款。银行作为中间人为客户提供服务的业务，称为银行的中间业务。银行的中间业务创新主要体现在信托业务和租赁业务。信托业务方面主要有证券投资信托、动产和不动产信托、公益信托；租赁业务方面主要有金融性租赁、经营性租赁、杠杆性租赁、双重租赁。

　　银行的清算业务是其中间业务的有机组成部分，银行通过利用自己的资产和负债的便利条件为客户提供支付和结算业务，可以加速自己的资金周转，增加收益，并促进资产和负债业务的发展。传统的银行清算系统主要采取非现金结算方式，即以支票、转账结算、信用卡等工具，运用现金、票据、联行往来等方式实现支付和清算。支票系统的创新，主要有信用卡种类和功能的创新，即有零售信用卡、银行系统信用卡、借方信用卡、存储信用卡；转账系统的创新，主要以电子转账系统完成并取代邮政转账系统功能为标志，主要有国内转账结算清算系统、与国外银行有联系的结算清算系统、完全用于国际的资金调拨系统。

（四）金融制度创新

　　金融制度是关于资金融通的一个体系或系统，主要包括构筑金融体系的金融组织制度和规范金融秩序的金融监管制度。因此，金融制度创新包括金融组织制度创新和金融监管制度创新。

1. 金融组织制度创新

　　金融组织制度创新主要包括：①商业银行组织结构创新，也就是商业银行内部组织结构和外部组织结构的创新；②中央银行及其相关制度的创新，这是金融管理制度上最为重要的创新；非银行金融机构的发展创新，即由于大量的非银行金融机构的产生，相应引起的金融制度创新。

2. 金融监管制度创新

　　金融监管是指各国中央银行和金融管理当局对商业银行和各种金融机构的业务经营活动进行监督与管理。政府为了金融业的稳定和经济的正常发展，会通过法律、法令对金融机构实行管制，但是，金融机构会进行各种创新来规避这些管制，当这些创新发展到一定程度之后，政府又会为了进一步稳定金融业的发展而进行金融监管创新，即金融监管创新就是在这样一种不断循环的过程中进行的。

专栏 14-1
余额宝的出现——中国互联网金融的一场革命

余额宝诞生于 2013 年 6 月 17 日，是阿里巴巴集团与天弘基金公司共同推出的互联网金融理财产品。消费者使用支付宝剩余的资金转入余额宝账户，而余额宝则与天弘基金管理公司的一款货币市场基金"天弘增利宝"挂钩。天弘增利宝货币市场基金，是我国第一只互联网基金，是天弘基金公司专为支付宝定制的，兼具理财与消费的功能。由此，余额宝把普通民众的小额闲散资金直接汇集购买天弘增利宝货币市场基金，并得到远远高于银行活期存款的利息收益。

1. 余额宝的运作流程

余额宝是由第三方支付平台支付宝打造的一项余额增值服务。用户将支付宝闲散资金转入余额宝，待基金公司确认购买份额后即可开始计算盈利，其资金可随时转出用于实时网购消费和支付宝转账提取资金，转出金额不计当天收益。其中资金转入模式为两种：一是"T+1"模式，在工作日 15 点前将资金转入余额宝，基金公司会于第二个工作日确认基金份额；二是"T+2"模式，在工作日 15 点后将资金转入余额宝，基金公司则会顺延一个工作日确认基金份额，国家法定节假日及双休日不予基金份额确认。同时创新性地采取非资金限制式购买模式，1 元起购买确认，高不封顶限额。

2. 余额宝的运作主体及盈利模式

参与余额宝运作流程主要有四个主体单位，即支付宝用户、支付宝公司、基金管理公司（天弘基金管理有限公司）及基金托管银行（中信银行）。支付宝用户将支付宝账户中的小额闲散资金转入余额宝，购买投资基金产品，使其收益远远高于活期存款。支付宝公司是第三方支付工具和基金交易客户的提供者，一方面通过投资用户的沉淀资金实现用户收益最大化，以此增强客户对支付宝公司的黏性，有益于公司长远发展及扩大影响力；另一方面用户将支付宝资金转入余额宝进行基金购买，这部分资金由基金公司进行管理，与支付宝有了区隔。这有助于支付宝公司降低备付金比例，减小公司注册资本压力，同时公司也从基金交易过程中获得一定的服务性费用。基金管理公司通过与支付宝公司的合作加强金融产品的创新性和营销渠道的拓展性，以此加大金融资产规模实现更大的盈利。基金托管银行在收取一定基金托管和资金清算等服务费用的同时，增加了一定的市场影响力，在很大程度上拓宽了潜在客户市场。由此可见，余额宝最终实现了四方参与主体共赢的局面。

资料来源：朱晓帆. 余额宝的金融创新及对中国商业银行的启示 [J]. 闽西职业技术学院学报，2014（4）：53-57.

第二节　金融风险

一、金融风险的基本理论和特征

（一）金融风险的定义

金融风险是风险中最常见、最普通、影响最大的一种风险，金融实务界和理论界都十分关注金融风险。但是，如同对一般风险的定义一样，对金融风险也一直没有一个确切的定义。关于金融风险的定义有多种说法，目前理论界存在以下几种说法。

（1）金融风险是指由于金融资产价格的不正常活动，或者大量的经济和金融机构背负巨额债务及其资产结构恶化使得它们抵御冲击的能力很弱，一旦出现风险事故，就可能影响到宏观经济的运行。

（2）金融风险是指在资金的融通和货币的经营过程中，由于各种事先无法预料的不确定因素带来的影响，使资金经营者的实际收益与预期收益发生一定的偏差，从而蒙受损失和获得额外收益的机会和可能性。

（3）金融风险是指资本（包括真实资本和虚拟资本）在运动过程中由于一系列不确定因素而导致的价值或收益损失的可能性。

（4）金融风险是指金融行为的结果偏离其期望结果的可能性，是金融结果的不确定性。

（5）金融风险是指在金融活动中，某些因素在一定时间内发生始料未及的变动，致使金融主体的实际收益与预期收益或实际成本与预期成本发生背离从而蒙受损失的可能性。

（6）金融风险是指经济主体在从事资金融通活动中由于决策失误，客观情况变化或其他原因使资金、财产、信誉遭受损失的可能性。

由此看来，对金融风险定义的不同实际上反映出人们对金融风险的性质、特点、成因等认识上存在的分歧和差别。基于对金融风险内涵和特点的考察，可以说，所谓金融风险是指在一定条件下和一定时期内，由于金融市场中各种经济因变量的不确定造成结果发生波动，从而导致行为主体遭受损失的大小以及这种损失发生可能性的大小，损失发生的大小与损失发生的概率是金融风险的核心参量。

（二）金融风险的特征

为了便于进一步认识金融风险，我们有必要对金融风险的特征加以概括，一般而言，相对于一般风险，金融风险具有以下特征。

（1）隐蔽性。金融机构和其融资者之间存在着极大的信息不对称，而微观金融主体对金融资产价格变化的信息又是极不完全的，加之金融业本身的虚拟特性，金融风险具有很大的潜在性，并在金融体系中不断积累。

（2）扩散性。在一个统一的金融市场上，各种金融资产、各类金融机构密切联系，相互交织成一个复杂的体系，金融资产价格波动相互影响，不同种类的金融机构也基本上呈现出一荣俱荣、一损俱损的网络系统特性。另外，由于国际金融交往日益频繁，一国金融风险往往会通过各种渠道实现跨国传染，一旦金融危机爆发，很容易传染给其他国家，于是形成所谓的多米诺骨牌效应。

（3）突发性和加速性。由于微观金融主体投机性的行为模式，所以金融风险具有加速积累的特点。同时，经济机体的金融风险积累是在潜在中进行的，这意味着即使是金融专家也无法控制其不超过临界值。一旦风险积累超过一定的临界值，伴随着某一诱发事件的发生，潜在风险突发为现实风险，金融危机最终形成。

（4）可管理性。可管理性是指随着金融理论的发展、金融市场的规范以及金融监管水平的提高，金融风险可以得到有效的预测和控制，但管理的目的并不是消除风险，而是将风险降低到可以承受的范围内。金融机构可以通过增加资本金、减少风险资产来增加抵御风险的能力，通过加强外部监管、同业自律来逐步规范金融风险。

（5）周期性。金融机构都是在既定的货币政策下运行的，而货币政策又有其周期性规律，即宽松期和紧缩期之分。在宽松期，放款和投资等各环节的矛盾相对而言会比较缓和，这个时候影响金融业务安全性的因素逐渐减弱，金融风险相对较少；在紧缩期，金融业之间以及金融与经济之间的各种矛盾加剧，影响金融业务安全性的因素逐渐增强，金融风险就比较大。此外，金融风险的周期性还体现在与经济周期的密切相关上。

二、金融风险的分类

依据不同的划分标准，金融风险可以分为不同的类型，不同类型的金融风险有着不同的特征，从不同角度对金融风险进行分类，可以使我们对金融风险有更深刻、更全面的理解和认识。

（一）按照金融风险层次划分

按照金融风险层次，可以将其划分为三个层次。

（1）微观金融风险，指个别金融机构在运营过程中发生资产或收益损失的可能性。

（2）中观金融风险，指金融业内部某个特定行业存在或面临的风险。

（3）宏观金融风险，指整个金融业存在或面临的风险。

当然，这种划分不是绝对的，三个层次的金融风险是相互联系、相互作用的。本书所考察的金融风险，主要集中于宏观层面，指那些有可能发生且危及整个金融体系安全、危及国民经济安全运行的金融事件，即引致金融风暴、金融危机的可能性。

（二）按照金融风险发生和影响的范围划分

按照金融风险发生和影响的范围，可以将其划分为如下两类。

（1）系统性金融风险，是指由那些影响整个金融市场的风险因素所引起的风险，它无法通过资产组合分散。这些风险因素包括经济周期、国家宏观经济政策变动等。

（2）非系统性金融风险，是指由于某种特殊因素的变化对金融业中的某一个银行或某一金融机构在金融业务经营过程中造成资金资产损失的可能性的个体性风险。非系统性金融风险可以通过投资分散化的策略予以降低乃至消除。

（三）按照风险来源不同划分

新巴塞尔协议对风险的划分主要是按照风险来源进行的，包括信用风险、市场风险和操作风险。

1. 信用风险

信用风险，是指受信方拒绝或无力按时全额支付所欠债务时，给信用提供方带来的潜在损失。信用风险一般分为商业信用风险和银行信用风险。信用风险的范畴还可以进一步扩展到信用的接受者，例如购买者或借款方也可能承受供货方或银行带来的风险。这种风险主要表现在，供货方或银行可能因资金原因而无法提供商品、服务和使授信方的交易持续进行的融资活动。信用风险的暴露主要涉及公司风险、银行风险、主权风险、零售风险和股权风险五个部分。

2. 市场风险

市场风险指因市场价格包括利率、汇率、股票价格和商品价格等的不利变动而使银行表内与表外业务发生损失的风险。市场风险可以分为利率风险、外汇风险、股票价格风险和商品价格风险等。这类风险与金融市场本身的成熟程度相关，市场越成熟，市场风险就越小。市场风险一旦大规模发生，不仅给投资者带来极大的损失和伤害，而且给整个金融市场带来灾难性的破坏。广大投资者很难进行市场风险的管理，必须通过政府规范市场，打击恶意操纵市场的各种违规行为，进行综合治理，使市场在公开、公平、有序的条件下进行。

3. 操作风险

操作风险是指由不完善或有问题的内部程序、人员及系统或外部事件而造成损失的风险。操作风险的主要种类包括：内部欺诈风险、外部欺诈风险、就业政策与工作场所安全的风险、客户产品和业务操作风险、灾害和其他事件、业务中断与系统失败风险、执行交割和内部流程管理等风险。

操作风险有多种定义。摩根对于操作风险的定义是，操作风险是各公司业务和支持活动中内生的一种风险因素，这类风险表现为各种形式的错误、中断或停滞，可能导致财务损失或者给公司带来其他方面的损害。英国银行家协会将操作风险定义为，由于内部程序、人员、系统的不完善或失误或外部事件造成直接或间接损失的风险。从 1998 年至今，巴塞尔委员会均沿用了这一操作风险定义。

🌐 专栏 14-2

雷曼兄弟的倒台

2008 年 9 月 15 日，美国第四大投资银行雷曼兄弟控股公司根据美国破产法，向美国联邦破产法庭递交了破产保护申请。以资产衡量，这是美国金融业最大的一宗公司破产案。具有 158 年历史的雷曼兄弟在破产之前是一家全球性的投资银行，其总部设在美国纽约市，在伦敦和东京设有地区性总部，在世界上很多城市都设有办公室和分支机构。它在很多业务领域都居于全球领先地位，包括股票、固定收益、交易和研究、投资银行业务、私人银行业务、资产管理和风险投资。它服务的客户包括公司、国家和政府机构以及高端个人客户等。2007 年夏美国次贷危机爆发后，雷曼兄弟因持有大量抵押贷款证券，资产大幅缩水，公司股价在次贷危机后的 1 年之内下跌近 95%。公司财报显示，截至 2008 年第三季度末，总股东权益仅为 284 亿美元，为筹集资金渡过难关，雷曼兄弟被迫寻找收购方。市场产生恐慌情绪，业务伙伴停止和雷曼兄弟的交易与业务，客户纷纷将与雷曼兄弟的业务转移至其他的银行和券商；美国银行和英国巴克莱银行与雷曼谈判收购计划；美联储介入，召集华尔街主要银行商讨雷曼兄弟和保险巨头美国国际集团的问题；雷曼兄弟的股价继续跌至每股 3.65 美元；其信用违约互换点差跳升至 700 基点。随后与韩国开发银行的收购谈判无果而终，美国银行和英国第三大银行巴克莱银行也在美国政府拒绝为收购行动提供担保后宣布放弃收购。

雷曼兄弟是典型的投资银行，其业务范围主要包括从事证券发行、承销、交易、企业重组、兼并与收购、投资分析、风险投资、项目融资等业务的非银行金融机构，是资本市场上的主要金融中介。其本源业务包括证券公开发行（承销）、证券交易、证券私募、资产证券化、收购与兼并、商人银行业务（风险投资）、衍生工具的交易和创造（金融工程）、基金管理等。

雷曼兄弟的破产，首先归因于市场整体环境的恶化。金融危机、次贷危机导致金融机构清盘，整体市场恐慌，投资者大幅抽资。而做空方投机者利用市场恐慌更是大力做空，加大了市场的恐慌与影响。就雷曼兄弟自身而言，导致其破产也是有原因的，其中包括：①从传统的投资银行业务进入不熟悉的业务领域，发展过快并且业务过于集中于债券；②自身资本太少，财务杠杆过高，当危机来临时流动性不足；③风险资产的价格持续下跌，持有的不良资产过多，惨遭巨大损失；④高管处理危机能力不足与委托代理风险的发生。在雷曼兄弟破产过程中，美联储的"袖手旁观"也是导致其难逃厄运的重要原因。

资料来源：《货币金融学》学习网，http://ishare.iask.sina.com.cn/f/1GZdgknPbb76.html。

三、金融创新与金融风险之间的关系

金融创新与金融风险之间的关系是怎样的？是金融创新转移和分散了金融风险，还是金融创新产生了新的金融风险？我们认为两者皆有之。金融创新的一个重要意义就在于规避金融风险，而金融创新往往又会生成新的金融风险。所以我们说金融风险与创新存在相互转化、对立统一的辩证关系。它们统一于金融的不断发展这一过程中。

1. 金融创新转移和分散金融风险

金融创新具有转移和分散金融风险的功能是有目共睹的。特别是20世纪70年代的金融创新，其主旋律便是风险转移型创新。

从微观层次看，金融业务和金融市场的创新可以使金融企业有效地转移各类市场风险，如利率风险、汇率风险、通货膨胀风险等。例如，20世纪70年代出现的NOW账户、浮息票据、浮息债券、与物价指数挂钩的公债以及金融期货等，都是金融企业转嫁市场风险的理想工具。金融创新不仅可以转嫁和分散市场风险，而且可以转嫁和分散信用风险、流动性风险，如金融期货出现后，其独特的中央结算制使传统金融交易中存在的信用风险问题大为缓解；又如可转让的货币市场存款工具、货币市场互助基金、可转让的贷款合同及证券化资产等创新工具都使金融企业的资产流动性大大提高。此外，金融创新还产生了分散和转移风险的新途径，如在股指期货产生前，股票市场的投资者只能通过投资组合的变化防范非系统性风险，而对系统性风险通常无可奈何。股票指数期货出现后，投资者可通过股票现货和期货市场的套期操作来防范系统性风险。

从中观层次看，金融管理的创新有助于缓解金融企业资产负债不对称的风险。在20世纪60年代初，美国花旗银行推出可转让大额定期存单后所引发的银行业从资产管理向负债管理的转变，商业银行可以通过负债的扩张来支持资产的扩张，商业银行长期存在的存款不稳定使银行资产负债不对称的问题得到缓解。

从宏观层次看，金融制度的创新不仅可以转移金融风险，还可以在一定程度上降低风险，如金融监管的加强可以减少金融体系的不稳定性；金融当局的科学决策可以减少决策失误，从而减少整个金融体系的风险。

2. 金融创新产生新的金融风险

金融创新在转移和分散金融风险的同时，也产生了新的金融风险。新的金融风险主要表现在如下几个方面。

（1）金融创新使金融机构的经营风险增加。金融创新使金融机构同质化，相互的竞争更加激烈，银行传统的存贷利差缩小。为了获得必要的利润，金融机构通常转而从事高风险、高收益的业务，从而使金融机构的经营风险增加，信用等级下降。20 世纪 80 年代与 70 年代相比，西方商业银行的信用等级普遍下降，20 世纪 90 年代更是出现了英国"巴林银行倒闭案"和日本大和银行巨额损失的案件，这些都和金融创新不无关系。

（2）金融创新使表外风险增加。表外风险是指不在金融企业的资产负债表中得到反映，却有可能转化为金融企业真实负债的业务或交易可能产生的风险，即金融企业的各种或有负债转为真实负债所带来的风险。表外风险源于表外业务，表外业务包括 20 世纪 60 年代和 70 年代的贷款承诺、借款担保、备用信用证及金融期货等，20 世纪 80 年代的"四大发明"（票据发行便利、互换交易、期权交易和远期利率协议）。金融机构从事表外业务的实质就是变相减少账面负债，这种表外业务既可以维持虚假的资本资产比率回避金融当局的监管，又可以增加金融机构的利润，但同时也增加了金融企业的潜在风险，一旦表外业务的或有负债转变成真实负债，金融企业的潜在风险也就转变为真实风险。

（3）金融创新增加了伙伴风险。金融创新推动了金融业的同质化、自由化、现代化与国际化。一国各类金融机构之间、本国金融机构与外国金融机构之间、国内金融市场与国际金融市场之间的相互依赖性增加。这样，金融体系中某个环节的差错都可能波及整个金融体系。比如西方国家盛行的电子转账清算系统，所有经过该系统的交易都不能取消，一旦一家银行不能及时支付，整个支付链条就会中断。

（4）金融创新增加了投机风险。对创新市场而言，投机是一柄"双刃剑"，一方面，它是维持创新市场流动性不可缺少的润滑剂，是套期保值转移风险赖以存在的承接体；另一方面，非稳定性投机又可能加剧金融市场的波动，并且由于创新交易的高杠杆性，其投机性对金融市场的影响较之传统交易更大。

3. 正确认识和评价金融创新带来的风险

第一，不是所有的金融风险都可以用金融创新来规避。有些金融风险可以依靠金融创新来管理，有些金融风险则只能依靠其他管理手段来规避。

第二，不是所有的金融创新都是用来规避金融风险的。金融创新有不同的动因，有的是为了提高效率，有的是为了规避管制，也有的是为了规避金融风险以外的其他风险，当然也有相当一部分的金融创新的确是用来规避金融风险的。因此，并不是所有的金融创新都肩负着规避或消除金融风险的职责。

第三，金融创新增强了各主体规避金融风险的能力。在规避直接金融风险方面，承担金融风险的主体可以适当地使用金融创新来减少损失。在规避间接金融风险方面，由于实现了直接金融风险的规避，所引起的间接金融风险必然会减少，所以金融创新在一定程度上也能帮助规避间接金融风险。

第四，金融风险促进了金融创新的发展。从金融创新的起源来讲，最初很多的金融创新就是为了规避金融风险。金融创新的发展过程证明，金融创新发展最迅速的时期也是金融风险表现最为激烈的时期。金融创新产生的原因是多方面的，它与金融风险的加剧有着直接的关系。

第五，在规避金融风险的同时，金融创新也带来了一些新的金融风险。从 20 世纪 80 年代开始到现在，金融创新层出不穷与金融风险加剧一直是国际金融市场最为鲜明的发展特征。20 世纪 90 年代以来，全球几乎每一场金融风暴都与金融创新有关。金融创新对金融风险推波助澜的作用令人谈虎色变。金融创新可以规避金融风险，也会带来新的金融风险。

第六，金融创新虽有助于提高效率，但极有可能加剧金融业竞争，造成金融风险。如果制度性创新与市场性创新互相适应，则在提高金融交易效率的同时，也有效地规避了风险，从而实现微观最优与宏观最优的有效组合；如果制度性创新没有跟上市场性创新，或者是制度性创新与市场性创新不适应，则会形成微观最优与宏观最优的冲突。这时，金融创新将加剧金融风险。

金融创新是一把"双刃剑"，对金融创新的谨慎管理十分必要。当前我国正处于一个金融创新活跃程度不断加深的时代，积极进行金融创新是国内外经济金融形势变化对中国金融行业提出的新挑战，也是大转折时期中国金融业生存和发展的内在要求。可以说金融创新是金融业生存和发展的必然要求，而风险管理则是金融创新的护身符，我们必须正确处理好金融创新与金融风险之间的关系。

第三节　金融监管

一、金融监管的概念及一般理论

关于金融监管的概念有不同的观点，根据《中华金融辞库》对金融监管的定义：金融监管是金融监督和金融管理的复合词，它是指一个国家（地区）的中央银行或其他金融监督管理当局依据国家法规的授权对金融业实施监督管理的称谓。金融监管又有广义和狭义之分。广义的金融监管既包括一国（地区）中央银行或其他金融监管当局对金融体系的监督，也包括各金融机构的内部自律、同业互律性组织的监管、社会中介组织的监管等。狭义的金融监管仅包括一国（地区）中央银行或其他金融监管当局的监督。

金融监管的一般理论对现代市场经济条件下政府管制的存在根源、管制规模及历史演变做出了解释，主要有公共利益论（市场破产和一般福利理论）、特殊利益论、多元利益论、社会选择论等。其中，公共利益论、特殊利益论、追逐论和管制新论是重要的管制理论，本书对其作简要介绍。

（一）公共利益论

公共利益论认为，监管是一种降低或清除市场失灵的手段。公共利益论源于 20 世纪 30 年代的美国经济危机，当时人们迫切要求政府通过金融监管来改善金融市场和金融机构的低效率及不稳定状态，并恢复公众对全国存款机构和货币的信心。该理论的要点是：现代经济社会并不存在纯粹的市场经济，自由竞争的市场机制不能带来资源的最优配置，甚至会造成资源浪费和社会福利损失。为此，市场参与者就会要求作为社会公共利益代表的政府在不同程度上介入经济过程，通过实施管制纠正或消除市场缺陷，从而改善资源配置效率。公共利益论认为管制有利于整个社会，而管制成本却由社会的极小部分承担。整个社会的福利减去政府管制成本大于整个社会福利损失。公共利益论为大萧条时期实施广泛的管制提供了一定的理论依据。

(二) 特殊利益论

特殊利益论的提出者是斯蒂格勒、贝茨曼，在此基础上他们又提出了多元利益论。这些理论认为，政府管制仅仅保护主宰了管制机关的一个或几个特殊集团的利益，对整个社会并无助益。因为政府官员是在一些特殊利益集团的帮助下当选的，当选后当然要予以回报。特殊利益集团，特别是财力雄厚、有能力帮助政治家当选的大企业集团，得到的回报就多。政府管制表面上是为了公共利益，实际上成为某些特殊利益集团的工具。这样的政府是为特殊利益集团所"俘虏的政府"。另外，该理论还认为，管制造成的巨额成本有害于社会公共利益。

(三) 追逐论

公共利益论对现实生活中的一些现象无法做出圆满的解释，特别是一些研究者通过实证研究，提出了监管有利于被监管者的观点，这就导致了追逐论的产生。追逐论认为，公共利益理论是天真的，会产生理论上的误导，因为管制为被管制者留有"猫鼠追逐"的余地。最初被管制者可能反对管制，但当熟悉了立法和行政程序时，他们就试图影响管理者通过法规或利用行政机器给他们带来更高的收入。追逐论还认为，管制是为了生产者的利益而不是消费者的利益。既然被管制者可以通过疏通的办法使管制者为他们增加福利，那么，监管最终是有利于被监管者的。因此，追逐论呼吁放弃政府管制。追逐论者只看到管制具有为被管制者利用的可能性和管制目标未必是保护消费者的问题，而忽视了社会及公众确实从某些保护消费者一类的管制中得到好处的事实。

(四) 管制新论

1971 年，斯蒂格勒发展了管制存在的供求理论来解释管制。他认为，什么地方出现管制，就意味着那里存在对管制的需求。斯蒂格勒的理论被认为是管制新论。斯蒂格勒和贝茨曼把管制视为存在着需求和供给的商品。管制是那些想要获得利益的人所需要的。例如，生产者可能需要管制去限制那些通过疏通的办法获取利益的竞争，消费者需要去限制那些伪劣产品和劣质服务，政治家和官僚提供管制规则是为了得到更多的竞选捐助、选票和办公津贴。按照他们的理论，管制是各不同社会阶层和政治力量之间的相互作用。由于管制对少数生产者所得有较大的影响，而对多数消费者的利益影响较小，所以，管制对生产者的影响是突出的。

关于管制的公共利益，管制新论认为，管制当局具有过度管制以回避个人责任的动机。

卢埃林于 1987 年提出，管制永远不会降低消费价格，相反，总是为某种违约而实行管制。结果，任何来自管制的好处都被相关费用的增加所抵消。凯恩和金等学者呼吁管制机构间的竞争以避免过度管制。然而，管制者之间的竞争又会导致漫不经心的管制。因为如果管制太严厉，被管制者则可能被赶走，管制者所受到的压力可能最终引导他们降低其所追求的管制标准。

二、金融监管体制

金融监管体制是金融监管的职责划分、权力分配的方式和组织制度。现代金融监管体制最基本的要素包括金融监管主体、金融监管客体和金融监管目标。

(一) 金融监管主体

金融监管主体是作为社会公共利益的代表，运用国家法律赋予的权力对金融业实施监管的政府或准政府机构。从国际范围来看，作为金融监管当局的，有的是中央银行，如美国的联邦储备体系；有的是财政部，如奥地利的联邦财政部；有的是专门的监管机构，如德国的联邦银行监管署、英国的金融服务局等。中国的金融监管主体是中国人民银行、中国银保监会和中国证监会。监管主体是历史和国情的产物，既没有统一的模式，也不是一成不变的。

1. 权力层次划分法

权力层次划分法是根据金融监管权力的分配结构和层次对金融监管模式进行划分的。

（1）双线多头金融监管模式。即中央和地方两个政府层次的多个政府部门共同负责监管。世界上实行这种监管模式的国家不多，以美国、巴西为主要代表。

（2）单线多头金融监管模式。单线是相对于美国、巴西的双线模式而言的。金融监管权力集中于中央，但在中央一级又分别由两个或两个以上机构负责金融业的监督管理。通常，这种模式是以财政部或中央银行为主体开展工作的。世界上实行这一监管模式的国家比较多，代表国家有法国和日本（2000 年以前）。

（3）统一监管模式。即由单一的中央级机构如中央银行或专门的监管机构对金融业进行监督和管理。可以由几家金融监管机构共同负责多种监管目标，如澳大利亚的审慎监管局和证券投资委员会。也可以由一家金融监管机构全面负责多种监管目标，如英国的金融服务局；后者是统一监管模式的极端形式，也被称为超级监管模式。一般来说，世界上绝大多数国家实行统一的金融监管模式。

表 14-1　不同监管模式的比较

监管模式	优　点	缺　点
双线多头金融监管模式	（1）能较好地提高金融监管的效率，防止金融权力过分集中 （2）因地制宜地选择监管部门，有利于金融监管专业化，提高对金融业务服务的能力	（1）管理机构交叉重叠容易造成重复检查和监督 （2）影响金融机构业务活动的开展 （3）金融法规不统一，使不法的金融机构易钻监管的空子 （4）加剧金融领域的矛盾和混乱 （5）降低货币政策与金融监管的效率

（续）

监管模式	优　　点	缺　　点
单线多头金融监管模式	（1）有利于金融体系的集中统一和监管效率的提高，但需要各金融管理部门之间的协作和配合 （2）从德国、日本和法国的实践来看，人们习惯和赞成各权力机构相互制约和平衡，金融管理部门之间的配合是默契的、富有成效的	在不善于合作与法制不健全的国家里，这种体制难以有效运行，也存在如机构重叠、重复监管等问题
统一监管模式	（1）金融管理集中，金融法规统一，金融机构不容易钻监管的空子 （2）克服其他模式的相互扯皮、推卸责任的弊端，为金融机构提供良好的社会服务	易使金融管理部门养成官僚化作风，滋生腐败

2. 功能和机构划分法

功能和机构划分法是分别根据金融监管对象——金融业务和金融机构来划分的。

（1）统一监管模式，由一个监管当局监管不同的金融机构和金融业务，如英国、日本和韩国等。

（2）多头监管模式，设置不同的监管当局，分别监管银行、证券、保险行业，如中国、美国等。

3. 从功能和机构的组合中派生出的模式

（1）牵头监管模式，设置不同的监管当局并制定一个监管机构为牵头机构，负责协调不同监管主体共同开展监管，如法国。

（2）双峰监管模式，设置两类监管当局，一类负责对所有金融机构进行审慎监管，控制金融体系的系统性金融风险；另一类负责对不同金融业务开展监管，如澳大利亚、奥地利等。

（3）"伞式"+功能监管模式，对特定金融机构由一家监管机构负责综合监管，其他监管机构按企业经营业务的种类开展具体监管，但是此次金融危机后又趋于单一监管，典型代表是美国（见图 14-1）。

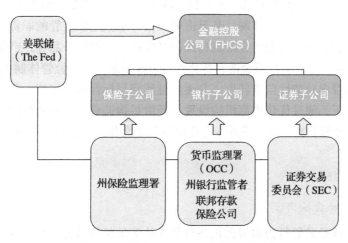

图 14-1　美国"伞式"+功能监管模式

（二）金融监管客体

金融监管客体即金融监管标的，可分为机构性监管、目标性监管和功能性监管。

1. 机构性监管

机构性监管是一种传统的金融监管模式，即按金融机构种类分设相应的金融监管当局进行监管。传统的金融业务分为银行业、证券业和保险业等，在采取机构性监管模式时，一般设有银行监管机构、证券监管机构和保险监管机构。

2. 目标性监管

目标性监管则按照金融监管的不同目标分别设立监管部门，对各种类型金融机构统一监管。如果金融机构经营业务范围划分严格，金融监管的责任相对明确，那么采取机构性监管的分业监管模式具有可行性。但机构性监管的主要潜在问题是不同监管机构对于不同金融机构相类似的金融业务采取不同的监管体制和标准，造成过度监管或监管缺位现象的产生，并导致监管套利的出现。同时，随着混业经营的日益普遍，机构监管模式与金融市场和金融机构的发展趋势日益显出明显差距，造成金融监管与金融市场发展的脱节，不利于金融市场的稳定发展。

3. 功能性监管

功能性监管是指基于金融体系基本功能而设计的，更具连续性和一致性，并能实施跨产品、跨机构、跨市场协调的监管。在这一监管框架下，政府公共政策关注的是金融机构的业务活动及其所能发挥的功能，而不是金融机构的名称，其目标是要在功能给定的情况下，寻找能够最有效地实现既定功能的制度结构。功能性监管的优势在于，能更好适应金融业务综合化发展的需要，对综合化金融业务进行有效监督，提高金融监管的专业化水平，以适应比较发达的金融体系。它可能产生的主要问题是，混业经营的金融机构（尤其是金融控股公司）不同类型的业务受到不同监管机构的监管，但公司作为整体缺少必要的监管。同时，一个金融机构通常由一个监管部门作为主要监管机构牵头监管，不同牵头部门对混业经营的金融机构可能采取的监管思路、监管侧重各不相同，造成不同的监管成本。

在金融发展初期，金融机构的功能差异性较小，而且主要是以商业银行提供业务为主，因而一般采取统一的金融监管体制，甚至由中央银行承担金融监管的职责。随着金融业务综合化的不断发展，不同类型的金融机构提供多样化的金融服务品种，产生了设立不同金融监管主体的需要。之后，随着金融多样化的进一步发展，金融监管体制也相应发生变化，出现了机构性监管向功能性监管转变，并逐步过渡到目标性监管和统一监管体制。在统一的金融监管模式下，通过优化内部机构设置，吸取机构监管和功能监管的优点，可以实行业务审批和市场监管分离，充分发挥专业化监管和综合化监管优势互补的作用。

（三）金融监管目标

1. 金融监管的具体目标

金融监管目标是监管行为取得的最终效果或达到的最终目标，是实现金融有效监管的前提和监管当局采取监管行动的依据。金融监管的具体目标具有多重性，包括：①维护金融体系的安全与稳定，即金融安全，这是金融监管的首要目标；②提高金融制度的运行效率，即金融效率；③优化金融结构，促使货币供求均衡或趋于均衡，即金融结构。

各国由于历史、经济、文化背景和发展情况不同，在金融监管目标上也存在一些差异，但这三个目标是市场经济国家在金融监管为确保经济运行时所共同追求的。它反映金融制度结构三个子系统相互影响，相互作用、互为因果的关系，也反映了金融监管的深层原因。

金融安全是经济增长的必要环境。经济发展和增长的起码要求是，各种经济主体能够在金融市场上顺利融资。金融市场的稳定性和各种风险的适度性对经济稳健发展的作用不言而喻。各国政府通过金融监督和管理，控制金融市场上融资和投资的风险，维持适度的筹资成本，努力消除金融危机的威胁，促进中长期的经济增长。兼顾金融效率与金融公平是金融监管另一个重要目的。金融效率是指在成本尽可能低的情况下，实现有限金融资源的最优配置和最有效利用；金融公平指要达到社会效用的最大化。金融结构是指金融工具和金融机构之和，包括现在各种金融工具和金融机构的相对规模、经营特征和经营方式、金融中介机构中各种分支机构的集中程度等。金融结构在金融监管制度下形成，通过充分动员和有效配置储蓄资源，可以提高经济增长的效率。

2. 金融监管目标的历史演进

金融监管目标是金融监管理论和实践的核心问题，对金融监管目标的认识直接决定和影响着金融监管理论的发展方向，也主导着具体监管制度和政策的建立与实施；反过来，金融监管理论以及金融监管实践的经验教训也将相应地促使金融监管目标的改变。

（1）20世纪30年代以前的目标：提供一个稳定和弹性的货币供给，并防止银行挤兑带来的消极影响。这一时期，讨论的焦点问题在于，是否要建立以中央银行为主体的官方安全网，关于金融机构经营行为的具体干预很少论及。这种状况与当时自由资本主义正处于鼎盛时期有关，更受到金本位逐渐崩溃导致的货币混乱的影响。主流的新古典经济学顽固地坚持着"看不见的手"的信条，但现实经济金融的发展越来越表明市场的不完全性是客观存在的，20世纪30年代的大危机则最终扭转了金融监管理论的关注方向。

（2）20世纪30~70年代的目标：严格监管，安全优先。20世纪30年代的大危机对经济学的影响就是它提供了一系列市场不完全性的充分证据，证明"看不见的手"无所不至的能力是一种神话。凯恩斯经济学在大危机的一片混乱中兴起，形成了对新古典经济学的"革命"，有效需求原理从理论上打破了"看不见的手"的神话，强调政府这只"看得见的手"在经济中的重要作用。凯恩斯主义经济学的出现和发展是政府干预和自由放任的一次正面交锋，并且政府干预的主张在20世纪30年代以后的时间里占据了优势地位。

（3）20世纪70~90年代的目标：金融自由化，效率优先。对于严重的滞胀危机，经济自由主义者认为是凯恩斯主义经济政策特别是国家过度干预的恶果，他们以对凯恩斯主义经济学的批判为契机，开始重新树立"看不见的手"的威信，力图复兴新古典经济学的自由放任传统。在金融监管理论方面，金融自由化理论也随之发展，主张放松对金融机构过度严格的管制，恢复金融业的竞争，以提高金融业的效率。

（4）20世纪90年代以来的目标：安全与效率并重。20世纪90年代频频爆发的金融危机已经向我们清楚地揭示了：就经济与金融的长期发展而言，金融体系的安全和稳定相比于效益和效率是更具根本性的问题，这就决定了金融监管的目标仍然应该以维护金融体系的安全与稳定为首要任务。在实践中，仍然有很多人只是片面地注意到英美等国的金融监管强调效益与效率，而忽视了他们强调效益和效率背后的经济与金融基础。

三、我国的金融监管体制变迁

我国的金融体制和金融运行机制的形成和发展，经历了几十年的演变过程。新中国金融的监督管理与新中国的金融事业一起走过了几十年的风雨历程。其实，真正意义上的金融监督管理是与中央银行制度的产生和发展直接相关的。也就是说，中央银行制度的普遍确立是现代金融监管的起点。从这点上说，我国真正意义上的金融监管是从 1984 年中国人民银行专门行使中央银行职能开始的。如果分阶段来看，我国金融监管制度的演变和发展大体经历了三个阶段。

1. 计划经济时期的金融监管体制（1948～1978 年）

1948 年 12 月 1 日中国人民银行的成立，开辟了中国金融事业的新纪元。成立伊始，中国人民银行即以国家金融监管机关的姿态出现在中国金融事业的历史舞台上，发挥着积极的作用。1950 年 11 月，经政务院批准的《中央人民政府中国人民银行试行组织条例》就明确规定，在总行设立检查处，专司国家对金融业的监督管理职能。在以后相当长的一段时间内，中国人民银行在会计部门设置稽核机构（一段时间划归行政监察部门内），即监管当局，受政务院领导，与财政部保持密切联系，主管全国货币金融事宜，其任务之一是掌握金融行政，监管私营、公营合营及外商金融业，管理金融市场。这表明监管当局是我国的金融监管机关。1952～1969 年，在国民经济恢复和社会主义改造时期，我国开始建立集中统一的计划经济管理体制，与此相适应，也建立和加强了集中统一的金融管理体制，实行单一的监管当局制度。在这一阶段中国人民银行既行使监管当局职能，又从事商业银行业务，主要任务是整顿和改革私营金融业，打击投机活动，维护金融秩序，但没有对金融机构市场准入进行监管的任务。"文革"时期，明文宣布废除金融法规并把监管当局同财政部合并，这更谈不上金融机构市场准入监管的问题。但中国银行的海外分支机构一直保留着总稽核体制，稽核工作没有中断。

2. 中国人民银行统一监管时期的金融监管体制（1978～1992 年）

（1）1978～1982 年。1978 年，中国的经济体制改革序幕拉开后，中国的金融机构组织体系得以完善和发展，中国农业银行、中国银行、中国人民保险公司、中国国际信托投资公司、中国建设银行等金融机构相继恢复或建立。1979 年 10 月，邓小平在中共中央召开的各省、市、自治区第一书记座谈会上明确提出：银行本来是要生利的，可是我们现在的银行只是算账，当会计，并没有真正起银行的作用。他指出，要把银行作为发展经济、更新技术的杠杆，必须把银行真正办成银行。据此理论界展开了深入的讨论，逐渐明确了改革"大一统"金融机构体系的目标，即拆分原来的"大一统"银行，建立以中央银行为核心、商业银行为基础、各种金融机构配套的多元化金融体系，并由中国人民银行独立发挥中央银行的职能。但在此期间，中国人民银行是一个既经营信贷、储蓄业务，又执行货币政策的复合型中央银行。在这种状态下，中国人民银行很难发挥监管作用，其内部也没有设立专门行使监管的职能部门，监管处于较为弱化的状态。中国人民银行虽然负责全国银行业的管理工作，但并不以监管为中心，而是以资金分配为中心，金融监管以上级银行对下级银行执行统一的信贷计划、现金计划进行管理为主要方式，主要依靠行政监管，辅之以专业监督与财会监督。这一阶段中国人民银行没有成为真正意义上的中央银行，没有履行真正意义上的金融监管职能。

（2）1983～1992年。中国人民银行承担的城市金融业务被剥离出来，专门行使中央银行职能，使金融监管职责专门化，这标志着我国金融组织体系结构由混合型银行体制走向了二元化银行体制。随着经济金融体制改革的不断深化和各类金融机构的相继设立，我国初步形成了以中央银行为中心，以国家专业银行为主体，其他金融机构同时并存、分工协作的新型金融组织体系，从而揭开了我国中央银行金融监管的崭新一页。1986年国务院发布《中华人民共和国银行管理暂行条例》，这是中国金融监管向法制化方向迈出了第一步。该条例明确规定了中国人民银行领导、协调、管理、监督、稽核专业银行和其他金融机构的业务工作的职能，对中国人民银行开展金融管理与监督工作起到了积极的指导作用。1992年12月17日国务院发布了《关于进一步加强证券市场宏观管理的通知》（简称《通知》），决定成立国务院证券委员会和中国证券监督管理委员会。《通知》规定了这两个机构的主要职责，对国务院各有关部门和地方人民政府关于证券工作的职责做出了分工，并对证券市场的发展和管理提出了原则性的规划，形成了目前中国证券业监管体制的基本框架。

在初步形成的二元化银行体制下，中国人民银行在金融监管方面的主要职责是：按规定审批金融机构的设立、变更、终止及业务范围；对金融机构的存款、贷款、结算、呆账等情况随时进行稽核、检查监督以及要求金融机构按规定报送资产负债表、利润表及其他财务会计报表和资料。通过监督管理，限制了金融机构的不正当竞争，维护了整个金融体系的稳定，保护了存款人、投资者和社会公众的利益，从而使金融业得到合法、稳健、有效运行，促进了国民经济持续、快速、健康发展，但同时也产生了一些问题。

（1）由于计划经济体制的基础框架还没有改变，不论是国家专业银行，还是中央银行，作为货币资金计划分配工具的地位难以改变；中央银行的再贷款成为专业银行扩张信贷规模的推动器，二者互为作用，造成了信贷规模的不断膨胀，不良资产越积越多，金融风险不断积累；中央银行的首要任务是分配资金，金融监管的重点是检查专业银行是否按照国家的要求发放贷款，风险监管的功能不强。

（2）专业银行既办理政策性业务，又办理商业性业务，难以实现企业化经营。

（3）非银行金融机构的过度扩张，定位不准，导致金融管理绩效下降。总的看来，至1992年年底，中国的金融监管仍处于探索阶段，虽然已经起步并开展了一部分工作，但还算不上是规范的市场化金融监管，仍带有鲜明的计划性、行政性金融管理的特点，监管手段单一。此外由于金融机构的特殊性质，中国人民银行在采取谨慎态度的同时，往往显得无能为力，金融监管难以适应市场金融体制及其运作的内在要求。

3. 分业监管时期的金融监管体制（1993年至今）

（1）1993～1997年。1993年12月，中国共产党第十四届中央委员会第三次全体会议（简称"中共十四届三中全会"）明确了中国经济体制改革的目标是建立社会主义市场经济体制，与此相适应，我国实行了重大金融体制改革。1994年国务院发布了关于金融体制改革的决定，明确了金融体制改革的总体目标，即建立在国务院领导下，独立执行货币政策的中央银行宏观调控体系；建立政策性金融与商业性金融分离，以国有商业银行为主体、多种金融机构并存的金融组织体系；建立统一开放、有序竞争、严格管理的金融市场体系；把中国人民银行办成真正的中央银行，把专业银行办成真正的商业银行。根据国家专业银行向商业银行过渡的基本方向，为解决混业经营导致金融风险加大的问题，在管理和运作上推行限额下的资产负债比例管理、风险管理等，分离专业银行的政策性业务，建立政策性银行体系，推进金融业分业经营，进一步明确中国人民银行实施金融监管的地位。1994年，国家开发银行、中国进出口银行、中国农业发展银行等三家政策性银行相继建立并开始运作。实现了政策性金融与商业性金融的分离。1995年，《中国人民银行法》颁布实施，首次以国家立法形式确立了中国人民银行作为中央银行的地位。1996年，中国人民银行提出："九五"期间我国金融监管的目标是，把对金融风险的防范和控制放在整个金融监管工作的突出地位，力争不出现地区性、系统性的金融风险；逐步建立合法稳健的金融运行秩序，力争到20世纪末，建立健全与金融发展要求相适应的金融监管法律体系和指标体系，使中央银行金融监管的手段、方法和内容与国际接轨。

（2）1997～2002年。1997年，东南亚金融危机爆发后，党中央、国务院及时召开全国金融工作会议，提出了金融改革的目标、任务和措施。1997年11月的全国金融工作会议是我国金融发展史上的重要里程碑。会议指出：要用3年时间大体建立与社会主义市场经济发展相适应的金融机构体系、金融市场体系、金融调控监管体系，显著提高金融业务水平和监管水平，增强防范和抗御金融风险能力，跟上国际经济金融发展的步伐，为中国经济融入国际化和现代化行列创造良好的金融环境。

1998年6月，国务院对中国人民银行的职责进行了重新界定："中国人民银行为国务院组成部门""是在国务院领导下制定和实施货币政策、对金融业实施监督管理的宏观调控部门"。1998年在亚洲金融危机不断深化并蔓延之时，我国的金融体制改革迈出实质性的步伐，中国人民银行、中国证监会和中国保监会共同作为金融监管的主体分别对银行业、证券业和保险业实施监管。1998年年底，原来由中国人民银行监管的证券机构移交给中国证监会监管，各省、市的证券监管机构全部划归证监会垂直领导。原来的地方证券管理办公室由地方政府的一个办事部门转变为中国证监会的派出机构，按照统一的政策、法律和法规，把一线监管作为中心任务，不再参与上市企业的筛选和推荐，不负责企业上市的合规性审核。证券监管垂直管理的加强，表明我国金融的分业经营和分业监管制度建设又向前迈进了一步。1998年11月18日，中国保监会宣告成立，原来由中国人民银行监管的保险机构移交给保监会。这一改革措施，旨在防止银行业、证券业、保险业的风险在行业间交叉转移，防止信贷资金流向股市，防止股市过度投机，同时防止非银行金融机构借助关联银行进行不正当竞争，同时也使中央银行更加集中精力强化对银行业以及除证券和保险之外的非银行金融机构进行监管。1998年11月，中国人民银行管理体制进行重大改革，撤销31个省级分行，在全国设立9个跨省（区）分行，旨在加强中央银行货币政策和金融监管的独立性，减少地方政府的干预。同时，中国人民银行总行调整了内设监管司局，按照监管对象成立了从市场准入到经营监管再到市场退出的完整的监管部门体系。1999年2月，国务院颁布实施《金融违法行为处罚办法》，1999年4月20日，中国信达资产管理公司成立，负责接收、管理、处置银行划拨的不良贷款。至此，我国金融监管的一系列重大举措，使我国银行监管水平步上新台阶，监管手段、方法和内容更向国际惯例接轨。2002

年的全国金融工作会议指出：加强监管是金融工作的重中之重。金融监管的目标是依法维护金融市场公开、公平、有序竞争，有效防范系统性风险，保护存款人、投资者和被保险人的合法权益。银行、证券、保险等监管机构要依法履行监管职责，充实监管力量，转变监管理念，切实把工作重心从审批事务转移到对金融企业和金融市场的监管上来。必须从健全监管法规、严格监管制度、改进监管方式、强化监管手段、完善监管体制等方面，全面提高监管水平。

（3）2003～2016年。2003年4月，经过多方论战，银行业监管从中国人民银行分离，成立中国银监会。从此，我国真正形成了严格意义上的分业监管体制。银监会成立以来，坚持以科学发展观为统领，认真履行监管职责，对照国际银行业监管的最佳做法，明确提出管法人、管风险、管内控和提高透明度的监管新理念，确立了四个监管工作目标和六条良好监管的标准，积极改进监管方式和手段。确立并始终遵循"准确分类、充足拨备、做实利润、资本充足率达标"的持续监管思路，对银行业金融机构实施风险为本的审慎监管，初步形成了具有中国特色的银行业监管框架。2003年12月17日，第十届全国人大常委会第六次会议通过《中华人民共和国银行业监督管理法》，自2004年2月1日起实行，为银监会依法履行监管职责，加强对银行业的监管提供了法律保证。银监会自成立先后制定了228个监管规章和规范性文件，填补了市场风险、操作风险以及信息科技风险监管方面的多项空白；开展了一系列有针对性的现场检查，重点对贷款分类准确状况、房地产贷款、土地储备贷款、票据业务、市场风险、操作风险管理等进行了检查，保证了银行业的快速健康安全发展。2003年至今，在银行业监管稳步前进的同时，证券业和保险业改革的步伐也在推进。证监会落实《国务院关于推进资本市场改革开放和稳定发展的若干意见》，证券、期货各项监管工作取得了新进展；推动修订了《证券法》和《公司法》，新修订的《期货交易管理条例》也已施行。证监会对证券市场法律制度体系做了全面的梳理与完善，又陆续出台了87个规章及规范性文件，法律规则体系已经覆盖到资本市场发行、交易、结算的各个方面和领域，提出了明确的监管要求。经过几年的综合治理，共处置30余家高风险券商，19家因违法违规被关闭，基本化解券商风险。证监会还对基金关联交易、利益输送、"老鼠仓"等违法违规行为进行了整肃。投资者信心明显恢复，市场规模稳步扩大，投融资功能能显著增强，规范化程度较以往明显改善。中国资本市场与宏观经济面相一致，保持了快速发展的势头，上市公司数量、成交量、总市值和筹资额等创出新高。

（4）2017年至今。为贯彻党的"十九大"精神，落实全国金融工作会议要求，2017年11月8日正式成立国务院金融稳定发展委员会。委员会作为国务院统筹协调金融稳定和改革发展重大问题的议事协调机构，其主要职责是：落实党中央、国务院关于金融工作的决策部署；审议金融业改革发展重大规划；统筹金融改革发展与监管，协调货币政策与金融监管相关事项，统筹协调金融监管重大事项，协调金融政策与相关财政政策、产业政策等；分析研判国际国内金融形势，做好国际金融风险应对，研究系统性金融风险防范处置和维护金融稳定重大政策；指导地方金融改革发展与监管，对金融管理部门和地方政府进行业务监督和履职问责等。

2018年3月13日，《国务院机构改革方案》公布，将中国银监会和中国保监会的职责整合，组建中国银保监会，不再保留中国银监会和中国保监会。银监会、保监会的合并，有利于解决现行体制存在的监管职责不清晰、交叉监管和监管空白等问题，强化综合监管，优化监管资源配置。银保监会专施监管，央行则负责相应立法（法规）和统筹。新机构和职能改革后，央行获得银行保险业的发展计划、法规制定权限，利于监管规则协同统一。随着中国银保监会的正式组建，加上 2017 年正式成立的国务院金融稳定发展委员会、原有的中国人民银行和中国证监会，当前我国的金融监管体系已形成"一委一行两会"的新格局（见图 14-2）。

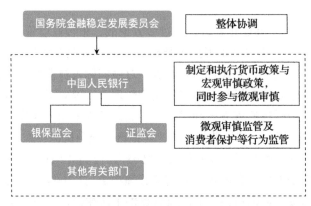

图 14-2 "一委一行两会"的金融监管体系

专栏 14-3

英国金融监管体制改革的路径

英国是世界上金融业发展最早、最成熟的国家之一。英国人行事谨慎但又务实灵活的特点不仅体现在其政治经济制度的变革中，也体现在其金融监管体制改革上。英国现行的"双峰"模式被公认为是改革较为彻底、最为适应当前现实的金融监管模式。

英国金融监管体制改革主要经历了 2013 年和 2016 年两次金融监管体制改革。2013 年 4 月 1 日生效的《金融服务法》，确立了英格兰银行负责货币政策、宏观审慎管理与微观审慎监管的核心地位，其内部成立金融政策委员会（FPC），负责宏观审慎管理，并下设审慎监管局（PRA），与独立机构金融行为局（FCA）一同负责微观审慎监管，取代原来的金融服务局（FSA）。2016 年颁布的《英格兰银行与金融服务法案》，进一步明确了英格兰银行在英国金融体系中的核心地位，形成了由货币政策委员会（MPC）、金融政策委员会（FPC）和审慎监管委员会（PRC）三大平行机构组成的央行新架构。为加强央行的治理和问责，英国首次授权国家审计署对其进行审查。

英国将宏观审慎政策和审慎监管的权力全部归于英格兰银行，形成了职能强大的"超级央行"。英格兰银行实行由货币政策委员会（MPC）、金融政策委员会（FPC）和审慎监管委员会（PRC）三大政策委员会组成的权力架构，极大地加强了货币政策、宏观审慎政策与微观审慎监管的协调配合。

双峰监管模式使监管机构目标明确、职责清晰，审慎监管机构与行为监管机构分别专注于金融稳定和消费者保护。（1）央行负责审慎监管，尤其是加强宏观审慎监管，发挥维护金融稳定的核心作用。审慎监管委员会（PRC）和金融政策委员会（FPC）分别负责微观审慎监管和宏观审慎政策。其中，微观审慎监管在巴塞尔银行监管委员会 1997 年《有效银行监管核心原则》中已得到充分体现；"宏观审慎"的概念虽然始于 20 世纪 70 年代，但直到国际金融危机后才受到国际社会普遍重视。（2）金融行为局（FCA）负责行为监管，加强消费者保护。金融稳定和金融消费者保护是目标不同但又相互关联的两件事。消费者权益得到充分保护的市场才是健康公正、长久有效的市场。

资料来源：任泽平．英国金融监管改革启示：从分业到混业到双峰——防范化解重大风险系列研究，http://www.p5w.net/weyt/201803/t20180312_2091109.htm.

四、银行国际监管与《巴塞尔协议》

在银行国际监管标准的建立中，以《巴塞尔协议》的银行资本标准最为成功。巴塞尔委员会是 1974 年由十国集团的中央银行行长倡议建立的，其成员包括十国集团的中央银行和银行监管部门的代表。自成立以来，巴塞尔委员会制定了一系列重要的银行监管规定，如对银行国外机构的监管原则（又称《巴塞尔协议》）和《巴塞尔资本协议》。这些规定不具法律约束力，但十国集团监管部门一致同意在规定时间内在十国集团实施。经过一段时间的检验，鉴于其合理性、科学性和可操作性，许多非十国集团监管部门也自愿地遵守了《巴塞尔协议》和《巴塞尔资本协议》，特别是那些国际金融参与度高的国家。至此，虽然巴塞尔委员会不是严格意义上的银行监管国际组织，但事实上已成为银行监管国际标准的制定者。1997 年，有效银行监管核心原则的问世是巴塞尔委员会历史上的又一项重大事件。核心原则由巴塞尔委员会与一些非十国集团国家联合起草，得到全世界监管人员的普遍赞同，并已构成国际社会普遍认可的银行监管国际标准。

巴塞尔委员会自成立以来，制定并发布了银行监管的一系列文件，确立了有关银行监管的原则、规则、标准和建议，构成了所谓的《巴塞尔协议》。经过数十年的发展，巴塞尔委员会制定和发布的许多规则已经成为国际银行监管的指向标。从发展历程看，《巴塞尔资本协议》是一个动态的、不断自我修正的过程，在这个过程中，协议的内容不断更新，方法不断改进，思想不断成熟。从 1975 年第一个巴塞尔文件诞生至今，《巴塞尔协议》已经经历了三个重要历程。

(一)《巴塞尔协议Ⅰ》

以 1988 年的协议为界，《巴塞尔协议Ⅰ》可以分为两个阶段，即提出阶段和调整阶段。

1. 提出阶段

《巴塞尔协议Ⅰ》提出阶段的协议主要包括：1975 年《对银行国外机构的监管报告》、1979 年《资产负债表并表方法》、1983 年《银行外国机构的监管原则》以及 1988 年《统一资本计量和资本标准的国际协议》。其中，1988 年的协议就是俗称的《巴塞尔协议Ⅰ》，也是这一阶段最重要的协议文件。《巴塞尔协议Ⅰ》的主要内容包括三方面：①资本的组成。对各类资本按照各自不同的特点进行明确界定，将银行的资本构成划分为核心资本和附属资本两个层次；②风险加权的计算。根据资产类别、性质以及债务主体的不同，将银行资产的风险划分为五个等级，从无风险到十足风险，即 0、10%、20%、50% 和 100% 的风险权数，对资产负债表外项目采用无风险到十足风险的 0、20%、50%、100% 的信贷风险折算率；③资本与风险资产的目标标准比率，银行资本对风险加权资产的最低目标比率为 8%，其中核心资本至少为 4%。允许在 5 年（1987 年年底～1992 年年底）过渡期内各银行对其资本基础进行必要的充实，以达到该水平。

2. 调整阶段

《巴塞尔协议Ⅰ》调整阶段的协议主要包括：1990年《银行监管当局信息交流》、1992年《关于监督国际银行集团及其跨国机构的最低标准》、1996年《市场风险修正案》(第四个《巴塞尔协议》)以及1997年《有效银行监管的核心原则》。其中，1996年《市场风险修正案》针对银行在外汇、债券、股票、商品和期权市场上的公开头寸，增加了对银行市场风险的资本要求。1997年《有效银行监管的核心原则》提出了银行监管的7个方面、25条核心原则，提出了比较系统的全面风险管理理念，为此后《巴塞尔协议》的完善提供了一个具有实质性意义的监管框架，为《巴塞尔协议Ⅱ》的全面深化留下了宽广的空间。

(二)《巴塞尔协议Ⅱ》

《巴塞尔协议Ⅰ》本身在制度设计上存在缺陷，同时随着金融全球化趋势的不断加强，因此国际银行业需要一个对于风险更加敏感的风险监管框架。因此，重新修订《巴塞尔协议Ⅰ》监管标准被提上日程。2004年6月26日巴塞尔委员会正式公布了《统一资本计量和资本标准的国际协议修订框架》最终稿，这也就是俗称的《巴塞尔协议Ⅱ》。《巴塞尔协议Ⅱ》由三大支柱构成，其中最低资本要求是核心内容，而监督检查、市场约束是实现最低资本要求的有力保障，三者有机结合，构成了对银行全面风险监管的完整体系。

1. 第一支柱：最低资本要求

《巴塞尔协议Ⅱ》规定资本由核心资本和附属资本构成，同时为了抵御市场风险，增设了第三级资本。《巴塞尔协议Ⅱ》对银行风险的评估更加全面、更加精细，银行的风险范围不仅涵盖信用风险和市场风险，而且将操作风险也纳入其中。《巴塞尔协议Ⅱ》处理信用风险的方法包括标准法、初级内部评级法及高级内部评级法；市场风险的衡量主要是通过VaR模型来确定；操作风险的计量主要有基本指标法、标准法和内部计量法三种方法。《巴塞尔协议Ⅱ》为风险的计量提供了灵活多样的方案，要求银行根据所面临的风险配置相应的资本金，以提高资本对于风险的敏感程度，维护银行的稳健经营，这也是对于全面风险管理理念的落实。

2. 第二支柱：监督检查

《巴塞尔协议Ⅱ》将各国监管机构的监督检查作为确保其实施的重要保障，将各国金融监管当局监管的重点从原来的单一最低资本充足水平转向银行内部评估体系的建设状况。引入第二支柱的目的不仅要保证银行有充足的资本来应对业务中的所有风险，而且还鼓励银行开发并使用更好的风险管理技术来监测和管理风险。同时，协议还强调各国监管机构应结合本国银行业的实际风险进行灵活的监管，要求各国金融监管机构承担更大的责任，根据本国的具体情况确定风险衡量的水平和指标，并且金融监管当局还应对银行内部风险评估体系的有效性进行考察。

3. 第三支柱：市场约束

《巴塞尔协议Ⅱ》对银行的资本结构、风险状况、风险评估程序及资本充足率等重要信息的披露提出了更为具体的定性、定量的信息披露要求，提高了监管当局的监管有效性，有利于促进金融稳定和资本市场的有效运作。各国监管当局有权要求银行在监管报告中提供相关信息，一些监管当局还可以将这些信息部分或全部对外公布。对于不进行信息披露的银行，各国监管当局可根据情况采取多种惩罚手段和措施。

（三）《巴塞尔协议Ⅲ》

随着金融创新的不断涌现，《巴塞尔协议Ⅱ》一直秉承的资本充足管理理念受到挑战，金融危机的爆发使得《巴塞尔协议Ⅱ》的问题也日益暴露出来。巴塞尔委员会在 2007 年颁布和修订一系列监管规则后，2010 年 9 月 12 日，由 27 个国家的银行业监管部门和中央银行高级代表组成的巴塞尔银行监管委员会就《巴塞尔协议Ⅲ》的内容达成一致，全球银行业正式步入《巴塞尔协议Ⅲ》时代。《巴塞尔协议Ⅲ》主要由以下内容组成。

（1）提高资本充足率要求。《巴塞尔协议Ⅲ》对于核心一级资本充足率、一级资本充足率的最低要求有所提高，引入了资本留存缓冲，提升银行吸收经济衰退时期损失的能力，建立与信贷过快增长挂钩的反周期超额资本区间，对大型银行提出附加资本要求，降低"大而不倒"带来的道德风险。

（2）严格资本扣除限制。对于少数股权、商誉、递延税资产、对金融机构普通股的非并表投资、债务工具和其他投资性资产的未实现收益、拨备额与预期亏损之差、固定收益养老基金资产和负债等计入资本的要求有所改变。

（3）扩大风险资产覆盖范围。提高"再资产证券化风险暴露"的资本要求，增加压力状态下的风险价值，提高交易业务的资本要求，提高场外衍生产品交易（OTC derivatives）和证券融资业务（SFT）的交易对手信用风险（CCR）的资本要求等。

（4）引入杠杆率。为弥补资本充足率要求下无法反映表内外总资产扩张情况的不足，减少对资产通过加权系数转换后计算资本要求所带来的漏洞，推出了杠杆率，并逐步将其纳入第一支柱。

（5）加强流动性管理，降低银行体系的流动性风险，引入了流动性监管指标，包括流动性覆盖率和净稳定资产比率。同时，巴塞尔委员会提出了其他辅助监测工具，包括合同期限错配、融资集中度、可用的无变现障碍资产和与市场有关的监测工具等。

从《巴塞尔协议Ⅰ》到《巴塞尔协议Ⅲ》，对商业银行的资本要求日益提高，对商业银行的资本监管框架日臻完善。《巴塞尔协议Ⅲ》通过提高资本充足率和流动性比率，虽然可以有效降低银行的系统性风险，但是将迫使银行提高资本金比例（特别是普通股的比例），降低负债比例（特别是流动性负债的比例），并提高流动性资产的比例，这将会造成银行业成本的提高，继而可能对银行提供资金的价格产生影响，从而影响企业的信贷需求，乃至影响整个宏观经济的发展。

✎ 延伸阅读

监管科技在金融监管中的应用

继金融科技（FinTech）之后，监管科技已成为金融领域的新热点。当前，随着我国金融体制改革的不断深入，金融市场的发展日新月异，与此同时，新一轮科技革命和产业革命蓬勃兴起，以大数据、云计算、人工智能为代表的现代信息技术与经济社会产生深度融合。新技术不仅仅只助力于行业和市场的发展，也在监管机构中"生根发芽"，监管方要制定和出台新的制度规范，更需要以完全不同的方式应对新的风险和挑战。这就要求监管机构要走在时代前列，借助科技化、智能化手段持续提升监管能力，由此，监管科技应运而生。区别于合规科技（CompTech），监管科技（SupTech）是指监管机构运用大数据、人工智能为代表的新兴技术，整合各类信息系统与数据资源，服务监管需求，优化监管模式，有效提升监管效率与能力，及时发现和打击违法违规行为，防范系统性金融风险，切实保护投资者合法权益。监管科技是新兴技术带来的颠覆式创新延伸到监管方的结果，其本质是金融监管与科学技术的结合，即利用技术手段在监管机构与被监管机构之间搭建一座"适用监管规范、符合监管要求"的桥梁。

1. 监管科技将在金融监管中发挥巨大作用

（1）监管科技将促进监管体系与监管制度的变革。从原来的手工报表填报，到现在的自动化数据采集；从之前的隔日数据统计，到当前的实时数据监测，监管科技不仅仅只是起到了提质增效的作用，更对金融监管体系与制度的变革产生了推动作用。随着金融与科技紧密结合的程度越来越高，监管机构必须着眼于构建新的监管体系、更新知识结构，以适应科技对金融市场的巨大冲击，并从中不断调整金融监管的方向与目标。针对新技术持续应用于市场、持续制造潜在的金融风险，在制度先行的理念下，监管机构也必须重新审视各类监管规定是否能够"与时俱进"。监管科技最终将重塑金融监管结构，实现监管秩序的"破旧立新"。

（2）监管科技正日益成为监管新金融业态的有力抓手。随着我国金融行业数字化程度越来越高，互联网金融异军突起，各类 P2P、智能投顾、量化交易、高频交易等业务如火如荼。传统金融"脱媒风险"逐步加大，技术风险更加突出，数据风险与信息安全风险相互交织，令金融风险更具隐蔽性、传播速度更快、传播范围更广，增加了发生系统性金融风险的可能。而监管科技的出现，实现了"运用技术手段，应对技术风险"的作用，为监管机构全面掌控市场业态的内在规律和发展趋势、适时调整监管政策及合规制度、增强监管合规的针对性和实效性提供了保障。此外，监管科技在降低监管成本的同时大幅提升了监管的精准性和有效性，抑制了金融科技创新风险的交叉蔓延，维护了金融系统的安全稳健运行。

2. 监管科技在国际和国内的应用现状

在进入大数据时代后，人们对监管科技的关注度和认知度空前高涨，监管科技的发展更是突飞猛进、一日千里，并日趋体系化和规范化。

从全球范围来看，各主要经济体均在积极推动监管科技发展。2015 年以来，以 FCA 为代表的英国金融监管机构积极参与监管科技生态的建设，通过"监管沙箱"机制在可控的测试环境中对金融科技的创新产品或创新服务进行测试。通过"创新中心"支持和引导金融机构理解金融监管框架，识别创新中的监管、政策和法律问题。2016 年年初，美国消费者金融保护局与货币监理署共同发布了有关如何评估及应对金融科技与监管科技产品的指引，在鼓励金融科技创新的同时，也推动金融科技企业利用科技手段主动适应监管体系。同年，新加坡金融监管局发布了《金融科技监管沙箱指南（征求意见稿）》，通过推出监管沙箱模式，为金融科技的发展开辟出一个安全有益的环境，并根据实际应用效果来调整监管政策。

全球监管科技领域的投融资数量和规模也屡创新高。根据 CB Insights 发布的《全球监管科技发展趋势报告》，2013 年以来，全球监管科技领域股权融资额达到近 50 亿美元，涉及 585 次融资。其中，2017 年，监管科技融资案例数达到创纪录的 148 个，融资额 13 亿美元。美国在监管科技领域持续领先，在 2013～2017 年第三季度，美国的监管科技公司达成的投融资交易数量占全球的 74%；英国第二，占 10%；加拿大和印度并列第三，均占 3%。包括银行、大企业或公司创投机构等都积极投资于监管科技，如桑坦德、巴克莱、高盛等，在身份认证、区块链、交易监控等领域进行了大量投资。

在我国，金融监管机构已将监管科技作为日常工作的标配。随着我国快速与世界接轨，监管科技已成为金融行业监管工作的标配。如在 2017 年，中国人民银行成立了金融科技委员会，其主旨就在于加强对金融科技的研究规划及相关工作的统筹协调，强化监管科技的应用实践；2018 年，证监会成立了监管科技专家咨询委员会，并正式印发了《中国证监会监管科技总体建设方案》，将监管科技划分为 1.0、2.0、3.0 三个层次，从顶层设计的角度完成了监管科技在证监会的全面部署。

总体来说，国内外各类监管机构都在努力地推动监管科技在金融监管领域的广泛应用，并有加速的趋势。但从实践上看，监管科技在防范化解重大金融风险中发挥的作用还很初级。

从宏观方面来看，监管科技使用最多的即第一类是用于统计监测，这多为监管部门所开展。业务规则是根据监管经验形成的，明确而成熟，主要是利用信息科技计算量大、速度快的优势，取得了不错的成效。但是，对于新技术制造出的瞬息万变的金融市场和百花齐放的新兴业务来说，统计监测的方法已经有点跟不上节奏，在很多情况下显得力不从心。第二类是指标监测，多为研究机构所开展。一般是对某个子领域或某项业务建模，抽象出特定指标开展即时性监测。该类方法时效性较好，但大多模型因参数和复杂度有限，解释特定领域特定时段还行，但普适性不够，还不能够被监管机构作为主要的决策依据。第三类是热点分析，多为商业机构所开展。一般是面向热点问题或典型案例建模，多用于事后对于风险或风险的某个方面进行解释，对后续发展的预判力大多不足。

从微观视角来看，实体画像、（交易）异常检测、关联账户分析、财务风险分析等数据分析技术在监管机构中都有一定程度的应用，但仍处于"捞大鱼"阶段，即基于粗放或简单的模型开展分析，能够发现比较显而易见的问题或风险。对监管业务的本质研究不透彻，对微观对象进行深入业务建模的能力不足，技术方面也处于各自为政的状态，没有形成监管人员日常工作适用的工具或方法。

综上，当前监管科技的演进处于一个加速发展的阶段，无论是进行顶层设计，还是开展实际项目，又或对监管科技领域的投资，都处在历史高位。但是，监管科技由于本身的复杂性和多样性，涵盖范围广泛，涉及主体众多，其建设之路依然任重而道远。

资料来源：蒋东兴，张涛. 多措并举推动监管科技建设 [J]. 清华金融评论，2019（5）：34-36.

⊙ 名人传记　萨缪尔森：经济领域的最后一位通才
请扫描二维码详尽了解名人传记

■ 本章小结

1. 金融创新作为世界性的发展趋势，反映了　　金融活动追求高效率和规避风险的内在要求，也是对经济环境变化后的适应。关于金融创新的动因有很多，主要有约束诱导理论、规避管制理论、制度改革理论、交易成本理论；金融创新的内容则包括金融机构创新、金融市场创新、金融业务创新和金融制度创新。

2. 依据不同的划分标准，金融风险可以分为不同的类型：按照金融风险的层次，可以分为微观金融风险、中观金融风险和宏观金融风险；按照金融风险发生和影响的范围，可以分为系统性风险和非系统性风险。

3. 金融创新在规避金融风险的同时，往往又会生成新的金融风险，必须正确处理好金融创新与金融风险之间的关系。

4. 金融监管体制的基本要素包含金融监管主体、金融监管客体、金融监管目标和监管的方法。我国的金融监管体制形成和发展，经历了几十年的演变过程，形成了"一委一行两会"的监管格局。

5.《巴塞尔协议》经过多次修改，形成了《巴塞尔协议》体系。《巴塞尔协议》体系的原则对全球主要国家的跨国银行产生了深远影响，成为许多国际性银行所遵守的共同原则。

■ 思考与练习

1. 中国金融业在近年来取得了哪些主要的创新成果？

2. 简述金融风险的类型有哪些。

3. 2004 年《巴塞尔协议》中市场风险的定义是什么？

4. 解释金融创新与金融风险的关系。

5. 资本的构成都包括什么？

6.《巴塞尔协议》三个版本的各自内容主要是什么？

7. 论述我国分业监管体制存在的合理性及面临的挑战。

8. 我国当前金融监管的框架是怎样的？

9. 试论金融监管理论的未来发展趋势。

参考文献

[1] 陈学彬.金融学 [M].4 版.北京：高等教育出版社，2017.

[2] 迪恩·克罗绍.货币银行学 [M].吕随启，译.北京：中国市场出版社，2008.

[3] 弗兰克·法博齐，弗朗哥·莫迪利亚尼.资本市场：机构与工具 [M].汪涛，郭宁，译.北京：中国人民大学出版社，2015.

[4] 弗雷德里克·米什金.货币金融学 [M].郑艳文，荆国勇，译.北京：中国人民大学出版社，2016.

[5] 傅康生，陶士贵，封思贤.货币金融学 [M].北京：高等教育出版社，2017.

[6] 格哈德·伊宁.货币政策理论：博弈论方法导论 [M].杨伟国，译.北京：社会科学文献出版社，2002.

[7] 格伦·哈伯德，安东尼·奥布赖恩.货币金融学 [M].刘启，等译.北京：清华大学出版社，2014.

[8] 郭田勇.金融监管学 [M].北京：中国金融出版社，2014.

[9] 何翔，董琳娜.金融学（货币银行学）[M].北京：清华大学出版社，2016.

[10] 贺力平，马伟.委内瑞拉超级通货膨胀和经济衰退探源 [J].国际经济评论，2017(06): 124-143.

[11] 黄达，张杰.金融学 [M].4 版.北京：中国人民大学出版社，2016.

[12] 黄达.宏观调控与货币供给 [M].北京：中国人民大学出版社，1997.

[13] 黄宪等.货币金融学 [M].武汉：武汉大学出版社，2017.

[14] 蒋先玲.货币银行学 [M].2 版.北京：机械工业出版社，2017.

[15] 康继军，傅蕴英，张宗益.中国经济转型与货币需求 [J].经济学（季刊），2012(02): 99-126.

[16] 孔祥毅.中央银行通论 [M].3 版.北京：中国金融出版社，2009.

[17] 李健.金融学（精要版）[M].北京：高等教育出版社，2016.

[18] 刘轩.日本长期通货紧缩的形成机理与政策警示 [J].现代日本经济，2016(06): 1-13.

[19] 彭兴韵.金融学原理 [M].5 版.上海：格致出版社，2013.

[20] 孙国峰.巴拉萨 – 萨缪尔森效应、刘易斯拐点和结构性通货膨胀 [J].金融发展评论，2011(04): 15-18.

[21] 汪洋.中央银行的逻辑 [M].北京：机械工业出版社，2015.

[22] 王国刚.资本市场导论（上、下）[M].2 版.北京：社会科学文献出版社，2014.

[23] 王晓光.金融学 [M].北京：清华大学出版社，2015.

[24] 王新华 . 中国货币需求函数与货币缺口统计研究 [J]. 统计研究，2011，28(12): 49-54.

[25] 吴晓求 . 中国资本市场研究报告（2018）[M]. 北京：中国人民大学出版社，2018.

[26] 约翰·戈登 . 伟大的博弈 [M]. 祁斌，译 . 北京：中信出版社，2019.

[27] 张亦春 . 现代金融市场学 [M]. 4 版 . 北京：中国金融出版社，2019.

[28] 朱新蓉 . 货币金融学 [M]. 4 版 . 北京：中国金融出版社，2015.

[29] 兹维·博迪，罗伯特·默顿，戴维·克利顿 . 金融学 [M]. 北京：中国人民大学出版社，2010.

推 荐 阅 读

	中文书名	原作者	中文书号	定价
1	货币金融学(美国商学院版，原书第5版)	弗雷德里克 S. 米什金 哥伦比亚大学	978-7-111-65608-1	119.00
2	货币金融学(英文版·美国商学院版，原书第5版)	弗雷德里克 S. 米什金 哥伦比亚大学	978-7-111-69244-7	119.00
3	《货币金融学》学习指导及习题集	弗雷德里克 S. 米什金 哥伦比亚大学	978-7-111-44311-7	45.00
4	投资学（原书第10版）	滋维·博迪 波士顿大学	978-7-111-56823-0	129.00
5	投资学（英文版·原书第10版）	滋维·博迪 波士顿大学	978-7-111-58160-4	149.00
6	投资学（原书第10版）习题集	滋维·博迪 波士顿大学	978-7-111-60620-8	69.00
7	投资学（原书第9版·精要版）	滋维·博迪 波士顿大学	978-7-111-48772-2	55.00
8	投资学（原书第9版·精要版·英文版）	滋维·博迪 波士顿大学	978-7-111-48760-9	75.00
9	公司金融(原书第12版·基础篇)	理查德 A. 布雷利 伦敦商学院	978-7-111-57059-2	79.00
10	公司金融(原书第12版·基础篇·英文版)	理查德 A. 布雷利 伦敦商学院	978-7-111-58124-6	79.00
11	公司金融(原书第12版·进阶篇)	理查德 A. 布雷利 伦敦商学院	978-7-111-57058-5	79.00
12	公司金融(原书第12版·进阶篇·英文版)	理查德 A. 布雷利 伦敦商学院	978-7-111-58053-9	79.00
13	《公司金融（原书第12版）》学习指导及习题解析	理查德 A. 布雷利 伦敦商学院	978-7-111-62558-2	79.00
14	国际金融（原书第5版）	迈克尔 H.莫菲特 雷鸟国际管理商学院	978-7-111-66424-6	89.00
15	国际金融（英文版·原书第5版）	迈克尔 H.莫菲特 雷鸟国际管理商学院	978-7-111-67041-4	89.00
16	期权、期货及其他衍生产品（原书第11版）	约翰·赫尔 多伦多大学	978-7-111-71644-0	199.00
17	期权、期货及其他衍生产品（英文版·原书第10版）	约翰·赫尔 多伦多大学	978-7-111-70875-9	169.00
18	金融市场与金融机构（原书第9版）	弗雷德里克 S. 米什金 哥伦比亚大学	978-7-111-66713-1	119.00

推 荐 阅 读

	中文书名	原作者	中文书号	定价
1	金融市场与机构(原书第6版)	安东尼·桑德斯 纽约大学	978-7-111-57420-0	119.00
2	金融市场与机构(原书第6版·英文版)	安东尼·桑德斯 纽约大学	978-7-111-59409-3	119.00
3	商业银行管理（第9版）	彼得 S.罗斯 得克萨斯A&M大学	978-7-111-43750-5	85.00
4	商业银行管理(第9版·中国版)	彼得 S.罗斯 得克萨斯A&M大学 戴国强 上海财经大学	978-7-111-54085-4	69.00
5	投资银行、对冲基金和私募股权投资（原书第3版）	戴维·斯托厄尔 西北大学凯洛格商学院	978-7-111-62106-5	129.00
6	收购、兼并和重组：过程、工具、案例与解决方案（原书第7版）	唐纳德·德帕姆菲利斯 洛杉矶洛约拉马利蒙特大学	978-7-111-50771-0	99.00
7	风险管理与金融机构（原书第5版）	约翰·赫尔 多伦多大学	978-7-111-67127-5	99.00
8	现代投资组合理论与投资分析（原书第9版）	埃德温 J. 埃尔顿 纽约大学	978-7-111-56612-0	129.00
9	债券市场：分析与策略（原书第8版）	弗兰克·法博齐 耶鲁大学	978-7-111-55502-5	129.00
10	固定收益证券（第3版）	布鲁斯·塔克曼 纽约大学	978-7-111-44457-2	79.00
11	固定收益证券	彼得罗·韦罗内西 芝加哥大学	978-7-111-62508-7	159.00
12	财务报表分析与证券估值（第5版·英文版）	斯蒂芬H.佩因曼 哥伦比亚大学	978-7-111-52486-1	99.00
13	财务报表分析与证券估值（第5版）	斯蒂芬 H. 佩因曼 哥伦比亚大学	978-7-111-55288-8	129.00
14	金融计量：金融市场统计分析（第4版）	于尔根·弗兰克 凯撒斯劳滕工业大学	978-7-111-54938-3	75.00
15	金融计量经济学基础：工具，概念和资产管理应用	弗兰克·J.法博齐 耶鲁大学	978-7-111-63458-4	79.00
16	行为金融：心理、决策和市场	露西 F. 阿科特 肯尼索州立大学	978-7-111-39995-7	59.00
17	行为公司金融（第2版）	赫什·舍夫林 加州圣塔克拉大学	978-7-111-62011-2	79.00
18	行为公司金融（第2版·英文版）	赫什·舍夫林 加州圣塔克拉大学	978-7-111-62572-8	79.00
19	财务分析：以Excel为分析工具（原书第8版）	蒂莫西 R.梅斯 丹佛大都会州立学院	978-7-111-67254-8	79.00
20	金融经济学	弗兰克 J.法博齐 耶鲁大学	978-7-111-50557-0	99.00

推荐阅读

书名	作者	中文书号	定价
货币金融学（第2版）	蒋先玲（对外经济贸易大学）	978-7-111-57370-8	49.00
货币金融学习题集（第2版）	蒋先玲（对外经济贸易大学）	978-7-111-59443-7	39.00
货币银行学（第2版）	钱水土（浙江工商大学）	978-7-111-41391-2	39.00
投资学原理及应用（第3版）	贺显南（广东外语外贸大学）	978-7-111-56381-5	40.00
《投资学原理及应用》习题集	贺显南（广东外语外贸大学）	978-7-111-58874-0	30.00
证券投资学(第2版)	葛红玲（北京工商大学）	978-7-111-42938-8	39.00
证券投资学	朱晋（浙江工商大学）	978-7-111-51525-8	40.00
风险管理（第2版)	王周伟（上海师范大学）	978-7-111-55769-2	55.00
风险管理学习指导及习题解析	王周伟（上海师范大学）	978-7-111-55631-2	35.00
风险管理计算与分析：软件实现	王周伟（上海师范大学）	978-7-111-53280-4	39.00
金融风险管理	王勇（光大证券）	978-7-111-45078-8	59.00
衍生金融工具基础	任翠玉（东北财经大学）	978-7-111-60763-2	40.00
固定收益证券	李磊宁（中央财经大学）	978-7-111-45456-4	39.00
行为金融学（第2版）	饶育蕾（中南大学）	978-7-111-60851-6	49.00
中央银行的逻辑	汪洋（江西财经大学）	978-7-111-49870-4	45.00
商业银行管理	陈颖（中央财经大学）	即将出版	
投资银行学:理论与案例（第2版）	马晓军（南开大学）	978-7-111-47822-5	40.00
金融服务营销	周晓明（西南财经大学）	978-7-111-30999-4	30.00
投资类业务综合实验教程	甘海源等（广西财经大学）	978-7-111-49043-2	30.00
公司理财：Excel建模指南	张周(上海金融学院)	978-7-111-48648-0	35.00
保险理论与实务精讲精练	胡少勇（江西财经大学）	978-7-111-55309-0	39.00
外汇交易进阶	张慧毅（天津工业大学）	978-7-111-60156-2	45.00